国家出版基金项目
NATIONAL PUBLICATION FOUNDATION

欧亚历史文化文库

总策划 张余胜

兰州大学出版社

金元散官制度研究

丛书主编 余太山

李鸣飞 著

图书在版编目(CIP)数据

金元散官制度研究 / 李鸣飞著. —兰州:兰州大学出版社,2014.6

(欧亚历史文化文库/余太山主编)

ISBN 978-7-311-04490-9

Ⅰ.①金… Ⅱ.①李… Ⅲ.①官制—研究—中国—金代 ②官制—研究—中国—元代 Ⅳ.①D691.42

中国版本图书馆 CIP 数据核字(2014)第 139250 号

策划编辑 施援平
责任编辑 施援平 李江霖
装帧设计 张友乾

书　　名 金元散官制度研究
丛书主编 余太山
作　　者 李鸣飞 著
出版发行 兰州大学出版社 (地址:兰州市天水南路 222 号 730000)
电　　话 0931-8912613(总编办公室) 0931-8617156(营销中心)
0931-8914298(读者服务部)
网　　址 http://www.onbook.com.cn
电子信箱 press@lzu.edu.cn
印　　刷 兰州人民印刷厂
开　　本 700 mm×1000 mm 1/16
印　　张 23.25
字　　数 322 千
版　　次 2014 年 7 月第 1 版
印　　次 2014 年 7 月第 1 次印刷
书　　号 ISBN 978-7-311-04490-9
定　　价 70.00 元

(图书若有破损、缺页、掉页可随时与本社联系)
淘宝网邮购地址:http://lzup.taobao.com

出版说明

随着20世纪以来联系地、整体地看待世界和事物的系统科学理念的深入人心，人文社会学科也出现了整合的趋势，熔东北亚、北亚、中亚和中、东欧历史文化研究于一炉的内陆欧亚学于是应运而生。时至今日，内陆欧亚学研究取得的成果已成为人类不可多得的宝贵财富。

当下，日益高涨的全球化和区域化呼声，既要求世界范围内的广泛合作，也强调区域内的协调发展。我国作为内陆欧亚的大国之一，加之20世纪末欧亚大陆桥再度开通，深入开展内陆欧亚历史文化的研究已是责无旁贷；而为改革开放的深入和中国特色社会主义建设创造有利周边环境的需要，亦使得内陆欧亚历史文化研究的现实意义更为突出和迫切。因此，将针对古代活动于内陆欧亚这一广泛区域的诸民族的历史文化研究成果呈现给广大的读者，不仅是实现当今该地区各国共赢的历史基础，也是这一地区各族人民共同进步与发展的需求。

甘肃作为古代西北丝绸之路的必经之地与重要组

成部分，历史上曾经是草原文明与农耕文明交汇的锋面，是多民族历史文化交融的历史舞台，世界几大文明（希腊—罗马文明、阿拉伯—波斯文明、印度文明和中华文明）在此交汇、碰撞，域内多民族文化在此融合。同时，甘肃也是现代欧亚大陆桥的必经之地与重要组成部分，是现代内陆欧亚商贸流通、文化交流的主要通道。

基于上述考虑，甘肃省新闻出版局将这套《欧亚历史文化文库》确定为2009—2012年重点出版项目，依此展开甘版图书的品牌建设，确实是既有眼光，亦有气魄的。

丛书主编余太山先生出于对自己耕耘了大半辈子的学科的热爱与执著，联络、组织这个领域国内外的知名专家和学者，把他们的研究成果呈现给了各位读者，其兢兢业业、如临如履的工作态度，令人感动。谨在此表示我们的谢意。

出版《欧亚历史文化文库》这样一套书，对于我们这样一个立足学术与教育出版的出版社来说，既是机遇，也是挑战。我们本着重点图书重点做的原则，严格于每一个环节和过程，力争不负作者、对得起读者。

我们更希望通过这套丛书的出版，使我们的学术出版在这个领域里与学界的发展相偕相伴，这是我们的理想，是我们的不懈追求。当然，我们最根本的目的，是向读者提交一份出色的答卷。

我们期待着读者的回声。

总序

本文库所称“欧亚”(Eurasia)是指内陆欧亚,这是一个地理概念。其范围大致东起黑龙江、松花江流域,西抵多瑙河、伏尔加河流域,具体而言除中欧和东欧外,主要包括我国东三省、内蒙古自治区、新疆维吾尔自治区,以及蒙古高原、西伯利亚、哈萨克斯坦、乌兹别克斯坦、吉尔吉斯斯坦、土库曼斯坦、塔吉克斯坦、阿富汗斯坦、巴基斯坦和西北印度。其核心地带即所谓欧亚草原(Eurasian Steppes)。

内陆欧亚历史文化研究的对象主要是历史上活动于欧亚草原及其周邻地区(我国甘肃、宁夏、青海、西藏,以及小亚、伊朗、阿拉伯、印度、日本、朝鲜乃至西欧、北非等地)的诸民族本身,及其与世界其他地区在经济、政治、文化各方面的交流和交涉。由于内陆欧亚自然地理环境的特殊性,其历史文化呈现出鲜明的特色。

内陆欧亚历史文化研究是世界历史文化研究中不可或缺的组成部分,东亚、西亚、南亚以及欧洲、美洲历史文化上的许多疑难问题,都必须通过加强内陆欧亚历史文化的研究,特别是将内陆欧亚历史文化视做一个整体加以研究,才能获得确解。

中国作为内陆欧亚的大国，其历史进程从一开始就和内陆欧亚有千丝万缕的联系。我们只要注意到历代王朝的创建者中有一半以上有内陆欧亚渊源就不难理解这一点了。可以说,今后中国史研究要有大的突破,在很大程度上有待于内陆欧亚史研究的进展。

古代内陆欧亚对于古代中外关系史的发展具有不同寻常的意义。古代中国与位于它东北、西北和北方，乃至西北次大陆的国家和地区的关系,无疑是古代中外关系史最主要的篇章,而只有通过研究内陆欧亚史,才能真正把握之。

内陆欧亚历史文化研究既饶有学术趣味,也是加深睦邻关系,为改革开放和建设有中国特色的社会主义创造有利周边环境的需要，因而亦具有重要的现实政治意义。由此可见,我国深入开展内陆欧亚历史文化的研究责无旁贷。

为了联合全国内陆欧亚学的研究力量，更好地建设和发展内陆欧亚学这一新学科,繁荣社会主义文化,适应打造学术精品的战略要求,在深思熟虑和广泛征求意见后,我们决定编辑出版这套《欧亚历史文化文库》。

本文库所收大别为三类:一,研究专著;二,译著;三,知识性丛书。其中,研究专著旨在收辑有关诸课题的各种研究成果;译著旨在介绍国外学术界高质量的研究专著;知识性丛书收辑有关的通俗读物。不言而喻,这三类著作对于一个学科的发展都是不可或缺的。

构建和发展中国的内陆欧亚学,任重道远。衷心希望全国各族学者共同努力,一起推进内陆欧亚研究的发展。愿本文库有蓬勃的生命力,拥有越来越多的作者和读者。

最后,甘肃省新闻出版局支持这一文库编辑出版,确实需要眼光和魄力,特此致敬、致谢。

余太山

2010年6月30日

目录

下编　元代散官研究

绪 论

中国古代官僚制度中，散官有两种含义，一指闲散不厘务的官职；一指散阶。本书所讨论的散官专指后者。

中国古代有很长一段时间实行“阶”“职”分离制。官阶起源于北魏，成型于隋唐，“‘阶’‘职’分离，以唐制最为典型。在唐代的官僚等级制下，‘散官’与‘职事官’判然两分”[1]。散官象征官员的个人身份，并在一段时间内与官员的诸多利益相关。唐代以后，散官的意义逐渐下降，但这套体系一直保留到明清。即使在今天仍有“国家级、省部级、地市级、县处级、乡科级”等类似于散官的官阶系统存在。对于散官在中国古代官僚系统中的变化、地位和意义，阎步克的《品位与职位》一书已有了详细而深入的阐述。[2] 如果不了解散官制度，中国古代政治制度中的很多问题都难以解决。

散官制度从唐代开始实行，一直延续至明清，其地位职能发生了很大的变化，在这一过程中，金元时段是非常显著的转折点。

如黄清连、黄正建两位先生所述，唐前期的散官与俸禄、给赐、课税、刑罚、舆服、班序等诸多利益相关联，地位相当重要。[3] 这一点在中晚唐逐渐改变，到北宋初期，散官已经几乎完全丧失作用，而新出现的寄禄官取代了散官的地位。宋代寄禄官的作用比唐代散官犹有过之，相对于散官而言，寄禄官等级和官名更多，在说明官员身份时表达更多含义，迁转规定更加严格，制度更严密。总的来说，寄禄官的地位

[1]阎步克：《品位与职位——秦汉魏晋南北朝官阶制度研究》，北京：中华书局，2002 年，第 18 页。

[2]阎步克：《品位与职位——秦汉魏晋南北朝官阶制度研究》。

[3]黄清连：《唐代散官试论》，载《中央研究院史语所集刊》（台湾）第五十八卷第一分，1987 年，第 133 - 208 页。黄正建：《唐代散官初论》，载《中华文史论丛》1989 年第 2 期，第 91 - 102 页。

更加重要，承载的功能也更多。北宋中后期的制度改革，用原来散官的名称替代寄禄官名称，并对其体系进行重排，略作简化，但升转方式和制度的作用并无根本改变。由于宋代寄禄官制度的职能地位约略等于唐代的散官制度，为了行文方便，本书中涉及宋代寄禄官时，使用“官阶制度”一词指代包括宋代寄禄官制的中国古代散官制度。

金元的散官制度与唐宋的官阶制度颇为不同，金元散官的地位大大下降，与之相关的官员利益和散官在迁转方面的意义逐渐减弱，散官获得和升迁的方式也发生了改变。在这个变化过程中，散官标志个人身份的一面逐渐削弱，对职事官升迁的影响逐渐消失。到元代，散官的独立性几乎丧失，变成了职事官的附属标志。明朝的散官制度沿着元的趋势发展下去，散官几乎没有独立意义，散官等级与职官等级基本绑定，散官成为无关紧要的虚衔。一直到今天，大体上仍是此种状况。

与唐宋相比，散官在金、元两代的意义大大下降了，政府不再依据散官给予官员俸禄及其他经济福利。在元代，散官等级与刑罚方面请、议、减、赎之类的优待不再相关。迁转方面，散官的意义也不明显。但金元并未如北宋前期一样，启用替代散官的官阶体系，而是任由官僚体制由“阶”“职”相互独立、相互影响的状态转向“阶”“职”合一。但与明朝相比，金元散官，尤其是金代散官又具有一定独立地位，在一定程度上仍可标志官员个人身份，并未与职官品级统一。即使在元代，散官高于职官的情况下，官员仍可单独凭借散官获得服色、封赠、荫叙等待遇。金元两代的官制处于由“阶”“职”分离向“阶”“职”合一转变中的过渡期。由于这种过渡性质，这一时期的散官制度出现了一些复杂的情况。金元的散官制度如何建立、如何运转？散官品阶如何升迁，在迁转中的意义如何？散官与哪些待遇相关？金元代散官体系的结构和地位，对唐代、宋代有哪些继承，有哪些变化？金元之间散官制度的发展变化情况如何？元代散官地位降低之后，替代散官系统行使其功能的是什么制度？这些都是本书要解决的问题。

对于非专业的读者而言，这本书的内容实在非常枯燥。因此在绪论里先简要介绍各章节内容，对于只想了解结论的读者，看看绪论和结论部分，也大体可以了解金元散官制度的特点和其在中国古代官阶制度变迁中的地位。如果是对论证过程和金元制度史很感兴趣的读者，则可以在各章内容中找到更多有趣的论证和观点。

本书分为上下两编。上编《金代散官研究》，其下分为 3 章。

第 1 章主要讲金代散官体系的变化。以金世宗（1161—1189 年在位）大定十四年（1174）的官制改革为分界线，金代前期与后期的散官制度有明显不同，《金史・百官志》中所记载是金代中后期使用的散官表，不能代表前期的情况，目前学界尚未注意到这一点。根据范成大出使金朝的出使报告《揽辔录》中保存的散官资料，参照金代前期碑刻传记史料，通过散官品级与勋官品级的对应关系，可以大致恢复出金代前期所使用的散官表，但金代前期的散官制度经过多次改革，这张表并不能代表整个金代前期的散官制度情况。虽然如此，金代前期散官表对于更好的理解和整理金代史料颇有帮助。此前一些学者由于不了解金代前期散官制度，涉及金代史料中与散官有关的记录，理解往往出现错误。金代前期散官表的不规则形态还显示出金代散官制度对北宋后期官阶制度有明显继承关系。而金代散官由前期的不规则形态变为后期的规则形态，这次改革是从唐宋到元明清散官制度变化的重要分界线，从某种意义上标志着官阶地位的衰落。

第 2 章介绍金代散官的获得方式。金代同唐代类似，获得散官意味着有出身，是获得职事官的必要条件，但获得散官并不等同于入仕出职。在金代，获得文散官的途径大致有进士、举人、同进士、换授、封赠、衍圣公等 6 种，获得武散官的途径大致有军功、劳效、武举、亲戚、荫叙、吏员、进纳、覃恩等 8 种。获得散官后，根据出身不同，有可能直接出职任官，也有可能先担任流外职、吏员、差使、承应人等，经历一定考数再获得流内官职。出仕入流之后的迁转途径通常是先担任数届录事、判官、主簿、县丞等幕职州县官，然后担任数届诸县县令，之后即可呈省，进入中高级官僚集团。在这个过程中，根据出身不同，可能需要每任一届或两届职事官后，担任一届监当差使，被称为“一除一差”或

"两除一差"。金代前后期的封赠制度有所不同,后期对阶的强调大大减少。虽然唐、宋、金散官逐阶升迁的制度是到元代才转变为逐级升迁,但这种变化在金代后期封赠制度中已经有所体现了。

第3章介绍金代散官的升降方式与意义。金代散官的常规迁转制度为一考升一阶,其制度有4个特点:(1)逐阶升迁。(2)与职务迁转并不同步。有独立升迁体系,升迁速度和时间与所任职务的种类、期限和品级无关。(3)由于名额无限,独立升迁,因此大部分情况下散官品级高于职事官品级。(4)虽然吏员、承应人、流外职等不属于狭义的"官"的范围,但这部分任职者亦带散官,且任职期间散官照常升迁。第4点充分说明散官在迁转系统中已无法起到控制迁转速度的作用,只好把吏员、承应人、流外职等纳入"官"的范畴,增加职位数量以保证合理分配职位资源。金代散官有多种超迁途径,包括廉能、边升、军功、事功、制举宏词、增课、入粟补官、覃恩、致仕等。超迁现象频繁,说明散官的奖励意义已经超过其实际意义。由于三品以上散官仍有较多特殊福利,因此对于三品以上散官的升迁有特殊规定。散官下降主要是由于官员过犯、廉升再任覆察不同和监当官亏永等原因。金代官员过犯降散官的制度明显继承了唐代的官当制度。金代散官在任官方面仍有微小意义,与应举、赋役、致仕后的俸禄、犯徒罪官当、衣服、封赠、荫叙、朝参、班位、除拜等方面亦有关。

本书下编为《元代散官研究》,其下分为3章。

第4章阐述元代散官制度的建立过程。元代的散官制度主要承袭金代。蒙古国时期,征伐汉地的蒙古将领和北方汉人军阀多可对降附官员或地方豪杰承制授官,所授散官和职事官多为官员在旧金所任,或采用了金代官名和品级。因此蒙古时期很可能部分采用了金代官制,这一点在日本新发现的叡山文库本《事林广记》中也有体现。元代为官员授散官,始于至元元年(1264)新定官制,实行迁转。但此时散官并无独立意义,与职事官完全绑定,同升同降。至元五年官制改革,将全部散官提升二等,去掉正从九品散官。其主要目的是使散官品级独立于职事官品级,使其成为官员应得职事官品级的标志,同时确定了获得散官的方式,即先任职事官获取前资,以前资获得相应品级散官。从此散官逐渐倾向于成为职位的标志,而作为官员本人标志的功能逐渐减弱。至元十一年始征南宋,军官始授散官,并立定“军官以功升散官格”。至此,元代散官制度基本确立。元代散官表在《元史》《元典章》《事林广记》《南村辍耕录》等 4 种史料中记载有所不同。根据元代传记资料所载官员散官升迁顺序可知,《元史 · 百官志》除武散官正三品顺序记载有误外,其余均正确,而《元典章》和《事林广记》所载则错误较多。通过对传记资料中所授武散官次数的统计,可以得知元代散官的升迁方式是逐级升迁,与唐、宋、金逐阶升迁的方式不同。

第 5 章探讨元代散官的获得方式。元代获得散官的方式与前代大不相同。在金代,官员先通过各种途径获得散官,然后进入仕途,拥有散官是获得职事官的前提,获得散官的途径在很大程度上影响官员之后的升迁速度和途径。散官是官员身份的标志,官员获得散官后即使担任流外职,依然带散官且散官照常升迁。而在元代,获得正从八品以上职事官者即可获得散官,散官成为职事官的附属,官员获得散官之后,如果再担任吏职或流外职,期间不带散官。元代所谓获得散官的途径只是广义的官员在升迁过程中进入正从八品以上的狭义官僚集团的途径而已。因此前代获得散官的途径可以较为明确地分为数条,但在元代,获得散官的途径纵横交错,与其说是入仕之途,不如说是一张入仕之网。求仕者有可能在这张入仕之网里排列组合出各种途径,入仕的灵活性因此大大增加,也有效缓解了求仕人数众多与窠缺有限之间的矛盾。元代获得散官的途径大致可以分为两类。一类是先担任吏职、流外职等准备性职位,有了一段时间的工作经验后渐次迁转入流,获得散官。一类是通过各种途径白身入流。白身入流的途径有荫叙、怯薛、学生、科举、征召、特赐、自行委付入流等。按照规定,白身入流者首次任官时散官应低于职事官品级一等至三等。但从史料来看,荫叙、学生、科举等途径入流者,首次任官即授予与职事官品级相等的散官。即使是怯薛入流,也多有授予对品散官的情况。

第 6 章讨论元代散官的升迁方式,尤其讨论了理算法的运用。元代散官的升迁方式与金代大不相同。主要表现在两个方面:第一,金代散官升迁在时间上是独立的,每30个月升迁一次,与职事官是否升迁无关。元代散官的常规迁转在时间上没有独立性,与职事官同时迁转。第二,金代官员散官逐阶升迁,即常规情况下从$N_{下}$升至$N_{中}$至$N_{上}$再升至$(N+1)_{下}$,而元代散官逐级升迁,即优先从$N_{下}$至$(N+1)_{下}$再至$(N+2)_{下}$。这样元代的散官从理论上讲可以与职事官同时并同级升迁。因此无论从时间还是从品级上来看,元朝的散官基本上都丧失了独立地位。元代的铨选部门授予官员散官和职事官时,也都尽力坚持资品相应、官职对品的原则。但由于散官数量无限而职事官窠缺有限,实际上元代官员散官和职事官的品级并不完全对应。在铨选过程中,散官的主要意义是标志官员应得的品级,在此前提下,铨选部门可以相对灵活地授予官员较高或较低品级职事官,再次铨选时参考其散官品级,考量其应得职事官。因此元代出现了特有的"理算法",即应得N级职事官的官员,授予M级职事官,同时授予N级散官标志其应得品级,被称为"M级官员,理算N级月日"。理算法实现了散官本来应该承担的功能,增加了元代的铨选制度的灵活性。元代军官、土官等职事官流动性不强的官员,其散官起到更多的调节作用,在奖励和抵充刑罚等方面,军官的散官比民官散官承担更多功能。由于元代散官系统缺乏独立性,主要作为职事官的附属和标志而存在,所以单独超迁或降低散官品级的情况并不多见,对民官来说,抵充刑罚之功能已全部转移到职事官上。前代与散官相关的荫叙、封赠、服色等权益,在元代变为"散官、职事从一高",即变为与散官和职事官中品级较高者相关。

上编　金代散官研究

1 金代散官体系的变化

金代前期官僚制度多次发生变化。《金史·百官志》记载“天会四年(1126),建尚书省”,可见金太宗(1123—1135年在位)前期已经开始使用汉式官制,主要目的是统治辽、宋遗民。根据王曾瑜先生的研究,这套官制大体承袭辽代制度,并非成型官制。[1]《金史·太宗纪》:“(天会十二年正月)甲子,初改定制度,诏中外。”[2]王曾瑜认为,这是金代最早建立比较成型的官僚制度。[3]天眷元年(1138)金熙宗(1135—1149年在位)改定官制,确立了全国通行的新官制和换官格,首次确定“勋、封、食邑入衔”,建立了完整的官僚制度,被称为“天眷官制”。[4]此后一次重要的官制改革发生在金海陵(1149—1161年在位)正隆元年(1156),《金史·海陵纪》记载正隆元年五月“颁行正隆官制”。[5]金世宗(1161—1189年在位)大定十四年(1174)又对官制进行了改革。《金史》的《选举志》和《百官志》中多次提及此事,最明显的一项措施是文武散官“从下各增二阶”[6],这是《金史》中有明确记载对散官系统进行了变动的一次改革。

此前,学者对金代散官体系的了解主要来自于《金史·百官志》的记载。据三上次男先生的考证,《金史·百官志》的体裁是记录某一时期的官制,而非记录官制变迁的过程。虽然《百官志一》中提到:“海陵

[1]王曾瑜:《金熙宗“颁行官制”考辨》,收入《宋史研究论丛》第6辑,河北大学出版社,2005年,第286-295页。

[2]《金史》卷3《太宗纪》,北京:中华书局,1975年,第65页。

[3]王曾瑜:《金熙宗“颁行官制”考辨》,第286-295页。

[4]《金史》卷4《熙宗纪》,天眷元年:“八月甲寅朔,颁行官制。”第73页。

[5]《金史》卷5《海陵纪》,第106页。

[6]《金史》卷55《百官志一》,第1220-1222页。金代前期文武散官最低为正九品,大定十四年改革时分别各加两阶从九品散官。

庶人正隆元年罢中书、门下省，止置尚书省……职有定位，员有常数……是以终金之世守而不敢变焉。”看起来似乎记载的是正隆官制，其实所载却大体以金章宗(1189—1208 年在位)明昌(1190—1196)初年制度为主，这一制度的使用时间也大体涵盖了金代后期。[1] 因此《金史・百官志》所载的散官制度是金代明昌之后所实行的。

如前所述，金代前期多次进行官制改革，其中大定十四年的改革明确提及改变了散官体系。《金史》中并没有详细记载这些官制改革的具体情况。因此我们目前并不了解金朝前期的散官制度。实际上金代前期的散官制度与后期有很大差别。金代前后期散官制度的改变是中国古代散官地位的发展变化中重要的一环。[2]

1.1 《揽辔录》中大定二年的散官资料

1.1.1 《揽辔录》中的散官资料

《金史・百官志》所载的明昌初年，即金代后期的散官系统如下：

> 文官九品，阶凡四十有二：
>
> 从一品上曰开府仪同三司，中曰仪同三司，中次曰特进，下曰崇进。
>
> 正二品上曰金紫光禄大夫，下曰银青荣禄大夫。
>
> 从二品上曰光禄大夫，下曰荣禄大夫。
>
> 正三品上曰资德大夫，中曰资政大夫，下曰资善大夫。
>
> 从三品上曰正奉大夫，中曰通奉大夫，下曰中奉大夫。
>
> 正四品上曰正议大夫，中曰通议大夫，下曰嘉议大夫。
>
> 从四品上曰大中大夫，中曰中大夫，下曰少中大夫。

---

〔1〕〔日〕三上次男：《金朝官制史料の文献的研究と金史百官志所揭官制の年代决定》，东大教养学部历史学研究报告集《歴史と文化》3，昭和三十三年(1958)。收入三上次男：《金代政治制度の研究》，东京：中央公论美术出版，1970 年，第 52－72 页。

〔2〕本章中所提到的金代分期，天眷元年正式建立官制之前为早期，天眷元年到大定十四年官制改革为前期，大定十四年之后为中后期。这一分期以散官制度的变化为依据，仅适用于本书，并非普遍的分期方法。

正五品上曰中议大夫，中曰中宪大夫，下曰中顺大夫。

从五品上曰朝请大夫，中曰朝散大夫，下曰朝列大夫。旧曰奉德大夫，天德二年更。

正六品上曰奉政大夫，下曰奉议大夫。

从六品上曰奉直大夫，下曰奉训大夫。

正七品上曰承德郎，下曰承直郎。

从七品上曰承务郎，下曰儒林郎。

正八品上曰文林郎，下曰承事郎。

从八品上曰征事郎，下曰从仕郎。

正九品上曰登仕郎，下曰将仕郎。

从九品上曰登仕佐郎，下曰将仕佐郎。此二阶，大定十四年创增。

武散官，凡仕至从二品以上至从一品者，皆用文资。自正三品以下，阶与文资同：

正三品上曰龙虎卫上将军，中曰金吾卫上将军，下曰骠骑卫上将军。

从三品上曰奉国上将军，中曰辅国上将军，下曰镇国上将军。

正四品上曰昭武大将军，中曰昭毅大将军，下曰昭勇大将军。

从四品上曰安远大将军，中曰定远大将军，下曰怀远大将军。

正五品上曰广威将军，中曰宣威将军，下曰明威将军。

从五品上曰信武将军，中曰显武将军，下曰宣武将军。

正六品上曰武节将军，下曰武德将军。

从六品上曰武义将军，下曰武略将军。

正七品上曰承信校尉，下曰昭信校尉。

从七品上曰忠武校尉，下曰忠显校尉。

正八品上曰忠勇校尉，下曰忠翊校尉。

从八品上曰修武校尉，下曰敦武校尉。

正九品上曰保义校尉，下曰进义校尉。

从九品上曰保义副尉，下曰进义副尉。此二阶，大定十四年创增。[1]

《大金国志·千官品列》也记载了金代的散官体系，与《金史·百官志》略同。[2] 有趣的是，《大金国志》其他章节中有一些涉及散官品级的记载，和《千官品列》所载的散官品级不符，这是因为金代前期的散官体系与后期有较大差别，但目前为止还没有学者注意到这一点，大多是简单地认为不符合《千官品列》散官表品级的记载有误。实际上有一份记载金代前期散官体系的材料，之前很少被学者注意和利用，那就是《三朝北盟会编》中的《揽辔录》。

《揽辔录》的基本内容源自范成大于乾道六年（金大定十年，1170）出使金朝所写的出使报告。现存单行诸本来自《说郛》，主要内容是记录前往金朝路上的行程，通常被当作地理志使用。但《三朝北盟会编》第245卷收录《揽辔录》2000余字，与现存诸本内容不同，主要记载金朝宫殿制度和大定二年（1162）官制，其中官制的部分他本均无。这一部分内容，学界基本认定确为范成大出使报告的一部分。陈学霖也提到了其中官制部分的材料，认为是研究金代前期制度的重要资料。但没有人充分研究过其中所记载的散官体系。[3] 这套体系与《金史·百官志》所录颇有不同，其文如下：

又参以文武散官，列为正从九品：

开府仪同三司、崇进、特进、金紫光禄、银青荣禄、光禄、荣禄、

---

〔1〕《金史》卷55《百官志一》，第1220－1222页。

〔2〕宇文懋昭撰，崔文印校证：《大金国志校证》卷34《千官品列》，北京：中华书局，1986年，第489－491页。《大金国志校证·千官品列》中，文武散官开府仪同三司和仪同三司为正一品，文官从五品上为朝议大夫、从六品下为奉顺大夫、从八品上为从政郎，与《金史·百官志》不同，武官正六品上下阶顺序与《金史·百官志》相反。但笔者查阅了3种明抄本和6种清抄本，除所有抄本从八品上均为从政郎外，3种明抄本均与《金史·百官志》相同，6种清抄本中有3种文散官从六品下为奉顺大夫，武散官正六品上下阶顺序与《金史·百官志》相反，其余3种均与《金史·百官志》相同。可知《大金国志·千官品列》除将开府仪同三司和仪同三司移入正一品，及从八品上阶与《金史·百官志》不同外，其余均同。从政郎在金代其他史料中并未出现，应属传抄错误。校证本以扫叶山房本为底本，扫叶山房本错讹甚多，不足为凭。

〔3〕关于《揽辔录》的详情，可以参考刘浦江：《范成大〈揽辔录〉佚文真伪辨析》，载《北方论丛》1993年第5期，收入刘浦江：《辽金史论》，沈阳：辽宁大学出版社，1999年，第402－414页。陈学霖：《范成大〈揽辔录〉传本探索》，收入《宋史论集》，台湾：东大图书股份有限公司，1993年，第241－284页。

资德、资政、宣奉、正奉、通奉、中奉、正议、通议、大中、中议、中宪、中散、中靖、中顺、朝请、朝散、朝奉、朝列、奉政、奉议、奉直大夫，承议、承德、承奉、承直、承务、儒林、文林、承事、征事、从仕、登仕、将仕等郎为文散官。

自荣禄大夫以上文武通得为之，龙虎、金吾卫、骠骑、奉国、辅国、镇国上将军，昭武、昭毅、安远、定远大将军，广威、宣威、建威、振威、明威、信武、显武、经武、宣武、武功、武德、武义等将军，承信、奉信、昭信、忠武、忠显、忠勇、修武、敦武、保义、进义等校尉为武散官。[1]

从《揽辔录》记载的形式，我们看不出各阶散官的品级，但明显看到这份资料与《金史》所记载的散官体系颇为不同。其中《揽辔录》有而《金史·百官志》没有的散官如下：

文：宣奉大夫、中散大夫、中靖大夫、朝奉大夫、承议郎、承奉郎。

武：建威将军、振威将军、经武将军、武功将军、奉信校尉。

《揽辔录》没有但《金史·百官志》有的散官如下：

文：仪同三司、资善大夫、嘉议大夫、中大夫、少中大夫、奉训大夫、登仕佐郎、将仕佐郎。

武：仪同三司、昭勇大将军、怀远大将军、武节将军、武略将军、忠翊校尉、保义副尉、进义副尉。

《金史·百官志》中的"骠骑卫大将军"，《揽辔录》作"骠骑大将军"。此外，《揽辔录》中的文散官有 40 阶，武散官只有 39 阶，而《金史·百官志》中的文武散官各有 42 阶。《揽辔录》中的这份散官资料是完整无误的吗？在大定二年的确实行过吗？从大定二年到明昌(1190—1196)初年，金代散官系统发生了什么样的变化？这些都是我们要考虑的。

---

〔1〕徐梦莘：《三朝北盟会编》卷 245《炎兴下帙一百四十五》，上海：上海古籍出版社影许涵度光绪三十四年(1908)刻本，1987 年，第 1761 页，上右至上左。标点为本书作者所加，以下引用《三朝北盟会编》未标明版本者，均为上海古籍出版社影许刻本。

1.1.2 恢复《揽辔录》中的散官资料

《揽辔录》中这一部分资料只有《三朝北盟会编》收录,但《三朝北盟会编》版本较多,不同版本中这段文字略有差异。由于范成大这份报告对于散官制度记录比较简略,个别字的差异也会造成整个系统排列不同。因此有必要先考察这份资料的真实性和完整性。

根据邓广铭、刘浦江的研究,《三朝北盟会编》一书在宋代有徐氏家藏本和实录院抄本两个系统,现在看到的基本都来自实录院抄本,清代之前只有抄本流传。光绪四年(1878),如皋袁祖安据巴陵方功惠所藏钞本加以校勘,排印为木活字本,这是第一次付梓排印,但错讹甚多。1939 年海天书店排印本,1979 年大化书局翻印本,1962 年文海出版社影印本均据此活字本。另有彭元瑞家藏抄本,乾隆五十二年(1787)据之删改,编入《四库全书》,删改之后几乎没有版本价值,但这个作为底本的彭元瑞家藏本在光绪三十四年被许涵度借去,刊刻印行,被称为许刻本,一般认为是现在最好的版本,1987 年上海古籍出版社影印许刻本,目前在学界使用最广,影响最大。[1] 此外国家图书馆、北京大学、京都大学等地均藏有旧抄本。因此我们不妨把《三朝北盟会编》的版本粗略分为许刻本(即上海古籍出版社影印本)、活字本(包括光绪四年活字本,海天书店、大化书局、文海出版社等出版的排印本和影印本)和旧抄本(其他各种明、清抄本)3 类。

由于上海古籍出版社影印许刻本的影响最大,通常也被认为价值最高,因此前文引用了此本记录,并以之为底本对比各类版本的不同。首先用活字本对比许刻本。文海出版社 1962 年影光绪四年活字本中,这一段文字如下:

又参以文武散官,列为正从九品,曰:

开府仪同三司、仪同三司、崇进、特进、金紫光禄、金紫荣禄、光禄、荣禄、资德、资政、宣奉、正奉、通奉、中奉、正议、通议、大中、中

---

〔1〕邓广铭、刘浦江:《〈三朝北盟会编〉研究》,载《文献》1998 年第 1 期,收入刘浦江:《辽金史论》,第 373－401 页。

议、中宪、中散、中靖、中顺、朝请、朝散、朝奉、朝列、奉政、奉议、奉直大夫,承议、承德、承奉、承直、承务、儒林、文林、承事、证事、从仕、登仕、将仕等郎为文散官。

自荣禄大夫以上文武通得为之,龙虎、金吾卫、骠骑、奉国、辅国、镇国上国将军,昭武、昭毅、安远、定远大将军,广威、宣威、建威、振威、明威、信武、显武、经武、宣武、武功、武德、武义等将军,敦信、承信、奉信、昭信、忠武、忠显、忠勇、修武、扩武、保义、进义等校尉为武散官。[1]

这些差异中,有些是显而易见的错误,譬如"上将军"误为"上国将军","征事"误为"证事"[2]。但有些异文是很有价值的:活字本文武散官多出"仪同三司"一阶,武散官多出"敦信"一阶。许刻本中的"银青荣禄""敦武",活字本分别作"金紫荣禄""扩武"。

这就引发出几个问题:

(1)活字本在"承信"前多出"敦信"一阶,从何而来?

(2)活字本多出"仪同三司"一阶,有版本依据吗?

(3)许刻本中的"银青荣禄",活字本作"金紫荣禄",谁是对的?

(4)许刻本中的"敦武",活字本分别作"扩武",应以何为是?

再用抄本对比许刻本和活字本。笔者共查阅10种抄本,分别为国家图书馆藏湖东精舍本、明抄本(索书号:10995)、勤志馆本、铁琴铜剑楼抄本、不不通阁本、明抄本(7386)和王氏郁冈斋等7种,北大图书馆藏旧抄本、白华楼本等2种,以及北京大学中古史中心图书馆复制的台湾傅斯年图书馆藏明抄本。

邓广铭、刘浦江提到诸多抄本中最有价值的是湖东精舍本,正好湖东精舍本中这一段内容的确颇具代表性,文字如下:

---

〔1〕徐梦莘:《三朝北盟会编》卷245《炎兴下帙一百四十五》,台湾:文海出版社影光绪四年活字本,1962年,第4册第342页。大化书局排印本与文海出版社采用同一底本,内容基本相同,但缺少文散官"奉议"一阶,显为排印错误所致,台湾:大化书局,1979年,第503-504页。引文中以灰底标出的是活字本与许刻本的不同之处。

〔2〕唐代和金代后期均有"征事郎",但从未有过"证事郎"。

又参以文武散官，列为正从九品：

开府仪同三司、仪同三司、崇进、特进、金紫光禄、金紫荣禄、光禄、荣禄、资德、资政、宣奉、正奉、通奉、中奉、正议、通议、大中、中议、中宪、中散、中靖、中顺、朝请、朝散、朝奉、朝列、奉政、奉议、奉直大夫，承议、承德、承奉、承直、承务、儒林、文林、承事、征事、从仕、登仕、将仕等郎为文散官。

自荣禄大夫以上文武通得为之，龙虎、金吾卫、骠骑、奉国、辅国、镇国上将军，昭武、昭毅、安远、定远大将军，广威、宣威、建威、振威、明威、信武、显武、经武、宣武、武功、武德、武义等将军，御名信、承信、奉信、昭信、忠武、忠显、忠勇、修武、御名武、保义、进义等校尉为武散官。[1]

其他 9 种抄本大多与湖东精舍本相似，或内容介于湖东精舍本与许刻本之间。看过这些抄本，对上述问题基本有了答案。

问题 1　活字本在“承信”前多出“敦信”一阶，从何而来？

与许刻本相比，湖东精舍本“承信”前多出“御名信”3 字。此处国图藏铁琴铜剑楼抄本、明抄本(7386)、王氏郁冈斋本，北大图藏旧抄本等 4 种抄本均同湖东精舍本，国图藏勤志馆本、明抄本(10995)、不不通阁本，北大图藏白华楼本和傅斯年图书馆藏明抄本等 5 种抄本，在“承信”前比许刻本多出一个“信”字。

可以推测，《揽辔录》原文武散官“承信”之前还有一阶“某信”，为了避讳，这一阶前一个字被“御名”两字替代，在传抄过程中，某些版本漏掉了“御名”，只留下一个“信”字，其后，活字本把“御名信”恢复为“敦信”。许刻本刊刻时未见活字本，其底本大概已经漏掉了“御名”两字，许刻本把“信”字也漏掉，或者因觉得文意不通删掉，导致武散官比文散官少了一阶。

问题 2　活字本多出“仪同三司”一阶，有版本依据吗？

---

〔1〕徐梦莘：《三朝北盟会编》卷 245《炎兴下帙一百四十五》，国家图书馆藏湖东精舍抄本，索书号 A00083 。

笔者查阅的10种抄本中,国图所藏湖东精舍本、2种明抄本、铁琴铜剑楼抄本、王氏郁冈斋本,北大图所藏旧抄本等6个版本在“开府仪同三司”之后都另有“仪同三司”一阶。另外4种抄本没有“仪同三司”。因为“仪同三司”这4个字之前是“开府仪同三司”,因此处连续出现2个“仪同三司”,传抄中因抄写者的疏忽或不理解,漏掉或删去了这4个字是可以理解的。

问题3 许刻本中的“银青荣禄”,活字本作“金紫荣禄”,谁是对的?

10种抄本中,只有国图藏勤志馆本作“银青荣禄”,国图藏明抄本(10995)原作“金紫”,旁校为“银青”,不不通阁本原作“大夫荣禄”,旁校为“金紫荣禄”。此外全都作“金紫荣禄”。由此可见,10种抄本中原作“银青荣禄”者只有勤志馆本1种,其余均为“金紫荣禄”。许刻本将“金紫荣禄”改为“银青荣禄”,或许有底本依据,或许只是因为金代后期、元、明、清代的散官中并无“金紫荣禄”之名,全作“银青荣禄”,所以进行了这样的改动。

虽然《三朝北盟会编》的大部分抄本都作“金紫荣禄”,然而从金代史料来看,金代前期“银青荣禄大夫”“金紫荣禄大夫”“银青光禄大夫”3种散官名都出现过,反倒是“金紫荣禄大夫”出现次数最少,详见后文。因此似乎也难以据《三朝北盟会编》来断定金代前期使用的就是“金紫荣禄”一名。这一散官本来的名称是什么,暂时无法确定。

问题4 许刻本中的“敦武”,活字本分别作“扩武”,应以何为是?

许刻本中的“敦武”,除勤志馆本作“宣武”外,其余9种抄本均作“御名武”。推测各种抄本基本照原样抄作“御名武”,而许刻本将“御名”恢复为“敦”,活字本恢复为“扩”,而勤志馆本恢复为“宣”。

那么“御名”究竟本来是什么字呢?查阅宋、明历代皇帝名讳,其中宋光宗(1190—1194年在位)名赵惇,同时避“敦”字,宋宁宗(1194—1224年在位)名赵扩。此外,只有明神宗朱翊钧(1573—1620年在位)和明熹宗朱由校(1621—1627年在位)的名字有可能与散官名有关,宋大观二年(1108)武选官阶有忠翊郎,金代中后期武散官有忠翊校尉,犯明神宗朱翊钧的"翊"字,金代中后期武散官正七品至正九品均称"某某校尉",犯明熹宗朱由校的"校"字,除此,没有其他皇帝的名字与散官名有关,也没有皇帝名讳有"宣"字。[1] 因此,这里的"御名武"可能是"敦武"或"扩武",不可能是"宣武"。

虽然"敦"和"扩"都有可能。但宋代和金代中后期散官名中,扩武校尉这一散官从未出现过,而宋代有敦武郎,金代中后期有敦武校尉,可知此处当为"敦武校尉",避宋光宗讳。虽然宋光宗在位时间晚于范成大出使20多年,但如前所述,《三朝北盟会编》一书流传下来的只有实录院抄本这一个系统,那么在传抄过程中避光宗讳也是理所当然的。

综上所述,《三朝北盟会编》中的这段文字应该如下:

> 又参以文武散官,列为正从九品:
>
> 开府仪同三司、仪同三司、崇进、特进、金紫光禄、金紫荣禄、光禄、荣禄、资德、资政、宣奉、正奉、通奉、中奉、正议、通议、大中、中议、中宪、中散、中靖、中顺、朝请、朝散、朝奉、朝列、奉政、奉议、奉直大夫,承议、承德、承奉、承直、承务、儒林、文林、承事、征事、从仕、登仕、将仕等郎为文散官。
>
> 自荣禄大夫以上文武通得为之,龙虎、金吾卫、骠骑、奉国、辅国、镇国上将军,昭武、昭毅、安远、定远大将军,广威、宣威、建威、振威、明威、信武、显武、经武、宣武、武功、武德、武义等将军,敦信、承信、奉信、昭信、忠武、忠显、忠勇、修武、敦武、保义、进义等校尉为武散官。

《揽辔录》中的散官资料恢复如上后,比许刻本多出"仪同三司"和"敦信"校尉两阶,再用这段文字与《金史·百官志》中的散官表进行对比,《揽辔录》有而《金史·百官志》没有的散官变为:

文:宣奉大夫、中散大夫、中靖大夫、朝奉大夫、承议郎、承奉郎。

武:建威将军、振威将军、经武将军、武功将军、敦信校尉、奉信

---

[1]周广业:《经史避名汇考》卷21《帝王十八·南宋》,卷23《帝王二十·明》,北京:北京图书馆出版社,1999年,第1329页,第1340页,第1456页,第1464页。明代基本不避讳,在这里举出明神宗和明熹宗,只为了排除一切可能。

校尉。

《揽辔录》没有但《金史·百官志》有的散官变为：

文：资善大夫、嘉议大夫、中大夫、少中大夫、奉训大夫、登仕佐郎、将仕佐郎。

武：昭勇大将军、怀远大将军、武节将军、武略将军、忠翊校尉、保义副尉、进义副尉。

另外，《揽辔录》所记载的资料不是文散官40阶，武散官39阶，而是文武散官各41阶。文武官阶数相同，似乎比较整齐合理了，但这是否就是大定二年（1162）散官的真实情况呢？

1.2 《揽辔录》资料的可靠性

《揽辔录》中的这份散官资料是否真实反映出金代前期散官体系的情况？笔者认为大体能够反映，但仍有缺漏。

首先，《揽辔录》是范成大出使金朝后，回国提交的出使报告，从材料的性质来看，内容应该是比较可信的。其次，《揽辔录》中所记载的大定二年散官系统和《金史·百官志》记载的明昌（1190—1196）初年散官系统有明显的继承关系，大部分散官名和排列顺序相同。《揽辔录》中有而《金史·百官志》中没有的散官名则大都来自北宋元丰（1078—1085）改革后的寄禄官体系，且这些散官名多数能从金代史料中找到旁证。

1.2.1 文散官的情况

如前所述，金代天会四年（1126）开始使用汉式官制，其制大体继承辽代[1]。天眷元年（1138），熙宗（1135—1149年在位）首次建立完整的官僚制度，主要目的是把伪齐官员纳入金朝的官僚系统，新定官制很可能大量沿用伪齐、即北宋制度，因此《金史·百官志》有“熙宗颁新官制及换官格……大率皆循辽、宋之旧”[2]。金海陵（1149—1161

[1]王曾瑜：《金熙宗“颁行官制”考辨》，第286－295页。

[2]《金史》卷55《百官志一》，第1216页。

年在位)正隆元年(1156)五月"颁行正隆官制"[1]。《揽辔录》中收录的是世宗大定二年(1162)颁布的《新定官制诏书》,然而金世宗于大定元年十月匆匆即位,大定二年仍忙于平契丹之乱以及与南宋征战,内忧外患,似并不具备大规模官制改革的条件,大概仍是沿用正隆官制,直到大定十四年才真正进行改革。《金史》的《选举志》和《百官志》中多次提及大定十四年官制改革,最明显的是在文武散官最下分别各加2阶,[2]这是《金史》中有明确记载对散官系统进行了变动的一次改革。

北宋元丰(1078—1085)改制后的寄禄官体系,文武官情况不同。文臣寄禄官体系又经过元祐三年(1088)、元祐四年、绍圣二年(1095)、大观二年(1108)等几次较大变动,政和六年(1116)加选人7阶和授予奏补未出官人3阶。无论大定二年使用的是天眷制度还是正隆官制,其最有可能承袭的应当是政和六年最终形成的文臣寄禄官体系。为了考察前后关系,在此对北宋政和六年的文臣寄禄官名、金大定二年和金明昌初年的文散官名做一列表(见表1-1)对比。[3]

问题1 金紫荣禄大夫、银青荣禄大夫、还是银青光禄大夫?

表1-1中,金紫光禄大夫以下,光禄大夫以上1阶,《金史·百官志》作"银青荣禄大夫",《揽辔录》作"金紫荣禄大夫",宋代则为"银青光禄大夫",虽然第1节提到大多数抄本中《揽辔录》此处做"金紫荣禄",但从金代前期的史料来看,这3种名称都出现过,并无充分史料证明《揽辔录》中这一记载的可靠性。

---

〔1〕《金史》卷5《海陵纪》,正隆元年五月,第106页。

〔2〕《金史》卷55《百官志一》,第1220-1222页。金代前期文武散官最低为正九品,大定十四年改革时分别各加两阶从九品散官。

〔3〕北宋的寄禄官名部分采用了龚延明的《宋代官制辞典》附表10《文臣京朝官寄禄官分左右沿革表》中的大观二年内容和附表11《选人七阶名称变化表》,北京:中华书局,1997,第684-687页。

表 1-1　金代中后期、金代前期文散官与北宋文官寄禄官对比表

	明昌初年	大定二年	大观二年及政和六年
从一	开府仪同三司	开府仪同三司	开府仪同三司
	仪同三司	仪同三司	
	特进	崇进	特进
	崇进	特进	
正二	金紫光禄大夫	金紫光禄大夫	金紫光禄大夫
	银青荣禄大夫	金紫荣禄大夫	银青光禄大夫
从二	光禄大夫	光禄大夫	光禄大夫
	荣禄大夫	荣禄大夫	
正三	资德大夫	资德大夫	
	资政大夫	资政大夫	
	资善大夫		
从三		宣奉大夫	宣奉大夫
	正奉大夫	正奉大夫	正奉大夫
	通奉大夫	通奉大夫	通奉大夫
	中奉大夫	中奉大夫	中奉大夫
正四	正议大夫	正议大夫	正议大夫
	通议大夫	通议大夫	通议大夫
	嘉议大夫		
从四	太中大夫	太中大夫	太中大夫
	中大夫		中大夫
	少中大夫		
正五	中议大夫	中议大夫	
	中宪大夫	中宪大夫	
		中散大夫	中散大夫
		中靖大夫	
	中顺大夫	中顺大夫	

续表 1-1

	明昌初年	大定二年	大观二年及政和六年
从五	朝请大夫	朝请大夫	朝请大夫
	朝散大夫	朝散大夫	朝散大夫
		朝奉大夫	朝奉大夫
	朝列大夫	朝列大夫	
正六	奉政大夫	奉政大夫	
	奉议大夫	奉议大夫	
从六	奉直大夫	奉直大夫	奉直大夫
	奉训大夫		
正七		承议郎	承议郎
	承德郎	承德郎	
		承奉郎	承奉郎
	承直郎	承直郎	承直郎
从七	承务郎	承务郎	承务郎
	儒林郎	儒林郎	儒林郎
正八	文林郎	文林郎	文林郎
	承事郎	承事郎	承事郎
从八	征事郎	征事郎	
	从仕郎	从仕郎	从事郎
正九	登仕郎	登仕郎	登仕郎
	将仕郎	将仕郎	将仕郎
从九	登仕佐郎		
	将仕佐郎		

说明:本表以金明昌(1190—1196)初年文散官品级为标准排列。无法和明昌初年文散官名相对应的大定二年(1162)文散官名按顺序插入其中。如果有类似的北宋后期寄禄官名,则附于其后。品级一列所标为明昌初年散官品级,与大定二年和北宋时期不完全相符。北宋后期寄禄官中,宋体字部分是大观二年(1108)寄禄官名,楷体字的部分是政和六年(1116)的选人7阶和授予奏补未出官人3阶。表中加阴影部分的是《揽辔录》有而《金史·百官志》没有的散官。加着重号部分是明昌初年和北宋后

期都有，而大定二年没有的散官。

“金紫光禄大夫”一名在金代前期的史料中出现次数很少，仅《大金吊伐录·贺南楚书》中，天会五年(1127)，庆贺副使李士迁的散官为“金紫荣禄大夫”。[1] 但此时金代官制尚未成型。北宋没有“金紫荣禄大夫”衔。辽承唐制，有金紫光禄大夫和银青光禄大夫。辽太宗(927—947年在位)后，“金紫/银青光禄大夫”因避讳改为“金紫/银青崇禄大夫”，也写作“金紫/银青荣禄大夫”，[2]金代早起的金紫荣禄大夫是继承辽制。《金史·百官志》中所载的“银青荣禄大夫”主要出现在金代中后期，但在金代前期散官制度建立之后，亦有正隆六年(1161)，迁宗望之子齐为银青荣禄大夫的记载[3]。金前期史料中出现最频繁的是与《金史》和《揽辔录》记载均不符的“银青光禄大夫”。仅《金史》中就出现了20余次，主要出现在大定(1161—1189)以前。[4] 因此“银青光禄大夫”一名很可能在金代前期使用过。

综上所述，这一阶情况比较复杂，现在还难以判断其准确官名。幸而我们基本可以判定，无论是“金紫荣禄大夫”“银青荣禄大夫”还是“银青光禄大夫”指的都是金紫光禄大夫以下，光禄大夫之上的那一阶。

问题2 《揽辔录》有，但《金史·百官志》没有的散官，在金代前期真的使用过吗？

《揽辔录》有，但《金史·百官志》没有的文散官，有宣奉大夫、中散大夫、中靖大夫、朝奉大夫、承议郎、承奉郎等6阶，除中靖大夫外，都是北宋大观二年已有的散官名。这6阶中，除宣奉大夫外，其他5阶官名在金代史料中均有出现。在此简单列举一二：[5]

---

[1]〔金〕佚名撰，金少英校补，李庆善整理：《大金吊伐录校补》，北京：中华书局，2001，第444页。

[2]唐统天：《辽代汉官的散阶制》，载《社会科学辑刊》，1988年3期，第67－71页。

[3]《金史》卷74《宗望附子齐传》，第1707页。

[4]亦有泰和年间张万公迁“银青光禄大夫”的记载，但中后期并不多见。《金史》卷95《张万公传》，第2104页。

[5]列出两条材料者，分别为出现时间最早和最晚的两条。

(1)中散大夫

《集仙观牒》:“大定四年闰十一月初一日……中散大夫行员外郎李。”[1]

赵秉文《史少中碑》:“年六十九卒于官,大定八年八月也……累官至中散大夫。”[2]

(2)中靖大夫

《建炎以来系年要录》:“[绍兴二十七年(1157)、正隆二年五月]癸未金国贺生辰使……中靖大夫、太常少卿许竑见于紫宸殿。”[3]

《真泽二仙庙碑》:“中靖大夫、行潞州潞城县、上骑都尉、太原县开国子、食邑五百户、赐紫金鱼袋王良翰书……大定五年九月二十有八日。”[4]

(3)朝奉大夫

《金史·胡砺传》:“皇统(1141—1149)初,为河北西路转运都勾判官,改同知深州军州事,加朝奉大夫。”[5]

《硖石山福严禅院钟识》:“大定三年(1163)岁次癸未十一月甲子二十七日甲寅记……朝奉大夫行晋城县令郑崇。”[6]

(4)承议郎

《灵源公庙记》:“大定九年十月廿九日……承议郎行平定县令赐绯鱼袋任守。”[7]

---

〔1〕胡聘之:《山右石刻丛编》卷20《集仙观牒》,收入《石刻史料新编》第1辑第20册,台北:新文丰出版股份有限公司,1982年,第15392页。

〔2〕赵秉文:《闲闲老人滏水文集》卷12《史少中碑》第2-4页,收入《四部丛刊初编》影袁氏藏汲古阁精写本。

〔3〕李心传:《建炎以来系年要录》第9册,台北:文海出版社,1980年,第5718页。

〔4〕胡聘之:《山右石刻丛编》卷20《重修真泽二仙庙碑》,收入《石刻史料新编》第1辑第20册,第15393页。

〔5〕《金史》卷125《胡砺传》,第2721页。

〔6〕胡聘之:《山右石刻丛编》卷20《硖石山福严禅院钟识》,收入《石刻史料新编》第1辑第20册,第15391页。

〔7〕胡聘之:《山右石刻丛编》卷20《灵源公庙记》,收入《石刻史料新编》第1辑第20册,第15401页。

(5)承奉郎

《金史·孔璠传》:"天眷三年(1140),加璠承奉郎。"[1]

如上可见,《揽辔录》有但《金史·百官志》没有的散官,除"宣奉大夫"外,在金代前期的史料中全都出现过。需要注意的是,从表1-1中可以看出,北宋大观二年和金中期的明昌初年均有"中大夫",但时间上处于二者之间的大定二年却没有这一阶,这一现象在表1-1中是唯一一处。笔者认为这是《揽辔录》传写过程中遗漏了,这一点后面再详细讨论。

1.2.2 武散官的情况

武散官的情况稍有不同。根据赵冬梅的研究,宋代的官僚集团大体可以分为3类,其中地位最高的是文官,其次是介于文官与武官之间的武选官集团,而真正的军职地位最低,军职中低级官员的品位和职位合一,也就是说没有单独的品位等级体系。北宋政和二年,为武选官集团制定了一套武选官阶,但由于武选官非文非武,这套制度并没有使用唐代武散阶"将军""校尉"等名称,而是用"大夫""郎"等,只不过加上"忠""武""义"等有尚武意味的字眼。[2] 因此金代并未完全承袭政和二年的新定武选官官阶名,而是选取了七品以上的北宋前期武散官名(同唐代武散官名)和七品以下的政和新定武选官阶名,再加上一些新创官名,构成了金代前期的武散官系统。这大概就是张棣《金图经》所谓"虏之官品本尊唐制,又以本朝之法并辽法参而用之"[3]。此处列武散官对比表格如表1-2,明威将军以上同北宋前期散官(即唐代散官)对比,信武将军以下同北宋政和新定武选官阶对比。由于金代散官荣禄大夫以上文武相同,表1-2从龙虎卫上将军开始。[4]

[1]《金史》卷105《孔璠传》,第2311页。

[2]赵冬梅:《文武之间:北宋武选官研究》,北京:北京大学出版社,2010年。

[3]徐梦莘:《三朝北盟会编》卷244《炎兴下帙一百四十四》,第1753页。

[4]北宋武官寄禄官名根据龚延明《宋代官制辞典·宋代官制总论·北宋前期武散官表》,第31页。

表1-2 金代中后期、前期武散官与北宋武散官及武臣寄禄官对比表

	明昌初年	大定二年	北宋武散官或武臣寄禄官阶
正三	龙虎卫上将军	龙虎卫上将军	
	金吾卫上将军	金吾卫上将军	
	骠骑卫上将军	骠骑上将军	骠骑大将军
从三	奉国上将军	奉国上将军	
	辅国上将军	辅国上将军	辅国大将军
	镇国上将军	镇国上将军	镇国大将军
正四	昭武大将军	昭武大将军	昭武将军
	昭毅大将军	昭毅大将军	
	昭勇大将军		
从四	安远大将军	安远大将军	
	定远大将军	定远大将军	定远将军
	怀远大将军		
正五	广威将军	广威将军	
	宣威将军	宣威将军	宣威将军
		建威将军	
		振威将军	振威校尉
	明威将军	明威将军	明威将军
从五	信武将军	信武将军	
	显武将军	显武将军	
		经武将军	武经大夫
	宣武将军	宣武将军	
	明昌初年	大定二年	北宋武散官或武臣寄禄官阶

续表 1－2

	明昌初年	大定二年	北宋武散官或武臣寄禄官阶
正六	武节将军[1]	武功将军	武节大夫 武功大夫
	武德将军	武德将军	武德大夫
从六	武义将军	武义将军	武义大夫
	武略将军		
正七		敦信校尉	
	承信校尉	承信校尉	承信郎
		奉信校尉	
	昭信校尉	昭信校尉	
从七	忠武校尉	忠武校尉	
	忠显校尉	忠显校尉	
正八	忠勇校尉	忠勇校尉	
	忠翊校尉		忠翊郎
从八	修武校尉	修武校尉	修武郎
	敦武校尉	敦武校尉	敦武郎
正九	保义校尉	保义校尉	保义郎
	进义校尉	进义校尉	进义校尉
从九	保义副尉		
	进义副尉		

说明：本表以金明昌初年武散官品级为标准排列。无法和明昌初年文散官名相对应的大定二年武散官名按顺序插入其中。如果有类似的北宋前期武散官或北宋后期武选官官阶名，则附于其后。品级一列所标为明昌初年散官品级，与大定二年和北宋时期不完全相符。

〔1〕虽然“武节将军”出现在《金史·百官志》的散官表中，但它并不是大定十四年改制时出现的散官名，而是明昌初年因避讳而出现的，替代了武功将军的位置，因此武节将军和武功将军在此合并为一格。

问题1 《金史·百官志》中的“骠骑卫上将军”,《揽辔录》中作“骠骑上将军”。

金代前期史料中多次出现“骠骑上将军”,无疑曾使用此名。中后期材料大多作“骠骑卫上将军”,应是改革散官制度时加上“卫”字,不过中后期材料中亦偶有“骠骑上将军”一名出现,可能是前期作“骠骑上将军”,后期虽然改名,但书写时仍循旧名,漏写了“卫”字。

《金史》卷66《隈可传》:“天眷二年,授骠骑上将军。”

《金史》卷81《阿勒根没都鲁传》:“皇统元年(1141),计功擢宣威将军。迁骠骑上将军。”

《金史》卷118《苗道润传》:“贞祐四年(1216),复以功迁怀远大将军、同知中山府事。再阅月,复战有功,迁骠骑上将军、中都路经略使、兼知中山府事。”[1]

问题2 表1-2中加阴影的武散官,在金代前期使用过吗?

《揽辔录》中有而《金史·百官志》中没有的武散官共有建威将军、振威将军、经武将军、武功将军、敦信校尉、承信校尉6阶。这6阶都能够在金代史料中找到旁证:

(1)建威将军

《大金泽州陵川县古贤谷禅林院重修弥勒殿记》:“正隆四年(1159)……建威将军、行县令、上骑都尉、汾阳县开国子、食邑五百户郭宗庆。”[2]

(2)振威将军

刘晞颜《创建宝坻县碑》:“(大定十二年,1172,设宝坻县)振威将军王口来尹是郡。”[3]

(3)经武将军

《山右石刻丛编》卷19《独担灵显王庙碑》:“皇统二年七月二十五

[1]分别见于《金史》第91页,第1561页,第1818页,第2572页。

[2]胡聘之:《山右石刻丛编》卷19《大金泽州陵川县古贤谷禅林院重修弥勒殿记》,收入《石刻史料新编》第1辑第20册,第15375页。

[3]张金吾:《金文最》卷69,北京:中华书局,1990年,第1003页。

日……立石……经□将军、同知忻州军州事李士安。”[1]

(4)武功将军

《金史·徒单合喜传》:“(大定二年,1162)陕西平,诏书奖谕……押军谋克,武功以下、忠显以上迁两资。”[2]

武功将军一阶比较特殊。在大定十四年官制改革之后仍然出现,但明昌以后这一阶不再使用,《金史·徒单思忠传》有“大定十九年……授其子铎武功将军、世袭中都路乌独浑谋克”。[3] 推测大定十四年改革后“武功将军”仍然使用,金章宗(1189—1208 年在位)即位后,为避显宗完颜允恭之讳而改为“武节将军”。

(5)敦信校尉

完颜末里也《仰天山记》:“(皇统六年,1146)率宗婿敦信校尉、少尹、副都总管蒲察阿里布数人想与来游。”[4]

《金史·徒单合喜传》:“(大定二年)陕西平,诏书奖谕……押军猛安……无官者,女直人授敦信,余人授忠武。”[5]

(6)奉信校尉

《金石萃编》卷 154《京兆府重修府学记》:“大金正隆二年(1157)十一月十有五日……修学、奉信校尉、可充京兆府军器库使兼知作院、飞骑尉刘端。”[6]

《常山贞石志》卷 13《大定真定府元氏县神岩乡屯□□重修洪福院记》:“大定癸巳(十三年)中元日……奉信校尉、行县尉飞骑尉高子正。”[7]

---

[1]胡聘之:《山右石刻丛编》卷19《独担灵显王庙碑》,收入《石刻史料新编》第1辑第20册,第15364页。

[2]《金史》卷87《徒单合喜传》,第1944页。

[3]《金史》卷120《徒单思忠传》,第2622页。

[4]张金吾:《金文最》卷22,第303页。

[5]《金史》卷87《徒单合喜传》,第1944页。

[6]王昶:《金石萃编》卷154《京兆府重修府学记》,收入《石刻史料新编》第1辑第4册,第2867页。

[7]沈涛:《常山贞石志》卷13《大定真定府元氏县神岩乡屯□□重修洪福院记》,收入《石刻史料新编》第1辑第18册,第13395页。

如上可知,《揽辔录》中有但《金史·百官志》中没有的武散官,在金代前期的史料中均可找到旁证,可知的确曾使用过。与文散官类似,北宋和金中期均有、而金前期没有的散官仅"忠翊校尉"一阶[1],笔者认为这也是《揽辔录》传抄过程中的漏写。详见之后的讨论。

1.2.3 《揽辔录》中的散官材料基本可靠

《揽辔录》有而《金史·百官志》没有的散官名,基本都可以从当时史料中找到旁证,可见这套散官系统的确在金代前期实行过。大定十四年官制改革后,之前的官制表没有保留下来,后人已不知道这些散官名曾使用过,以至于一些学者在研究中出现了错误。如《常山贞石志》卷13《重修洪福院记》中出现了"奉信校尉",沈涛按语曰:"考《大金国志》、金《百官志》,武散官有承信、昭信校尉而无奉信,他碑亦罕见此衔,非史之缺略,即书碑人笔误。"同书卷14《获鹿县灵岩院[圀]公和尚塔铭》中出现"武功将军",沈涛按语曰:"《金史·百官志》惟武散官有武德、武节、武义、武略等将军,而无武功将军,盖自熙宗(1135—1149年在位)颁行新官制之后至海陵(1149—1161年在位)、世宗(1161—1189年在位)互有增改,武功当是其增改之官,史缺有间,不可考矣。"沈涛不了解金代散官制度的变化,误以为《金史·百官志一》记载的是金熙宗时制定的官制,反而认为"武功将军"是海陵、世宗时期增改的结果。《山右石刻丛编》的编者胡聘之、《金石萃编》的编者王昶等,在按语中也提到过类似的困惑。现代学者也曾为其所误,《金史》点校本中,卷87《徒单合喜传》:

> 校记10:余人迁奉信,按本书卷五五百官志,吏部,武散官"正七品上曰承信校尉","奉信"疑即"承信"。
>
> 校记11:女直人授敦信,按本书卷五五百官志,吏部,武散官"正七品下曰昭信校尉","敦信"疑即"昭信"。
>
> 校记12:武功以下,按本书卷五五百官志,吏部,武散官"从六

---

〔1〕从表格来看,"武节将军"也是中间缺环的散官。但实际上其中金中期的"武节将军"是金前期的"武功将军"所改。见本节之前"武功将军"的讨论。

品下曰武略将军”,“武功”疑即“武略”。[1]

在这里,《金史》的点校者不了解金代散官制度前期和中后期的不同,不知道“奉信校尉”“敦信校尉”“武功将军”都是金代前期使用过而后期废除的散官名,怀疑“奉信”应该是“承信”,“敦信”应为“昭信”,“武功”应为“武略”,犯了和清人同样的错误。

1.3 金代前期的散官排列

《揽辔录》中的这份资料并没有记录各阶散官的品级,那么这套系统是怎么排列的呢?我们只能根据金代其他史料中的零散线索做一推测。

首先,从唐、北宋到金代中后期的散官、品位系统,均无正一品,所以我们推测金代前期这一套系统也没有正一品,而是自从一品开始。

其次,张棣的《金图经·官品》中记载:“虏之官品本尊唐制,又以本朝之法并辽法参而用之,文则郎与大夫,武则校尉与将军,其勋、爵、食邑皆同焉,至二品文武混而为一。”[2]《金史·百官志》所记录的金中后期散官制度也是三品以下文武有别,二品以上文武混一,所以我们推测这套散官系统也是二品以上文武相同。《揽辔录》和《金史·百官志》所载的散官,二品以上基本相同,只有“崇进”与“特进”的顺序不同。如表1-3所示:

表1-3 金代前后期从二品以上散官表

	大定二年		明昌初年	
从一品	开府仪同三司 仪同三司	崇进 特进	开府仪同三司 仪同三司	特进 崇进
正二品	金紫光禄大夫	金紫荣禄大夫	金紫光禄大夫	银青荣禄大夫
从二品	光禄大夫	荣禄大夫	光禄大夫	荣禄大夫

[1]《金史》卷87,第1946页。

[2]徐梦莘:《三朝北盟会编》卷244《炎兴下帙一百四十四》,第1753页。

第三,金代的传记资料中几乎不记录官员勋、爵、食邑等级的升迁情况,除了这套品位系统作用较小,几乎不与实际利益相关外,也因为勋、爵、食邑的品级基本上和散官品级相同。金代后期,由于与蒙、宋频繁交战,官员品位等级的升迁变得更为灵活,从传记、石刻等材料来看,金代中期的散官品与勋、爵、食邑基本对应,那么金代前期散官和勋官的品级很可能也相互对应。因此我们先假设大定十四年(1174)之前的散官与勋、爵、食邑品级大体对应。

虽然我们并不能确定金代的勋、爵、食邑系统在大定十四年官制改革前后是否相同,但目前在材料中没有任何迹象表明勋、爵、食邑系统曾有过变化,这套系统地位如此次要,尤其是勋官,几乎不与任何利益相关,其体系在唐代、宋代和金代后期均相同,似乎在金前期也没有先进行改革再恢复原貌的必要。因此,我们再假设大定十四年前后的勋、爵、食邑这套品位系统,尤其是勋官系统没有重大变化。然后以这两条假设为前提,利用散官与勋、爵、食邑品级的对应关系来考虑《揽辔录》所载散官的品级和排列方式。再以排列的结果来验证这两条假设的可靠性。

我们所采用的勋、爵、食邑等级表即《金史·百官志》中所载系统,具体如表1-4。

由于大部分爵和食邑的等级不分正从,所以以下材料主要依靠勋和散官的对应关系来确定散官品级,目前笔者能够找到的大定十四年之前的资料如下,品级排列以勋官为准:

文散官:

从三品　护军

中奉大夫、知汾阳军节度使兼汾州管内观察使事、护军、太原郡开国侯、食邑一千户、实封一百户王璹[1]

〔1〕沈涛:《常山贞石志》卷13《真定府十方定林禅院第四代传法主持赐紫通法禅师塔铭》贞元元年(1153),收入《石刻史料新编》第1辑第18册,第13387页。

表 1-4 《金史·百官志》所载勋、爵、食邑体系表

<table>
<tr><td colspan="3">勋</td><td colspan="5">爵</td></tr>
<tr><td colspan="3"></td><td colspan="5">封王者食邑万户,实封一千户</td></tr>
<tr><td></td><td></td><td></td><td rowspan="2">正从一</td><td>郡王</td><td>食邑五千户</td><td colspan="2">实封五百户</td></tr>
<tr><td></td><td></td><td></td><td>国公</td><td>食邑三千户</td><td colspan="2">实封三百户</td></tr>
<tr><td>正二</td><td>十二转</td><td>上柱国</td><td rowspan="2">正从二</td><td rowspan="2">郡公</td><td rowspan="2">食邑二千户</td><td colspan="2" rowspan="2">实封二百户</td></tr>
<tr><td>从二</td><td>十一转</td><td>柱国</td></tr>
<tr><td>正三</td><td>十转</td><td>上护军</td><td rowspan="2">正从三</td><td rowspan="2">郡侯</td><td rowspan="2">食邑一千户</td><td colspan="2" rowspan="2">实封一百户</td></tr>
<tr><td>从三</td><td>九转</td><td>护军</td></tr>
<tr><td>正四</td><td>八转</td><td>上轻车都尉</td><td rowspan="2">正从四</td><td>郡伯</td><td>食邑七百户</td><td>无</td><td>承安二年前</td></tr>
<tr><td>从四</td><td>七转</td><td>轻车都尉</td><td>县伯</td><td>食邑七百户</td><td>无</td><td>承安二年后</td></tr>
<tr><td>正五</td><td>六转</td><td>上骑都尉</td><td>正五</td><td>县子</td><td>食邑五百户</td><td>无</td><td></td></tr>
<tr><td>从五</td><td>五转</td><td>骑都尉</td><td>从五</td><td>县男</td><td>食邑三百户</td><td>无</td><td></td></tr>
<tr><td>正六</td><td>四转</td><td>骁骑尉</td><td></td><td></td><td></td><td></td><td></td></tr>
<tr><td>从六</td><td>三转</td><td>飞骑尉</td><td></td><td></td><td></td><td></td><td></td></tr>
<tr><td>正七</td><td>二转</td><td>云骑尉</td><td></td><td></td><td></td><td></td><td></td></tr>
<tr><td>从七</td><td>一转</td><td>武骑尉</td><td></td><td></td><td></td><td></td><td></td></tr>
</table>

从四品　轻车都尉

大中大夫、行乾州刺史兼知军事、轻车都尉、荥阳郡开国伯、食邑七百户、赐紫金鱼袋郑彦文[1]

正五品　上骑都尉

中议大夫、行太原府盂县令、上骑都尉、范阳县开国子、食邑五百户、赐紫金鱼袋燕毅[2]

中议大夫、同知石州军事、上骑都尉、弘农县开国子、食邑五伯

[1]王昶:《金石萃编》卷154《乾州思政堂记》大定十一年,第2869页。

[2]胡聘之:《山右石刻丛编》卷20《金神泉里藏山神庙记》大定十二年,收入《石刻史料新编》第1辑第20册,第15403页。

户、赐紫金鱼袋权州杨侯[1]中宪大夫、前河东南路转运副使、上骑都尉、上古县开国子、食邑五百户、赐紫金鱼袋成蒙亨[2]

中散大夫、前南京路兵马都总管判官、上骑都尉、天水县开国子、食邑五百户、赐紫金鱼袋赵安时[3]

中靖大夫、行潞州潞城县、上骑都尉、太原县开国子、食邑五百户、赐紫金鱼袋王良翰[4]

中顺大夫、南京路兵马都总判、上骑都尉、天水县开国子、食邑五百户、赐紫金鱼袋赵安时[5]

中顺大夫、前充陇州防御判官、上骑都尉、太原县开国子、食邑五百户、赐紫金鱼袋王从简[6]

中顺大夫、翰林修撰同知制诰、上骑都尉、元城县开国子、食邑五百户、赐紫金鱼袋赵扬[7]

从五品　骑都尉

朝请大夫、前行磁州滏阳县令、骑都尉、太原县开国男、食邑三百户、赐紫金鱼袋王琯[8]

朝请大夫、行太常丞、骑都尉、汾阳县开国男、食邑五百户、赐

---

〔1〕胡聘之:《山右石刻丛编》卷21《慈云院记》大定十三年,收入《石刻史料新编》第1辑第20册,第15408页。

〔2〕沈涛:《常山贞石志》卷13《真定府十方定林禅院第四代传法主持赐紫通法禅师塔铭》贞元元年,收入《石刻史料新编》第1辑第18册,第13387页。

〔3〕胡聘之:《山右石刻丛编》卷20《重修真泽二仙庙碑》大定五年,收入《石刻史料新编》第1辑第20册,第15393页。

〔4〕胡聘之:《山右石刻丛编》卷20《重修真泽二仙庙碑》大定五年,收入《石刻史料新编》第1辑第20册,第15393页。

〔5〕胡聘之:《山右石刻丛编》卷19《大金泽州陵川县古贤谷禅林院重修弥勒殿记》正隆四年(1159),收入《石刻史料新编》第1辑第20册,第15375页。

〔6〕陆耀遹:《金石续编》卷20《开元寺观音院记》大定六年,收入《石刻史料新编》第1辑第5册,第3447页。

〔7〕赵扬:《潞州潞城县常村重建洪济院记》大定七年,《全辽金文》据山西屯留县常村原碑抄件收,太原:山西古籍出版社,第1129-1130页。

〔8〕沈涛:《常山贞石志》卷13《真定府十方定林禅院第四代传法主持赐紫通法禅师塔铭》贞元元年,第13387页。

紫金鱼袋、邑人郭长倩[1]

朝散大夫、行解州夏县令、骑都尉、太原县开国男、食邑三百户、赐紫金鱼袋、淮西寿春王庭直[2]

朝奉大夫、骑都尉、开国男、食邑三百户、赐紫金鱼袋致仕郭好问[3]

朝奉大夫、行太常博士、骑都尉、汾阳郡开国男、食邑三百户、赐紫金鱼袋郭长倩[4]

朝列大夫、行临泉县令、骑都尉、太原县开国男、食邑三百户、赐紫金鱼袋王衮[5]

朝列大夫、充岚州观察判官、骑都尉、延陵县开国男、食邑三百户、赐紫金鱼袋吴格[6]

正六品　骁骑尉

奉政大夫、专一规措京兆府耀州三白渠公事、骁骑尉王堪[7]

奉议大夫、充太原府推官、骁骑尉、赐绯银鱼袋张希孟[8]

奉议大夫、前太原府市令、骁骑尉、赐绯银鱼袋高翥[9]

奉议大夫、军事判官、骁骑尉忻□□□[10]

---

〔1〕毕沅:《山左金石志》卷19《文登县新修县学记》大定十二年,收入《石刻史料新编》第1辑第19册,第14679页。

〔2〕胡聘之:《山右石刻丛编》卷19《重立司马温公神道碑记》皇统九年(1149),收入《石刻史料新编》第1辑第20册,第15373页。

〔3〕陆增祥《八琼室金石补正》卷124《大金东平府平阴县陶山幽栖寺故律师初公山主塔铭》大定六年,收入《石刻史料新编》第1辑第8册,第6017页。

〔4〕郭长倩:《梵云院碑》大定十年,《全辽金文》据民国二十五年(1936)本《牟平县志》卷9收,第1335页。

〔5〕胡聘之:《山右石刻丛编》卷21《慈云院记》大定十三年,收入《石刻史料新编》第1辑第20册,第15408页。

〔6〕张金吾:《金文最》卷69吴格《齐东镇行香院碑》(大定十三年),第1012页。

〔7〕王昶:《金石萃编》卷154《京兆府重修府学记》正隆二年,第2867页。

〔8〕胡聘之:《山右石刻丛编》卷20《太原府英济侯感应记》大定二年,收入《石刻史料新编》第1辑第20册,第15382页。

〔9〕胡聘之:《山右石刻丛编》卷20《太原府英济侯感应记》大定二年,收入《石刻史料新编》第1辑第20册,第15382页。

〔10〕李敬修:(光绪)《费县志》《灵峰寺三疏碑》大定五年,光绪二十三年(1897)刻本。

奉议大夫、骁骑尉刘子初[1]

奉直大夫、行浉州双城县令、骁骑尉刘唐[2]

从六品　飞骑尉

承德郎、飞骑尉、赐绯鱼袋前孟州河阳县令程华[3]

承德郎、行县令、飞骑尉、赐绯鱼袋任宿[4]

承德郎、充陇州防御判官、飞骑尉、赐绯鱼袋李次典[5]

承德郎、同知蔡州防御使事、飞骑尉、赐绯鱼袋智楫[6]

(丞)[承]奉郎、行晋宁军吴堡寨、飞骑尉、赐绯鱼袋杨庭筠[7]

丞直郎、军事判官、飞骑尉尹[8]

承直郎、行主簿兼知县尉、飞骑尉、赐绯鱼袋周忠[9]

承直郎、行襄垣县令、飞骑尉、赐绯鱼袋贺允中[10]

正七品　云骑尉

承务郎、行主簿兼知县尉、云骑尉、赐绯鱼袋周允忠[11]

---

[1]罗福颐:《满洲金石志外编》《灵峰院千佛洞碑灵峰院千佛洞碑》皇统三年,收入《石刻史料新编》第1辑第23册,第17489页。

[2]罗福颐:《满洲金石志》卷3《金刘氏明堂碑》皇统四年,第17286页。

[3]胡聘之:《山右石刻丛编》卷19《奉国上将军南泽州刺史左公德政碑》皇统三年,收入《石刻史料新编》第1辑第20册,第15366页。

[4]胡聘之:《山右石刻丛编》卷20《龙岩寺记》大定三年,收入《石刻史料新编》第1辑第20册,第15388页。

[5]王昶:《金石萃编》卷154《开元寺观音院记》大定五年,第3447页。

[6]胡聘之:《山右石刻丛编》卷20《金神泉里藏山神庙记》大定十二年,收入《石刻史料新编》第1辑第20册,第15403页。

[7]胡聘之:《山右石刻丛编》卷21《慈云院记》大定十三年,收入《石刻史料新编》第1辑第20册,第15408页。

[8]李敬修:(光绪)《费县志》《灵峰寺三疏碑》正隆元年。

[9]胡聘之:《山右石刻丛编》卷20《龙岩寺记》大定三年,收入《石刻史料新编》第1辑第20册,第15388页。

[10]贺允中:《历任襄垣县县令碣》大定十三年,《全辽金文》据山西襄垣县文博馆原碑抄件收,第1533页。

[11]胡聘之:《山右石刻丛编》卷19《大金泽州陵川县古贤谷禅林院重修弥勒殿记》正隆四年,收入《石刻史料新编》第1辑第20册,第15375页。

承务郎、行太原府盂县主簿、云骑尉、赐绯银鱼袋席良臣[1]

从七品　武骑尉

儒林郎、滕阳军滕县令、武骑尉、赐绯鱼袋李自牧[2]

儒林郎、石州军事判官、武骑尉、赐绯鱼袋范时可[3]

文林郎、试太子校书郎、武骑尉[4]

最后这条文林郎的材料需要加以说明。金代皇统元年(1141)到大定十三年(1173)之间,笔者亦发现四条结衔散官为文林郎但不带勋官的材料[5],仅此一条材料中散官为文林郎但带从七品勋官武骑尉。《大金国志·服色》中记载的是金代早期的散官品级,有"八品至九品,谓文臣文林郎至将仕郎"[6],因此笔者倾向于认为金代早期散官表中,文林郎为正八品,而非从七品,这一条属于特殊情况,有可能因为此人散官低于职事官,带试字,因此加勋官。

武散官:

从三品　护军

骠骑(正)[上]将军、护[军]、郡(县)[侯]、食邑一千户赐一百户、知忻州军州事、开国侯完颜京[7]

镇国上将军、同知平定军事、护军移剌答撒□[8]

---

[1]胡聘之:《山右石刻丛编》卷20《金神泉里藏山神庙记》大定十二年,收入《石刻史料新编》第1辑第20册,第15403页。

[2]毕沅:《山左金石志》卷19《福胜院敕牒碑》大定三年,收入《石刻史料新编》第1辑第19册,第14677页。

[3]胡聘之:《山右石刻丛编》卷21《慈云院记》大定十三年,收入《石刻史料新编》第1辑第20册,第15408页。

[4]罗福颐:《满洲金石志》卷3《金刘氏明堂碑》皇统四年,第17286页。

[5]毕沅:《山左金石志》卷19《兴国寺新修大殿碑》大定十二年:文林郎、特差充军事推官、权签判孙,文林郎、权签书判官厅公事孔,收入《石刻史料新编》第1辑第19册,第14679页。

[6]宇文懋昭撰,崔文印校证:《大金国志校证》卷34《服色》,第483页。

[7]胡聘之:《山右石刻丛编》卷19《独担灵显王庙碑》皇统二年,收入《石刻史料新编》第1辑第20册,第15364页。

[8]胡聘之:《山右石刻丛编》卷20《灵源公庙记》大定九年,收入《石刻史料新编》第1辑第20册,第15401页。

辅国上将军、知平定军事、护军、开国侯温特痕德□[1]

正四品　上轻车都尉

昭武大将军、行台尚书户部兼工部侍郎兼左司郎中、上轻车都尉、兰陵县开国伯、食邑七百户萧毅[2]

昭武大将军、同知乾州军州事、上轻车都尉、陇西郡开国伯、食邑七百户李仲仁[3]

正五品　上骑都尉

广威将军、行稷山县令、上骑都尉、清河县开国子、食邑五百户张[4]

广威将军、行邳州刺史兼知军事、上骑都尉、开国□、管□军马完颜蒲□[5]

宣威将军、行真定府元氏县令、上骑都尉、神麓郡开国子、食邑五百户大重寿[6]

建威将军、行县令、上骑都尉、汾阳县开国子、食邑五百户郭宗庆[7]

从五品　骑都尉

信武将军、同知邳州军事、骑都尉高[8]

正六品　骁骑尉

武德将军、行太原府盂县尉、骁骑尉孙德康[9]

---

〔1〕胡聘之:《山右石刻丛编》卷20《灵源公庙记》大定九年,收入《石刻史料新编》第1辑第20册,第15401页。

〔2〕徐梦莘《三朝北盟会编》卷206《炎兴下帙一百六》,“绍兴十一年十一月七日辛丑金人元帅兀朮遣使来第三书”皇统元年,第1488页。

〔3〕王昶:《金石萃编》卷154《乾州思政堂记》大定十一年,第2869页。

〔4〕胡聘之:《山右石刻丛编》卷19《稷山县衙创修康乐亭记》正隆四年,收入《石刻史料新编》第1辑第20册,第15377页。

〔5〕李敬修:(光绪)《费县志》《灵峰寺三疏碑》大定五年。

〔6〕沈涛:《常山贞石志》卷13《重修洪福院记》大定十三年,第13395页。

〔7〕胡聘之:《山右石刻丛编》卷19《大金泽州陵川县古贤谷禅林院重修弥勒殿记》正隆四年,收入《石刻史料新编》第1辑第20册,第15375页。

〔8〕李敬修:(光绪)《费县志》《灵峰寺三疏碑》正隆元年。

〔9〕胡聘之:《山右石刻丛编》卷20《金神泉里藏山神庙记》大定十二年,收入《石刻史料新编》第1辑第20册,第15403页。

从六品　飞骑尉

奉信校尉、可充京兆府军器库使兼知作院、飞骑尉刘端[1]

奉信校尉、滕阳军司狱、权滕县主簿、飞骑尉杨骧[2]

奉信校尉、行县尉、飞骑尉、高子正[3]

奉信校尉、同知邳州军州事、飞骑尉耶律温[4]

昭信校尉、行京兆府录事、飞骑尉王景晖[5]

昭信校尉、行主簿、飞骑尉杨仁[6]

正七品　云骑尉

忠武校尉、县令、云骑尉李彦说[7]

忠武校尉、商酒都监、云骑尉田德兴[8]

从七品　武骑尉

忠显校尉、武骑尉成愈[9]

忠显校尉、武骑尉、权成武县机察官曹佐[10]

忠显校尉、充京兆府军器库副使兼知作院、武骑尉李宏[11]

以上所引用的材料分布在皇统元年(1141)到大定十三年(1173)之间,大定年间的资料最为丰富。从这些材料来看,金前期皇统元年到大定十三年,散官和勋、爵、食邑的等级对应都是非常规则的,其散官的

---

〔1〕王昶:《金石萃编》卷154《京兆府重修府学记》正隆二年,第2867页。

〔2〕毕沅:《山左金石志》卷19《福胜院勅牒碑》大定三年,收入《石刻史料新编》第1辑第19册,第14677页。

〔3〕沈涛:《常山贞石志》卷13《重修洪福院记》大定十三年,第13395页。

〔4〕李敬修:(光绪)《费县志》《灵峰寺三疏碑》大定五年。

〔5〕王昶:《金石萃编》卷154《京兆府重修府学记》正隆二年,第2867页。

〔6〕沈涛:《常山贞石志》卷13《重修洪福院记》大定十三年,第13395页。

〔7〕胡聘之:《山右石刻丛编》卷20《重修真泽二仙庙碑》大定五年,收入《石刻史料新编》第1辑第20册,第15393页。

〔8〕沈涛:《常山贞石志》卷13《重修洪福院记》大定十三年,第13395页。

〔9〕张金吾:《金文最》卷66许申《重修释迦院碑》皇统五年,第962页。

〔10〕毕沅:《山左金石志》卷19《广岩院勅牒碑》大定二年,收入《石刻史料新编》第1辑第19册,第14676页。

〔11〕王昶:《金石萃编》卷154《京兆府重修府学记》正隆二年,第2867页。

品级与《金史·百官志》所载不同，但这些资料之间并无冲突。[1] 天眷(1138—1140)时间太短，目前没有找到这一时期散官和勋、爵、食邑对应的资料，但天会(1123—1137)年间的对应关系则比较混乱，如天会十一年的《解州闻喜县改修董池神记》有：

朝散大夫、尚书职方郎中、知县事、云骑尉(正七)借紫贾葵撰

朝散大夫、尚书左司郎中、解州盐场都监、武骑尉(从七)借紫滕裪书并题额[2]

应当对应从五品骑都尉的朝散大夫在天会十一年(1133)的史料中同时对应正从七品的云骑尉和武骑尉，这是因为天会年间的官制尚未成型，仅仅粗略借用了辽、宋官制。从上面列举的皇统元年(1141)到大定十三年(1173)材料的一致性，基本可以推测天眷(1138—1140)改制之后，散官的品位等级没有重大改变。大定十四年之后，散官和勋、爵、食邑的对应关系开始符合《金史·百官志》所记载的散官品级。这也说明大定十四年进行了比较重要的官制调整。

根据所列举的材料，基本可以确定的正三品以下的散官品级如表1－5。

根据这张表格，再把其他没有确定品级的散官按照《揽辔录》记载的顺序添入表格，考虑到文武官对称排列，势必如表1－6。

在此对这种排列方式做如下几点说明：

(1)唐、北宋前期、金代中后期的散官系统都是文武对称的，北宋后期的文臣寄禄官与武选官阶的排列并不对称，这是因为武选官本身并不是真正意义上的武官，而是介于文官与武官之间的特殊群体，而军职中下级官员又并没有独立的官阶体系，这是北宋特殊的制度。从《揽辔录》中这份大定二年(1162)散官资料的形式来看，文武散官有大

[1]唯一的例外是王昶《金石萃编》卷154皇统九年《长清灵严寺宝公开堂疏》"特进、行济南府尹、上柱国、巩国公、完颜笃化叔"，第2864页。我们推测为从一品的"特进"对应正二品勋"上柱国"，这是因为勋的最高品级就是正二品，没有更高的勋可以与"特进"相对应。此处"特进"对应正从一品爵位"国公"，也说明散官与勋、爵的等级是相互对应的。

[2]胡聘之：《山右石刻丛编》卷19《解州闻喜县改修董池神记》，收入《石刻史料新编》第1辑第20册，第15355页。

表 1－5 可确定金前期散官一览表

	文散官	武散官	勋
正三			上护军
从三	中奉大夫	骠骑上将军、镇国上将军、辅国上将军	护军
正四		昭武大将军	上轻车都尉
从四	太中大夫		轻车都尉
正五	中议大夫、中宪大夫、中散大夫、中靖大夫、中顺大夫	广威将军、宣威将军、建威将军	上骑都尉
从五	朝请大夫、朝散大夫、朝奉大夫、朝列大夫	信武将军	骑都尉
正六	奉政大夫、奉议大夫、奉直大夫	武德将军	骁骑尉
从六	承德郎、承奉郎、丞（承）直郎	奉信校尉、昭信校尉	飞骑尉
正七	承务郎	忠武校尉	云骑尉
从七	儒林郎	忠显校尉	武骑尉

量对称因素，因此笔者倾向于认为金代前期文武散官表是完全对称的，这张表格的排列也以此为重要前提。以正五品这一级的情况为例，虽然武散官不能确定振威将军、明威将军两阶的品级，但由于文散官可以确定中顺大夫和中散大夫为正五品，因此武散官振威将军和明威将军也被确定为正五品。从五品、正六品、从七品的情况也与此相同。

（2）在排列表格之前，笔者并不认为名称形式相同的散官应该在同一阶，与此相反，曾推测散官名的形式相同与否应与其是否同一品级无关，否则形式为“中某”的散官有中议、中靖、中宪、中顺、中散5阶，如果全都放在同一级，未免有些奇怪。但从表1－5的结果来看，金代前期的散官系统，其品位等级的排列的确与散官名称的形式有关，名

表 1-6 金代前期散官表

	文散官					武散官				
从一	开府仪同三司 仪同三司			崇进 特进		开府仪同三司 仪同三司			崇进 特进	
正二	金紫光禄			金紫荣禄		金紫光禄			金紫荣禄	
从二	光禄			荣禄		光禄			荣禄	
正三	资德			资政		龙虎卫上			金吾卫上	
从三	宣奉	正奉	通奉	中奉		骠骑上	奉国上	辅国上	镇国上	
正四	正议	通议				昭武大	昭毅大			
从四	太中	中				安远大	定远大			
正五	中议	中宪	中散	中靖	中顺	广威	宣威	建威	振威	明威
从五	朝请	朝散	朝奉	朝列		信武	显武	经武	宣武	
正六	奉政	奉议	奉直			武功	武德	武义		
从六	承议	承德	承奉	承直		敦信	承信	奉信	昭信	
正七	承务					忠武				
从七	儒林					忠显				
正八	文林	承事				忠勇	忠翊			
从八	征事	从仕				修武	敦武			
正九	登仕	将仕				保义	进义			

说明:加着重号者为已经确定品级的散官,普通字体为未确定品级的散官。加阴影的“中大夫”和“忠翊校尉”是笔者认为《揽辔录》传抄过程中漏写的 2 阶。为了节约空间,省略了正六品以上文散官后的“大夫”和武散官后的“将军”,从六品以下文散官后的“郎”和武散官后的“校尉”等字。

称形式相同的散官往往在同一级,如文散官的正五品、从五品、正六品均如此。因此在排列未确定品级的散官时,也参考了这一原则。譬如从材料中无法确定正从三品的界限,但从散官名的形式来看,应该把这一界限划散官“资政”与“宣奉”、武散官“金吾卫上将军”与“骠骑上将军"之间。从六品的情况与此相同。需要注意的是,根据张棣《金图经》[1]和前引《金史·百官志》散官表[2],金海陵(1149—1161年在位)天德二年(1150),把中亮大夫改为中宪大夫,奉德大夫改为朝列大夫。虽然《金史·选举志》中在奉德大夫下标注"从五品",但从后面的考察来看,这样的小注并不一定完全可靠。无论如何,金代前期的散官系统在正隆(1156—1161)之前,可能还经过一些变化,由于资料缺乏,暂时无法知道确切情况。

(3)正八品到正九品,由于没有勋、爵与之对应,所以无法确定品级。但从表1-1表1-2以看出,文武散官正八品以下,金代前期和中后期的散官名和排列顺序并无不同,再加上遵循"名称形式相同散官为同一级的可能性较大"这条原则,正八品以下采取了和《金史·百官志》所载相同的排列方式。

对于《揽辔录》传写过程中漏写了"中大夫"和"忠翊校尉"两阶的判断。理由如下:

(1)金代史料中,大定二年前后多次出现"忠翊校尉"。在此略举2例:

《金史·讹里也传》:"[大定]三年……颇答赠忠翊校尉。"[3]

《金史·叛臣传》:"[大定元年]泰州司吏颜盏蒲查奏捷,除忠翊校尉。"[4]

虽然没有找到天眷(1138—1140)改制之后使用"中大夫"一阶的材料,但这一阶散官在天会(1123—1137)年间曾经沿用[5]。而且如前所述,从表1-1和表1-2来看,只有"中大夫"和"忠翊校尉"这两阶是北宋和金朝中后期均有,但金朝前期没有的散官。

---

[1]徐梦莘《三朝北盟会编》卷244张棣《金图经·官品》:"亮立,渐加损益,如中亮改中宪,奉德改朝列。"第1753页。

[2]《金史》卷55,第1221页。

[3]《金史》卷121,第2640页。

[4]《金史》卷133,第2852页。

[5]金少英校补、李庆善整理《大金吊伐录》卷4《册大楚皇帝文》:"天会五年……押宝中大夫、行中书舍人、上轻车都尉、太原县开国伯、食邑七百户、赐紫金鱼袋王企中。"第436页。

(2)从表1－6来看,文散官从四品下和武散官正八品各有一个空格,似乎只有把“中大夫”和“忠翊校尉”这两阶填入,这张表格才能完整。

(3)《金史·百官志》中记载的文武散官各42阶,《揽辔录》中的文武散官各41阶,似乎不太合理。加上“中大夫”和“忠翊校尉”后,金前期的散官也是文武各42阶。较为合理。

(4)笔者所见的《三朝北盟会编》10种抄本,国图所藏明抄本(10995)、铁琴铜剑楼抄本(3401),北大图藏白华楼抄本(SB/5373)中,“太中中议”里的第二个“中”字都用一个点替代。假定范成大的出使报告本来是“太中中中议”,而在传抄过程中,后两个中都用“点”替代,那么两个点缺少一个也是非常正常的。即使没有用点替代“中”字,传抄过程中,不了解官制的抄写者因为不理解3个“中”字连在一起的情况,漏抄或删掉了1个,也在情理之中。关于“忠翊大夫”,之前已经讨论过由于避讳而最终缺少了“敦信”一阶的情况。“忠翊”犯明神宗朱翊钧(1572—1620年在位)之讳,明代避讳并不严格,但亦有避讳的现象,[1]一种可能性是因避明神宗讳而漏掉“翊”字,并最终导致漏掉“忠翊”一阶。另一种可能性则是传抄中漏写。

必须注意的一点是,并不能认为天眷元年(1138)建立官制之后到大定十三年所使用的都是这张散官表。在大定二年之前,散官系统必然还经过各种变化。我们现在能够知道的有天德二年(1150)中亮大夫改为中宪大夫,奉德大夫改为朝列大夫。此外,《金史》中还出现过“崇德大夫”“宁远大将军”等散官名,在《揽辔录》和《金史·百官志》中均无,这应该是在金代早期使用过的。这些散官名什么时候更改,改成了什么,现在都无法判定。如前所述,金代前期几次有记载的官制改革分别在天眷元年、正隆元年(1156)、大定二年和大定十四年,表1－6的排列如果正确,我们基本能够断定,大定二年到大定十三年在使用这套系统;正隆二年到大定二年很可能使用了这套系统;但面对天眷

[1]周广业:《经史避名会考》卷23,第1457页。

元年到正隆二年之间的材料时,使用这张表格必须非常谨慎。

从大量材料来看,按照散官与勋官品级对应的原则,大定十四年之后官员散官的品级已经符合《金史·百官志》的记载,但偶尔会出现特殊的情况。如写于大定十五年五月初八日的《大金国重修河南府左街东白马寺释迦舍利塔记》,官员题名为:

武义将军、行河南府洛阳县尉、骁骑尉(正六)孙翊

宣威将军、行河南府洛阳县令、上骑都尉(正五)、广陵郡开国子、食邑五百户高师旦

定远大将军、河南府判官、轻车都尉(从四)、漆水郡开国伯、食邑七百户耶律重哥

金吾卫上将军、河南尹、上护军(正三)、彭城郡开国侯、食邑一千户、食实封一百户唐括乌也建[1]

上引4位官员,后3位的散官在大定十四年前后品级没有变化,但孙翊的散官武义将军,在大定十四年前为正六品,符合他的勋官骁骑尉,在大定十四年后则为从六品,与其勋官不符。在大定十五年,散官和勋官一般都是相符的,那么这位洛阳县县尉孙翊,在大定十五年时仍然保留了旧的品级,并没有获得符合新散官表的散官。这条史料显示,官制改制后,官员的散官品级有可能是保留到下次升迁再进行改动,并非立刻全部改变。

1.4 金代前期散官表的意义

1.4.1 用金代前期散官表再看金代史料

《金史》中多处记载大定十四年(1174)分别在文武散官最下面增加了两阶,很容易让人认为大定十四年之后的散官表仅仅比之前多出了从九品文武各两阶——登仕佐郎、将仕佐郎,保义副尉、进义副尉——其余未变,带着这种想法去阅读金代史料,会出现无法解决的

〔1〕陆耀通:《金石续编》卷20,第3449页。

问题,还会对一些材料产生错误理解。通过本书的探讨,我们发现大定十四年前后的散官制度其实有比较大的差别,恢复了金前期散官表后,使我们对金代史料中与前期散官相关的资料有新的认识。为了便于阅读本节的内容,先对大定十四年前后的散官列表1-7做一对比。

表1-7-1　金代前期、后期文散官对比表

<table>
<tr><td></td><td colspan="5">金前期</td><td colspan="4">金后期</td></tr>
<tr><td>从一</td><td colspan="2">开府仪同三司
仪同三司</td><td colspan="3">崇进
特进</td><td colspan="2">开府仪同三司
仪同三司</td><td colspan="2">特进
崇进</td></tr>
<tr><td>正二</td><td colspan="2">金紫光禄大夫</td><td colspan="3">金紫荣禄大夫</td><td colspan="2">金紫光禄
大夫</td><td colspan="2">银青荣禄
大夫</td></tr>
<tr><td>从二</td><td colspan="2">光禄大夫</td><td colspan="3">荣禄大夫</td><td colspan="2">光禄大夫</td><td colspan="2">荣禄大夫</td></tr>
<tr><td>正三</td><td colspan="2">资德</td><td colspan="3">资政</td><td>资德</td><td colspan="2">资政</td><td>资善</td></tr>
<tr><td>从三</td><td>宣奉</td><td>正奉</td><td>通奉</td><td colspan="2">中奉</td><td>正奉</td><td colspan="2">通奉</td><td>中奉</td></tr>
<tr><td>正四</td><td colspan="2">正议</td><td colspan="3">通议</td><td>正议</td><td colspan="2">通议</td><td>嘉议</td></tr>
<tr><td>从四</td><td colspan="2">太中</td><td colspan="3">中</td><td>太中</td><td colspan="2">中</td><td>少中</td></tr>
<tr><td>正五</td><td>中议</td><td>中宪</td><td>中散</td><td>中靖</td><td>中顺</td><td>中议</td><td colspan="2">中宪</td><td>中顺</td></tr>
<tr><td>从五</td><td>朝请</td><td>朝散</td><td>朝奉</td><td colspan="2">朝列</td><td>朝请</td><td colspan="2">朝散</td><td>朝列</td></tr>
<tr><td>正六</td><td>奉政</td><td colspan="2">奉议</td><td colspan="2">奉直</td><td>奉政</td><td colspan="2"></td><td>奉议</td></tr>
<tr><td>从六</td><td>承议郎</td><td>承德郎</td><td>承奉郎</td><td colspan="2">承直郎</td><td>奉直</td><td colspan="2"></td><td>奉训</td></tr>
<tr><td>正七</td><td colspan="5">承务郎</td><td colspan="2">承德郎</td><td colspan="2">承直郎</td></tr>
<tr><td>从七</td><td colspan="5">儒林郎</td><td colspan="2">承务郎</td><td colspan="2">儒林郎</td></tr>
<tr><td>正八</td><td colspan="2">文林郎</td><td colspan="3">承事郎</td><td colspan="2">文林郎</td><td colspan="2">承事郎</td></tr>
<tr><td>从八</td><td colspan="2">征事郎</td><td colspan="3">从仕郎</td><td colspan="2">征事郎</td><td colspan="2">从仕郎</td></tr>
<tr><td>正九</td><td colspan="2">登仕郎</td><td colspan="3">将仕郎</td><td colspan="2">登仕郎</td><td colspan="2">将仕郎</td></tr>
<tr><td>从九</td><td colspan="2"></td><td colspan="3"></td><td colspan="2">登仕佐郎</td><td colspan="2">将仕佐郎</td></tr>
</table>

表 1-7-2　金代前期、后期武散官对比表

<table>
<tr><td></td><td colspan="5">金前期</td><td colspan="6">金后期</td></tr>
<tr><td>正三</td><td colspan="3">龙虎卫上</td><td colspan="2">金吾卫上</td><td colspan="2">龙虎卫上</td><td colspan="2">金吾卫上</td><td colspan="2">骠骑卫上</td></tr>
<tr><td>从三</td><td colspan="2">骠骑上</td><td>奉国上</td><td>辅国上</td><td>镇国上</td><td colspan="2">奉国上</td><td colspan="2">辅国上</td><td colspan="2">镇国上</td></tr>
<tr><td>正四</td><td colspan="3">昭武大</td><td>昭毅大</td><td></td><td colspan="2">昭武大</td><td colspan="2">昭毅大</td><td colspan="2">昭勇大</td></tr>
<tr><td>从四</td><td colspan="3">安远大</td><td>定远大</td><td></td><td colspan="2">安远大</td><td colspan="2">定远大</td><td colspan="2">怀远大</td></tr>
<tr><td>正五</td><td>广威</td><td>宣威</td><td>建威</td><td>振威</td><td>明威</td><td colspan="2">广威</td><td colspan="2">宣威</td><td colspan="2">明威</td></tr>
<tr><td>从五</td><td colspan="2">信武</td><td>显武</td><td>经武</td><td>宣武</td><td colspan="2">信武</td><td colspan="2">显武</td><td colspan="2">宣武</td></tr>
<tr><td>正六</td><td colspan="2">武功</td><td colspan="2">武德</td><td>武义</td><td colspan="3">武节</td><td colspan="3">武德</td></tr>
<tr><td>从六</td><td colspan="2">敦信校尉</td><td>承信校尉</td><td>奉信校尉</td><td>昭信校尉</td><td colspan="3">武义</td><td colspan="3">武略</td></tr>
<tr><td>正七</td><td colspan="5">忠武校尉</td><td colspan="3">承信校尉</td><td colspan="3">昭信校尉</td></tr>
<tr><td>从七</td><td colspan="5">忠显校尉</td><td colspan="3">忠武校尉</td><td colspan="3">忠显校尉</td></tr>
<tr><td>正八</td><td colspan="3">忠勇校尉</td><td colspan="2">忠翊校尉</td><td colspan="3">忠勇校尉</td><td colspan="3">忠翊校尉</td></tr>
<tr><td>从八</td><td colspan="3">修武校尉</td><td colspan="2">敦武校尉</td><td colspan="3">修武校尉</td><td colspan="3">敦武校尉</td></tr>
<tr><td>正九</td><td colspan="3">保义校尉</td><td colspan="2">进义校尉</td><td colspan="3">保义校尉</td><td colspan="3">进义校尉</td></tr>
<tr><td>从九</td><td colspan="5"></td><td colspan="3">保义副尉</td><td colspan="3">进义副尉</td></tr>
</table>

说明：为了节约篇幅，省略了文散官前期正三品到正六品、后期正三品到从六品官阶后面"大夫"二字，武散官前期正三品到正六品、后期正三品到从六品官阶后面"将军"二字。

对于《金史》中一些与前期史实相关的材料，如果用《百官志》所记载的散官表来理解，就会出现相互矛盾的情况，如果用金前期散官表来看则非常合理。如《金史·选举志》：

凡门荫之制……明昌元年（1190），以上封事者乞六品官添荫，吏部言："天眷（1138—1140）中，八品用荫，不限所荫之人。贞元（1153—1156）中，七品用荫，方限以数。当是时，文始于将仕，武始于进义，以上至七品儒林、忠显，各七阶，许荫一名。至六品承直、昭信，计九阶，许荫二人。自大定十四年(1174)，文武官从下各增二阶，其七品视旧为九阶，亦荫一名，至五品凡十七阶，方荫二人，其五品至三品并无间越，唯六品不用荫。乞依旧格，五品以上增荫一名，六品荫子孙弟兄二人，七品仍旧为格。"[1]

这段史料中显示，大定十四年之前：

(1)儒林郎、忠显校尉均为七品。

(2)从最低品级的"将仕""进义"到儒林郎和忠显校尉分别为7阶。

(3)承直郎、昭信校尉均为六品。

(4)从"将仕""进义"到承直郎和昭信校尉分别为9阶。

如果我们简单认为大定十四年仅仅增加了从九品的文武各两阶散官，其余未变，那么按照金代后期的散官表去掉文武最下面两阶来看，(1)、(2)、(4)都没有问题，但第(4)条则不符，金代后期的散官表去掉最下两阶，承直郎和昭信校尉应为正七品下，而非史料中记载的六品。但我们排列的金前期散官表完全符合上述4条，由于正七品只有一阶，所以承直郎和昭信校尉的确是从六品最下阶散官。此外，之前觉得这段史料中"其五品至三品并无间越"一句不好理解。了解金代前后期散官表的变化后，我们可以推测，所谓"其五品至三品并无间越"，大约是指大定十四年(1174)官制改革之前和之后相比，散官表中三品到五品之间虽然去掉了一些官阶，但保留下来的散官等级并无变化，这符合前后期散官对比表所显示的情况。

《金史》中有关前期史实的材料，如果出现《百官志》的散官表中没有的散官名，即使推测此散官可能在前期使用过，后期废除，但也无法得知其品级，对于这些材料就无法利用。如《金史·徒单合喜传》：

大定二年……陕西平，诏书奖谕，赐以玉带。诏陕西将士，猛安，阶昭毅以下迁两资，昭武以上迁一资。……押军猛安，阶昭武以上者迁一资，昭毅以下、武义以上迁两资，昭信以下，女直人迁宣

[1]《金史》卷52，第1159页。

武，余人迁奉信，无官者，女直人授敦信，余人授忠武。押军谋克，武功以下、忠显以上迁两资，忠勇以下，女直人迁昭信，余人迁忠显，无官者，女直人授忠显，余人授忠翊。[1]

由于《金史·百官志》的散官表中根本就没有“奉信”“敦信”“武功”等散官名，也不可能知道这3个散官的品级，因此这段材料几乎无法利用。进行了对金代前期散官的排列后，我们得知奉信校尉为从六品次下阶，敦信校尉为从六品上阶，武功将军为正六品上阶。

了解金代前期散官制度，对于《金史》的编写也有了新的认识，如《金史·选举志》：

凡右职官……大定十二年，敕镇国以上即与省除。十三年，制明威注下令，宣威注中令，广威注上令，信武权注下令，宣武、显武免差，权注丞簿。[2]

这段材料虽然记述大定十三年的制度，但只提明威、宣威、广威，不提同一级中的振威、建威，只提信武、宣武、显武，不提同一阶中的经武。从第3节中列举过的金代石刻传记史料来看，大定十二年的材料中还能见到散官“建威将军”，大定十三年的材料中还有《百官志》所没有的承奉郎，并且大定十三年昭信校尉仍为从六品，而非《百官志》所记载的正七品，因此可以确定大定十三年使用的仍是金前期散官制度，《选举志》这样的情况，只能推断为编者在编写时，不了解前期官制，因此对原始史料进行了删改，把振威将军、建威将军、经武将军等后期废除的散官删掉了。

再如《金史·选举志》：

省令史选取之门有四……文资者……至熙宗（1135—1149年在位）皇统八年（1148）……定制，自天眷二年（1139）及第榜次姓名，从上次第勾年至五十已上、官资自承直郎从六品至奉德大夫从五品无公私过者，一阙勾二人试验，可则收补，若皆可即籍名令

[1]《金史》卷87《徒单合喜传》，第1944页。
[2]《金史》卷53，第1178－1179页。

还职待补。官至承直郎以上,一考者除正七品以上、从六品以下职事,两考者除从六品以上、从五品以下。奉直大夫从六品以上,一考者除从六品以上、从五品以下,两考者除从五品以上、正五品以下,节运同。

凡军功有六……皇统八年格,凡带官一命昭信校尉正七品以上者,初除主簿及诸司副使,正九品。[1]

这两段材料在承直郎下小字注从六品,奉德大夫(天德二年,即1150年改为朝列大夫)下注从五品,奉直大夫下注从六品,昭信校尉下注正七品。《金史》中多次出现金代前期散官,并未加小字注其品级,在同一段史料中,承直郎和奉直大夫均注为从六品,显然有误,从情理推断,大夫和郎不应为同一品级。因此推测这四处小字注有可能是《金史》的编者后来所加。似乎奉德大夫(朝列大夫)、奉直大夫、昭信校尉均是按照《百官志》的品级标注,承直郎注为从六品不知其来源。

金代前期散官表对于更好地利用《大金国志》中的材料和重新认识《大金国志校证》一书的整理情况也有帮助。《大金国志·服色》中粗略记载了一些金代散官品级的情况,根据现在的通行本《大金国志校证》大概如下:

三品至四品谓文臣资德大夫至中顺大夫,武臣龙虎卫上将军至定远大将军。

五品谓文臣中议大夫至朝列大夫,武臣广威将军至宣武将军。

六品至七品谓文臣奉政大夫至儒林郎,武臣武(功)[节]将军至忠显校尉。

八品至九品谓文臣文林郎至将仕郎,武臣忠勇校尉至进义校尉。[2]

《大金国志》一书,国家图书馆有3种明抄本,分别为海源阁藏本、马思赞红药山房藏本(第26—40卷配清抄本)、傅增湘藏本;4种清抄本,分

〔1〕《金史》卷52,第1166页。

〔2〕宇文懋昭撰,崔文印校证:《大金国志校证》卷34《服色》,第483页。

别为铁琴铜剑楼藏本、卢文弨家藏本、清抄本、翁同龢家藏本。北京大学图书馆有2种清抄本,分别为孟氏藏本、李盛铎藏本。《大金国志校证》以扫叶山房本为底本,只对校了傅增湘藏本。[1] 笔者分别查阅了这9种抄本,发现这段话中有两个问题:

(1)“三品至四品谓文臣资德大夫至中顺大夫”一句,傅增湘藏明抄本、铁琴铜剑楼藏清抄本、清抄本(8045)、李盛铎藏清抄本与校证本同,其余5个抄本均为“三品至四品谓文臣资德大夫至中大夫”。

从前后期散官对比表可以看出,资德大夫在金朝一直是正三品上阶。从四品下阶在金朝前期为“中大夫”,在金朝中后期为“少中大夫”,因此“三品至四品谓文臣资德大夫至中大夫”这种说法在金朝前期是正确的。后一句“武臣龙虎卫上将军至定远大将军”,大定十四年之后,从四品下阶武散官是怀远大将军而非定远大将军,四库馆臣和校证本的校证者均对这一点提出了疑问,实际上这正符合金朝前期散官品级,定远大将军为从四品下阶,没有怀远大将军一阶。中顺大夫在金代一直为正五品下阶,“三品至四品谓文臣资德大夫至中顺大夫”应该是傅增湘藏明抄本的误写。由于《大金国志校证》没有对校其余抄本,所以没有发现这个错误。

(2)“五品谓文臣中议大夫至朝列大夫”一句,9种抄本全作“五品谓文臣中散大夫至朝列大夫”。

根据前后期散官比对表来看,无论是金朝前期还是中后期,五品一直都是中议大夫到朝列大夫。但笔者所见的9抄本全部作“中散大夫至朝列大夫”,对此四库馆臣提出了疑问,并且在四库本中把中散大夫改成了中议大夫,下出双行小注:“按原书作中散大夫,据后《千官品

[1]《大金国志校证》前言介绍:现存本书最早的3个本子是3个明抄本:一、罗振玉藏读画斋本,二、海堂吴氏藏五砚楼本,三、傅增湘藏天一阁抄本。这一段话实际上是从章钰的题跋中抄出,章钰跋原作“海丰吴氏”,《大金国志校证》前言误为“海堂吴氏”。国图所藏的3种明抄本中并无读画斋本和五砚楼本。章钰:《章氏四当斋藏书目》,北京:北京图书馆出版社,2007年,第148-149页。

列》及《金史》改正。"[1]扫叶山房本前附四库提要,很可能在校勘中采用了四库的意见,《大金国志校证》采用扫叶山房本,甚至没有出注说明傅增湘藏明抄本在这一处与扫叶山房本的异文,大概是因为无论《千官品列》还是《金史》中都没有中散大夫这一阶吧。但现在可知,金代前期的确有中散大夫1阶,这一阶在大定二年(1162)为正五品5阶中的第3阶,其上还有中议大夫和中宪大夫2阶。如表1-1所示,中议大夫和中宪大夫在宋代没有,是金代才发明出来的2阶,根据前面所引的《真定府十方定林禅院第四代传法主持赐紫通法禅师塔铭》,中宪大夫1阶在贞元元年(1153)已经是正五品,[2]如果不考虑9种抄本中《大金国志·服色》这一段的记载全部出现误字的可能性,那么这一段所载应是贞元元年之前的散官情况,如果做一大胆推测,在此之前中议大夫和中宪大夫应为从四品第3阶和第4阶。总之,金代早期的散官制度经过了多次变化,这是在研究中必须时刻注意的。

除这两处文字错误外,四库本和《大金国志校证》都根据《金史·百官志》和《千官品列》认为"六品至七品……武臣武功将军至忠显校尉"中武功将军应作武节将军,如前所述,武功将军直到大定中期还在使用,在金章宗(1189—1208年在位)即位之后为避显宗完颜允恭之讳而改为武节将军。所以《大金国志·服色》中与散官相关的部分应当如下:

> 三品至四品谓文臣资德大夫至中大夫,武臣龙虎卫上将军至定远大将军。
>
> 五品谓文臣中散大夫至朝列大夫,武臣广威将军至宣武将军。
>
> 六品至七品谓文臣奉政大夫至儒林郎,武臣武功将军至忠显校尉。
>
> 八品至九品谓文臣文林郎至将仕郎,武臣忠勇校尉至进义

---

[1]宇文懋昭:《钦定重订大金国志》卷34《服色》,收入《景印文渊阁四库全书》第383册,台北:台湾商务印书馆,1986年,第1027页。

[2]沈涛:《常山贞石志》卷13《真定府十方定林禅院第四代传法主持赐紫通法禅师塔铭》贞元元年,第13387页。

校尉。

这一段所反映的是金代贞元元年之前的散官品级情况。

《大金国志·除授》中也有类似问题,《大金国志校证》这一段如下:

> 选举之外有奏补法,有世袭法,有封赠法。其奏补法,不论文武,有奏补任子恩,如状元及第,初授承德郎,迨海陵炀王(1149—1161年在位)之世,特加一官,授奉直大夫,系从六品,便可荫两子。[1]

笔者所查阅的9种抄本中,这一段文字均如下:

> 选举之外有奏补法,有世袭法,有封赠法。其奏补法,不论文武,有奏补任子恩,如状元及第,初授承议郎,系从六品,便可荫两子。[2]

抄本中并无"迨海陵炀王(1149—1161年在位)之世,特加一官,授奉直大夫"一句,而且状元初及第,授"承议郎"而非"承德郎",只有扫叶山房本同校证本。推测校证本根据扫叶山房本,多增一句,并把承议郎改为承德郎,但扫叶山房本的这些改动并无版本依据。四库全书本《钦定重订大金国志》原文与9种抄本同,下出双行小注:"按《金史·选举志》:'旧制状元授承德郎,大定十四年(1174)官制文武官皆从下添两重,状元更授承务郎',盖宋阶有承议郎,金初因之,后乃改为承德,然承德郎实正七品,非从六品。"[3]推测扫叶山房本的校订者吸收了四库本校订的意见,把"承议郎"改为"承德郎",但品级还是不对,承德郎为正七品,并非从六品,因此又根据后面的《天会皇统科举》《天德科举》两条所记载的:金初状元授承议郎,海陵王天德(1149—1153)年间"将第一任特加一官,授奉直大夫",[4]认为此处有脱漏,增补"迨海陵炀王之世,特加一官,授奉直大夫",由于奉直大夫为从六品,可以荫

[1]宇文懋昭撰,崔文印校证:《大金国志校证》卷35《除授》,第507页。

[2]宇文懋昭:《大金国志》卷35《除授》,清乾隆上海雪叶山房刻本,前述9种抄本均无异文。

[3]宇文懋昭:《钦定重订大金国志》卷35《除授》,收入《景印文渊阁四库全书》第383册,第1035页。

[4]《大金国志校证》卷35《天会皇统科举》《天德科举》,第508-510页。

两子，这样前后通顺，再无矛盾。然而根据金前期散官表可知，在金朝前期，确有承议郎，且确为从六品，扫叶山房本其实改错了，《大金国志校证》虽然与傅增湘藏本对校，但这一段从底本，也没有出校。

《天德科举》条与此类似，“至世宗（1161—1189 年在位）立……将殿试第一任依旧承议郎”，这一句 9 种抄本均同，但扫叶山房本和校证本将承议郎改为承德郎，[1] 推测与《除授》条演变情况相同。实际上校证本的校证者在校勘记中引用了《金图经》的记载：“是年，赵洞为词赋第一人，孙九鼎为经义第一人，并补承议郎，第二人承德郎，第三任承奉郎，余不限甲次，尽补承事郎。”但校证者认为“《金史》卷五五《百官志》……无‘承议郎’‘承奉郎’”，这些记载是因为“洪皓多以宋的同类官阶记事之故”。[2] 现在我们知道，这些官阶也符合金代碑刻中显示的情况，并非宋人在书写时把金代的官阶换成了宋代的同类官阶。《金图经》的记载也完全符合前后期散官对比表所示情况。校证者认为出现“承议郎”“承奉郎”，是“洪皓多以宋的同类官阶记事之故”，可能是受到《天会皇统科举》中“敕头补承德郎，视南朝之承议”一句的影响，然而由《除授》条“状元及第，初授承议郎”和《天德科举》条“将殿试第一人依旧承议郎”可知，此处倒很可能是后来编写或抄写《大金国志》者修改的结果。

恢复金代前期的散官体系后，金代各种史料中只要提及大定十四年之前的散官，其品级就要重新看待，不能够用《金史·百官志》中所记录的散官表来判断前期散官的品级。这一点是很有意义的。

1.4.2 从金代前期散官表看宋金散官制度的变化

金代前期散官表还让我们重新认识宋代品位体系和金代散官系统的继承关系。之前的一些研究成果认为金代的官制主要继承辽代，

[1]《大金国志》卷 35《天德科举》，见《大金国志校证》，第 510 页。
[2]《大金国志校证》卷 35《天会皇统科举》第 33 条注文，第 514 页。

散官体系也是来自于辽代,[1]而辽代官制与唐代基本相同,[2]因此金代的散官制度可谓上承盛唐。我们排比出金前期散官表后,可以发现宋人张棣在《金图经》中所说的“虏之官品本尊唐制,又以本朝之法并辽法参而用之”并非单纯抬高宋朝的说法。表1-6证明了金代对北宋元丰改革之后的品位等级制度的继承关系。金代前期散官系统中,各级散官数并不规整,正五品最多,文武散官各5阶,从三品、从五品和从六品也各有4阶,而正七品和正八品只有1阶,明显与唐代和辽代散官表规则的形态不同,而与北宋后期的文臣寄禄官阶表相似,北宋的文官寄禄官阶见表1-8。[3]

北宋的寄禄官阶表呈现每一级中的阶多少不一的不规整状态,是因为这一系统直接来自于北宋前期的本官阶系统。寄禄官体系每一级中官名多少不一,正如金、元职官不同品级中职位数量不必规整一样。由此可知,金代前期的散官系统无疑继承了北宋元丰(1078—1085)改革后的寄禄官系统。有学者提出金代散官42阶可能是来自宋代的本官阶42阶,[4]这种说法大体上是正确的,但其中的具体过程稍微复杂,宋代的本官阶42阶演变为大观二年(1108)的寄禄官30阶加上政和六年的选人7阶和授予奏补未出官人3阶,构成的一套共40阶的品位体系,这套体系被金代继承之后,金海陵(1149—1161年在位)时新增崇进、荣禄2阶[5],最终变成了金代的文武散官各42阶。

---

〔1〕王曾瑜:《金熙宗“颁行官制”考辨》,第286-295页。

〔2〕唐统天:《辽代汉官的散阶制》,第67-71页。王曾瑜:《辽朝官员的实职和虚衔初探》,见《文史》第34辑,北京:中华书局,1992年,收入王曾瑜:《凝意斋集》,兰州:兰州大学出版社,2003年,第84-129页。

〔3〕龚延明:《宋代官制辞典》,第684-687页。

〔4〕张帆著,河上洋译:《金、元における散官の地位の下降とその原因》,收入《研究论集》第2集《アジアの歴史と近代》(4),名古屋:河合文化教育研究所,2006年6月,第149-156页。

〔5〕徐梦莘《三朝北盟会编》卷244张棣《金图经·官品》:“亮立,渐加损益,……增崇进、荣禄二官。”第1753页。

表1-8 北宋后期文官寄禄官表

	大观二年30阶、政和六年新添选人7阶和授予奏补未出官人3阶
从一	开府仪同三司、特进
正二	金紫光禄大夫
从二	银青光禄大夫、光禄大夫
正三	宣奉大夫、正奉大夫
从三	正议大夫、通奉大夫
正四	通议大夫
从四	太中大夫
正五	中大夫
从五	中奉大夫、中散大夫
正六	朝议大夫、奉直大夫
从六	朝请大夫、朝散大夫、朝奉大夫
正七	朝请郎、朝散郎、朝奉郎
从七	承议郎
正八	奉议郎、通直郎
从八	宣教郎、宣义郎、承直郎、儒林郎、文林郎、从事郎、从政郎、修职郎
正九	承事郎、承奉郎
从九	承务郎、迪功郎
无品	通仕郎、登仕郎、将仕郎

说明:楷体字部分是政和六年(1116)新添的选人7阶和授予奏补未出官人3阶。

金代散官制度对北宋后期寄禄官制度的继承关系在文官方面非常明显,在武官方面则颇有变化。因为宋代的中下级军职没有独立的品位等级系统,而武选官阶的系统既不完整,又非常复杂。北宋政和年间新定武选官阶,只有正从五品的一部分以及正六品以下采用了类似于唐代散官的名称,而且使用"大夫""郎",而非"将军""校尉"等名称。由于北宋的诸司使副中,使换为"大夫",副使换为"郎",导致这套系统中"大夫"和"郎"穿插出现。如此复杂的官制系统自有其发展来源,但对于只看到了结果的金朝人来说,的确难以理解,所以金朝人掺杂唐代武散官和北宋武选官阶的名称，模仿文散官体系自创出一套与之对应的武散官体系。

虽然金代的散官制度表面上继承了宋代寄禄官数量不规整的特点，但实际上散官的地位在金代大大下降，金代散官体系虽然保持了独立性，但几乎对职事官铨选和升迁不产生影响。脱离了宋代的官僚体系后，不规整的散官系统不但不能发挥出灵活的作用，反而不够方便美观，大定十四年官制改革，将其变成一张规整的散官表，正体现出金代对于散官系统的功能与宋代的不同需求。金代中期散官系统变成规则形式，也为散官迁转制度从金代的逐阶升迁到元代的逐级升迁，最终发展为明初的散官与职官品级基本绑定埋下了伏笔。

逐阶升迁和逐级升迁，是金元散官升迁方式的重大变化。元代的散官表与金代中后期大体相同，但迁转方式截然不同。宋代的寄禄官、金大定十四年之后的散官和元代的散官，都分为正从九品十八级[1]，每一级中包括2阶或3阶散官，在元代分别称之为上阶、下阶，或上阶、中阶、下阶，宋代和金代似乎没有这样的称呼，但每一级中的各阶亦有高下之分。元代散官制度与宋、金最大的差别在于，宋代官员的寄禄官和金代官员的散官升迁时，相对于品级来说，更为看重阶，也就是说，其升迁方式是逐阶升迁，不越过某一阶。假定某位官员散官品级为N级下阶，表示为$N_{下}$，那么他比较可能升为N级中阶，即$N_{中}$，而不太可能直接升为(N+1)级下阶，即$(N+1)_{下}$。然而在元代，其散官的升迁方式已经变成了逐级升迁为主，逐阶升迁为辅，即元代一位散官为$N_{下}$的官员，其较常见的升迁方式是越过$N_{中}$和$N_{上}$两阶，直接升为(N+1)下阶，其次是从$N_{下}$升至$N_{中}$再升至(N+1)下阶，如唐、宋、金那样从$N_{下}$升至$N_{中}$至$N_{上}$再至$(N+1)_{下}$反而是最不常见的。[2] 这两种升迁方式的区别如图1所示。

---

〔1〕理论上正从九品应共有十八级，实际上宋代的寄禄官和金代散官没有正一品，元代散官没有正从九品，宋大观二年的寄禄官系统多出无品的一级，因此其实元代为十六级，金为十七级，宋大观二年为十八级。在此笼统的这样说。

〔2〕详见下编《元代散官研究》第4章《元代散官制度的建立》第3节《元代散官几种不同记载》的“从武散官看元代散官的升迁方式”部分。

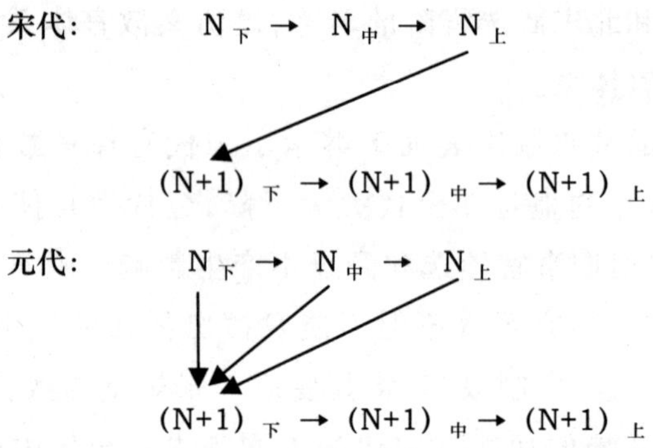

图1　宋、元阶官升迁方式对比图

按照唐代官制，官员散官升迁为逐阶升迁，因为当时散官地位较高，与多项利益相关联，因此迁转较为严格，北宋前期用职事官系统充当品位制度，正是力图在官阶体系地位下降的情况下，尽可能提高其地位，保留品位的意义。元丰改制之后，新的寄禄官系统本质并未改变，仍为逐阶升迁。而到元代，阶的地位下降，级的地位升高，各阶之间的地位差别变小，各级之间的地位差别被突出，这与元代散官地位的下降有关。元代散官逐级升迁的方式延续到明代，逐渐发展为散官品级和职事官品级被统一起来，形成明代散官和职事官品级完全绑定的状态。后文详述。这个从逐阶升迁到逐级升迁的演变过程无疑发生在金元之间。金代散官系统从前期的不规则形态变为中后期的规则形态，是中国古代散官制度变化的第一个重要阶段。

2 金代散官的获得

金代同唐代类似，获得散官是获得职事官的必要非充分条件，即必须先获得散官才有可能获得职事官，但获得散官后可能有一段时间不带职事官。《金史·选举志》介绍金代的入仕之途，除“进士、举人、劳效、荫袭、恩例”外，还有“牌印、护卫、令史”“检法、知法、国史院书写”“宗室将军、宫中诸局承应人、宰相书表、太子护卫、妃护卫、王府祗候郎君、内侍及宰相之子、并译史、通事、省祗候郎君、亲军骁骑”“太常检讨、内侍寄禄官”等，“皆仕进之门户”。[1] 通过这些途径可以获得职事官，但这些入仕之途并不等同于获得散官的途径。譬如诸局承应人，既可以是荫叙之人担任，也可以是国子监生担任，荫叙子弟和国子监生通过担任承应人获得职事官，承应人是入仕之途，而荫叙和国子监生是两条不同的获得散官之途；再如荫叙子弟可以充亲军，武举中、下甲也须先充亲军才能出仕，亲军是入仕途径，荫叙和武举则是获得散官的途径。通过同一途径获得散官者将通过不同途径入仕，例如荫叙即可得到散官，但此后须补任护卫、亲军、祗侯郎君、令译史、诸局承应人等流外杂职，一定年限之后才能出职。可见得到散官与入仕出职并不等同，本书专门讨论获得散官的途径。

金代散官有文武散官、司天翰林官、太医官、内侍官、教坊官共5种，本书只讨论文武散官。在金代有哪些途径可以得到文武散官呢？本节将分两部分讨论文、武散官的获得途径。

〔1〕《金史》卷52《选举志二》，第1158页。

2.1 获得文散官的途径

2.1.1 进士

《金史·选举志》有“凡进士则授文散官,谓之文资官。自余皆武散官,谓之右职”,[1]可知进士是获得文散官的重要途径。

金代的进士分为汉人进士和女真进士,作为一位生活在金代的汉人,参加科举,考中进士,是获得文散官的最优途径。参加科举的考生主要是国子监、太学或地方学校的学生和地方政府推举的优秀人才。成为学生需要一定条件。皇室宗亲及外戚大功以上亲属、功臣、三品以上官员的兄弟子孙可以进入国子监;五品以上、三品以下官员的兄弟子孙可进入太学。皇室宗亲袒免亲,可入府学。曾任随朝六品以上官员的兄弟子孙和孔子家族的“阙里庙宅子孙”可入州学。除此之外必须是终场举人或曾经地方政府推荐参加科举者才有入学资格。[2] 考科举是金代学生入仕的主要途径,虽然没有明确记载学生必须参加科举才能出职任官,但《选举志》中所记载的各种出仕途径中并无学生一途。[3] 《金史》传中,凡是汉人曾为学生后来进入仕途者,都是科举出身。学生每3个月参加一次内部考试,“中选者以上五名申部”。[4]《金史》没有明确记载“申部”的含义。根据《唐六典》,唐代国子监生每年举行一次内部考试,“登第者,白祭酒,上于尚书礼部”。[5]《新唐书·选举志》:“每岁仲冬,州、县、馆、监举其成者送之尚书省。”[6]唐

[1]《金史》卷52《选举志二》,第1157页。

[2]《金史》卷51《选举志一》,第1131页。

[3]《金史》卷52《选举志二》:“自进士、举人、劳效、荫袭、恩例之外,入仕之途尚多,而所定之时不一。若牌印、护卫、令史之出职,则皇统时所定者也。检法、知法、国史院书写,则海陵庶人所置者也。若宗室将军、宫中诸局承应人、宰相书表、太子护卫、妃护卫、王府祗候郎君、内侍及宰相之子、并译史、通事、省祗候郎君、亲军骁骑诸格,则定于世宗之时,及章宗所置之太常检讨、内侍寄禄官,皆仕进之门户也。”(第1158页)这些仕进途径中并未提及学生。

[4]《金史》卷51《选举志一》,第1132页。

[5]《唐六典》卷21《国子监》,北京:中华书局,1992年,第558页。

[6]《新唐书》卷44《选举志上》,北京:中华书局,1975年,第1161页。

代各级学校的学生在通过内部考试之后送往礼部，参加全国科举。金代情况大概与此类似。

参加科举的考生，顺利通过乡试、府试、会试、殿试等4道关卡，登进士第，即可得到文资散官。金代的进士分为词赋科进士和经义科进士。经义科曾在天德三年(1151)被罢，大定二十八年(1188)恢复。根据《金虏图经》《大金国志》等记载，金熙宗(1135—1149年在位)时期，状元授承议郎(从六上)，一甲第二名授承德郎(从六次上)，第三名授承奉郎(从六次下)，其余不分甲次，均授承事郎(正八下)。[1] 又据《大金国志》，海陵王(1149—1161年在位)时期状元授奉直大夫(正六下)，第二、第三人授征事郎(从八上)，其余授从仕郎(从八下)。金世宗(1161—1189年在位)即位，状元复授承议郎(从六上)，第二、第三人儒林郎(从七)，其余从仕郎(从八下)。[2]《金史·选举志》载大定十四年(1174)前进士授散官的情况为：状元授承德郎(从六上)，其余一甲进士授儒林郎(从七上)，第二甲及以下授从仕郎(从八下)。《选举志》记载的状元所授散官与《大金国志》不同。如第1章所述，大定十四年的官制改革中，金代散官体系有较大变化，大定十四年前有承议郎，之后承议郎一阶被废除了。因此很可能大定前期状元授承议郎，但编写《金史》者不熟悉前期制度，在编写时把原始材料中的“承议郎”改为“承德郎”。总之，金代前期科举制度曾经过多次变化，现在没有充分史料，难以理清其具体变化过程。

大定十四年官制改革，文武散官最下面各加两阶，散官表也有所调整，此后状元授承务郎(从七上)，其他的一甲进士授承事郎(正八下)，第二甲及以下授将仕郎(正九下)。贞祐南渡之后，为激励士气，进士所授散官再次升高，贞祐三年(1215)后，状元授奉直大夫(从六

[1]徐梦莘:《三朝北盟会编》卷244《金虏图经》，上海：上海古籍出版社，1987年，第1753页。散官的品级根据第1章《金代前期散官制度》中表1-6。

[2]《钦定重订大金国志》卷35《除授》《天会皇统科举》《天德科举》，收入《景印文渊阁四库全书》第383册，第1035页。崔文印校证的《大金国志校证》中，这几条状元所授散官被改为承德郎，是不对的，详见第1章《金代前期散官制度》之1.4《了解金代前期散官表的意义》一节之辨析，以下涉及《除授》条散官品阶相关内容，均引用四库全书本，不再另做说明。

上)，一甲进士授儒林郎(从七上)，二甲及以下授征事郎(从八上)，[1]所授品级基本和大定(1161—1189)前期相同。

据《金史·选举志》，参加科举的考生如果在殿试时被黜落，且连续5次如此，可以开恩赐进士及第，授登仕郎(正九上)，被称为“恩例”。除此之外，还有一些人并没有参加科举，但出于奖励、任官等需要，由皇帝特赐进士及第，被称为“特恩”。[2]

《金史·左渊传》载世宗(1161—1189年在位)即位时，左渊命其子贻庆前去东京，表示拥护世宗。因此世宗特赐贻庆任忠杰榜第三甲进士，授从仕郎(从八下)。[3] 金章宗于明昌三年(1192)八月、明昌四年三月分别特赐胡光谦、[4]孔子第四十八代孙孔端甫[5] 2人登明昌二年王泽榜进士第三甲及第，均授将仕郎(正九下)。元好问《奉直赵君墓碣铭》载赵端卿于兴定五年(1221)登乙科，释褐征事郎(从八上)、解州安邑县丞，[6]这些与《金史·选举志》所载均相符。黄久约作《张公神道碑》称张商老中天德三年(1151)进士第二，初任征事郎(从八上)、河州防御判官。[7] 这与《大金国志·天德科举》所载“第二、第三人授征仕郎”相符。但是金代碑传中记载官员散官的非常少，所以很难找到相关史料来具体考证金代各个时期进士散官授予的情况。

女真人在大定十一年前没有机会参加科举考试，然而从《金史》传记来看，金朝前期，女真人不必参加科举，通过荫叙、补尚书省令史等途径大都可以有比较好的前途。

大定十三年开女真进士科，前两科因为参加的人很少，对应试者较为优待，第一科应试者不必参加乡试和府试，可以直接进入会试，即

---

[1]《金史》卷52《选举志二》，第1161－1162页。

[2]《金史》卷51《选举志一》，第1134页。

[3]《金史》卷75《左企弓传附》，第1726页。

[4]《金史》卷9《章宗纪一》，第223页。

[5]《金史》卷10《章宗纪二》，第228页，《金史》卷105《孔璠传附孔元措传》，第2312页。

[6]元好问:《奉直赵君墓碣铭》，收入姚奠中主编，李正民增订:《元好问全集》卷22，太原:山西古籍出版社，2004年，第500页。

[7]黄久约:《大金故朝散大夫镇西节度副使张公神道碑》，毕沅:《山左金石志》卷20，收入《石刻史料新编》第1辑第19册，第14694页。

使如此,第一科中选者只有27人。十六年举行第二科,皇家两从以上亲及宰相之子可以直接进入殿试,皇家袒免以上亲及执政官之子可以直接参加会试。在此之后,女真科举的制度就和汉人科举一样了。[1]

进士及第,得到文散官后,即可参加吏部铨选,获得职事官,并按照一定途径升转。正隆(1156—1161)统一南北选之前,南选升迁较慢,第三任可担任下县县令,北选升迁较快,第二任即可任下县令。正隆元年南北选合一,上、中、下甲进士均第三任为县令。大定二十二年后,增加了额外的时务策考试,通过时务策考试的进士升迁最快,其次为上甲,再次为中、下甲进士,此后规定又有数次更改。总之,通过科举考试后,大致需要担任数界录事、判官、主簿、县丞之类的职务,之后可能还需要担任一届院务监当差使,[2]此后可担任诸县县令,根据考试名次高低不同和参加科举的种类不同,任四届或五届县令,就有资格担任正七品及以上的职务。需要注意的是,诸县县令分为上、中、下3等,但均为从七品,赤县和剧县县令为从六品和正七品,不在这四任或五任县令的范围之内。从七品及以下职事官属于官僚集团中的低级阶层,由吏部负责铨注。正七品及以上的职事官铨注不再归吏部掌管,而是由吏部上呈中书省,由中书省进行铨选,这个过程被称为"呈省"。一位进士出身的官员按照上述规定担任了制度中规定的所有职位后,就可以被"呈省",跻身中级官僚集团之中。[3]基本上,金代各种出身,所经历的仕途都是以担任县令,最终得到"呈省"的资格为目标。只不过进士出身实现这一过程平均所花的时间比较短。

虽然按照制度规定,需要全部走完这一套迁转过程才能呈省,但官员有可能在历仕途中遭遇各种意外,导致已经入仕很长时间——由标志入仕时间长短的散官所体现——职事官却迟迟升不上去;或者还没有任完全部规定的职位,却因为特殊功劳、机遇巧合等,散官已经升

[1]《金史》卷51《选举志一》,第1141页。

[2]《金史·选举志》中并没有记载进士的仕进之途中需要担任差使,但从碑传资料来看,的确有进士迁转过程中担任差使的情况。

[3]《金史》卷52《选举志二》,第1160-1162页。

到较高品级，那么也可以破格优待，大定二十七年规定，进士出身者，即使没有“历遍合授资任”，散官达到中大夫（从四中）者也可以“呈省”。[1]

呈省之后，绝大部分情况是担任尚书省令史。从《金史》中所记载的辽代进士升迁过程来看，这很可能继承了辽代的升转制度。[2] 正隆元年（1156），海陵王（1149—1161 年在位）一度罢废此制，规定尚书省令史不用文资，只从枢密院、御史台和六部的吏员中选任，大定二年又恢复了皇统（1141—1149）的“选进士之制”。[3]《金史》列传中所载金代进士出身的官员有 159 人，其中用“累迁”“仕至”等词汇明显省略了早期历官经历，以及因为死亡等特殊原因而没能到达“呈省”一步的官员约有 36 位。其余 123 位官员中，县令任满之后任尚书省令史者有 73 位，占 59%。其余 50 位未任尚书省令史者，一部分因为是在正隆年间“呈省”，而这段时间内规定令史由吏员出身者担任；一部分因为按察司察廉而升迁，越过了这一步；一部分被荐入馆阁，也无须再担任令史；还有未任尚书省令史而任枢密院令史或御史台令史等地位相当者。总之，进士出身，积累资历至符合呈省的条件后选补尚书省令史，是常规的迁转之途。天德三年（1151）进士张大节，海陵王时为东京市令。世宗（1161—1189 年在位）在辽东即位后，有人劝他前去拥戴，富贵可一朝而得，张大节没有去，之后“随例补尚书省令史”，可见补任尚书省令史是“随例”升迁的常规途径。

官员历过尚书省令史一考或两考后，即可担任正七品以上、从五品以下官职，这个过程亦类似于宋代幕职州县官脱离常调，进入京朝官体系的过程。不过本书的重点在于散官而非迁转，呈省之后的历仕之途不再详细讨论。

除学生之外，官员也可以参加科举，还能获得一些优待。据明昌二

---

[1]《金史》卷 52《选举志二》，第 1162 页。

[2]《金史》卷 75《曹勇义传》《康公弼传》，第 1725 页。曹勇义、康公弼均补枢密院令史，因为在辽代，枢密院为核心政治机构。

[3]《金史》卷 52《选举志二》，第 1168 页。

年(1191)格,散官或职事官之一达到五品者可直接参加会试,若散官和职事官均至五品,则可直接参加殿试。[1] 官员参加科举,并不能算是获得散官,而是散官升迁的途径。然而在金代,官员散官在二品以下时,参加科举是带武散官者获得文散官的唯一途径。元好问《李楫神道碑》载,李楫荫补转运司押递官,三任酒官后迁忠武校尉(从七上)。李楫是陇西人,其父吏员出身,以明威将军(正五下)、宛丘令致仕,他的出身不算显赫,可以想象仅凭荫叙之资,很可能淹滞低层,多年不调。于是他决定参加科举,曾三次进入省试,终于在大定十九年登词赋进士第,散官换授承务郎(从七上),任历城主簿、积石州军事判官、范阳令等官后,补尚书省令史,两考除吏部主事,然后担任从六品太府监丞,[2]从此进入中层官僚集团。这是典型的官员参加科举,由右职换授文资,改变命运的例子。

因为科举是得到文散官的唯一途径,所以当皇帝希望某位臣子带文散官,而他又没有条件参加科举的话,皇帝有可能会特赐其进士及第,根据《金史》载,刘筈之子刘仲诲以宰相子的身份授忠勇校尉(正八上)。熙宗(1135—1149年在位)皇统九年(1149),特赐进士第,除官为应奉翰林文字。[3] 应奉翰林文字为馆阁职,显然不适合由带武散官者担任,因此除官前先赐刘仲诲进士及第。特赐进士及第使官员的武散官换授为文散官也带有一定奖励性质。曹望之以教授资补修武校尉(从八上),海陵王伐宋时,曹望之任户部员外郎,因调集粮草有功升为户部郎中,海陵王特赐其进士及第。[4]

2.1.2 诸科举人

金代除词赋、经义外,又设律科、经童,称为诸科,诸科出身被称为举人。[5]《金史·选举志》列举入仕之途时把"进士"和"举人"分作两

---

〔1〕《金史》卷51《选举志一》,第1137页。

〔2〕元好问:《沁州刺史李君神道碑》,收入《元好问全集》卷16,第397-399页。

〔3〕《金史》卷78《刘仲诲传》,第1773页。

〔4〕《金史》卷92《曹望之传》,第2035页。

〔5〕《金史》中赴省试资格者亦称"举人",本节所涉及的举人仅指考中律科、经童的人。此处感谢王曾瑜先生提醒。

种途径,又有"凡进士则授文散官……自余皆武散官"的记载,很容易让人误解为"举人"授武散官。其实诸科出身的举人授文散官,和进士性质类似,只是得到的散官较低。大定十四年前,律科及第授将仕郎(正九下),大定十四年官制改革后授将仕佐郎(从九下)。律科出身通常担任六部检法、知法等与本专业相关的流外职,负责搜检各部判事需要引用的法规条文。三考之后可以出职,担任录事、主簿等流内官,之后两除一差,一定界数后担任县令,任满呈省。[1]

"一除一差""两除一差"等,是金代官制中经常出现,但语义不详的特殊词汇,其他朝代未见。根据笔者的理解,"除"指的是除授,"差"指的是差使。差使作为名词用时,即院务监当官,元代叫作钱谷官,管理仓库院务课税等,职能多与财务有关。在金代,某几种出身的官员,仕途升迁中必须与职官穿插担任数界差使,"一除一差"即迁转过程中每担任一届官员之后要担任一届差使,"两除一差"即每担任两届官员,担任一届差使。明昌五年(1194)规定"神童两次终场,全免差使"。可知经童出身原本要担任差使。宣宗(1213—1223年在位)贞祐四年(1216),河东行省胥鼎建言扩大入粟补官的范围,提到县丞、主簿铨注县令时,如果入粟,可以"免一差",[2]可知丞、簿注县令之前本应承担差使。差使分关内差使和关外差使,似乎关外差使优于关内。正隆三年(1158)规定,"律科及第及七年者与关内差使,七年外者与关外差。诸经及第人未十年者关内差,已十年关外差"。[3] 让官员间歇地担任差使,有减轻铨选压力的作用。明昌三年,因为员多阙少,官员等待铨选,"守阙近三十月",守阙的时间相当于一届任官时间。因此"依旧两除一差",以此减轻铨选压力,等到"员阙相副,则复旧制"。[4] 差使属于流外职,仍带散官,但地位低于流内职事官。从史料来看,以"举人""劳效""荫叙""吏员"等方式获得散官的官员,迁转过程中都要担任

[1]《金史》卷52《选举志二》,第1164－1165页。

[2]《金史》卷50《食货志五》,第1125页

[3]《金史》卷52《选举志二》,第1165页。

[4]《金史》卷53《选举志三》,第1179页。

差使。需要担任差使的官员,迁转速度明显低于不必担任差使的官员。因此举人出身者地位低于进士。曾代伟在《金律研究》中认为“散官需经历一定时期的试用、考察,再根据需要任命为职事官……如正隆三年制:‘律科及第七年者,与关内差使,七年外者与关外差。诸经及第人未十年者关内差,已十年关外差。’但有时也直接授予科举中选者以实职。如大定十五年敕,‘状元除应奉,两考依例授六品’;大定十八年诏:‘自今榜首,先访察其乡行,可则授以应奉,否则从常调’。”[1]曾代伟没有弄清楚差使制度,以为散官出仕,有时直接授予实职,有时需经历试用考察,并且把差使当作出仕之前的试用考察。实际上金代出仕之前的考察除差使之外还有其他各种流外职,是否要经过考察,是由获得散官的途径决定的。而《金律研究》中所引用的举人担任差使的例子并非出仕之前的考察,而是举人历仕过程中需要“一除一差”或“两除一差”的体现。

《郭公碑铭并序》提及郭济忠“升(大定)五年第,授将仕郎(正九下)……调睢州知法”,[2]虽然《郭公碑铭并序》中未说明郭济忠中的是哪一科,但是从他及第后授正九品下阶将仕郎,以及第一任为睢州知法来看,应是考中律科举人。

如果能在13岁之前背诵两种大经、3种小经、《论语》诸子等5000字以上,即可参加经童考试。及第者跟律科一样,大定十四年前授将仕郎(正九下),之后授将仕佐郎(从九下)。金章宗(1189—1208年在位)明昌三年,因为经童年龄太小,不适合立即入仕,规定经童参加3次考试全部通过者,可以授登仕郎(正九上)。

举人升迁非常缓慢,大定十六年以前,律科出身要40年之后才能当下县县令,念其太长,大定十六年特旨改为32年,大定二十年又改为29年。经童出身比律科还要多10年。此后因为缺官,又逐渐减少举

〔1〕曾代伟:《金律研究》,台北:中华发展基金管理委员会,五南图书出版公司联合出版,1995年,第52页。

〔2〕张廷玉:《大金朝散大夫前德州安德县令兼管勾常平仓事骑都尉汾阳县开国男食邑三百户赐紫金鱼袋致仕郭公碑铭并序》,见《全辽金文》中册,第2017页。据清刊本《定兴县志》卷17收。

人迁转的月日,但无论如何,举人的迁转年限远长于进士。举人出身能够进入中级官僚集团的只是很少一部分,大多数举人都终老于低级地方官员了。因此有的举人,尤其是经童,会选择再考进士,如金人程震,明昌二年经童出身,补将仕佐郎(从九下),泰和年间(1201—1208)年龄到达入仕的要求,注授临洮府司狱,忻州司候判官,提控沿边营城粮草等。后来他又登王刚榜词赋进士乙科,换授偃师县主簿,入补尚书省令史,最终拜监察御史,摄治书侍御史兼户部员外郎。[1] 可以想象,如果他没有考进士,是很难担任从六品治书侍御史、户部员外郎这种中层官员的。金代史料中经童出身者有李完[2]、胥持国[3]、魏仲仪[4]、张显卿[5]、安滔[6]、赵元[7]、刘微[8]、李庭秀[9]、赵宪甫[10]等9人。其中李完、魏仲仪、张显卿、安滔、刘微均在中经童选后再登进士第,赵元再举进士不中、李庭秀继续学习准备考进士,但此时不幸金朝灭亡了。可知经童出身者基本上都要再考进士。赵宪甫履历不详,胥持国虽然未再考进士,但他得势后也被章宗赐进士及第,即使如此仍被宋人讥笑为"经童作相"[11],可见举人出身地位的确不高。

2.1.3 同进士

同进士与进士及第不同,最重要的是升转途径有异,因此单独列出。同进士有两种,一种叫"恩例补荫同进士","大礼补,致仕、遗表、

---

〔1〕元好问:《御史程君墓表》,收入《元好问全集》卷21,第479-482页。

〔2〕《金史》卷97《李完传》,第2155页。

〔3〕《金史》卷129《胥持国传》,第2793页。

〔4〕元好问:《续夷坚志》卷1《旬会之异》,收入《笔记小说大观》第10册,南京:江苏广陵古籍刻印社,1983年,第248页。

〔5〕元好问:《续夷坚志》卷4《空中人语》,第261页。

〔6〕安熙:《石峰府君行状》,见《默庵集》卷5,收入《元人文集珍本丛刊》第5册(影台北中央图书馆藏清嘉庆十一年赵辑宁手抄本),台北:新文丰出版公司,1985年,第238页。

〔7〕元好问:《愚轩居士赵元》,收入《元好问全集》卷41《中州集》诗人小传,第878页。

〔8〕元好问:《刘神童微》,收入《元好问全集》卷41《中州集》诗人小传,第928页。

〔9〕同恕:《中书左右司郎中李公新阡表》,见《榘庵集》卷5,收入《景印文渊阁四库全书》1206册,第701页。

〔10〕洪皓著,陈顺芝点校:《松漠纪闻续》:"童子科止有赵宪甫位至三品。"《豫章丛书》史部1,南昌:江西教育出版社,2000年,第106页。

〔11〕刘祁:《归潜志》卷10,北京:中华书局,1983年,第113页。

阵亡等恩泽补，承袭录用，并与国王并宗室女为婚者”，其子弟可以补荫同进士。[1] 这属于荫叙制度，即部分有特殊贡献的人，其子弟荫叙可以获得文散官，由于金代规定只有进士出身授文散官，所以这部分人“荫同进士”。恩例补荫同进士出身，按照正隆二年格，初下簿，二中簿，三上簿，四下令，五中令，六、七上令，回呈省。其迁转过程明显长于进士及第。还一种叫“特赐同进士”，“入粟、出使回、殁于王事”可以特赐同进士。特赐同进士的身份比补荫同进士还要低，与太医、内侍、司天等杂班官员等同，荫叙方面的规定也和杂班一样，只能在散官到达正四品之后才能荫一人。按照正隆元年格例，特赐同进士必须到第七任才能担任县令，十任之后才能呈省。后来条件放宽，可以第四任担任县令，六任后呈省。[2] 总的来说补荫同进士和特赐同进士的升迁速度高于举人，低于进士。

《选举志》中没有记载同进士出身授何散官，《金史》有章宗（1189—1208 年在位）明昌三年（1192）十月特赐“逸民游总同进士出身，以年老不乐仕进，授登仕郎（正九上），给正八品半俸终身”，[3] 又有明昌五年正月，各路转运使荐举“三举终场人蔡州文商”“庆阳府进士李奖”“绛州李天祺、应州康晋侯”等人，章宗“以文商为国子教授，特迁登仕郎”“李奖给主簿半俸终身，余赐同进士出身”，这两条材料中的同进士虽然都授登仕郎（正九上），但游总的情况类似于致仕，文商明显待遇高于普通的特赐同进士出身。根据金制，官员致仕，60 岁以上迁两官，60 岁以下迁一官，[4] 则普通同进士所授散官应是低于登仕郎 1 阶或 2 阶。

目前找不到其他证明同进士出身所授散官的材料。但《宣宗纪》

[1]《金史》卷 52《选举志二》，第 1164 页。《金史》原标点为：“大礼补致仕、遗表、阵亡等恩泽，补承袭录用，并与国王并宗室女为婚者”，误。大礼补、致仕补、遗表补、阵亡补均是宋代的荫补途径，金代显然参考了宋代的荫补制度。参见游彪：《宋代荫补制度研究》的第 3 章《宋神宗至北宋末期的荫补制度》、第 5 章《宋代官员致仕荫补制度》、第 6 章《遗表荫补制度》、第 11 章《宋代的“殁于王事”恩》等章节，北京：中国社会科学出版社，2001 年。

[2]《金史》卷 52《选举志二》，第 1164 页。

[3]《金史》卷 9《章宗纪一》，第 224 页。

[4]《金史》卷 8《世宗纪下》，第 184 页。

贞祐三年四月有："诏自今策论词赋进士，第一甲第一人特迁奉直大夫（从六上），第二人以下、经义第一人并儒林郎（从七下），第二甲以下征事郎（从八上），同进士从仕郎（从八下），经童将仕郎（正九下）。"[1]这是贞祐南渡之后，为了激励士气，把所授散官全部调高的结果，与贞祐三年之前、大定十四年之后状元授承务郎（从七上），一甲第二名以下授承事郎（正八下），第二甲及以下授将仕郎（正九下），经童授将仕佐郎（从九下）相比，贞祐三年状元所授散官提高 4 阶，第一甲第二人以下提高 2 阶、第二甲以下提高 3 阶，经童提高 2 阶。那么推测贞祐三年之前，同进士所授散官应比之后所授散官低两阶或以上，由于同进士出身散官应高于经童，那么贞祐三年前，同进士所授散阶可能是将仕郎（正九下）或登仕佐郎（从九上）。

2.1.4 换授

司天、太医、内侍、教坊等杂班官员有专门的散官序列，这 4 个系统官员的散官只能在内部升迁，不能与流内官员相互迁调。这 4 种杂班散官最高只到从四品。[2] 官员散官至从四品上阶，也就是序列顶端时，在皇帝特恩的情况下，可以换授文武散官。《金史·选举志》记载："（世宗大定五年十月）曰：'教坊出身人，若任流内职者，与文武同用荫。自余有勤劳者，赏赐而已。昔正隆（1156—1161）时常使教坊辈典城牧民，朕甚不取。'……七年五月，命司天台官四品以上官改授文武资者，并听如太医例荫。其制，凡正班荫亦正班，杂班荫杂班。"[3]《王维翰传》载："（泰和）新格，教坊乐工阶至四品，换文武正资，服金紫。维翰奏：'伶优贱工，衣缙绅之服，非所以尊朝廷也。'从之。"[4]

从《选举志》的规定来看，司天、太医、内侍、教坊四个系统的官员，散官升到从四品后，可以换授文武散官，也有可能担任流内职务。如《金史·祁宰传》记载太医祁宰，"累迁中奉大夫（从三下），任太医

[1]《金史》卷 14《宣宗纪上》，第 309 页。

[2]《金史》卷 55《百官志一》，第 1224 – 1227 页。

[3]《金史》卷 52《选举志二》，第 1159 页。

[4]《金史》卷 121《忠义传一·王维翰传》，第 2648 页。

使……常感激欲自效”。[1] 不过在《金史》传中也有散官未至四品，即换授武散官的情况，应属于皇帝的特恩超擢。又有太医院保全郎（从六下）李中、保和大夫（从五品下）薛遵义俱以医药侍光英，李中超换宣武将军（从五下）、太子左卫副率，薛遵义丁忧，起复宣武将军（从五下）、太子右卫副率。[2]

杂班散官换授文武散官的相关资料比较少，现在尚不清楚其具体规定，从《选举志》和《金史》传来看，杂班散官既可以换授文散官，也可以换授武散官，但何种情况下能得到文散官，并不清楚。《金史》传中3例换授的情况都发生在海陵王（1149—1161年在位）时期，似乎这一时期杂班散官换授的政策比较宽松。世宗（1161—1189年在位）即位之后大概相关规定比较严格，因为世宗对于海陵王时期“使教坊辈典城牧民”的做法表示不满，认为“有勤劳者，赏赐”即可。

除此之外，南宋、伪齐的官员效忠金朝后，也可以换授相应品级散官，如焦郁的《武德将军韦公碣》中记载，韦仪在伪齐为武节大夫，皇统八年换授武德将军（正六），骁骑尉。[3] 南宋、伪齐官员换授文武散官应该是比较常规的，但金代史料中这方面资料也不多。推测这一类换授的情况应该是文散官换授文散官，武散官换授武散官。

这两类换授均既可得到文散官，也可能得到武散官，为了行文方便，一并放在此处讨论，“获得武散官”一节中不再专门讨论。

2.1.5 衍圣公

孔子后代在金元时期被封为世袭衍圣公，衍圣公是可以无条件获得文散官的。孔子第四十九代孙孔璠是金朝所封的第一位衍圣公，因为他在齐阜昌三年（1132）已经加封衍圣公，补迪功郎——齐使用北宋官制——因此废齐之后，孔璠被封为承奉郎（根据第1章金前期散官表，承奉郎在大定十四年前为从六品中下阶），孔璠之子孔拯于皇统二年三月袭封衍圣公，补文林郎（从七下），孔拯无嗣，其弟孔总在大定三

〔1〕《金史》卷83，第1873页。

〔2〕《金史》卷82《海陵诸子传·光英传》，第1854页。

〔3〕张金吾：《金文最》卷90，第1311页。

年(1163)七月袭封,补文林郎。明昌二年(1191),其子孔元措袭封,加文林郎(正八上)。[1] 由此可见,孔子后代袭封衍圣公者例补文林郎,但与其说这是入仕的资格,不如说是名义上的优待。大定十四年散官品级调整,衍圣公的散官不顾品级变化,仍为文林郎,可见这个散官对于入仕升迁没有意义。大定二十年,金世宗召孔总至京师,欲授之官职,尚书省表示反对,认为孔总要管理祭祀先圣孔子的事务,如果让他进入仕途,每3年迁转,于祭祀有碍,皇帝表示同意,于是只授他曲阜县令,这个县令后来也成了衍圣公世袭的职务,与仕途无关。[2]

2.1.6 封赠

最后一种得到文散官的方式是封赠。如果子孙科举出身授文资,散官达到一定品级,父亲、祖父有可能获得封赠的文散官。

据《金史·刑志》,《泰和令》有《封赠令》10条,可见金代的确实行封赠,[3]但《金史》志中并未专门记载封赠制度,只有《百官志》简略提到:"郡王(正从一)母妻封郡王夫人,国公(正从一)母妻封国公夫人,郡公(正从二)母妻封郡公夫人,郡侯(正从三)母妻封郡君,承安二年(1197)更为郡侯夫人。四品文散少中大夫、武散怀远大将军以上母妻封县君,承安二年为郡君。五品文散朝列大夫、武散宣武将军以上母妻封乡君。承安二年为县君。"[4]这条材料三品以上称爵位,四品以下称散官,大概封赠本应该由爵位高低决定,但因为金代官员的散官品级和爵位品级基本相同,因此也可以认为是由散官品级决定封赠的称号。

兴定元年(1217),因为战争,入粟、军功等补官甚多,正月,东平行省进言"调兵以来,吏卒因劳进爵多至五品,例获封赠",[5]可见封赠的条件是爵位达到五品(由于金代散官和爵位品级绑定,爵位五品即散官达到五品),又有泰和元年(1201)正月,"初命文武官官职俱至三品

---

[1]《金史》卷105《孔璠传》《孔拯传》《孔元措传》,第2311－2312页。孔元措:《孔氏祖庭广记》卷1《世次》,丛书集成初编3316册,北京:中华书局,1985年,第12页。

[2]《金史》卷105《孔拯传》《孔元措传》,第2312页。

[3]《金史》卷45《刑志》,第1024页。

[4]《金史》卷55《百官志一》,第1230页。

[5]《金史》卷15《宣宗纪中》,第327页。

者许赠其祖”，[1]可以推测金代封赠父母的条件是文武官散官达到五品，而文武官职官、散官均达到三品者可以封赠祖父母。

从碑传材料来看，封赠授予的品级很明显分为两种情况，一种是封赠官爵的品级比官员自身的散官低二品，即低四等；一种是封赠的品级和官员品级相同。在封赠品级比官员本人散官低二品的情况下，即使本人散官为某一品的中阶或上阶（$N_{中}$ 或 $N_{上}$），封赠的散官均为降低二品的下阶$(N-2)_{下}$。如：

《聂公碑》：先公讳宗，以长子许擢进士第，中大夫（从四中）、河东郡开国伯致仕，追赠奉训大夫（从六下）。[2]

《张公神道碑》：张商老……散官由征事郎凡十三迁至是为朝散大夫（从五中）……公进阶五品，赠父儒林郎（从七下）[3]

《郭公神道碑》：［郭建］皇统二年（1142）……奉国上将军（从三上）。

考英才，以公贵，赠宣武（从五下）将军。[4]

如上所示，聂许和张商老分别为从四品中阶和从五品中阶，他们的父亲分别封赠为从六品下阶和从七品下阶，郭建散官为从三品上阶，他的父亲封赠散官则为从五品下阶。由此可以看出，虽然金代的散官在升迁时仍以阶为单位，逐阶升迁，表现出继承唐、宋的一面，但在封赠时已经是以级为单位，封赠散官比官员本人的散官低两级，并不考虑相差多少阶，上引材料中聂宗赠奉训大夫，与其子散官中大夫相差11阶，张商老的散官则与赠其父者相差9阶，郭建的散官与封赠其父郭英才者相差14阶，从阶的角度来看并无规律可言，其规律在于级的差别。封赠时首先考虑授予某一级下阶（$N_{下}$），明显看到元代散官逐级升迁，以级为单位的影子。这是因为封赠的散官与仕途无关，在金代已经被简单化了。

---

〔1〕《金史》卷11《章宗纪三》，第255页。

〔2〕孟铸：《大金故聂公碑》，大定十八年，《全辽金文》据民国二十六年（1937）本《莘县县志》卷9收，第1609页。

〔3〕黄久约：《朝散大夫镇西节度副使张公神道碑》，收入《金文最》卷86，第1256－1258页。

〔4〕任询：《奉国上将军郭公神道碑》，收入《金文最》卷86，第1252页。

无论何种情况，封赠以本人的最高散官为标准，包括官员致仕时升迁的散官，如：

《郑公墓之碑》：公讳赡……迁至奉政大夫（正六上），明昌二年（1191）十二月致仕，迁朝列大夫（从五下）。考追赠儒林郎（从七下），母封荥阳太君，从子贵也。……妻皆封荥阳县君。〔1〕

郑赡在任官时期，散官最高达到正六品上阶奉政大夫，没有封赠父母妻的资格，但他致仕时散官又升了一阶，到达从五品下阶，达到了封赠的最低标准，因此父亲得以封赠从七品下阶的儒林郎。从五品爵为县男，可以想象郑赡被封荥阳县男，因此母封荥阳太君，妻封荥阳县君。从前引材料还能看出，封赠时，本人为文散官则赠文散官，本人为武散官则赠武散官。这与荫叙很不相同，荫叙的话，除本节“同进士”部分提到的特殊情况外，无论父祖兄弟是文资还是武资，承荫人都只能补武散官。

如果在封赠前其父已有散官，而按照其子散官品级封赠可以得到更高的散官，还是可以封赠，使其父的官爵继续提高。如孔子第五十代孙孔总，“终奉直大夫（从六上）”，〔2〕但他“赠光禄大夫（从二上）”，〔3〕这是因为他的儿子孔元措于“天兴二年（1233）正月迁光禄大夫（从二上），改太常卿”，〔4〕所以他通过封赠的途径得到了更高的散官。但孔总封赠的散官并没有比孔元措的低二品，而是和孔元措的散官相同。这样的情况在金代碑传中还有几例：

《段铎墓表》：

［段铎］致仕……进两阶，授中奉大夫（从三下）加护军，封武威郡开国侯，增邑三百户，食实封一百户，俸禄仍给其半，泰和元年

〔1〕王反成：《大金故赠儒林郎郑公墓之碑》，大定二十一年，《全辽金文》第1728页，据清刊本《定兴县志》卷17收。

〔2〕党怀英：《金故赠正奉大夫袭封衍圣公孔公墓表》，收入《孔氏祖庭广记》卷12，丛书集成初编3317册，第156页。

〔3〕党怀英的《金故赠正奉大夫袭封衍圣公孔公墓表》中记载孔总赠正奉大夫（从三上），但孔元措的《孔氏祖庭广记》卷1《世次》记载孔总赠光禄大夫（从二上），丛书集成初编3316册，第12页。有可能孔总早先赠正奉大夫，后来孔元措进光禄大夫时，孔总再赠光禄大夫。

〔4〕孔元措：《孔氏祖庭广记》卷1《世次》，丛书集成初编3316册，第14页。

(1201)五月得报。

父矩,赠中奉大夫(从五中),武威郡侯,母李氏,追封武威郡太夫人。[1]

《郭公碑铭》:

[郭济忠]求退,超朝散大夫(从五中)。

璘,公之父也,追赠朝散大夫(从五中)、骑都尉、汾阳县开国男。[2]

《康公神道碑铭》:

考道安……用公贵,累赠辅国上将军(从三中),京兆郡侯。

[康德璋]贞祐二年(1214)五月之五日遘疾,终于私第之正寝,累官辅国上将军(从三中)、护军、京兆郡侯、食邑千户、食实封一百户。[3]

《金史·燕宁传》:

(兴定)五年(1221)……以功迁金紫光禄大夫……战死……诏赠故祖皋银青荣禄大夫,祖母张氏范阳郡夫人,父希迁金紫光禄大夫,母彭氏、继母许氏、妻霍氏皆为范阳郡夫人。[4]

前文所举封赠散官比本人散官低两品的例子均为大定(1161—1189)时期的碑传材料,而这几条封赠散官品级和本人散官品级相同的材料均在较晚时期,其中段铎授中奉大夫为章宗(1189—1208年在位)泰和元年,康德璋授辅国上将军应在宣宗(1213—1223年在位)贞祐二年之前不远,燕宁战死在宣宗兴定五年,孔元措进光禄大夫为哀宗(1224—1234年在位)天兴元年(1232),郭济忠的致仕时间碑中未载,卒年已残泐,但根据碑文,他授承德郎(正七上)时已是章宗明昌(1189—1196)初年,之后最少又任四任县令,致仕应也在泰和以后。因此推测其父封赠官品级和本人散官品级相同,也许是金章宗在位期

[1]张万公:《武威郡侯段铎墓表》,泰和三年,收入《金文最》卷90,第1309页。

[2]张廷玉:《大金朝散大夫前德州安德县令兼管勾常平仓事骑都尉汾阳县开国男食邑三百户赐紫金鱼袋致仕郭公碑铭并序》,《全辽金文》据清刊本《定兴县志》卷17收,第2017页。

[3]元好问:《辅国上将军京兆府推官康公神道碑铭》,收入《元好问全集》卷27,第578-580页。

[4]《金史》卷118《燕宁传》,第2591页。

间政策调整的结果。这一封赠政策更加简化,不考虑赠上阶还是下阶,封赠父亲的散官与官员本人的散官完全相同。从《燕宁传》来看,封赠祖父,降父亲一级。

第1章《金代前期散官制度》的末尾提到,唐、宋、金散官逐阶升迁的制度到元代变为逐级升迁。从以上对金代封赠的讨论来看,这种变化并非突然发生,而是在金代封赠制度的前后期变化中已经有所体现了。

上面列举了在金代获得文散官的5种途径,其中后两种,即衍圣公和封赠所获散官基本与仕途无关,不属于进身之阶。因此成为进士、举人或同进士,是金代人初入仕获得文散官的唯一途径,其中同进士和举人的升迁极其缓慢,词赋进士和经义进士是金代高级文官的主要来源。金代的进士并不多。在天德三年(1151)海陵王(1149—1161年在位)取消经义科、合并南北选之前,每3年大约录取进士300人上下,天德三年取消经义科,只保留词赋科,到金世宗(1161—1189年在位)前期,每3年中进士者不到100人,大定二十五年,词赋进士录取不到500人,大定二十八年因为长期缺官,于是恢复经义科,诏取士不限人数,中选人增加到586人,此后进士人数逐渐增加。金章宗(1189—1208年)承安二年(1197),取士925人。承安五年规定策论、词赋、经义中选者不得超过600人。[1] 贞祐二年(1214)宣宗南渡,因此免去府试,大家可以直接参加会试,录取800多人。由此可知,在金代带文散官的官员数量应远远小于带武散官的官员数量。

2.2 获得武散官的途径

2.2.1 军功

获得武散官的最佳途径是军功。金代对于何为军功有明确规定,分为6种:"一曰川野见阵,最出当先,杀退敌军。二曰攻打抗拒州县

[1]《金史》卷51《选举志一》,第1136页,第1144页。

山寨,夺得敌楼。三曰争取船桥,越险先登。四曰远探捕得喉舌。五曰险难之间,远处报事情成功。六曰谋事得济,越众立功。"[1]立下军功,即可根据军功大小得到高低不等的武散官,然后根据散官的高低按照不同途径升迁。《选举志》有"文资则进士为优,右职则军功为优"[2]之说,获得文散官被称为文资,获得武散官被称为右职,而以进士和军功获得文武散官是各种出身中最优者。这是因为其他出身大多需先担任流外职,一定时间后才能出职任录事、主簿、县丞等流内官。而进士和军功这两种出身可以直接出职任低级流内官,按格法迁转一定届数后任县令,任满呈省,即可铨注正七品以上职官。

一场大的战争后很多将士都可以因军功而获得或升迁散官,如:

> 陕西平……诏陕西将士,猛安,阶昭毅(正四下)以下迁两资,昭武(正四上)以上迁一资。谋克,阶六品以下迁两资,五品以上迁一资。押军猛安,阶昭武(正四上)以上者迁一资,昭毅(正四下)以下、武义(正六下)以上迁两资,昭信(从六下)以下,女直人迁宣武(从五下),余人迁奉信(从六中下),无官者,女直人授敦信(从六上),余人授忠武(正七)。押军谋克,武功(正六上)以下、忠显(从七上)以上迁两资,忠勇(从七下)以下,女直人迁昭信(从六下),余人迁忠显(从七上),无官者,女直人授忠显(从七上),余人授忠翊(正八上)。正军,有官者迁一资,无官者授两资。[3]

大定元年(1161),海陵(1149—1161年在位)的南侵军北还,宋军趁机占领了淮北、陕西等多个州郡,[4]大定二年,徒单合喜在陕西征战,至次年,宋军所占领的陕西诸州基本被金兵收复。因此金世宗(1161—1189年在位)下令奖谕陕西将士。如上所述,押军猛安无官者,女真人授从六品上阶,其余授正七品,押军谋克无官者,女真人授从七品上阶,其余授正八品上阶,所授资品远高于进士出身。

[1]《金史》卷52《选举志二》,第1166页。

[2]《金史》卷52《选举志二》,第1157页。

[3]《金史》卷87《徒单合喜传》,第1944页。其中所标注的散官品级与《金史·百官志》所记载的散官品级不同,是按照第1章表1-6恢复的大定十四年前的散官体系来标注的。

[4]李心传:《建炎以来系年要录》卷200注引吕中《大事记》,第10册,第6640页。

军功出身者,可以授亲民官,如任询的《郭公神道碑》:

天会二年(1124),王师南伐,征乡邑良家子,公(郭建)预选首,为千户,以主之[缺五字]与辽常胜军战,胜于白沟……四年[缺五字]东路诸将攻巨鹿,公率众先登……六年收开濮,七(年)[缺五字]过江涉淮,收寿春、濠、和州,八年下真、杨、通、泰。帅府先后功赏,以议官爵……天眷(1138—1140)间,公与宋人战,所向无前,累获胜捷,赏亦懋焉。皇统二年(1142),换[缺六字]奉国上将军(从三中上)……抚定之久,不忘人功,凡从军有劳者,授以亲民职任。五年,以公为[缺七字]吏畏民爱,改掖县令……知会州城,秩满,改费县令……考满,同刺嵩州,通守潍州,又除临潢府总幕。[1]

郭建自天会二年从军,屡立战功,从《神道碑》来看,屡次受赏,到皇统二年,此前累计的功劳换授奉国上将军,从三品武散官。根据金代后来的制度,三品以上散官是不能以这种方式获得的,必须担任实职至一定时间,然后向朝廷申请,才能升迁到三品以上散官,详见本书后面的论述。但皇统二年时大概还没有这么严格的规定。

军功出身,按照《神道碑》的记载"授以亲民职任",由于缺字,我们不知道郭建第一任授何官,但其后很快担任县令,推测之前大概与进士出身类似,先担任录事、主簿、县丞等,一两任后即可担任县令。县令考满之后,任刺史州同知(正七品),官至总管府判官(从六品)。[2]《金史·瑶里孛迭传》亦载瑶里孛迭"以军功历海滨令"。[3] 这和章宗(1189—1208年在位)大定二十九年(1189)所拟《选举十条》中的"旧格,进士、军功最高,尚且初除丞簿,第五任县令升正七品"基本相符。到金代后期,军功出身者升迁途径大约仍是如此,但战乱之中升迁更快。郝经的《贾侯神道碑铭》载贾辅于贞祐(1213—1217)初以战功授

[1] 任询:《奉国上将军郭公神道碑》,收入《金文最》卷86,第1252-1253页。

[2] 总幕即判官,见谢维新:《古今合璧事类备要》后集卷77《州官门》"总幕职"条及"判官"条,收入《景印文渊阁四库全书》940册,第349页,第355页。

[3]《金史》卷94《瑶里孛迭传》,第2095页。

蒲阴县尉,后迁为县令,因祁州百姓推举,行台授其宣武将军(从五下)、祁州刺史,以功迁镇国上将军(从三下),遥领濬州防御使(从四),仍知祁州。[1] 祁州在今天的河北,贞祐时期已经不受朝廷的直接控制。贾辅实际上成为当地诸侯,虽然他升迁极快,但仍可看出幕职官→县令→中层官僚的迁转道路。王曾瑜先生的《辽金军制》中指出"金人称'进士、军功最高',是指两者初入仕之官位最高,其升迁亦较其他出身为快"。[2] 正是此意,升迁较快,正因可直接担任亲民职任,"呈省"(即升正七品官职)进入中级官僚集团所需的时间较其他出身为短。

2.2.2 劳效

劳效是专为年老的猛安、谋克提供的出身之途。猛安、谋克在军队服役到达一定年龄,即可获得武散官出职。《金史·选举志》:"凡劳效,谓年老千户、谋克也。"[3] 所以劳效也被称为"放老"。

猛安谋克制是女真人旧制,带有军民一体的性质。后来金朝建立汉式官制,转向文治,军民分开。汉式官制下的机构和官僚集团成了行政主体,虽然很多朝廷的女真官员在担任汉式官职的同时被赐予猛安、谋克,但大多数猛安、谋克还是被排除在汉式官制之外的,《金史·移剌子敬传》记载:"上幸西京,州县官入见,猛安谋克不得随班。子敬奏军民一体,合令猛安谋克随班入见,上嘉纳之。"[4] 从这句话推测,猛安、谋克管军,州县官管民,因此移剌子敬用了"军民一体"这样的说法。

王曾瑜先生的《辽金军制》认为"猛安谋克"有6种含义:(1)"女真人户的代称";(2)"世袭荣誉爵位";(3)"女真族的社会组织单位";(4)"女真族社会组织单位的首领";(5)"金军的两级编制单位";(6)

[1] 郝经:《左副元帅祁阳贾侯神道碑铭》,见《陵川集》卷35,收入《景印文渊阁四库全书》第1192册,第403-404页。

[2] 王曾瑜:《辽金军制·金朝军制》,第8章《金军的若干重要制度》第3节《武人入仕》,保定:河北大学出版社,2011年,第253页。

[3]《金史》卷52《选举志二》,第1167页。

[4]《金史》卷89《移剌子敬传》,第1988页。

"金军两级编制单位的长官"。其中第4种"女真族社会组织单位的首领",王曾瑜先生认为"后又实际上成为地方行政长官……南迁的女真族等的猛安、谋克等组织已成与州县平行的行政系统,猛安大体相当于州防御使,谋克大体相当于县令",并引用《金史·百官志》的"诸猛安""从四品,掌修理军务、训练武艺、劝课农桑,余同防御","诸谋克""从五品,掌抚辑军户、训练武艺。惟不管常平仓,余同县令"两条作为证据。[1] 猛安、谋克的执掌虽然与州防御使、县令部分相同,但除此之外还担负"修理军务、抚辑军户、训练武艺"等职责,正因其以管理诸军为主,与地方行政官僚分属军、民两个系统。所以第3、4两种"女真族的社会组织单位及首领"与第5、6两种"金军两级编制单位及首领"似乎并无本质不同。此种制度其实是金朝将军队分散驻扎在各地,对边疆和地方进行监督、镇戍,与元朝设万户府、千户,采取的镇戍制度类似。[2] 这种猛安、谋克并未脱离军队体系,在地方与民事行政系统常常发生冲突。正因为实行军民杂处的制度,在金代,"军民和"始终是一个备受关注的问题,最后成为考察地方官标准的"六事"之一。前引《移剌子敬传》中说"猛安、谋克不得随班",不能入见世宗,正是因为军民有别,猛安、谋克属于军队系统,未列入行政系统,不系班,无法得到跟汉式官僚相同的待遇。因此金朝为猛安、谋克设立了进入行政系统官僚集团,也就是系班的途径。一部分女真将领可以依靠军功入仕,没有立下战功者,至一定年限,也可以按照统兵时间长短得到高低不等的武散官,最终可以出职任官。

这种劳效出身根据猛安、谋克任职的军队性质不同,待遇也高下不等。武卫军中的猛安、谋克待遇最高。武卫军的猛安又称都将,与其他官员一样,每30个月散官升迁1阶。按照大定十七年的规定,升到昭信校尉(正七下)时可以出职,铨注九品职事官。如果从武散官最低

[1]王曾瑜:《辽金军制·金朝军制》,第8章《金军的若干重要制度》第4节《武将之军职官和武散官》,第259－260页。

[2]萧启庆:《元代的镇戍制度》,收入《元代史新探》,台北:新文丰出版公司,1983年,第113页,收入萧启庆:《内北国而外中国——蒙元史研究》上册,北京:中华书局,第256页。

一阶进义副尉(从九下)算起,升到昭信校尉共11阶,需要330个月,也就是27年,才能担任九品职事官,当然,由于朝廷经常有覃恩,普升散官1阶的政策,所以实际上不会真正过27年,但仍需花费一段漫长的时间才能出职,而这已经是劳效出身中最优的途径。大定三年,金世宗下令:"祖宗时有劳效未曾迁赏者,五品以上闻奏,六品以下及无职事者尚书省约量升除。"[1]五年定出格法:"河南、陕西统军司,千户四十年以上拟从七品,三十年千户、四十年以上之谋克从八品,二十年以上千户、三十年以上谋克从九品,二十年以上谋克与正班、与差使,十年以上赏银绢。"[2]大定三年宋金仍在交战,因此金世宗宣布对猛安、谋克进行迁赏,大定五年签订隆兴合议,局势稳定下来,制定出具体格法。虽然是在战争之后议定的带有奖励性质的格法,仍需20—40年不等才能出职,可见地方军队中的猛安、谋克出职所需时间更长,迁转更慢。陈规在贞祐四年(1216)上言,提到"县令之弊无甚于今,由军卫、监当、进纳、劳效而得者十居八九"。[3] 可见劳效出身本来是很少有机会当上县令的。

王曾瑜先生在《辽金军制》中提到《普照寺钟铭》里有"保义校尉、权千户孙"和"蒲里衍、忠武田和",认为"孙姓权千夫长的武散官为正九品之保义校尉,而五十夫长田和的武散官却为从七品之忠武校尉。由此可知,金朝武将的军职官和武散官,即实职和虚衔之间,往往存在着不相对应的紊乱情况,并无十分严格的制度规范"。[4] 实际上,金朝的猛安、谋克出职,有军功、劳效、荫叙等多条途径,所获得的散官、职事官和升迁的途径都不相同,所以实职和虚衔之间存在不相对应、表面上看起来比较紊乱的情况,但并非没有"严格的制度规范"。

劳效出身,无论是出职时间还是升转途径都逊于军功和荫叙,是为没有军功,家世也不显赫的普通女真军官准备的入仕之路,并不是

[1]《金史》卷6《世宗纪上》,第132页。

[2]《金史》卷52《选举志二》,第1167页。

[3]《金史》卷109《陈规传》,第2406页。

[4]王曾瑜:《辽金军制·金朝军制》,第8章《金军的若干重要制度》第4节《武将之军职官和武散官》,第263页。

一条前程光明的道路。

2.2.3 武举

《金史·选举志》有:"武举,尝设于皇统(1141—1149)时,其制则见于泰和式。"[1]似乎金代从皇统时期就已经开设武举。但《章宗纪》于泰和五年(1205)十一月下记"初定武举格",[2]《兵志》:"泰和间,又制武举,其制具在《选举志》。"[3]似乎武举制度是到泰和年间才制定。然而《选举志》中有"承安元年格"规定武举出身所历之职,承安在泰和之前,似乎泰和之前长期开设武举。金代的碑传材料中,泰和之前应武举者,仅有全真教教祖王重阳于天眷(1138—1140)间应举,[4]除此外没有找到其他人在泰和之前应武举的材料。有学者考订,认为王重阳也没有参加武举,只是在金朝收复陕西的过程中立下战功。[5] 总之《金史》对于武举开设的时间记载比较混乱,又缺乏相关的碑传资料。现在还无法确定金朝都在哪些时段内开设过武举,中举人数有多少等情况。

按照泰和三年的规定,中武举得上甲第一名,授忠勇校尉(正八上),第二、三名授忠翊校尉(正八下),中甲授修武校尉(从八上),下甲授敦武校尉(从八下)。[6] 需要注意的是,在唐代,文官由吏部铨选,武官由兵部铨选,武举出身由兵部授予散官,但金代文武官都是由吏部铨选,武举出身也由吏部授予散官。武举出身,并不是非得当武官不可,其迁转途径,按照承安元年(1196)格法大致如下:上甲可以直接出职,第一名第一任都巡检、副将,第二任县令,第二、三名第一任巡检、县尉、部将、第二任主簿,第三任县令,其余上甲者第一任副巡检、军辖,第二任主簿,第三任县令。中、下甲须先充当亲军,一定时限后出职,担任

---

〔1〕《金史》卷51《选举志一》,第1151页。

〔2〕《金史》卷12《章宗纪四》,第272页。

〔3〕《金史》卷44《兵志》,第997页。

〔4〕完颜璹:《终南山神仙重阳真人全真教祖碑》,李道谦:《甘水仙源录》卷1《碑文》,收入《四库全书存目丛书》子259册影上海股书馆藏清抄本,济南:齐鲁书社,1995年,第416页。

〔5〕唐代剑:《王嚞丘处机评传》,南京:南京大学出版社,2000年,第23-26页。

〔6〕《金史》卷52《选举志二》,第1165页。

副巡检、军辖等，最终的目标还是主簿、县令。县令任满后呈省。其中巡检、县尉、军辖是州县负责治安、捕盗的官员，副将、部将属于边将，负责巡守边境，大致是担任现代警察部门的工作。武举出身所授散官低于进士，迁转格法也不如进士为优，而且中、下甲更要充当亲军数年才能出职。因此武举出身仅略优于举人。但由于应武举者多精通武艺，所以也有机会进入军队，因军功而升迁，如纥石烈鹤寿，中泰和三年(1203)武举，调褒信县副巡检。泰和六年，主动请兵参加对宋朝的战争，充行军万户，军还，散官升迁9阶，迁同知息州军州事(正七品)。[1] 鹤寿虽然是武举出身，但实际上是进入军队系统，以军功升入正七品。

2.2.4 宗室

唐代，皇帝的亲戚可以直接获得从八品上阶到正六品上阶的散官。[2] 金代史料中没有关于宗室获得散官相关规定的记载，但宗室的确是出身途径之一。首先，身为近密宗室，有直接获得散官的可能。《金史》中有不少金朝前期以宗室身份获得四品以上武散官的例子。如海陵王(1149—1161年在位)为太祖(1115—1123年在位)长子宗幹之子，是熙宗(1135—1149年在位)的堂兄弟，天眷三年(1140)，以宗室子为奉国上将军(从三中上)，行军万户。[3] 世祖幼子昂之子郑家是海陵王的堂叔，皇统(1141—1149)初以宗室子授定远大将军(从四下)除磁州刺史。[4] 金世宗(1161—1189年在位)为太祖之子睿宗之子，是海陵王的堂兄弟，皇统间以宗室子例授光禄大夫(从二上)，封葛王，为兵部尚书。[5] 太祖之子宗强之幼子阿琐为海陵王的堂兄弟，天德二年(1150)以宗室子授奉国上将军。[6] 驸马也可以直接获得散官，如唐括德温尚睿宗皇帝女楚国长公主，天眷三年授宣武将军(从五下)。[7] 海

[1]《金史》卷122《忠义传二·纥石烈鹤寿传》，第2667页。
[2]《唐六典》卷2《尚书吏部》，第32页。
[3]《金史》卷5《海陵纪》，第91页。
[4]《金史》卷65《世祖子传·昂传附子郑家传》，第1553页。
[5]《金史》卷6《世宗纪上》，第121页。
[6]《金史》卷69《太祖子传·宗强传附子阿琐传》，第1608页。
[7]《金史》卷120《唐括德温传》，第2618页。

陵王时，朮斯剌尚荣国公主合女，加昭毅大将军（正四下）驸马都尉。[1]从这些例子来看，宗室与皇帝亲属关系的远近与其所获散官的高低应有直接关系。

大定（1161—1189）年间为宗室子规划了专门的出仕之途，大概是因为这个原因，大定之后以宗室直接获得高品级散官的情况不常见了。即使如此，世宗时宗室仍有直接获得散官的机会。大定十七年，世宗对宰臣说："宗室中年高者，往往未有官称。其先皆有功于国，朕欲稍加以官，使有名位可称。"[2]大定二十五年四月，世宗（1161—1189年）至上京，宴宗室、宗妇于皇武殿，大功亲赐官 3 阶，小功 2 阶，缌麻 1 阶，年高属近者加宣武将军（从五下）。[3]但此时宗室直接获得散官的品级已经远远低于世宗以前。

世宗时期，开始令宗室子以承应人、宗室将军或中央机构令译史的身份积累资考，出职任官。大定六年，命"五从以上宗室在省祗候者，才有可用，具名闻奏"。[4]十七年，制试补缌麻袒免以上宗室郎君为枢密院令译史。二十八年定制，宗室子试补尚书省令译史，皆以 150 个月出职，第二从亲出职六品，第三从亲正七品。大定二十九年始，四从亲亦许试补。[5]《金史・宗室表》有"大定、泰和（1201—1208）之间，袒免以上亲皆有属籍，以叙授官"，[6]元好问《完颜公神道碑》载：完颜怀德以宗子第五从承应走马局，俄迁内承奉班，三历监务，用课最调密州仓使，至宁元年（1213）选注临淄令。其子完颜从政尝以族属授官，而不乐仕宦。[7]推测宗室子孙根据与皇帝亲属关系的远近得到高低不等的散官，然后担任承应人、令译史等，任职期间散官迁转，一定月日后验资出职。

---

〔1〕《金史》卷 132《徒单阿里出虎传》，第 2823 页。

〔2〕《金史》卷 7《世宗纪中》，第 166 页。

〔3〕《金史》卷 8《世宗纪下》，第 188 页。

〔4〕《金史》卷 88《纥石烈良弼传》，第 1951 页。

〔5〕《金史》卷 52《选举志二》，第 1171 页。

〔6〕《金史》卷 59《宗室表》，第 1359 页。

〔7〕元好问：《临淄县令完颜公神道碑》，收入《元好问全集》卷 28，第 598 – 599 页。

宗室子孙出职迁转有明显优势,大定十八年,尚书省奏拟同知永宁军节度使事阿可为刺史,世宗认为授佐贰官即可。平章政事唐括安礼奏曰:“臣等以阿可宗室,故拟是职。”[1]可见铨选机构为宗室子孙选拟官职时常做特殊对待。

“贞祐南渡,谱牒散失,大概仅存,不可殚悉。”[2]因此金朝后期的人也弄不清楚金朝宗室的具体情况。这也许是金代宗室亲戚叙官出职的资料记载较少的原因之一。

2.2.5 荫叙

荫叙是金代最主要也是最复杂的入仕途径。泰和元年正月,太府监孙复上言:“方今在仕者三万七千余员,而门荫补叙居三之二。”[3]如果孙复之言没有夸张,则泰和初年,荫叙出身的官员占官员总数的2/3,即将近25000人。元好问的《康公神道碑铭》又有:“金朝入仕之路在近代为最广,而出于任子者十之四。”[4]可见荫叙出身的官员人数最多,入仕之途也最复杂。

据《金史》所载,金熙宗(1135—1149年在位)天眷元年(1138)初定官制时,一品至八品官均可荫子,且不限人数。海陵王(1149—1161)贞元二年(1154)定荫叙法,开始限制荫子人数。[5] 明昌元年(1189),荫子的人数经过一些调整,根据泰和令:“诸色出身文武官一品,荫子孙至曾孙及弟兄侄孙六人,因门荫则五人。二品则子孙至曾孙及弟兄侄五人,因门荫则四人。三品子孙兄弟侄四人,因门荫则三人。四品、五品三人,因门荫则二人。六品二人,七品子孙兄弟一人,因门荫则六品、七品子孙兄弟一人。”[6]其中六、七品可以荫子、孙、兄弟,三、四、五品荫及侄,一、二品可以荫及曾孙。

这里提到“荫”和“因门荫”的区别,“荫”比“因门荫”可多1人。

---

[1]《金史》卷7《世宗纪中》,第171页。

[2]《金史》卷59《宗室表》,第1359页。

[3]《金史》卷11《章宗纪二》,第255页。

[4]元好问:《辅国上将军京兆府推官康公神道碑铭》,收入《元好问全集》卷27,第578-580页。

[5]《金史》卷52《选举志二》“文武选”条“凡门荫之制”,第1159页。

[6]《金史》卷52《选举志二》,第1160页。

但“因门荫”是什么意思，在金代材料中没有解释。在此根据元、明的情况做一推测。元代荫叙，每名官员只能荫1人，可以荫嫡长子、嫡长子之子、孙、曾、玄，嫡长子之同母弟、继室次室子、婢生子。绝嗣者，荫官员的亲兄弟及其子孙、伯叔及其子孙。[1] 在绝嗣的情况下，荫亲兄弟及子孙、叔伯及其子孙被称为“旁荫”。明代荫叙也有“荫”和“旁荫”之分，大约与元代制度相同。[2] 金章宗（1189—1208年在位）泰和七年（1207）“诏应荫之家，旁正荫足，其正荫者未出官而亡，许补荫1人”。[3] 可见金代也有“正荫”与“旁荫”之分，推测《金史·选举志》中“荫”和“因门荫”的区别与元、明“荫”和“旁荫”的区别相似，“荫”指荫补自己的子、孙、曾、玄等，“因门荫”指荫补兄、弟、侄、侄孙等。只不过元、明制度只能荫1人，因此从荫到旁荫须降等，而金代可以荫多人，所以在荫叙人数上区别对待。《大金国志·除授》称“状元及第，初授承议郎，系从六品，便可荫两子”。[4] 据前述金代荫叙制度，六品荫2人，因门荫1人。《大金国志》此处作“荫两子”而不作“荫两人”，正因六品荫子可以两人，因门荫就只能一人了。张万公的《段铎墓表》载段铎登正隆二年（1157）进士第，第一任为长安簿，第二任为绛县簿，“至是应门荫之赏，诸子首及兄镛，亦人之难能者”。[5] 段铎本来可以荫补诸子，但他选择先荫其兄段镛。荫兄弟已经属于旁荫，因此被称为“应门荫”，被作者称为“人之难能者”。这和元代的制度不太一样，元代按照规定必须绝嗣，无子孙可荫，才能旁荫及兄。从《段铎墓表》来看，金代似乎可以自行选择“荫”还是“因门荫”。

金代史料中没有记载荫叙子弟的初授散官品级。我们再根据唐代和元代前期的情况做一推测。在唐代，根据《唐六典》和《新唐书·

[1]《大元圣政国朝典章》（以下简称《元典章》）卷8《吏部·官制二·承荫》“品官荫叙体例”，台北：故宫博物院，1972年。

[2]《正德大明会典》卷8《吏部·验封清吏司·荫叙》，东京：汲古书院，1989年，第102页。

[3]《金史》卷12《章宗纪四》，第282页。

[4]宇文懋昭：《钦定重订大金国志》卷35《除授》，收入《景印文渊阁四库全书》第383册，第1035页。

[5]张万公：《武威郡侯段铎墓表》，收入《金文最》卷90，第1309页。

选举志》所载：一品子，正七品上叙，二品子正七品下叙，三品子，从七品上叙，从三品子，从七品下叙，以下递降一等，至从五品子，从八品下叙。品子任职役期满入选者，六品、七品子叙从九品上，八品、九品子叙从九品下。[1]

元代，根据《元典章》记载：正从一品、二品子，正七品叙，正三品子，从七品叙，从三品子，正八品叙，正四品子，从八品叙，从四品子，正九品叙，正从五品子，从九品叙外。据六品、七品子，以后定夺，注流外职事。[2]《元典章》这一条所记载的是元世祖（1260—1294 年在位）至元四年（1267）所指定的制度，是元代早期实行的荫叙制度，从正七品开始荫补，与唐代相似，与元代中后期从正五品开始荫补不同，列表（见表 2－1）对比。

从表 2－1 推测，金代荫叙的品级大概跟唐代和元代早期类似，也是一品子从正七品开始荫补，其余品级递降。如表 2－1 所示，唐代散官各品级中上下阶的地位差异仍很明显，到元代，这种差异已经弱化，只有一品、二品子在荫叙时仍考虑荫补散官品级的上下阶之分，其余品级均忽略品级内上下阶的差别。考虑到金代散官制度与唐代较为类似，均无正一品，以从一品为最高，散官升迁仍为逐阶升迁，每一级散官中上下阶的差异仍然明显，金代的荫叙品级很可能跟唐代更为接近。而且金代文集中记载早期荫叙有“品子”的说法，[3]这种说法是继承唐代的荫叙制度，在元代已经没有了。但应该看到，唐代低至九品官员的子孙均可得到品子的待遇，而金代的荫叙待遇只有七品或以上官员可以享受，这和元代制度相似。所以金代荫叙制度相比唐代应亦会有所变化。此外，也要考虑到金代荫叙制度前后期不同的可能性。总之，金代荫叙品级的具体情况我们现在已不得而知。

[1]《新唐书》卷 45《选举下》，第 1172 页。《唐六典》卷 2《吏部》略同，第 32 页。

[2]《元典章》卷 8《吏部 · 官制二 · 承荫》“品官荫叙体例”。

[3]李俊民：《庄靖集》卷 8《孟氏家传》“生子彦甫，字仲山，金运革命，荫补品子”，收入《景印文渊阁四库全书》第 1190 册，第 631 页。

表 2-1　唐代、元代前期荫叙品级对比表

荫补品级	唐代	元至元四年
正七品上	一品子	正从一品子
正七品下	二品子	正从二品子
从七品上	正三品子	正三品子
从七品下	从三品子	
正八品上	正四品子	从三品子
正八品下	从四品子	
从八品上	正五品子	正四品子
从八品下	从五品子	
正九品上		从四品子
正九品下		
从九品上	六品、七品子	正从五品子
从九品下	八品、九品子	
有出身巡检 无出身省劄钱谷官		六品、七品子

说明：表中所列元代情况仅为嫡长子荫叙的品级，孙、曾孙、婢生子、旁荫者各须依次降等，此表不再一一列出。

唐代六品至九品子荫叙制度与五品以上子不同，需要担任一定时间的职役或纳资代役，才能得到从九品上、下的散官，叫作品子。在这里为了列表方便，不做细分。

至于荫补人数的变化。金代荫叙制度中对人数的规定显然受唐宋影响。唐前期，门荫是入仕的主要途径，唐代官员在可荫亲属范围内不限门荫人数，《唐会要》记载："散位一切以门荫结阶品，然后依劳进叙。"[1]宋代官员根据品级高低不同，荫补途径的多少有所不同，品级高的官员享受更多荫补途径，因此可以获得更多门荫机会，没有亲属

〔1〕王溥：《唐会要》卷81《考上》"[贞观]十一年正月十五日敕"，上海：上海古籍出版社，1991年，第1776页。

可以荫叙的时候,甚至可以荫门客和家庭医生。[1] 金代继承了唐宋制度,因此可以荫叙多人,并且根据官品高下可荫叙人数递减。唐、宋、金三代荫叙出身只能得到散官,即只是获得官的身份。唐代获得散官之后还需番上、参选,金代荫叙出身后还须在杂职或流外职队伍中工作一定年限才能出职,因此可以荫叙多人。

金代司天、太医、内侍、长行等,特恩换授文武散官后,可以荫叙一人,正班荫系正班、杂班荫系杂班。[2] 进纳官荫叙,泰和之前与品官"无所分别",泰和元年,孙复上言:"门荫补叙……诸司待阙,动至累年。盖以补荫猥多,流品混淆,本末相舛,至于进纳之人,既无劳绩,又非科第,而亦荫及子孙,无所分别,欲流之清,必澄其源。"于是更定荫叙法,[3]对进纳官荫子做了限制。

荫叙出身,出仕迁转的途径比较复杂。早期大多充诸司承应人待阙。根据《大金国志·除授》的记载:"荫补格法,一品荫七人,并补阁门祗候;二品荫六人,三品荫五人,并补内供奉班祗候;四品荫四人,五品荫三人,六品荫二人,并补供奉班祗候。"[4]根据本编第1章第4节的考证,《大金国志·除授》条记载的是金朝早期制度,检视《金史》诸传中荫叙补阁门祗候者,其父祖非散官至一品,即为宰执功臣,《大金国志》所记大体不错。然而荫子出仕之途应不止如此,大概早期尚少,后来不断增加,根据《选举志》和金代碑传来看,还有牌印祗候、护卫、令史,海陵王(1149—1161年在位)时设置的国史院书写,世宗(1161—1189年在位)时设置的宫中诸局承应人、太子护卫、妃护卫、王府祗候郎君、内侍、译史、通事、省祗候郎君、亲军骁骑等,此外还包括监当差使,都是荫叙出身者常见的仕进门户。元光元年(1222),时全率领的伐宋军队覆没,宣宗(1213—1223年在位)诏:"阵亡把军品官子孙,十五以上者依品官子孙例随局承应。"[5]可知到金朝后期,荫叙子弟仍多

[1]游彪:《宋代荫补制度研究》,北京:中国社会科学出版社,2001年,第14页,第59页。

[2]《金史》卷52《选举志二》,第1159页。

[3]《金史》卷11《章宗纪二》,第255页。

[4]宇文懋昭撰,崔文印校证:《大金国志校证》卷35《除授》,第507页。

[5]《金史》卷117《时青传》,第2567页。

任诸局承应人。需要说明的是,这些职务并非只有承荫人可以担任,也可由其他出身者充当,不过不同出身担任这些职务者之后出职待遇和迁转途径也不同。

从金代碑传资料来看,高官贵族子弟荫叙,最常见的是补閤门祗候,充护卫、符宝郎、奉御、奉职、各局库本把等宫中诸局承应人,或国史院书写、太常寺检讨、秘书监校勘等百司承应人。宫中承应人大多是直接为皇室成员服务的职位,是女真和汉人贵族子弟出仕最常见的途径。大定十七年(1177),金世宗曾经对大臣唐括安礼抱怨:"除授格法不伦。奉职皆阀阅子孙,朕所知识,有资考出身月日。亲军不以门第收补,无荫者不至武义不得出职。但以女直人有超迁官资,故出职反在奉职上。"[1]奉职旧称不入寝殿小底,又叫外帐小底,地位低于奉御(旧称入寝殿小底)。顾名思义,奉职是皇帝身边次于奉御的亲随。由世宗之言可知,奉职多以阀阅子孙充当,由皇帝比较熟悉的人担任,是中高级官员子孙荫叙出仕的重要途径。亲军既可以由荫叙子弟充任,也可以由武举出身者充。与亲军相比,奉职对于出身的要求是比较严格的,而奉职出职品级反而不如女真人充当亲军超迁官资者,让金世宗觉得不公平。能够让皇帝为其出职品级不高而抱不平,可见这些担任承应人的荫叙子弟是很容易受到皇帝关注,获得较好出职机会的。大定十二年,正五品职事官刺史、知军等缺官,金世宗跟宰臣商量,说"护卫中有考满者",希望暂时不让他们出职,"勒留承应,累其资考,令至正五品",让他们去担任刺史、知军等正五品职位。[2] 大定格法,护卫 120 个月出职,授从五品以下,从六品以上职,之后回降,第四任授从五品,勒留者各迁一官。[3] 章宗(1189—1208 年在位)在大定二十九年时曾感叹:"进士、军功最高,尚且初除丞、簿,第五任县令升正七品,两任正七品升六品,三任六品升从五品,两任从五升正五品,正五三任而后升

[1]《金史》卷 88《唐括安礼传》,第 1965 页。
[2]《金史》卷 54《选举志四》,第 1199 页。
[3]《金史》卷 53《选举志三》,第 1183 页。

刺史,计四十余年始得至刺史也,其他资格出职者可知矣。"[1]即使是迁转最快的进士、军功出身,按照正常途径,不出意外一路向上,也要40多年才能升上刺史,但作为流外官的护卫,在宫中承应,120个月,即10年出职,即可担任最高从五品职事官,再勒留一定考数,就可以直接担任刺史,在对于在外常调迁转之人来说是不可想象的。

大定(1161—1189)年间规定,荫叙子弟充承应人后,可以通过考试,补各部门吏员。皇帝袒免亲及一品官子,宰相、执政等一品、二品官[2]子弟可试补尚书省令译史,三品官子弟可试枢密院令译史;四品、五品官子弟可试六部、御史台、宗正府、统军司等机构令译史;以上部门的令译史都属于流外职,仍系于正班。散官五品职事七品,或职事五品散官未到五品的官员子弟可以担任其他机构的吏员,也就是杂职吏员,属于有出身杂职吏员,日后可以逐渐进入流外职序列,再出职担任地方职事官。[3]

从碑传资料来看,荫叙子弟担任尚书省令译史的情况并不多。因为拥有试补省令史资格的皇帝袒免亲和宰执子弟,大多可以选择护卫、符宝、奉御等更优途径,120个月或150个月出职,即可授从五品至从七品职官,无须费力考试。而尚书省令史在大定之后成为进士迁转的重要途径,绝大多数进士都要经历尚书省令史一职才能进入正七品。因此荫叙出身任此职务并不多见。比较常见的是担任六部、御史台令史和其他杂职吏员。金末元初人王恽记载:"金制,大定间,限以三品至五品职事官承荫子孙内班供奉或省署傔直者,同吏员,许试六曹令史,中其选,验班秩崇庳而收补焉,谓之班资出身,于以抑任子苟进之风,且励多士特达者之志,在当时号称入流美科。"[4]可知在金代,承荫人试补六部令史的情况比较多见,且承荫人试补吏员是不甘于苟进

[1]《金史》卷54《选举志四》,第1206页。

[2]宰相即尚书省左右丞相、平章政事,均为从一品,执政即尚书省左右丞和参知政事,左右丞为正二品,参知政事为从二品。

[3]《金史》卷53《选举志三》,第1178页。

[4]王恽:《大元故奉训大夫尚书礼部郎中致仕丁公墓碑铭并序》,见《秋涧先生大全文集》卷52。

的有志之举,比起充承应人出职为"入流美科"。王恽的《丁公墓碑铭》记载,丁居实,大父为明威将军(正五下),宜阳令,父亲为太康税使,累官至宣武将军(从五下)。因为丁居实"以籍荫入杂流为慊,遂去习城旦书,用明威资,中正大四年(1227)部掾甲首,例补尚书吏部令史"[1]丁居实承父荫即须入杂流,于是承大父明威将军荫,参加补六部令史的考试,得到第一名,补尚书省吏部令史。

低品级官员子弟荫叙出身,最常担任的是监当官。虽然《选举志》中没有记录这种入仕途径,但在碑传材料中可以看到很多实例。元好问在《康公神道碑铭》中记录了荫子由监当官出身的制度:"维金朝入仕之路在近代为最广,而出于任子者十之四,国初监州县酒税亦以文资参之,故任子多至大官,其不达者犹得俎豆于大夫士之列。大定以后杂用辽制,罢文资之注酒使副者,纯用任子,且增内廷供奉、台傔直之目,凡历监当久及课最者得他迁,谓之出职。"[2]胡祗遹在元初上书时也谈到了金代荫叙出身多任监当官的状况:"任子一科非取人之良法,前代止以为监当官,未闻便使临民为职官者。如不可罢,亦止可以为监当官,筹增岁久,廉干有称,则方议出职。"[3]在这里胡祗遹大概是以偏概全,金代品级较低的官员子孙,荫叙任监当官。高品级官员子孙并不一定"止以为监当官"。

由监当官入仕者,往往父祖官品不高,多在五品以下,入仕后须担任多届监当差使,才能任亲民官,步入"幕职官→县令→呈省"的途径。元好问的《吴君阡表》记载,吴璋在大定十年(1170)以荫补官,历四届酒官,明昌四年(1193)任军器库使,改太原大备仓副使,泰和(1201—1208)初以六品诸司差监历城税,课最,迁济南军资库副使,转邓州草场副使,前后最少担任九届监当诸司职务,才因为邓州录事缺

---

[1]王恽:《大元故奉训大夫尚书礼部郎中致仕丁公墓碑铭》,见《秋涧先生大全集》卷52,收入《四部丛刊初编》影江南图书馆藏明弘治翻元本。

[2]元好问:《辅国上将军京兆府推官康公神道碑铭》,收入《元好问全集》卷27,第578-580页。

[3]胡祗遹:《时政》,见《紫山大全集》卷22,收入《景印文渊阁四库全书》第1196册,第399页。

员,摄录事司事(正八品),此时他已任官近40年,散官至显武将军(从五中),他感叹自己"以赏延入仕,将四十年,得不偿劳,宁不自知",打算投牒请老,邓州武胜军节度劝阻道:"选法,荫子,五品例入一差,随有超擢,君淹管库久,能少忍之,且当被百里之命。"可知任子出身,散官到达五品,还要再任一届差使,才能"被百里之命",即授予县令。吴璋听从节度使的劝说,调监方城税,到官不数日即卒,最终也未能担任县令。[1]

承荫人担任监当差使,须数界才能出职,此间若课额增羡,则散官可以超迁,因此有的监当官课额增羡极多,散官升迁很快,职事官则迁延不调,导致散官远高于职事官。元好问的《苏彦远墓志铭》记载:"苏彦远之父为宣武将军(从五下),宿州灵壁主簿。彦远以父任为河北西路转运司押递、监平舆阳步店商酒,再监曲阳之龙泉,俱以课最闻,升真定酒使司监,羡及百分。贞祐二年(1214)八月朔,府官吏以兵至弃城,彦远守职如故,事定,以羡余进四阶,城守三阶,循资一阶,又任授蔡州税务使,羡及二分有奇,擢卫州获嘉县令,召为南京广贮仓监支纳,除蔡州观察判官,留为丰衍东库副使,官镇国上将军(从三下)。"苏彦远以任子,由监当官起家,共任最少五届监当官后,擢升县令,之后再任监当,除判官。苏彦远多年淹滞于监当钱谷之官,最终只达到正七品观察判官,并被留任从八品丰衍库副使——丰衍库使副同随朝官,地位较同品级外任官为高——然而他的散官已高达从三品下阶镇国上将军。[2] 元好问《康公神道碑》记载康德章大定中门荫入仕,任邯郸沂州酒官,泰和五年才至襄陵县令,而散官已达辅国上将军(从三中)。[3] 荫子监当入仕者,职事官升迁之所以如此之慢,除了之前需担任长时间监当差使才能出职之外,出职后仍需"两除一差"或"一除一差",即每两任或一任职事官后,需担任一届监当差使。《金史·承晖传》中,

[1]元好问:《显武将军吴君阡表》,收入《元好问全集》卷29,第607-608页。

[2]元好问:《苏彦远墓铭》,收入《元好问全集》卷24,第532-533页。

[3]元好问:《辅国上将军京兆府推官康公神道碑铭》,收入《元好问全集》卷27,第578-580页。

承晖知审官院时，惠民司都监余里痕都迁织染署直长，承晖驳奏曰："痕都以荫得官，别无才能，前为大阳渡讥察，才八月擢惠民司都监，已为太优，依格两除之后，当再入监差，今乃超授随朝八品职任。况痕都乃平章镒之甥，不能不涉物议。"[1]可见宰相之甥荫叙出身，按格例仍需两除一差。不过从《承晖传》中余里痕都的例子可知，高级官员子孙迁转时，也有因出身显赫而逃避差遣的情况。其他家世普通、荫叙出身的官员大概须严格遵照迁转规定，如此则职事官品级迁转极慢，散官则远高于职事官品。

总的来说，荫叙出身获得的散官与父、祖的散官品级相关，获得散官后必须担任一段时间承应人、流外职、杂职吏员、监当差使等职务，然后根据散官品级、家庭出身、自身才能的高低、任流外职时间的长短等因素出职，授予不同的职事官，其家庭出身包括是否皇室亲属、宰相子等特殊身份，父祖是否杂班任职等因素，自身才能包括容貌、身高、学识、特长等各方面才能，在皇帝亲随中，容貌、身高有优势者出职可以获得更佳的职事官。[2] 因为有这么多因素的影响，荫叙出身者出职、迁转情况非常复杂，有必要进行更深入的研究。

高级官员子孙荫叙所获散官并不低于进士，但迁转时两除一差，明显劣于进士。中低品级官员子孙荫叙，需长时间担任低级承应人、监当官或吏员，社会地位明显低于科举出身，但亦有人因考科举不中，最终还是选择了荫叙，如移剌履，"初举进士，恶搜检烦琐……荫补为承奉班祗候、国史院书写"。[3] 刘景玄，"初举进士不中，以荫补官调监庆阳军器库，非其好也。诸公期以明年荐试辞科"。[4] 中进士的比例很低，但前程光明，荫叙可以保证出仕之路，但低品级官员子弟荫叙出身迁转极慢，刘景玄进士不中，选择荫叙出身，期望再靠应制举迁擢，也是

---

〔1〕《金史》卷101《承晖传》，第2224页。

〔2〕《金史》卷53《选举志三》："擎执傔使，大定四年，以内职及承奉班内选。明昌六年，以皇家祖免以上亲、不足则于外戚、并三品已上散官、五品以上职事官应荫子孙弟兄侄，以宣徽院选有德而美形貌者。"第1187页。

〔3〕《金史》卷95《移剌履传》，第2099页。

〔4〕元好问：《刘景玄墓铭》，收入《元好问全集》卷23，第515－516页。

一条出身之途。

2.2.6 吏员

金代的吏员分为3种，一种是正班吏员，包括尚书省、六部、枢密院、御史台、按察司、宗正府、统军司等部门的吏员；一种是杂班吏员，包括除上述几个部门外，中央其他各机构吏员；还有一种是外路吏员，也就是地方府州司县的吏员。这几种吏员的来源比较复杂，进士出职后在迁转过程中大多会担任尚书省、御史台、枢密院等部门的令史，荫叙出身者也多会通过吏员途径出职、升迁，劳效、入粟等出身者也有可能担任吏员。此外，还有一种途径是吏员出身，即先担任外路府州司县吏员，然后试补随朝杂班吏员和正班吏员，或在地方积累年劳，出职入流，获得散官。

吏员出身，早期是通过担任各部门的贴书进入吏员系统。贴书不属于吏，大约可以认为是一种见习吏员，担任吏的工作，但没有工资待遇，也并非稳定职位。担任一段时间贴书后，如果得到认可，在有窠缺的情况下有可能补任州县小吏，如司吏等职务，一定月日之后，通过考试，有可能试补随朝杂班或正班吏员，从而获得出身。大定二年(1162)禁用贴书，规定"县吏阙，则令推举行止修举为乡里所重者充"。[1] 但其实类似于贴书身份的人是很难禁绝的。总之无论是贴书，还是乡里推举，充当地方吏员是吏员出身的第一步。

吏员出身，最优途径是试补随朝吏员。《金史·孛朮鲁阿鲁罕传》载阿鲁罕幼年学习契丹字、女真字，充黄龙府路万户令史，贞元二年(1154)，有300人由外路胥吏补随朝令史，阿鲁罕是其中的第一名，补宗正府令史，这就进入了正班吏员的行列。由于海陵王(1149—1161年在位)时期尚书省令史由吏员担任，后来阿鲁罕被擢任省令史，任满担任大理司直(正七品)，已经进入了中层官僚集团，最终官至参知政事(从二)。[2] 根据《金史》传，上京留守(正三品)完颜乌里也亦同一

[1]《金史》卷53《选举志三》，第1177页。

[2]《金史》卷91《孛朮鲁阿鲁罕传》，第2024页。

批胥吏试补随朝吏员出身。[1]

阿鲁罕能够从外路吏员直接补随朝正班吏员，是因为他获得了考试的第一名，《金史·选举志》记载少府监吏员由外路试中司吏补任，[2]可见外路吏员也可试补随朝杂班吏员。从常理推测，大部分外路吏员应该先补充随朝杂班吏员，其中的能力优异者再任正班，经过一定月日后出职。

世宗（1161—1189年在位）即位后对于海陵王（1149—1161年在位）时期对吏员实行的优待政策不满，认为"胥吏既贪墨，委之外路干事又不知大体，徒多扰动"，大定二年（1162），尚书省令史"罢吏人而复皇统（1141—1149）选进士之制"。但世宗时期仍保留了地方胥吏选补中央吏员的制度，《金史·粘割斡特剌传》提及斡特剌在世宗时期"奏定五品官子与外路司吏同试部令史"。[3]

世宗曾命宰相曰"外路司吏（试补随朝吏员），止论名次上下，恐未得人。若其下有廉慎、熟闲吏事，委所属保举"并要求"试不中程式者，付随朝近下局分承应人，以待再试"。[4] 大概胥吏出身者在府州司县任职一段时间后，优异者经地方推荐可以参加考试，按照资历、名次、出身等补随朝各部门吏员，一定月日后出职。元好问的《毛氏宗支石记》载彭城毛氏雄于资，毛允在金初"以户计推择为吏"，其子毛矩亦为吏，承安元年（1196）由州掾被保举参加随朝吏员试，秋场中甲首，二年补吏部覃科令史，转贴黄科房长，泰和二年（1202）考满出职，获得忠勇校尉（正八上），博州防御判官（正八），四年改永丰库使，六年转辽阳县丞（正九），大安二年（1210）因宰相荐，特授恒州军事判官（从八）。[5] 按照《选举志》所载大定二十一年格，部令史出身一考、二考与九品，三考以上八品除授。毛矩承安二年补部令史，泰和二年为二考出职，但得到八品散官，可能是因为章宗时期（1189—1208年在位）选举格法较大定

[1]《金史》卷91《孛朮鲁阿鲁罕传》，第2025页。

[2]《金史》卷53《选举志三》，第1177页。

[3]《金史》卷95《粘割斡特剌传》，第2109页。

[4]《金史》卷53《选举志三》第1177－1178页。

[5]元好问：《毛氏宗支石记》，收入《元好问全集》卷34，第722－723页。

时为宽。毛矩任防御判官后任永丰库使,推测吏员出身者很可能是“一除一差”,泰和六年任正九品县丞,大概因为吏员出身有回降之制,之后由于宰相的荐举,得以不用再担任差使,而再任州判官,可见吏员出身者迁转之路着实漫长。

能够补随朝吏员者应该只是地方胥吏中的一少部分,大部分地方胥吏只能在地方积累年劳。《广威将军郭君墓表》,明昌官制行,乃用良家子、明法理、慎动止推择为吏,历仕州县久,叙年劳,授忠勇校尉(正八上),自岚谷簿调陕州知法(从九),改平阳知法,河东南路行元帅府检法(从八下)兼提领犒赏,兴定元年(1217)入为尚书左三部检法(从八下),改嵩州知法(从九),遂充行尚书六部主事(从七),累官广威将军(正五上),汾阳县开国子,食邑五百户。[1] 这是金代南渡之后的情况,升迁速度似有所提升。

金代地方吏员迁转的程序并无详细记载,我们仍可根据元代的情况做一推测。按照元代规定,贴书补司吏,三考之后担任典史或仓库副使,三考补吏目,吏目三考补都目,都目三考升提控案牍,提控案牍升巡检或钱谷官或六部奏差,然后可以出职为正从九品。从司吏到出职,共需要210个月,[2]也就是不考虑待阙、丁忧、假故等因素,一名地方司吏要近20年才能获得最低品级散官。金代地方吏员迁转的具体程序不完全清楚,但应大体与元代类似。地方吏员出职后再担任幕职州县官,任数界县令后呈省。由此可知,地方吏员如果严格按照迁转程序,进入中层官僚集团是非常不易的,绝大多数都常年淹滞于底层,所以在碑传中记载很少。

2.2.7 进纳

进纳并不是入仕的常规途径,但金朝多次开放这一途径。尤其是在蒙古南侵之后,入粟补官变成入仕的重要途径之一,宣宗(1213—

[1]元好问:《广威将军郭君墓表》,收入《元好问全集》卷28,第602-603页。

[2]《元典章》卷8《吏部·官制二·月日》“提控案牍月日通例”条,参见《元典章》卷9《吏部·官制三·首领官》、卷12《吏部·吏制》中司吏、典史、首领官迁转的相关条目以及《元史》卷82《选举志二·铨法上》的相关内容,第2048页。

1223年在位)贞祐二年(1214)为此制定了《权宜鬻恩例格》,不论官民,进纳150石米,可升迁一阶散官,进纳700石可以升迁两阶,1000石3阶。对于官员来说,这属于散官升迁的途径,但对于平民来说,这是一种获得散官的途径。除了入粟之外,也有纳马补官的记载。[1]

入粟补官,得到的是武散官,如果授予实职,一般会授予低级院务监当官,文献记载中以授监酒官最为常见。元好问的《赵侯神道碑铭》记载赵天锡在大安(1209—1211)末年"入粟佐军,补修武校尉(从八上),监洛水县酒"[2],胡祗遹《高公神道碑》载高冈于泰和八年"入粟补官,监宁乡酒税事"[3]。

入粟补官是在战争、灾荒等特殊时期采取的特殊措施,可以想象会有大量平民进入官僚集团,而且入粟多者可以直接进入中级官僚集团,导致严重的员多阙少,《金史·食货志》记载,金末"进纳滥官,辄售空名宣敕,或欲与以五品正班"[4]。如此滥授,导致吏部往往在进纳官入仕叙阶时审查格外严苛。宣宗(1213—1223年在位)兴定二年(1218)二月,谕尚书省曰:"闻中都纳粟官多为吏部缴驳,殊不思方阙乏时,利害为如何。"[5]元好问《赵公神道碑》载,河朔陷入战争时,"募人出粟佐军,补监当官",彰德孙某输白米3000斛,因道路阻塞,未曾赴选,宣宗南渡后,孙某执文书到吏部求叙,吏部以"日月旷久,无从考按"为由不予受理。赵思文当时是吏部郎中,他说:"国家用兵之时,以调度不足,业已许人进纳,特从权耳,乃今吝一官不之畀,是诬人也,他日或有鬻爵之命,谁当信之。"因为赵公思文的这一番话,孙某才得以补官。[6]

大多数进纳官并无显赫前程,但在战争时期也有例外,前面提到

[1]《金史》卷14《宣宗纪上》,"(贞祐三年五月)诏削纳马补官恩例",第309页。

[2]元好问:《千户赵侯神道碑铭》,收入《元好问全集》卷29,第616-617页。

[3]胡祗遹:《同知石州事高公神道碑》,见《紫山大全集》卷16,收入《景印文渊阁四库全书》第1196册,第288页。

[4]《金史》卷46《食货志一》,第1030页。

[5]《金史》卷15《宣宗纪中》,第335页。

[6]元好问:《通奉大夫礼部尚书赵公神道碑》,收入《元好问全集》卷18,第435-440页。

的赵天锡，入粟出身，为洺水县监酒官，蒙古军队南侵，洺州防御使拟授其冠氏县令，此后立下战功，升为大名府路同知（从四），散官至镇国上将军（从三下）。这显然是金末河北战争中的情况，不能代表正常的迁转模式。

2.2.8 覃恩

金代多次实行覃恩，具体政策有官员升等、减资、散官进阶等。从碑传资料来看，有时候覃恩的内容也包括赐予七十岁以上平民一级散官。如大定十一年（1171）和承安元年（1196）两次南郊时实行的覃恩均对七十岁以上平民赐予一级武散官。赵扬的《故潞城隐德君子王公墓志铭》载："王纮……大定辛卯，该大礼，恩以年，特授进义校尉。"[1]鹿汝弼《成氏葬祖先坟茔碑》载："大定十一年十一月，主上郊祀之日，赐天下年过七十者受进义校尉……承安元年冬十一月，复制郊祀，亦如前下明诏，应七十已上者特补一官。"[2]大定十一年时，武散官最低的一阶就是正九品下进义校尉，到承安元年，最低的一阶是从九品下进义副尉，因此承安元年补官者，应补进义副尉。有时候这种待遇只局限于某个地区。譬如大定二十四年金世宗（1161—1189 年在位）前往东京，大定二十五年前往上京，两次都免除当地租税，并令城内百姓七十以上者补一官。[3]

金代规定官员七十致仕，因此年龄七十岁以上者赐予一阶散官，与入仕迁转无关，但补官者可以享受九品官规格的衣服、丧葬等各方面礼仪。党怀英的《醇德王先生墓表》载："先生前是用年得官九品，乃葬，遂以其服，礼也。"因年过七十，又遇覃恩而获得一阶武散官，其意义就在于此。

贞祐南渡之后，覃恩比较频繁，贞祐四年，监察御史陈规进言提到："陛下即位以来，屡沛覃恩以均大庆，不吝官爵以激人心，至有未满一

---

〔1〕赵扬：《故潞城隐德君子王公墓志铭》，收入《全辽金文》据山西潞城县出土墓志原石抄件收，第 1135 页。

〔2〕张金吾：《金文最》卷 86，第 1265 页。

〔3〕《金史》卷 8《世宗纪下》，第 187 页，第 188 页。

任而并进十级,承应未出职而已带骠骑荣禄者。”[1]兴定元年(1217),东平行省进言:“调兵以来,吏卒因劳进爵多至五品,例获封赠,及民年七十并该覃恩。若人往自陈,公私俱费。请令本路为制诰敕,类赴朝廷,以求印署。使受命者量输诸物而给之。”[2]大概到金朝后期,年至七十覃恩已经成为一种惯例。

[1]《金史》卷109《陈规传》,第2407页。

[2]《金史》卷15《宣宗纪中》,第327页。

3　金代散官的升降和意义

3.1　散官的迁转

3.1.1　正常迁转

在金代，不同类型的职位任期不同，但官资均以30个月为一考。[1] 金代官员分为随朝和外任两种，其迁转速度差别很大，"凡外任循资官谓之常调，选为朝官谓之随朝，随朝则每考升职事一等"，"其常调制，正七品两任升六品，六品三任升从五品，从五品两任升正五品，正五品三任升刺史"。[2] 由此可知随朝官员大约30个月升一等，外任官员60—90个月升一等，前者的迁转速度远高于后者。大定十年（1170），金世宗（1161—1189年在位）对宰臣说："凡在官者，若不为随朝职任，便不能离常调。"[3] 这种对于"离常调"的强调明显继承宋代。宋代的幕职州县官被称为选人，选人改官后成为京朝官，从此"离常调"，被认为是迁转途中最为重要的一环。元朝继承了金代随朝与外任的差别，随朝官员一考升一等，外任官员或两考升一等，或三考升一等，或三考升两等。[4] 但在金、元两朝，脱离常调，成为随朝官员已经不像宋代那么困难，因为宋代改官是由寄禄官所体现的，官员的寄禄官有升无降，改官之后的京朝官员不太可能再降为选人按常调之制迁转。而金、元两代，由外任进入随朝指的是职事官改变，这并非不可逆

〔1〕《金史》卷52《选举志二》："凡官资以三十月为考，职事官每任以三十月为满，群牧使及管课官以三周岁为满，防御使以四十月、三品以上官则以五十月、转运则以六十月为满。"第1158页。

〔2〕《金史》卷52《选举志二》，第1158页。

〔3〕《金史》卷54《选举志四》，第1198页。

〔4〕《元典章》卷8《吏部二·官制二·选格》"循行选法体例"条。

的过程，随朝官员还是可以、并且按照制度必须再担任外任官。由于金、元两代的随朝官和外任官指的是职事官而非寄禄官，因此也不像宋朝以寄禄官为标准的京朝官和选人那样，在品级上截然分为两块，中间有一道明显的界限。金代和元代的中层官僚集团既包括随朝官也包括外任官，除了迁转速度不同外，没有明显的地位差异，因此金、元两代从外任到随朝这一环节的重要性远远低于宋朝。

由于上述原因，金元两朝与散官相关的利益也大大少于宋代与寄禄官相关的利益，这部分内容将在后文有详细论述。总之，在金朝，散官品级对职事官的升迁几乎没有影响。官员根据出身不同得到高低不同的散官，此后散官简单地按照一考升一阶的方式逐步升迁。由于官员的各种功劳、过犯，散官可能会超迁、下降，但这种超迁和下降并不直接影响官员职事官的品级。

金代碑传中很少记载官员散官升降的详细情况，虽然这间接证明金代的散官地位大为下降，但也为我们了解金代散官升迁的具体规定带来了困难。幸而有一份资料，即贺允中所作的《历任襄垣县县令碣》，保存了一些官员散官升迁的详细情况，对于我们研究金代的散官升迁制度非常重要。在此全文引用如下：

承直郎、行襄垣县令、飞骑尉、赐绯鱼袋贺允中，大定十三年(1173)十月三日□建。

武彦臣：朝奉大夫(从五中下)，正隆四年(1159)三月二日到任。

李振：安远大将军(从四上)，正隆六年四月二十二日到任，大定三年十二月终受代。

张镗：朝列大夫(从五下)，大定四年正月一日到任，大定七年三月二日受代。

张□：昭武大将军(正四上)，大定七年三月二日，大定十年闰五月二日受代。

贺允中：儒林郎(从七下)，大定十年闰五月二日到任，大定十二年三月二十日迁承务郎(从七上)，当年十月初六日迁承直郎

（正七下），至大定十四年十二月初一日受代。

赵思诚：承务郎（从七上），大定十四年十二月初一日到任，至大定十五年八月二日迁承直郎（正七下），至大定十七年九月十五日迁承德郎（正七上），至大定十九年三月初二日受代。

第五弼：朝列大夫（从五下），大定十九年三月初二日到任，至大定二十一年七月二十五日授宣加朝散大夫（从五中），至大定二十三年六月内为母亲太君年老告乞侍养，至当年九月二十三日奉使衙指挥备奉□符准告侍亲。

周景温：承信校尉（正七上），至大定二十三年闰十一月一日到，大定二十五年七月内迁武略将军（从六下），大定二十六年十月二日□夫故。

宿山起：儒林郎（从七下），大定二十九年正月初二日，明昌元年（1190）五月内迁承直郎（正七下），于明昌元年九月二十二日故。

温迪罕正臣：定远大将军（从四中），于明昌二年四月二十四日到任，明昌三年十一月十五日告迁安远大将军（从四上），至明昌四年八月初二日受代。

董琦：朝散大夫（从五中），明昌四年八月初二日到任，至明昌五年三月□□敕改除□东路转运司盐铁判官。

赵岐：明威将军（正五下），明昌五年十一月初二日到任，至承安二年（1197）三月初十日超授广［威］（武）将军（正五上），承安二年三月迁怀远大将军（从四下），四月二日受代。

韩知微：中宪大夫（正五中），承安二年四月初二日到任，至承安三年四月二十五日迁中议大夫（正五上），至十二月二十五日授敕改除陕西东路转运司度支判官。

温都德温：安远大将军（从四上），承安四年五月初二日到任，至当年十二月十九日迁昭勇大将军（正四下），至泰和元年（1201）九月初二日受代。

赤盏乌太：昭勇大将军（正四下），泰和元年九月初二日到任，泰和二年十月二十八日迁昭毅大将军(正四中),泰和四年正月初一日受代。[1]

从《历任襄垣县县令碣》中可以看出以下几条金代散官的升迁原则:

(1)金代的散官升迁方式是逐阶升迁,即正六品以下,每一级散官分为上、下两阶,升迁方式为从 $N_{下}$ 到 $N_{上}$ 再到 $(N+1)_{下}$,从五品以上,每一级散官分为上、中、下三阶,升迁方式为从 $N_{下}$ 到 $N_{中}$,从 $N_{中}$ 到 $N_{上}$,再到 $(N+1)_{下}$。《历任襄垣县县令碣》中共载15位县令,其中有10位在任内涉及散官升迁,除了赵岐从明威将军超迁广威将军,[2]为正五下迁正五上,越过了正五中1阶外,其余人的散官都是逐阶升迁。而赵岐由明威将军迁广威将军,注明为"超迁",更说明正常情况下散官应当逐阶升迁。

(2)金代散官的升迁与职事官升迁并不同,即散官考满之后即可升迁,无须等到一届职事官任满迁转之后随职事官同时升迁。一方面,在金代,散官是有出身的标志,通过各种途径获得散官之后,即使没有担任流内职事官,而是担任流外官、承应人、吏员等,仍然带散官且散官按规定升迁。金代不同类型的职务任期长短大不相同,但散官始终是30个月升迁1阶。另一方面,担任流内职事官者,虽然按规定30个月一考,但如上引材料所示,大定十年以前的4任县令,任期分别是26个月、32个月、38个月、38个月,从大定十年上任的贺允中到大定二十三年受代的第五弼,任期都在50个月左右,第五弼下一任周景温为意外原因卸任,大定二十九年之后的县令,正常情况下任期都在30个月左右,每个人的任官时间并非严格的30个月或30个月的倍数。出现这种情况,可能有两个原因,其一,有可能金代不同时期对于官员的任期有过调整。其二,迁转格法可能对任期有弹性规定。我们可以根据元代的相关规定做一推测,《元史·选举志》载元代的迁官之法,提及官

[1]《全辽金文》据山西襄垣县文博馆原碑抄件收,第1533-1535页。

[2]原文为"广武将军",金代后期没有广武将军,明威将军为正五品下阶,正五品中阶和上阶分别为宣威将军、广威将军,此处"广武将军"当为"广威将军"之误。

员考满升迁，“秋毫不可越”，“然前任少，则后任足之，或前任多，则后任累之。一考者及二十七月，两考者及五十七月，三考者及八十一月以上，遇升则借升，而补以后任”。[1] 金代很可能有类似的规定。既然职事官并不严格以30个月或30个月的倍数为一任，那么散官30个月一考，就很难与职事官同时迁转。《历任襄垣县县令碣》所载的15位县令中，有10位在任期内有过散官迁转，其余5位，有4位任官在作者贺允中作《县令碣》之前。此《县令碣》碑为贺允中于大定十三年十月三日建，此后的官员明显是贺允中离任之后，把自己的履历添加上去，因此贺允中之前的官员可能散官记录不够详细。另外一位任内散官没有升迁的董崎，任期仅7个月。因此大部分官员在县令任内，散官均升迁1—2阶。可见金代散官升迁是独立于职事官升迁的，其升迁的方式很可能是任职满30个月，即满“一考”，散官即升迁“一阶”。

(3)金代官员的散官品级很可能在大多数情况下高于职事官品级。襄垣县属于诸县，县令为从七品，但上述15位县令中，散官正从四品者5人，正从五品者6人，正七品者1人，均高于襄垣县令的品级，只有贺允中、赵思诚和宿山起3人初任时散官为从七品，而此3人在任职期间，散官均升迁至正七品。如第2章“金代散官的获得”中所述，即使是被认为最优途径的进士出身，进士及第后授从八品上到从六品上散官，按正隆元年(1156)格需经过7任，按大定二十六年(1186)格需5任才能呈省，在呈省之前需担任多届县令，品级均为从七品。如果按照正隆元年格，一位进士按照正常途径迁转，呈省时其散官已经升迁到从六品下至从四品下，如果再遇上覃恩、察廉等超迁之法，散官品级高于职事官品级数阶是非常正常的。其他出身者，迁转更慢于进士，按格法需要“两除一差”甚至“一除一差”，担任监当差使之后，散官很可能因为增课而升迁一至两阶。如果在获得散官之后、出职之前长时间担任差使、承应人或吏职，任期内散官也会随月日迁转，出职后品级与职

---

[1]《元史》卷83《选举志三》，第2064页。原文“五十七月”有可能是54个月或55个月，详见下编第6章。

事官之间品级差异更大。上引材料中，带武散官者品级往往更高于带文散官者，正因为带武散官者多为荫叙、武举、劳效等出身，有可能长期担任承应人、吏员或担任数界监当差使。还需注意的一点是，从《县令碣》中可以看出，世宗时期（1161—1189 年在位）官员的散官品级明显低于海陵王时期（1149—1161 年在位）和章宗时期（1189—1208 年在位）。大定二十一年，世宗曾对宰臣说："海陵时，与人本官太滥，今复太隘。"于是令散官小者奏之。[1] 可知散官的升迁速度在金代不同时期受到朝廷政策的影响。

（4）除正常迁转外，还有覃恩、廉察、军功等散官超迁的途径。上述历任县令中，贺允中、赵思诚、赵岐等 3 位任内散官升迁两次，很可能跟这些超迁途径有关。关于散官的超迁，下面再详细讨论。

金朝散官制度较为独特的一点是，一些不属于官员集团的承应人和吏员也有可能带散官。这在唐、宋、元都是没有的。《金史·选举志》中，荫叙、武举、劳效等出身者获得散官后，担任诸局诸司承应人、各部门吏员、亲军、武卫军等，其散官仍按照一定规则迁转，至一定月日出职任官。《选举志》中相关规定分别略述如下：

护卫属于承应人。充护卫，按正隆二年格，每三十月散官升迁一阶，初考，女直迁敦武校尉（从八下），其余迁保义校尉（正九上），一百五十个月出职，除从五品以下、从六品以上职位。大定二年（1162）格，初考授忠勇（正八上），一百二十个月出职。其他诸局诸司承应人大体与此类似，初考散官高低、出职品级高低有所不同。[2]

尚书省令史、译史，正隆二年（1157），五十个月散官升迁一阶。初考，女直人迁敦武校尉（从八下），其余人迁保义校尉（正九上），一百五十月出职，系正班，除从七品职位。大定二年，改为三十月迁一官，亦以一百二十月出职，除正、从七品。其余御史台、枢密院、六部、宗正府、元帅府、按察司吏员与此类似，出职品级低于尚书省令译史。[3]

---

〔1〕《金史》卷 54《选举志四》，第 1199 页。

〔2〕《金史》卷 53《选举志三》，第 1183 页。

〔3〕《金史》卷 53《选举志三》，第 1173 页。

武卫军都将，大定十七年(1177)定制，三十月迁一官，至昭信校尉(正七下)注九品职事。[1]

侍卫亲军长行，初授，迁一阶，女直人授敦武校尉(从八下)，其余人授进义校尉(正九上)。每五十月升迁一阶，升为五十人长者，每三十月迁一阶。如在五十人长任期内迁至武义将军(大定十四年以前为正六下)者，以五十人长出职。五十人长每三十月迁一阶，六十月出职，系正班，授予九品职事官，荫叙出身者授予八品职事官。如转百人长者，三十月迁一阶，六十月出职，系正班八品，荫叙出身者七品。大定六年规定，百人长任满，荫叙出身者授七品都军、正将。其余出身以及五十人长荫叙出身者，授八品州判官、都巡检、副将等。五十人长非荫叙出身者及长行荫叙出身者，授县尉，长行非荫叙出身者授巡检。[2]

由此可见，荫叙出身者出职前担任承应人、吏员、亲军，劳效出身者充武卫军，武举出身者充亲军。这些出身之后、出职之前所任，不属于正式官员集团的职务均带散官。散官也多为30个月迁转1阶，在海陵王时期，部分为50个月迁转1阶。此外，如第2章"金代散官的获得"中所述，进士出身者在迁转过程中常会担任尚书省、枢密院、御史台令史，其在担任这些吏员职务时，同样带散官，并且散官照常升迁。

在碑传资料中常可看到吏员、承应人等带散官的记载。最为典型的是党怀英《礼部令史题名碑》，这块碑有的部分字迹已经脱落，其中能看清记录散官的区域的，共23人，其中无散官者5人，其余18人均带从九品上(保义副尉)至从六品下(武略将军)不等的武散官。这5位不带散官者大概是吏员出身，即地方州县司吏试补六部令史，因此没有散官。

金代官员担任严格意义的"官"以外的职务也带散官，其目的是减缓官员的迁转速度。在金代，通过各种途径获得散官，即获得出身，就已经进入了广义的"官"的范围。通过荫叙、科举、军功、劳效等各种途

[1]《金史》卷52《选举志二》，第1167页。
[2]《金史》卷53《选举志三》，第1188页。

径，有志于仕途者源源不断地进入官僚集团，然而窠缺数量有限，如何合理分配职位资源，尤其是中高层职位资源，必然是一个重要问题。在唐前期，由于散官保障了官员的基本利益，官员的职位品级可以相对自由的升降调配。在宋代，寄禄官升迁过程中设置的“改官”程序，成为限制官员进入中高层官僚集团的最重要手段，绝大多数官员长时间内无法摆脱选人身份，这一手段有效限制了低级官员的向上移动。金代统治者没有像唐代那样，赋予散官足够的相关福利以保证官员的利益；也无法理解宋代制度中选人与京朝官的区分，没有使用这种控制手段。在金代，限制官员升迁速度的替代措施有二：一是延长和扩大了唐代番上的时间和范围，针对进士和军功之外出身者，在出身与出职之前设置了更长的考察期。二是把吏员、差使、流外职等纳入了广义的“官”的范围，大大扩展了职位资源的数量，以容纳更多的求仕者。从唐宋到金代的这种变化可以看出，在唐代和宋代，控制官员升迁的手段依赖于官阶体系（唐代的散官和宋代的寄禄官）。而在金代，这一手段则转向依赖于官职体系，这是散官地位下降的真正转折点。

从史料来看，女真人升迁应该受到一定优待，有“超迁格”。金世宗曾对宰臣说：“除授格法不伦。奉职皆阀阅子孙……亲军不以门第收补，无荫者不至武义不得出职。但以女直人有超迁官资，故出职反在奉职上。天下一家，独女直有超迁格，何也？”当时的宰相唐括安礼回答说：“祖宗以来立此格，恐难辄改。”[1]《选举志》中提及各种出职途径，女真人亦多与汉人有别，见前引护卫、尚书省令译史、侍卫亲军等出职格例可知。《金史·完颜元宜》传，元宜本姓耶律，因弑海陵赐姓完颜，其子习涅阿补，大定二十五年为符宝祗候，完颜元宜请求其子依女直人例迁官，上曰：“赐姓一时之权宜。”令习涅阿补还本姓。[2] 但由于史料缺乏，不清楚除初考散官不同外，女真人“超迁格”还有什么规定。

3.1.2 超迁

金代散官的地位已经大大下降，其品级升迁的奖励意义超过了实

---

〔1〕《金史》卷88《唐括安礼传》，第1965页。

〔2〕《金史》卷132《逆臣传·完颜元宜传》，第2832页。

际意义。因此金代散官有多种超迁途径，超迁的现象也非常常见。金代散官超迁主要有廉升、边升、覃恩、制举宏词、军功、事功、增课、进纳、捕盗、致仕、封赠等途径，分别讨论如下。

3.1.2.1 廉升

以廉察而升者为廉升。[1]《金史·选举志》认为“廉察之制，始见于海陵(1149—1161年在位)时，故正隆二年(1157)六月有廉罢官复与差除之令”。[2] 但从《金史》传来看似乎并非如此，《循吏传》有：“熙宗(1135—1149年在位)遣廉察之使循行四方。”[3]张玄素在“天眷元年(1138)，以静江军节度使知涿州，察廉最，进官一阶”。[4] 可见熙宗时期已经有廉察之制，廉察优等者可获得散官升迁的奖励。

大定三年明确规定察问到廉能官第一等者，散官进1阶，职官升一等，其余约量注授。察访猛安、谋克，廉能者第一等散官升迁2阶，其次散官升迁1阶。[5] 金代碑传史料中因廉察而散官、职事官升迁者很多，大多数散官升迁1阶，如宗浩[6]、刘仲洙[7]、奥屯忠孝[8]等。也有升2阶、3阶的情况。如李三锡为武胜军节度使时，察廉第一，迁3阶，改安国军节度使。[9] 贺扬庭在世宗时期(1161—1189年在位)以廉能迁户部郎中，进官2阶。[10]

《金史》中两例因察廉能而散官升迁3阶者均为三品以上官员。上引李三锡为武胜军节度使，是从三品职事官。完颜宗道“任陕西路统军使，以镇静得军民心，特迁三阶”，[11]统军使是正三品职事官。大定十一年定制，凡廉能官，四品以下委官覆实，同则升擢。三品以上奏

[1]《金史》卷52《选举志二》，第1158页。
[2]《金史》卷54《选举志四》，第1202页。
[3]《金史》卷128《循吏传》，第2757页。
[4]《金史》卷83《张玄素传》，第1868页
[5]《金史》卷54《选举志四》，第1202页。
[6]《金史》卷93《宗浩传》，第2072页。
[7]《金史》卷97《刘仲洙传》，第2154页。
[8]《金史》卷104《奥屯忠孝传》，第2299页。
[9]《金史》卷75《李三锡传》，第1719页。
[10]《金史》卷97《贺扬庭传》，第2151页。
[11]《金史》卷73《宗道传》，第1678页。

闻,由皇帝亲自处理。[1] 大概因廉能而升迁3阶属于皇帝亲自处理的特例。

大定前期,世宗说:"职官贪污罪废,其余因循以苟岁月。今廉能即与升除,无以慰百姓爱留之意,可就迁秩,秩满升除。"当时御史中丞移剌道奉使廉问职官殿最,察访到廉能官景州刺史耶律补进一阶,单州刺史石抹靳家奴、泰宁军节度副使尹升卿、宁陵县令监邦彦、浚州司候张匡福各进两阶。[2] 《金史》中因廉能而迁两阶者不少,大概多属于此种情况。

从《金史·石抹荣传》来看,前述移剌道察访到的单州刺史石抹靳家奴,因廉能进官2阶,实际上是一个弄虚作假的污滥官员。《石抹荣传》载:"靳家奴前为单州刺史,廉察官行郡,乃劫制民使作虚誉,用是得迁同知太原尹,复多取民利。"可见廉察官在地方察访时,主要是以民间口碑作为廉能与否的依据,这样很容易被地方官蒙骗。大定十八年,石抹靳家奴任陕州防御使,其事暴露,依法当解职削阶,世宗认为靳家奴鼓虚声以诳朝廷,不可恕,特诏除名。[3]

到金朝中后期,劝农等成为廉能的标准之一。明昌五年二月,有人陈言,能够劝农应该成为评判地方官的标准之一,于是定制"能劝农田者,每年谋克赏银绢十两匹,猛安倍之,官于本等升五人。三年不怠者猛安谋克迁一官,县官升一等。……三年皆荒者,猛安谋克追一官,县官以升等法降之"。[4] 这里《金史》的点校者认为"升五人"的"人"字可能是"阶"字之误,则能劝农田者散官升迁5阶。其实这是不可能的,《金史》中散官升迁5阶的例子寥寥可数:至宁元年(1213),庆山奴迎立宣宗(1213—1223年在位),进官5阶。[5] 贞祐二年(1214),乌古论庆寿保全平州,进官5阶。[6] 明昌四年,千家奴上郑王永蹈变,特迁

[1]《金史》卷54《选举志四》,第1203页。

[2]《金史》卷90《移剌道传》,第1995页。

[3]《金史》卷91《石抹荣传》,第2028页,卷7《世宗纪中》,第171页。

[4]《金史》卷47《食货志二·田制》,第1050页。

[5]《金史》卷116《承立传》,第2550页。

[6]《金史》卷101《乌古论庆寿传》,第2238页。

五官。[1] 兴定三年(1219),攻破武休关,将士迁五官。[2]《金史》中散官升迁5阶者仅此4例,且都是因为功劳很大才能得此奖励。[3] 很难想象在社会稳定的明昌初年,会仅仅因为县官劝农得力就能"升五阶",然而与此同时,要坚持3年劝农不怠,才能够"迁一官"或"升一等",显然轻重不伦。实际上这里的"升五人",指的是在资品相似、等待升迁的同僚中获得优先升迁的资格,如果劝农成绩优秀,可以越过5位资品略优于自己的同级待阙官员,提早得到升迁。所谓"三年皆荒者……县官以升等法降之",则指在同级官僚中,升迁的优先级下降5人。《食货志·水田》中对于能兴水利田的县官有"升本等首注除"的奖励,[4]因为兴水田比劝农田难度较高,因此奖励幅度稍大。《选举志四·功酬亏永》大定四年制,诸提点院务官,"一任内亏一分以上降五人,二分以上降十人,三分以上降十五人,若有增羡则依此升迁,其升降不尽之数,于后任充折"。[5] 这些材料均可作为"升五人"无误之旁证。

贞祐南渡后,政府财政困难,大量发行纸币,流通货币也成为官员廉能的标准之一。兴定五年(1221)闰十二月,宰臣进言"更造'兴定宝泉',令县官能使民流通者,进官一阶、升职一等,姑息以致壅滞者,则追降的决"。元光元年(1222)二月实行。[6]

在世宗时期(1161—1189年在位),负责廉察的官员多由皇帝自行指派,以御史台官为主。金章宗(1189—1208年在位)大定二十九年立提刑司,后更名为按察司,专掌纠察黜陟,被称为"外台",完颜匡等人

[1]《金史》卷85《永蹈传》,第1900页,卷10《章宗纪二》,第230页。

[2]《金史》卷122《忠义传二·女奚烈资禄传》,第2669页。

[3]《金史》卷102《完颜弼传》载孙邦佐等人窜伏山林,宣宗诏曰:"孙邦佐果受招,各迁五官职。"(第2254页),这里的"迁五官职"实为"迁五品官职"之误,卷14《宣宗纪上》有"招大沫堌渠贼孙邦佐、张汝楫以五品职"(第309页)。孙邦佐受招后,"邦佐遥授潍州刺史,汝楫遥授淄州刺史,皆加明威将军"(第2254页),刺史为正五品官,明威将军为散官正五品下阶。《金史》点校本在此处出校记,指出"邦佐"下当有"等"字,未指出"五"下当有"品"字。

[4]《金史》卷50《食货志五·水田》,第1122页。

[5]《金史》卷54《选举志四》,第1210页。

[6]《金史》卷48《食货志三·钱币》,第1089页。

认为“圣朝旧无提刑司，皇统（1141—1149）、大定间每数岁一遣使廉察，郡县称治。自立此官，冀达下情，今乃是非混淆，徒烦圣听。自古无提点刑狱专荐举之权者，若陛下不欲遽更，不宜使兼采访廉能之任。岁遣监察体究，仍不时选使廉访”。《金史》记载章宗听从了完颜匡等人的建议，派监察体访之使。[1] 但从元代的情况来看，元初设提刑按察司，后来更名为肃政廉访司，一直同时担任纠察黜陟、提刑谳狱等职责，应该是继承金代制度。推测在金朝后期，很可能仍是以提刑司掌廉察之职。

3.1.2.2　边升

边升之制定于大定元年。此前担任边郡之任者，任满还需回降。大定元年，因为愿意去边远地区就职的官员太少，所以对到东北沿边州郡任职者给予奖励性升迁，任满不必回降，从此就有了边升的规定。[2]

3.1.2.3　军功

军功是诸多散官超迁途径中对散官品阶影响最大的一种。散官因军功升迁，并无固定格例，而是针对不同时期的不同事件制定相应格例。如兴定三年，立护送降民赏格，护送 10 人以上至者迁一官，50 人以上两官，100 人以上两官、杂班任使。[3] 又如元光二年八月，诏赏京兆路官军保全南山诸谷之功，以所全人数多寡为等第，1000 人以上官 1 阶，3000 人以上 2 阶，5000 人以上 3 阶、仍升职一等，能以力战护之者又增 1 阶，战没者就以赠之。[4] 这些都是金朝后期战争频发时期所立的升迁格法，被当时人批评为“不重名爵”。金朝早期和后期，战争频繁，因军功而散官升迁的情况非常多，升迁 1 阶、2 阶者极为常见，最多有升迁 12 阶者。史料中所见各种升迁幅度各举一例如下：

贞祐四年（1216）十一月丙戌，前临潢府推官权元帅右监军完

[1]《金史》卷 98《完颜匡传》，第 2166 页。
[2]《金史》卷 54《选举志四》，第 1198 页。
[3]《金史》卷 15《宣宗纪中》，第 345 页。
[4]《金史》卷 16《宣宗纪下》，第 367 页。

颜合达率官军老幼自北归国，升镇南军节度使，进官三阶。[1]

贞祐元年，夏人犯边，陕西按察副使卢庸、知平凉府事蒲察郑留御守平凉，夏兵退，各进官四阶。[2]

贞祐二年，乌古论庆寿迁元帅右都监，以保全平州功，进官五阶。[3]

兴定三年(1219)，攻破武休关，女奚烈资禄功最。诏比将士迁五官、职二等外，资禄更加官、职一等，遥授通远军节度使，刺史如故。[4]（相当于迁官六阶，加职三等）

仆散揆，明昌(1190—1196)间同知崇义军节度使事，以战功迁西北路副招讨，进官七阶。[5]

纥石烈鹤寿，泰和六年(1206)伐宋，军还，进九官，迁同知息州军州事。[6]

苗道润除宣武将军(从五下)、同知顺天军节度使事。贞祐四年，复以功迁怀远大将军(从四下，迁六阶)、同知中山府事。再阅月，复战有功，迁骠骑上将军(正三下，迁九阶)、中都路经略使、兼知中山府事。[7]

伯德梅和尚，明昌六年镇崇义军，战死，诏赠龙虎卫上将军，躐迁十阶。[8]

移剌斡里朵，天会十五年(1137)，以劳迁修武校尉(从八上)。宗弼复河南，督诸路帅臣进讨，事定，以劳迁宣武将军(从五下，迁十二阶)。[9]

---

[1]《金史》卷14《宣宗纪上》，第321页。

[2]《金史》卷92《卢庸传》，第2042页，卷128《蒲察郑留传》，第2768页。

[3]《金史》卷101《乌古论庆寿》，第2238页。

[4]《金史》卷122《忠义传二·女奚烈资禄》，第2669页。

[5]《金史》卷93《仆散揆传》，第2068页。

[6]《金史》卷122《忠义传二·纥石烈鹤寿传》，第2667页。

[7]《金史》卷118《苗道润传》，第2571－2572页。

[8]《金史》卷121《伯德梅和尚传》，第2644页。

[9]《金史》卷90《移剌斡里朵传》第2002页。太宗、熙宗年间的散官排列情况并不清楚，但根据第1章所排列的大定二年散官表和大定十四年之后的散官表，从修武校尉到宣武将军均为12阶，太宗、熙宗年间或许差别不大。

从广义上来讲,因军功而散官超迁也包括战死者给予赠官的情况。战死者赠官往往在职事官升迁方面比对生者更为慷慨。宗翰伐宋,太宗(1123—1134 年在位)诏元帅府:"将帅士卒立功者,第其功之高下迁赏之。其殒身行阵,没于王事者,厚恤其家,赐赠官爵,务从优厚。"〔1〕自是因为死者赠官,无须真正上任之故。

战争时期,行元帅府、行尚书省等派出机构多可承制便宜授官。授官权限根据情况有所不同,如承安元年(1196),完颜襄讨伐契丹,"自龙虎卫上将军(正三上)、节度使(从三品)以下许承制授之"。〔2〕兴定元年(1217),完颜阿里不孙行尚书省、元帅府于婆速路,承制除拜刺史(正五品)以下。〔3〕兴定三年,古里甲石伦驻兵太原之西,"仍听注五品以下官职"。〔4〕元光元年(1222),凤翔被围,知凤翔府事完颜仲元及危急乃辄注四品以下。〔5〕贞祐五年(1217),伯德窊哥与姚里鸦胡、姚里鸦儿召集义军抵抗元兵。河东北路行元帅府承制除窊哥武义将军(从六上)、宁远军节度副使(从五品),姚里鸦胡武义将军(从六上)、节度判官(正七品),姚里鸦儿武义将军(从六上)、观察判官(正七品),〔6〕大概河东北路行元帅府得到的权限是除拜刺史以下。

3.1.2.4 事功

《金史·选举志》中并没有关于因事功而升迁散官的规定,但从传记资料来看,的确有因事功而迁官奖励的记载。如章宗年间(1189—1208 年在位),焦旭以治河防劳进官 1 阶。〔7〕明昌六年(1195),因修河防完工,参知政事胥持国进官 2 阶,翰林待制奥屯忠孝以下 36 人各

---

〔1〕《金史》卷 74《宗翰传》,第 1697 页。

〔2〕《金史》卷 94《完颜襄传》,第 2089 页。

〔3〕《金史》卷 103《完颜阿里不孙传》,第 2299 页。

〔4〕《金史》卷 111《古里甲石伦传》,第 2443 页。

〔5〕《金史》卷 103《完颜仲元传》,第 2299 页。完颜仲元及"危急乃辄注四品以下"并没有经过宣宗同意,但之后他"奏请擅除拜之罪。宣宗嘉其功,皆许之"。

〔6〕《金史》卷 122《伯德窊哥传》,第 2659 页。

〔7〕《金史》卷 97《焦旭传》,第 2154 页。

1阶。[1] 伯德梅和尚典尚厩10余年,积劳特迁官2阶。[2] 明昌末,孛术鲁德裕修北边壕堑,以劳进官3阶。[3] 至宁元年(1213),庆山奴迎立宣宗(1213—1223年在位),进官5阶。[4] 明昌四年,千家奴上郑王永蹈变,特迁五官。[5] 不过因事功进散官并非散官超迁的常规途径。

3.1.2.5 制举宏词

金朝明昌初年设制举科和宏词科。制举包括贤良方正、能直言极谏、博学宏材、达于从政、书判拔萃等科目。六品以下无过犯文武职官通过五品以上官员推荐,平民通过府州推荐,均可参加制举。[6] 宏词科主要考写作才能,每次科举的进士以及六品以下无过犯职官经过举荐可以参加考试,分为二等迁擢,上等散官升迁两阶,次等升迁1阶。[7] 金代碑传材料中,中制举宏词科者不乏记载,之后均有职事官升迁,但没有明确记载其散官升迁的品级。

3.1.2.6 增课

担任监当官,即钱谷官,如果所办课额高于永课(即固定的课额),则可得到散官升迁的奖励。金朝初年这种升迁途径是无限制的,洪皓《又跋金国文具录劄子》载:"商税院监铁场,一年为任,谓之优饶。其税课倍增者,谓之得筹,每一筹转一官,有岁中八九迁者。近始有止法,不得过三官。富者择课额少处受之,或以家财贴纳,只图迁转。其不欲迁者于课利多处除,岁额外公然分之。"[8] 洪皓出使在建炎三年(1129)至绍兴十三年(1143),即金天会七年(1129)至皇统三年(1143),可知在金熙宗时期(1135—1149年在位)已有"止法",监当增额迁转者不

---

[1]《金史》卷10《章宗纪二》,第235页。

[2]《金史》卷121《伯德梅和尚传》,第2644页。

[3]《金史》卷101《孛术鲁德裕传》第2237页。

[4]《金史》卷116《承立传》,第2550页。

[5]《金史》卷85《永蹈传》,第1900页,卷10《章宗纪二》,第230页。

[6]《金史》卷51《选举志一》,第1150页。《选举志》所载的制举科目中无"书判拔萃",但《金史》卷100《李复亨传》载李复亨登进士第后复中"书判优等"。(第2217页)金代制举科目继承宋代,根据《宋史》卷156《选举志二·科目下》所列制举科目,当为"书判拔萃"科,北京:中华书局,1977年,第3647页。

[7]《金史》卷52《选举志二》,第1163页。

[8]洪皓:《鄱阳集》卷4,收入《景印文渊阁四库全书》第1133册,第420页。

得超过3阶。

根据《金史·选举志》,章宗(1189—1208年在位)大定二十九(1189)年制,诸提点院务官所办课额比永课增一成者迁官,增两成迁两官,最多不超过两阶。[1] 泰和七年(1207)九月,定西北京、辽东盐使判官及诸场管勾增亏升降格,凡文资官吏员、诸局署承应人、应验资历注者,增不及分者升本等首,一分减一资,二分减两资、迁一官,四分减两资、迁两官,亏则视此为降。如任回验官注拟者,增不及分升本等首,一分减一资,二分减一资、迁一阶,四分减两资、迁两阶,亏者亦视此为降。[2]

监当官因增课而超迁散官,出职后有回降政策,《选举志》:"凡增课升至六品者,任回复降。"[3]但在碑传资料中没有见到因回降而散官下降的例子,推测所谓回降只是回降职事官品级,并不降散官品级。

3.1.2.7 入粟补官

进纳也是散官升迁的途径之一,贞祐南渡后朝廷财政紧张,曾制定《权宜鬻恩例格》,贞祐三年(1215)九月,诏司、县官能募民进粮五千石以上,减一资考,万石以上,迁一官,减二资考,二万石以上迁一官,升一等,注见阙。[4] 承安三年(1198),制无问官民,有能劝率诸人纳物入官者,米百五十石迁官一阶,正班任使。七百石两阶,除诸司。千石三阶,除丞簿。过此数则请于朝廷议赏。推司、县官有能劝二千石迁一阶,三千石两阶。[5]

除纳粟米之外,纳马也是进纳之一途。兴定元年,定民间收溃军亡马之法及以马送官酬直之格,"上等(马)二匹补一官,杂班任使,中等三匹,下等四匹"。又遣官括市民马,立赏格以示劝,"千匹以上一官,二千匹以上两官"。[6]

---

[1]《金史》卷54《选举志四》,第1210页。

[2]《金史》卷49《食货志四》,第1103页。

[3]《金史》卷52《选举志二》,第1158页。

[4]《金史》卷14《宣宗纪上》,第313页。

[5]《金史》卷50《食货志五·入粟、鬻度牒》,第1125页。

[6]《金史》卷44《兵志》,第1005页。

3.1.2.8 覃恩

根据《大金国志》的记载,金朝每赦必覃恩,非常频繁:“金国以赦宥最为大事,或改元或生子或册封或迁都或灾异,并皆肆赦……每赦必有恩,内外小大文武百官并与覃迁一资。熙宗(1135—1149年在位)临季年,一岁两赦,海陵(1149—1161年在位)立……诏告天下,自今已往,更不议赦。不两年,躬自蹈之,其后复有改正隆(1156—1161)赦。逭世宗(1161—1189年在位)立,才数年间已降三赦。”[1]

从其他金代史料来看,大多数时候覃恩和赦是同时进行的,但并非完全如此,如表3-1所示。[2]

如表3-1所示,大多数情况下,覃恩和大赦是同时进行的。也有少数大赦而不覃恩,或覃恩而未大赦的例子。除天德五年(1153)迁都覃恩,明确说明“不肆赦”外,其余几例,有可能是资料收集不够全面,或相关资料未能流传下来,也可能的确如此,由于与本书主题关系不大,不再过多讨论。总之,金代的覃恩非常频繁,正常情况下,一位官员在仕途中总能赶上几次。贞祐南渡后,覃恩更加频繁,监察御史陈规在四年七月上言:“陛下即位以来,屡沛覃恩,以均大庆,不吝官爵,以激人心,至有未满一任而并进十级,承应未出职而已带骠骑、荣禄者。”[3]元好问《完颜公神道碑》载:完颜从政,于天兴壬辰(天兴元年,1232)任管库之职……“尝以族属授官而不乐仕宦,宗室诸老怒其闲放自弃,欲强致之京师,君百计求免,久乃得遂”,即使如此,他“亦以覃恩从进义校尉(正九下)至昭勇大将军(正四下)”,[4]可见陈规所言不虚。

金代吏部设有覃科,元好问《毛氏宗支石记》载毛矩于承安元年由州掾属保随朝吏员,试秋场中甲首,二年补吏部覃科令史。[5] 覃科,顾

[1]宇文懋昭撰,崔文印校证:《大金国志校证》卷36《赦宥》,第519-520页。

[2]其中所引《大金集礼》为丛书集成初编本1047-1048册,北京:中华书局,1985年。《建炎以来系年要录》为文海出版社影印本。《大金国志》为崔文印校证《大金国志校证》本。《金史》为中华书局点校本。页码均列入表格,不再专门出注。

[3]《金史》卷109《陈规传》,第2407页。

[4]元好问:《临淄县令完颜公神道碑》,收入《元好问全集》卷28,第598-599页。

[5]元好问:《毛氏宗支石记》,收入《元好问全集》卷34,第722-723页。

名思义,应该是专门负责覃恩事宜的部门。

表3－1　金代覃恩大赦表

时间	原因	覃恩	大赦	出处
天会元年九月	太宗即位改元		大赦	《大金集礼》卷1《太宗皇帝即位仪》2页
皇统元年	改元		大赦	《大金集礼》卷1《皇统元年册礼》5页
皇统二年二月	皇子济安生	随朝大小职官并诸局分祗候人等并迁一资	大赦天下	《大金集礼》卷8《皇统二年诰授仪》89页,92页
皇统五年十一月七日	增上祖宗尊谥	内外大小职官并与覃恩	大赦天下	《大金集礼》卷3《皇统五年增上祖宗尊号》48页
天德元年	海陵即位改元	文武官皆进一秩	大赦	《建炎以来系年要录》卷160,第8册,5091页
天德五年	迁都燕京	内外大小职官并与覃迁一官	不肆赦	《建炎以来系年要录》卷164,第8册,5247页
贞元三年十一月	(改营)山陵礼成	内外大小职官覃迁一重		《金史》卷5《海陵》105页
大定元年	世宗即位改元	内外大小职官并与覃恩	大赦天下	《建炎以来系年要录》卷193,第10册,6348－6350页
大定七年正月二日	受册礼成	内外大小职官并与覃恩	大赦天下	《大金集礼》卷2《大定七年册礼》17、27页
大定十一年十一月	郊祀,上尊号	覃恩	大赦[1]	《金史》卷87《纥石烈志宁》1934页

〔1〕大赦见于《大金集礼》卷24《御楼宣赦》“大定十一年”条,第209－210页。

续表 3-1

时间	原因	覃恩	大赦	出处
大定二十八年十二月十九日	上不豫 改葬熙陵礼成[1]		大赦天下	周必大:《文忠集》卷173,939-940页,945页
大定二十九年	章宗即位	赐内外官覃恩两重,三品以上者一重		《金史》卷9《章宗一》208页
明昌元年	改元		大赦天下	《大金国志》卷19《章宗上》257页
承安元年	改元	覃恩		《金史》卷85《永成》1905页
元光元年八月甲午	以彗星见改元	官吏各覃恩两重	大赦天下	《大金国志》卷25《宣宗皇帝下》350页
元光二年	哀宗即位	群臣增爵位各有差	大赦	《大金国志》卷26《义宗皇帝》359页
天兴二年正月	上入归德	军民普覃一官	赦在府囚	《金史》卷18《哀宗下》396页
天兴二年七月	上入蔡州	官吏军民普覃两官,归德以南经过去处曾应办者迁一官	蔡州管内支郡属县杂犯死罪以下并行释免	《大金国志》卷26《义宗皇帝》365页

〔1〕根据周必大《文忠集》卷173《思陵录下》淳熙十六年(1189)正月丙申,世宗《大赦诏》后猜测"金国非有大事不赦今次特宽疑葛王病也",葛王即世宗,收入《景印文渊阁四库全书》第1148册,第945页。另,周必大《文忠集》卷173《思陵录下》淳熙十五年十二月癸酉,有金世宗大定二十八年十二月日《改葬熙陵诏》,收入《景印文渊阁四库全书》第1148册,第939-940页。此次大赦的原因有可能是金世宗病重,也有可能是改葬熙宗陵。均列于此。

3.1.2.9 致仕

《大金国志》载："官职不拘品从，七十以上告致仕者迁两官，六十以上迁一官，给半俸外，不及六十，未至衰老，止是疾病，难任职事者，合给半俸，更不在迁官之例。"[1]《金史·世宗纪》有"（大定二十三年，1183）五月庚午，县令大雏讹只等十人以不任职罢归。六十以上者进官两阶，六十以下者进官一阶，并给半俸"。[2]《金史》此句文意不通，点校本校记曰："以不任职罢归此与下文文义不属，当有阙文。施国祁云当加'诏致仕官，年'等字。"[3]如果《金史》中这一段的确是对致仕迁官的规定，则与《大金国志》的记载不同。

唐代规定职事官"年七十以上应致仕"[4]，元代也规定"诸职官七十致仕"，[5]而且元代与金代类似，职官致仕时升迁散官。但元代散官升迁基本上以一级为单位，即常规迁转途径是从 $N_{下}$ 到 $(N+1)_{下}$，官员致仕亦"添与一等散官"[6]，因此元代官员五品以下（包括正从五品）官员致仕，相当于升迁散官两阶。如果元代致仕制度是继承金制，则金代官员当为七十致仕，迁散官两阶。那么《大金国志》记载大概较《金史》更为可信。

从碑传资料来看，也基本符合《大金国志》的记载。如张万公《段铎墓表》：

> ［段铎］恳求致政，朝廷勉从之，躐进两阶，授中奉大夫（从三下），加护军，封武威郡开国侯，增邑三百户，食实封一百户，俸禄仍给其半。泰和元年（1201）五月得报，言还故里。是年十一月二十一日，以微疾卒于稷弟之正寝，享年七十有二。

从《墓表》来看段铎请求致仕，泰和元年得到允许，散官躐进两阶，仍给

---

［1］宇文懋昭撰，崔文印校证：《大金国志校证》卷35《杂色仪制·致仕迁官半俸仪》，第502－503页。

［2］《金史》卷8《世宗纪下》，第184页。

［3］《金史》卷8《世宗纪下》，第204页。

［4］《唐六典》卷2《尚书吏部》，第34页。

［5］《元典章》卷11《吏部五·职制二·致仕》。

［6］《元典章》卷11《吏部五·职制二·致仕》"七十致仕"条。

半俸，时年72岁，正符合七十以上迁两官的规定。又如张廷玉的《郭公碑铭》：

> ［郭济忠］明昌（1190—1196）初，设提刑司，纠察严明，知公康健，督之使起，□承德郎，授云内州云川县令，再迁安肃、闻喜、安□三县令，迁承德郎，复覃奉直大夫，循至奉议、奉政大夫。公以荐治名县，寿几七十。致仕之期，正合典礼，乃引年求退，既遂其请，超朝散大夫，食半俸于家。

郭济忠治名县时，"寿几七十"，他致仕之期正合典礼，指的应该是符合"七十致仕"之典礼。由奉政大夫（正六上）超朝散大夫（从五中），亦迁官两阶。也符合《大金国志》的记载。王反成《郑公墓之碑》：

> ［郑赡］十八岁，通经中第，特授将仕郎。积十六迁至奉政大夫（正六上）。明昌二年（1191）十二月致仕，迁朝列大夫（从五下）。[1]

郑赡18岁中第，之后经过散官16迁，按照覃恩表来看，他应该会以覃恩迁4阶，即凭月日迁转散官12阶，按照30个月1迁，需360个月，即30年，再加上待阙、假故等因素，郑赡致仕时应大约在60岁到70岁之间，因此他的散官由正六上奉政大夫迁从五下朝列大夫，散官升迁1阶，完全符合《大金国志》的记载。

3.1.3　三品及以上散官迁转

从金代中期开始，对于散官迁入三品以及三品以上散官的迁转制定了特殊规定。因为三品以上属于"贵"，属于高级官僚集团，有很多特殊优待，譬如散官至三品以上的官员犯法，必须奏闻。[2] 官职俱至

［1］王反成：《大金故赠儒林郎郑公墓之碑》，收入《全辽金文》第1728页，据清刊本《定兴县志》卷17收。

［2］《金史》卷15《宣宗纪中》：兴定元年二月，"诏定州、县官虽积阶至三品，坐乏军储者，听行部决遣"（第328页）。宣宗时期，大量发行纸币，无法流通，贞祐四年八月，吏部尚书温迪罕思敬上书言："诚使臣得便宜从事，凡外路四品以下官皆许杖决，三品以上奏闻，仍付监察二人驰驿往来，法不必变，民不必征，一号令之，可使上下无不奉法。"（《金史》卷48《食货志三·钱币》，第1087页）可知正常情况下，阶至三品者犯法必须奏闻皇帝。

三品以上官员致仕，俸禄人力各给其半，其所得傔从无须输庸。[1] 官职俱至三品以上官员身故，其亲、贤、勋、旧可议加追赠。[2] 文武官官职俱至三品者，可以封赠祖父。[3] 此外，由于金代散官与勋、爵、食邑体系基本对应，散官达到三品及以上者，将会获得食实封，位阶四品及以下者没有食实封。由于散官达到三品以上将会获得傔从、食实封、追赠、封赠、法律特权等特殊优待，因此制度不允许太多官员轻易进入"贵"的集团，三品是一道散官升迁的重要门槛。

金代从制度规定的角度来说，凭借覃恩、进纳、廉升、边升、参加制举考试等方式，散官是不能升入三品的。散官达到三品的唯一方式是实际历官。金章宗（1189—1208 年在位）泰和三年（1203）规定，无论文资还是右职官，如果职事官在六品以下，或者门荫、杂流出身，职事官到达四品以上，散官应该迁入三品者，必须要历官 60 个月，才能申请升迁。[4] 泰和八年，因为门荫出身而职事能达到四品的人非常少，又规定职事官达到刺史而散官应该迁入三品者，可以申请三品散官。也就是说，门荫、杂流出身的官员，如果职事官不达到一定品级，不能仅仅通过月日资历的积累使散官迁入三品。[5]

散官进入三品后，就不能再按照普通的规定 30 个月升迁 1 阶了。明昌四年之前的制度规定，散官已经迁入三品的职事官不可以再申请升迁散官。因此散官进入三品之后，除皇帝特恩外，没有继续升迁的途径。金章宗（1189—1208 年在位）认为这样迁转滞涩，有碍臣下发挥积极性，于是规定带三品散官者，在颁布这条规定之前担任职事官达到 50 个月以上，可以进官 1 阶，此后重新计算。[6] 可见朝廷对三品以上散官的升迁非常谨慎。

对于应该升入一品散官者，规定更加严格，根据卫绍王大安元年

[1]《金史》卷 4《熙宗纪》，第 76 页，卷 9《章宗纪一》，第 220 页。
[2]《金史》卷 10《章宗纪二》，第 229 页。
[3]《金史》卷 11《章宗纪二》，第 255 页。
[4]《金史》卷 54《选举志四》，第 1197 页。
[5]《金史》卷 54《选举志四》，第 1197 页。
[6]《金史》卷 54《选举志四》，第 1199 页。

(1209)的规定,必须要文资本职内,职事官达到一品,实历 50 个月才能申请散官迁至一品。[1]

对于三品以上散官的升迁还有几条规定。第一、卫绍王大安元年规定,二品三品职事官,其散官品级升迁,必须实际任官历 50 个月,并且散官品级不得超过职事官品级。第二、如果职事官在六品以下,而散官已经升入三品,则散官不许再申请升迁。第三、曾经犯选格者,散官不许升入三品。第四、如果是官员致仕之前,散官升迁 1 阶,正好迁入三品,或者三品以上武散官换授文散官,则详细写明官员的具体情况,由皇帝裁决。大概条件可以略微放宽。第五、杂班散官不许迁入三品。[2]

3.2 散官的下降

金代官员散官下降最常见的可能性是官员犯过,根据犯过程度高低,散官下降 1 阶至 4 阶不等。这一下降幅度继承了唐代制度。根据《唐律疏议》,"诸犯私罪,以官当徒者,五品以上,一官当徒二年,九品以上,一官当徒一年,若犯公罪者,各加一年当,以官当流者,三流同比徒四年"。[3] 根据唐律,徒刑为 1 年到 3 年不等,流刑分为 3 等,这 3 等流刑都等同于徒 4 年,因此官员犯过,以官当罪,最低当官 1 阶,最高当官 4 阶,这就是金代官员过犯追官 1 阶至 4 阶的来源。

金代官员犯过追官,其过犯事由大部分在《唐律疏议》中可找到类似罪名。如金有"受赂""贪污"[4],即唐律之"受人财而为请求""受财

[1]《金史》卷 54《选举志四》,第 1200 页。

[2]《金史》卷 54《选举志四》,第 1200 页。

[3]《唐律疏议》卷 2《名例》,北京:中华书局,1983 年,第 44 - 45 页。

[4]《金史》卷 17《哀宗纪上》"定国军节度使庆山奴以受赂,夺一官",第 380 页。卷 90《移剌道传》"贪污官同知浚州防御使事蒲速越、真定县令特谋葛并免死,杖一百五十,除名。同知睢州事乌古孙阿里补杖一百,削四阶",第 1995 页。

枉法"[1],有"擅离职"[2]、即唐律之"在官应直不直"[3],有"职官不仕"[4],即唐律之"之官限满不赴"[5]。金律与唐律有极其明显的继承关系,其篇目与唐律完全相同,《金史·刑志》称泰和律"实唐律也",[6]《永徽法经·自序》称其"全依唐律,其间度时增损者,十有一二"。[7] 金泰和律没有流传下来,叶潜昭在《金律之研究》中根据《刑统赋解》《刑统赋疏》《元典章》等史料复原了一部分金律。[8] 此书没有将《金史》中官员官当公私过犯的情况列入其中,因为这一部分很难判断哪些是金律的内容,也没有确切的量刑记载,但可以想象,《金史》中记载的官员过犯、官当其罪的情况对于了解金律的内容很有意义。特将《金史》传中官员散官追降的情况,根据《唐律》的分类(如前所述,金泰和律分类与《唐律》相同),大致列表3-2。

表3-1只是粗略地将《金史》中所载官员因过犯而追降散官的案例与《唐律疏议》中的罪名进行类比,这种类比当然是很不精确的,因为《金史》中各案例多有其特殊背景。如承安四年(1199),以奏事不实,御史大夫张暐追一官,侍御史路铎追两官,俱罢之。[9] 表面上看罪名是"奏事不实",实际原因则是李淑妃受宠,章宗(1189—1208年在位)欲立其为后,大臣纷纷表示反对。御史姬端修上书论之,章宗怒,因此"御史大夫张暐削一官,侍御史路铎削两官,端修杖七十,以赎论"。因此这一表格只能大致反映金代官员因过犯而追降散官的情况,不能作为了解金代法律量刑的依据。

---

[1]《唐律疏议》卷11《职制》,第219-220页。

[2]《金史》卷120《唐括贡传》"坐擅离职削官一阶",第2626页。

[3]《唐律疏议》卷9《职制》,第185页。

[4]《金史》卷14《宣宗纪上》"违限者止夺三官,降职三等",第312页。

[5]《唐律疏议》卷9《职制》,第186页。

[6]《金史》卷45《刑志》,第1024页。

[7]《永徽法经·自序》,见《四库全书总目》卷84《史部四十·政书类存目二》,"《永徽法经》"条,北京:中华书局,1965年,第726页。

[8]叶潜昭:《金律之研究》,台北:台湾商务印书馆,1972年。

[9]《金史》卷11《章宗纪三》,第250页。

表 3－2 《金史》所载过犯情况与《唐律》罪名对比表

原因	措施	出处
卫禁		
道遇皇太子卫仗，立马市门不去伞，以鞭鞭卫士诃己者	削官两阶	卷 90《杨邦基传》2007 页
职制 · 贡举非其人		
滥放及第	夺三官降职 夺两官	卷 100《李复亨传》2218 页
断护卫出职事不当	夺官一阶	卷 95《王蔚传》2116 页
职制 · 在官应直不直、官人无故不上、之官限满不赴		
擅离职	削官一阶	卷 120《唐括贡传》2626 页
职官违限不任	夺三官、降职三等	卷 14《宣宗上》312 页
职制 · 诸大祀不预申期及不如法		
礼官误	削一阶 削两阶	卷 19《显宗允恭纪》411 页
职制 · 制书官文书误辄改定		
删定劾状颇有脱漏	削官一阶解职、特免殿年	卷 109《许古传》2417 页
职制 · 监主受财枉法		
受赂	夺一官	卷 17《哀宗上》380 页
贪污	除名 削四阶	卷 90《移剌道传》1995 页
以捕蝗受赂	除名	卷 6《世宗上》139 页
淫纵无行，贪墨狼籍，既就逮，引刃自杀，不死	削官一阶罢归田里	卷 78《刘萼传》1771 页
职制 · 受所监临财物、贷所监临财物		
强买部人马二匹	削一官解职	卷 80《阿离补传 · 附子方传》1812 页
买部内马亏直	夺官一阶	卷 103《完颜蒲剌都》2299 页

续表 3－2

原因	措施	出处
买车材于部民，三日不偿其直	当削官一阶解职	卷 7《世宗中》171 页
强市民布帛	削一官罢之	卷 11《章宗三》258 页
高贾卖私物、抑贾买民物	除名 削两阶解职	卷 91《石抹荣传》2028 页
职制·有所请求		
求仕官辄入权要之门	追一官降除	卷 6《世宗上》132 页
自嘱求举，或因势要及为人请嘱而举	各追一官	卷 54《选举志四》1193 页
避都司之繁，私属治籍吏冀改他职	夺一官解职	卷 114《石抹世绩传》2518 页
县丞刘昭与部民裴原争买邻田，用昭属，抑原使毋争	夺一官解职	卷 121《宋扆传》2649 页
为人求脱罪	削官一阶	卷 90《杨邦基传》2007 页
职制·事应奏不奏，不应奏而奏者		
失纠察大长公主事	削官一阶	卷 7《世宗中》171 页
草场使邓汝霖盗草失举劾	削一官解职	卷 97《张亨传》2147 页
弹劾失当	夺官一阶罢之	卷 16《宣宗下》357 页
漏察大名总管忽剌不公事	削官一阶降授	卷 95《董师中传》2113 页
小臣讥讪宰辅	削一官罢之	卷 66《宗室传》1568 页
上书论列朝臣	削官一阶罢之	卷 12《章宗四》268 页
所言不当	削一官罢职	卷 12《章宗四》269 页
别出情见不当	削一官解职	卷 100《宗端修传》2204 页
以纠弹之官与幕职官宴饮	夺一官解职	卷 100《路铎传》2208 页
户婚		
农田三年皆荒	追一官	卷 47《食货二》1050 页
被命赈贷，止给富户	削三官	卷 8《世宗下》180 页

原因	措施	出处
纠察之官沮坏钞法	削官一阶解职	卷 48《食货三》1080 页
捕蝗不如期	削官一阶解职	卷 89《梁肃传》1982 页
擅兴·守城弃去、临阵先退		
不待克敌而还	削官一阶 削官三阶	卷 8《世宗下》195 页
夏人陷西宁州	夺官一阶	卷 16《宣宗下》354 页
弃城	除名 夺官一阶	卷 16《宣宗下》361 页
宋人陷散关	削官一阶降授	卷 98《完颜纲传》2181 页
畏避	削两阶	卷 104《王扩传》2299 页
斗讼		
互讼不公事	各削一官解职	卷 76《萧玉传》1735 页
诈伪·诈为官文书及增减		
擅易置中都官吏	除名 削两阶	卷 6《世宗上》125 页
诈伪·诸对制及奏事、上书诈伪不实		
坐以不经台官直进奏帖，准上书不以实	削一官、期年后叙	卷 100《宗端修传》2203 页
上书不实	削一官	卷 123《忠义三·陀满胡土门传》2688 页
上章论本路财用不实	追官一阶	卷 108《侯挚传》，第 2384 页
奏事不实	追一官罢之 追两官罢之	卷 11《章宗三》250 页
镐王永中事奏对不实	削官二阶罢之	卷 10《章宗二》236 页
李石犯法，上问梁銶，对不以实	削官四阶	卷 86《李石传》1912 页

续表 3－2

原因	措施	出处
诈伪·诸诈欺官私以取财物		
冒请粟三万余石	夺官一阶	卷 105《王翛传》2315 页
欺隐有功将士赏赐	当除名，特夺三官降三等，夺两官降二等	卷 102《仆散安贞传》2248 页
诈伪·妄认良人为奴婢部曲		
无罪掠死染工，妄认良人二十五口为奴	削官四阶罢之	卷 8《世宗下》183 页
杂律		
犯夜禁	夺官一阶罢之	卷 66《宗室传》1568 页
南京大内火	除名 削三官	卷 82《郭安国传》1835 页
杂律·违令、不应		
擅增东宫诸皇孙食料	削官一阶	卷 8《世宗下》190 页
与近侍窃语宫掖事，而妄称奏下	夺官一阶解职	卷 73《完颜希尹附守贞传》，1690 页
问禁中起居状	夺一官	卷 82《萧恭传》1840 页
断狱		
杖杀豪民	削一阶解职	卷 97《张大节传》2145 页
用大杖杖死部民杨	削一官解职	卷 129《酷吏·高闾山传》2778 页
故出	削官四阶解职	卷 109《许古传》2417 页
其他		
行省失职	除名 削官二阶	卷 10《章宗二》240 页

除了表 3－2 所示的各种因过犯而散官下降的情况外，还有两种原因可能导致金代官员散官降等。其一为廉升后再任覆察不同。如本章

第2节所述，官员察廉，有散官超迁1阶至3阶不等的规定，因此在承安二年规定“既廉升而再任覆察不同者，任回亦降”。[1] 其二为监当官亏永。监当官即管理仓库院务等事的钱谷官，“亏永”即所办课额比定额亏损。大定二十一年（1181）以前，监当官有亏损者处以一定刑罚。然而有的官员觉得只是挨板子，依旧可以迁转升官，并不可怕。因此大定二十一年规定“自今，若亏永及一酬以上，依格追官殿一年”，即散官降低，并且延迟1年参加铨选。到金章宗（1189—1208年在位）大定二十九年，对亏永的惩罚更加严厉，亏一酬削一官，亏二酬削二官，最高降两阶为止。[2]

官员因犯过、亏课等原因削降散官，往往伴随着解除现任职务，并且延迟1年或更长时间参加铨选。承安之前，“犯追一官至四官，皆解任周年，而复仕之”，承安二年定制，“每追一官殿一年”，[3] 也就是最多有可能殿4年，再次参加铨选时，需要“具罪以闻，而后仕之”，所叙职事官相应降等。

3.3 散官的作用

3.3.1 任官、科举

在金代，散官对于铨选的作用已经大大降低，绝大多数官员的散官高于职事官，尤其是劳效、荫叙、吏员、进纳等出身者，往往散官远高于职事官，由此可见金代铨选系统中，散官并不起关键性作用，官员将会被铨注何种职事官，主要是由他担任的职务种类、品级及月日长短决定。但由于散官以最显而易见的方式标志出一位官员进入仕途之后经过的时间，所以散官的高低也在一定程度上影响其将会担任的职务。

一般来说进士出身者散官品级和职事官品级不会相差太大，但两

[1]《金史》卷52《选举志二》，第1158页。
[2]《金史》卷54《选举志四》，第1210页。
[3]《金史》卷52《选举志二》，第1157页。

种情况下也可能出现进士散官品级远高于职事官。一是该进士立下大功,或非常幸运地用上了第二部分“散官升迁”中所提及各种散官超迁的方式,散官升迁的很快,但职事官仍然按照正常的途径迁转,跟不上散官升迁的步伐。二是虽然该进士的散官按部就班升迁,但由于种种不幸,他的职事官一直淹滞在从七品以下,始终无法进入正七品以上的中高层官僚集团。这两种情况下,散官达到一定品级后,会享受到破格优待的政策。大定十七年(1177)定制,进士出身的官员,散官阶达到中大夫(从四中)者呈省。泰和格规定,诸进士及第合授资任须历遍乃呈省,虽未尽历,官已至中大夫亦呈省。[1]

对于监当官也有类似规定,由监当官释褐者多为荫叙、进纳等右职出身,散官大都远高于职事官,因受“一除一差”或“两除一差”的规定限制,很难升入中高层官僚集团。大定三年规定“监当官迁散官至三品尚任县令者,与省除”。[2] 如前所述,散官升入三品并不容易,监当官释褐能享受这条优惠政策者大概并不太多。

可以想象,铨选时在相同条件下,散官品级较高者总是略有优势,不过这种优势并不明显,甚至比不上察廉、有清干之誉和考课进入优等等条件。大定年间,铨选比较严格,县令多有阙官,于是世宗(1161—1189年在位)同意以下几种人可以在资历未足的情况下特除县令,他说:“廉察八品以下已去官者,录事丞簿有清干之誉者,县尉入优等者,皆与县令。散官至五品,无贪污旷职之名者,亦可与之。”[3] 从世宗的语气来看,相比于“察廉”“优等”等条件,“散官至五品”得到县令似乎多少有些勉强。

在员多阙少的情况下,散官也可以用来限制职事官的升迁。章宗时期(1189—1208年在位),官员升迁的规定比较宽松,导致泰和(1201—1208)年间出现员多阙少的现象。“除县令者守阙,近者十四月、远者十六月,县令、丞、簿均员阙不相副。”在此之前,右职官散官至

[1]《金史》卷52《选举志二》,第1162页。
[2]《金史》卷54《选举志四》,第1198页。
[3]《金史》卷88《移剌道传》,第1969页。

明威（正五下）者注县令，宣武（从五下）者注丞簿，虽曾犯选格及亏永者亦同。于是泰和元年定制，曾犯选格及亏永者，广威（正五上）注令，明威（正五下）注丞簿。[1] 因为员多阙少，泰和元年制将官员铨注县令的门槛提高了1阶。

散官品级曾在短时间内对进士出身者补尚书省令史的资格和出职品级有所影响。大定二年，恢复了尚书省令史选进士出身者补充之制。起初要求进士出身，散官至承直郎（正七下）以上者才能充省令史，到大定十一年，发现进士官至承直郎者太多，于是不论官资，只按榜次补充。起初规定进士充省令史，官至承直郎者一考正七品，两考者从六品。奉直大夫（从六上）以上者，一考从六品，两考从五品。至大定二十七年，认为"为资考所拘，难以升进"导致外任阙官，于是"不论官资"，一考均除六品，两考除从五，次任回降。[2] 这种变化反映出以下事实：金代官制散官的地位低于唐、宋，导致散官系统僵化，灵活性大为降低，用这套制度来控制升迁速度，用起来无法得心应手，因此又使散官系统的地位更加低落。

从"验资"和"验官"的角度来看，金代的铨选可以分为两种。验资注授者包括文资官吏员、诸局司承应人等，这一部分官员根据所历职事官和资考注授，散官对他们来说，意义较小。验官注授者主要是右职官，他们需要在猛安、谋克、流外监当官等职务上经历漫长的月日，然后根据散官品级的高低出职，他们升迁散官的途径除积累年劳外，还有廉能、军功、增课、入粟、覃恩等，其中军功和增课最为常见，对于他们来说，散官的高低关系到何时能够出职，出职授何官职。《金史·选举志》记载："天德（1149—1153）制，忠武（正七）以下与差使，昭信（从六下）以上两除一差。大定十二年，敕镇国（从三下）以上即与省除。十三年，制明威（正五下）注下令，宣威（正五中）注中令，广威（正五上）注上令，信武（从五上）权注下令，宣武（从五中）、显武（从五下）免差，

〔1〕《金史》卷53《选举志三》，第1195页。

〔2〕《金史》卷52《选举志二》，第1169页。

权注丞簿。又制宣武、显武,功酬与上簿,无亏与中簿。二十六年,制迁至宣武、显武始令出职。”这些规定,均针对这种验官注授的官员,对他们来说,散官的高低无疑非常重要。

猛安谋克不属于流官,也不参加铨选,因此奖励流官职事官升等时,对猛安谋克,只能奖励相应的散官升阶。大定三年,命廉到廉能官第一等进官一阶升一等,污滥官第一等殿三年降二等。猛安谋克,廉能者第一等迁两官,其次迁一官。污滥者第一等决杖百,罢去。[1] 明昌五年(1194),以长吏劝农立殿最,劝农“三年不怠者,猛安谋克迁一官,县官升一等。……三年皆荒者,猛安谋克追一官,县官以升等法降之”。[2] 可见散官品级对于军官的意义,大致相当于流官的职事官品级。

散官品级在科举时也能派上用场。明昌初年定制,官员如果愿意参加科举,散阶达到五品,即可直赴会试,散官和职事官俱至五品,可以直赴御试。[3]

3.3.2 赋役、俸禄

唐前期,官员的散官品级高低决定其俸禄的多少,宋代寄禄官也与官员的一部分俸禄相关。但金代,官员俸禄不再与散官相关,而是根据职事官的品级、种类发放。金朝散官涉及的经济利益表现为免役。金制:“凡叙使品官之家,并免杂役,验物力所当输者、止出雇钱。进纳补官未至荫子孙及凡有出身者(谓司吏、译人等)、出职带官叙当身者、杂班叙使五品以下及正品承应已带散官未出职者,子孙与其同居兄弟,下逮终场举人,系籍学生、医学生,皆免一身之役。”[4] 由此可知,金代免役分为3等,第一等是“叙使品官”,也就是流内职事官,可以免除全家杂役;第二等是带散官的流外官、承应人等,包括杂班五品以下,可以免除自己、子孙和同居兄弟的杂役;第三等是终场举人、学生等,可以

〔1〕《金史》卷54《选举志四》,第1202页。

〔2〕《金史》卷47《食货志二》,第1050页。

〔3〕《金史》卷51《选举志一》,第1142页。

〔4〕《金史》卷47《食货志二·租赋》,1056页。

免除自己的杂役。

金代官员在职时的俸禄与散官无关,但对于致仕后所给俸禄的规定有过变化。天眷二年(1139)七月,诏文武官五品以上致仕,给俸禄之半,职三品者仍给傔人。皇统元年(1141)二月,诏诸致仕官职俱至三品者,俸禄人力各给其半。[1] 可见在熙宗时期(1135—1149 年在位),只有五品以上官员致仕才有半俸可拿,而想要俸禄、人力均保留一半,则需散官和职事官都达到三品。大定十一年二月,诏职官年七十以上致仕者,不拘官品,并给俸禄之半。大定二十八年三月,命应赴部求仕人,老病昏昧者,勒令致仕,止给半俸,更不迁官。[2] 则在世宗时期,所有官员致仕之后都可以领半俸,并且在大定二十八年之后,即使不到规定年龄就已经退休的官员也可以领取半俸。这与《大金国志》的记载相同:"官职不拘品从,七十以上告致仕者迁两官,六十以上迁一官,给半俸外,不及六十,未至衰老,止是疾病,难任职事者,合给半俸,更不在迁官之例。"[3]《金史·百官志·百官俸给》"从三品"下有"皇统元年二月,诏诸官、职俱至三品而致仕者,俸禄、傔人,各给其半"。[4] 四品以下没有提到俸禄问题,如果单看《百官俸给》,似乎只有官职俱至三品而致仕的官员有半俸,其余官员致仕后没有俸禄。其实这只是熙宗年间的规定。世宗以后,致仕官员的俸禄与散官毫无关系。

3.3.3 法律

如前所述,金律与唐律有极其明显的继承关系,叶潜昭的《金律之研究》认为金律继承了唐律"议、请、减、赎"等原则,[5] 即同唐代一样,金代散官意味着可以享受一定程度的法律特权。

根据《金律之研究》所复原的《泰和律》,"八议"条,"七曰议贵,谓

[1]《金史》卷 4《熙宗纪》,第 75 页,第 76 页。

[2]《金史》卷 6《世宗纪上》,第 148 页,卷 8《世宗纪下》,第 200 页。

[3]宇文懋昭撰,崔文印校证:《大金国志校证》卷 35《杂色仪制·致仕迁官半俸仪》,第502 - 503 页。

[4]《金史》卷 58《百官志四》,第 1341 页。

[5]叶潜昭:《金律之研究》,第 37 页。

职事官三品以上，散官二品，爵及一品者"[1]；"八议者"条，"若杂犯死罪入议，流罪以下减一等"；"七品以上之官"条有"七品以上，犯流罪以下，减一等"[2]。可知金律基本继承了《唐律》"请议""请减"等原则。《唐律》在"八议者"条中比金律多出"条所坐及应议之状，先奏请议、议定、奏裁"等议请的程序规定，《金律之研究》认为"关于议请的手续规定，金律佚文的史料中未曾发现"，实际上《金史·刑志》中有"兴定元年(1217)八月，上谓宰臣曰：'律有八议，今言者或谓应议之人即当减等，何如？'宰臣对曰：'凡议者先条所坐及应议之状以请，必议定然后奏裁也。'上然之"。[3] 可知《金律》中实有关于议请手续的条文。

赎和官当的情况在金代也普遍存在。大定八年，制品官犯赌博法，赃不满50贯者其法杖，听赎。[4] 兴定三年，定辟举县令制……官当私罪解任、杖罪、赃污者，约量降除。污赃至徒以上及除名者，一任不理资考。[5] 可知"赎""官当""除名"等《唐律》中官员抵罪的方式在金代同样适用。如"散官下降"一节所述，金代官当的规则继承了《唐律》，最高追四官即可抵充徒刑的最高量刑"徒五年"。根据《唐律》，官员犯罪，官当是第一步惩罚，按照规定追官之后，余罪可以收赎[6]，不愿赎者，"听以历任之官当"[7]。可以想象，对于官员来说，官比钱重要，能够赎铜抵罪的情况下，大多数官员还是乐于选择"赎"。不过有些罪名必须"免所居官""免官"或"除名"，免所居官比徒1年，免官比徒2年，

---

[1]《金律之研究》根据《刑统赋解》复原此条为"七曰议贵，谓职事官二品以上，散官二品，爵及一品者"，《唐律疏议》此条为"七曰议贵，谓职事官三品以上，散官二品，爵及一品者"，《唐律疏议》卷1《名例》，第18页。《金史》中多次提及"三品以上奏闻"（如《金史》卷16《宣宗纪下》，第358页，卷48《食货志三》，第1087页），推测金代"议贵"应仍为"职事官三品以上"。"二""三"形近，容易弄混。

[2]叶潜昭：《金律之研究》引枕碧楼丛书本《刑统赋解》，第35页，第36页，引《元典章·户部·嫁娶》"夫自嫁妻"条旧例，第37页。

[3]《金史》卷45《刑志》，第1025页。

[4]《金史》卷45《刑志》，第1016页。

[5]《金史》卷54《选举志四》，第1209页。

[6]《唐律疏议》卷3《名例》第22条："诸以官当罪者，罪轻不尽其官，留官收赎；官少不尽其罪，余罪收赎。"第64页。

[7]《唐律疏议》卷2《名例》第17条，第47页。

除名比徒3年,这是比“赎”更重一等的惩罚。[1] 在金代仍是如此,大定九年,大兴县官因亏课,以酒散部民,使输其税。大理寺以财非入己,请以赎论。世宗(1161—1189年在位)认为太轻,特命解职。[2]

值得注意的是,金代的杖刑比较特殊。金代不采用流刑,而是把唐代的徒刑5等(1年至3年)增为7等(1年至5年),徒4年和徒5年基本替代了流行,在徒刑的同时还要施杖刑。《大金国志·科条》记载了这种情况:“徒者非谓杖脊代徒,实拘役也,徒止五年,五年以上即死罪也,徒五年则决杖二百,四年百八十,三年百六十,二年百四十,一年百二十。”[3]《金史》的记载与《大金国志》有所不同。《金史·刑志》:“明昌五年(1194),尚书省奏:‘在制,名例内徒年之律,无决杖之文便不用杖。缘先谓流刑非今所宜,且代流役,四年以上俱决杖,而徒三年以下难复不用。妇人比之男子虽差轻,亦当例减。’遂以徒二年以下者杖六十,二年以上杖七十,妇人犯者并决五十,著于敕条。”[4]《唐律》“三流俱役一年”[5],即犯流刑者均需进行1年劳役。金代以徒4年和徒5年刑替代流行,以决杖替代劳役,因此徒4年和5年加决杖,3年以下本不应决杖。但因为4年以上决杖,3年以下也加上了杖刑,导致徒刑一律决杖。当时有人也觉得徒杖并罚不合理。大定(1161—1189)中期,济南尹梁肃上疏:“今取辽季之法,徒一年者杖一百,是一罪二刑也,刑罚之重,于斯为甚。”他建议“自今徒罪之人,止居作,更不决杖。”《金史》记载“不报”[6],看来此项建议没有被采纳。依《唐律》,九品以上官员及七品以上官员的亲属,犯流罪以下均可赎铜。金代制度大体与此相似,官员犯杖罪仍可赎,犯徒罪仍可官当、赎铜,但由于有徒杖并罚的规定,官员犯徒罪以上者只能用“官当”和“赎”的原则抵充徒罪,而杖罪仍需承受。因此《金史》中官员受徒刑的情况几乎没有,受杖刑

[1]《唐律疏议》卷3《名例》,第55-65页。
[2]《金史》卷49《食货志四·酒》,第1105页。
[3]宇文懋昭撰,崔文印校证:《大金国志校证》卷36《科条》,第518-519页。
[4]《金史》卷45《刑志》,第1023页。
[5]《唐律疏议》卷2《名例》第11条,第36页。
[6]《金史》卷89《梁肃传》,第1984页。

的例子比比皆是,并多与削官、解职、除名等同时出现。《金史·刑志》《金史·梁肃传》和《大金国志》所载决杖数均不相同,大概制度曾有过变化,但这一制度始终延续,影响到元代,元代官员过犯多杖刑的决,即来自于此。

3.3.4 衣服

金代官服分为朝服与常服两类,朝服在“导驾及行大礼”时穿,常服又叫公服,平时工作的时候穿。泰和元年(1201)礼官认为“祭服所以接神,朝服所以事君”,祭祀时应该穿专门的祭服,章宗(1189—1208年在位)说“朝、祭之服,固宜分也”,但《金史》中并无对祭服的记载。

根据《大金集礼》,每次行大礼的时候,对于官员朝服的要求并不完全相同。不同品级官员朝服的区别主要在于冠、绶、佩、带,如贞元元年(1153)迁都燕京,仪仗之内品官朝服规定见表3-3所示。[1]

表3-3　贞元元年迁都品官朝服表

正一	貂蝉笼巾七梁额花冠	貂鼠立笔 银立笔 犀簪 佩剑	绯罗大袖一 绯罗裙一 绯罗蔽膝一 绯白罗大带一	天下乐晕锦玉环绶	白罗方心曲领一 白纱中单一 银褐勒帛一	玉琳佩二	金镀银革带	乌皮履一对 白绫袜一对
正二	七梁冠	银立笔 犀簪	同上	杂花晕锦玉环绶	同上	同上	同上	同上
正四[2]	五梁冠	同上	同上	白狮子锦银环绶	同上	珠佩二	银革带	同上
正五	四梁冠	同上	同上	簇四金雕锦银环绶	同上	同上[3]	同上	同上
正六 正七	三梁冠	同上	同上	黄狮子锦铜环绶	同上	铜珠佩二	铜革带	同上

[1]本表采用《大金集礼》卷30《舆服下·臣庶车服》(第265-266页)的记载,与《金史·舆服中·臣下朝服》(第980页)所载大致相同。

[2]此处《金史》和《大金集礼》均仅载“四品”,未载“三品”,推测三品朝服与四品同。

[3]此处《金史·舆服中》作“银珠佩”,《金史》卷43,第980页。

大定二十二年(1182)袷享之礼,官员朝服与贞元二年(1154)大同小异,不再详述。

关于常服制度,《金史》《大金集礼》和《大金国志》所载大同小异。从涉及的散官名和散官品级来看,《大金国志》所载为金大定十四年之前的常服制度[1],与《大金集礼》所载《大定官制》相似。《金史·舆服志》则混合了《大金集礼》所载《大定官制》和大定十一年参照唐宋制度所添加的官服不同等第"绫罗花样"之制。特列表3-4进行对比。[2]

表3-4　金代常服制度前后期对比表

《大金国志·服色》	《大金集礼·舆服·臣庶车服·大定官制》《金史·舆服·带制》	《大金集礼》"绫罗花样"《金史·舆服·公服》
正一品:紫罗袍,象简,玉带,佩金鱼	一品:服紫,玉带,佩金鱼	宰相、一品官:服紫,大独科花罗,径不过五寸
从一品:紫罗袍,象简,金带,佩金鱼		执政官:服紫,小独科花罗,径不过三寸
二品:紫罗袍,象简,御仙金带,佩金鱼	二品:服紫,笏头球文金带,佩金鱼	二品、三品:服紫,散搭花罗,谓无枝叶者,径不过寸半
三品至四品:紫罗袍,象简,荔枝金带,文臣则加佩金鱼	三品、四品:服紫,荔枝或御仙花金带,文官佩金鱼	
五品:紫罗袍,象笏,红鞓乌犀带,文臣则带金鱼	五品:服紫,红鞓乌犀带,文官佩金鱼	四品、五品:服小杂花罗,谓花头碎小者,径不过一寸
六品至七品:文臣服绯,武臣服紫,并象笏,红鞓乌犀带,文臣佩银鱼	六品至七品:文官服绯,武官服紫,红鞓乌犀带,文官佩银鱼	六品、七品:文官服绯,武官服紫,芝麻罗
八品至九品:文臣服绿,武臣服紫,并象笏,黑鞓角带	八品至九品:文官服绿,武官服紫,皂鞓乌犀带[3]	八品、九品:文官服绿,武官服紫,无纹罗
		诸局分承应人并服无纹素罗

[1]详见第1章《金代前期散官制度》的相关论述。

[2]宇文懋昭撰,崔文印校证:《大金国志校证》卷34《服色》,第482-483页;《大金集礼》卷30《舆服下·臣庶车服·大定官制》,第266页;《金史》卷43《舆服中》,第982页。

[3]《金史》卷43《舆服中》,第982页,文官带制载"五品,服紫者红鞓乌犀带,佩金鱼,服绯者红鞓乌犀带,佩银鱼,服绿者并皂鞓乌犀带"。根据五品服紫、六品七品服绯、八品九品服绿,"五品"后当缺"以下"2字。

从表3－4可知，金代官员服色的变化并不大，有趣的是，在大定十一年之前，官员服色在一品和二品之间有玉带与金带之分别，四品与五品之间有金带与鞓带之别，五品和六品之间有一明显界限，表现为服紫和服绯的区别，但三品和四品之间并无界限。这似乎说明在金代前期并不是非常重视三品以上散官的特殊性。大定十一年，给官服的花色做了明确的等第之分，在三品和四品之间做出了区分，在之前的服制中没有这样的区分，这似乎显示出直到大定年间，金朝政府才忽然开始强调三品以上散官的特殊性。

根据《大定官制》，服制"凡散官、职事皆从一高，上得兼下，下不得僭上"[1]。《大金集礼·舆服·臣庶车服·大定官制》在这里表述的更为清楚："若职事高于散官者，并从职事，借本品服色，随职俱降。如职事低于散官者，并从散官服色。"[2]由于金代绝大多数官员散官高于职事官，因此可以想象大多数官员都是按照自己的散官品级来穿衣服。因此散官的升迁，最明显的体现就是官员服色的变化。王珦《曹公神道碑铭》载曹溥任官经历，特意提及他任河东北路盐铁判官时加朝奉大夫（从五中下），赐服金紫。[3] 党怀英《醇德王先生墓表》提及王去非曾"用年得官九品"，大概是在某次覃恩时，因年过七十，得授进义副尉，他死后葬礼中，即可用九品官之服。在服色有等第之分的年代，服色是一个人身份高低的最直接、最明显的表现。因此上引的《神道碑》和《墓表》都特意提及随着散官等级升迁的服色变化，可见服色虽因不涉及经济、权力等各方面利益而显得无关紧要，但它作为身份的外在表现，在等级社会中仍受到重视。

3.3.5 封赠、荫叙

封赠的情况在第2章中已经有详细讨论，基本原则是：(1)封赠父

---

[1]《金史》卷43《舆服中》，第982页。

[2]《大金集礼》卷30《舆服下·臣庶车服·大金官制》，第266页。

[3]王珦：《大金故通奉大夫前同知东平府路兵马都总管事护军谯国郡开国侯食邑一千户食实封一百户赐紫金鱼袋曹公神道碑铭》，收入《全辽金文》第1404页，据民国二十三年(1934)本《定县志》卷20收。

母的条件是官员文武官散官达到五品，而文武官职官、散官均达到三品者可以封赠祖父、祖父母。金代封赠只考虑散官，不考虑职事官品级。(2)封赠品级以本人的最高散官为标准，包括官员致仕时升迁的散官。(3)如果在封赠前其父已有散官，而按照其子的散官品级封赠可以得到更高的散官，还是可以封赠，使其父的官爵继续提高。(4)大定年间，封赠品级比本人散官低两级。章宗之后，封赠散官与本人散官品级相同。封赠祖父比父亲低1级。

荫叙也是以官员的散官品级为标准。《大金国志·除授》："选举之外有奏补法……其奏补法，不论文武，有奏补任子恩，如状元及第，初授承议郎，系从六品，便可荫两子。"[1]状元初及第，按规定职事官应授军事州判官、县丞、主簿、县尉等，[2]均低于七品，金制最低七品方能荫1人，状元及第便可荫两子，可见荫叙是以散官品级为标准。碑传材料中也有类似的例子。张万公《段铎墓表》载段铎登正隆二年(1157)进士第，第一任为长安簿，第二任为绛县簿，"至是应门荫之赏，诸子首及兄镛，亦人之难能者"。[3] 绛县簿为正九品，但段铎已经可以荫子，可见是以散官为荫叙之标准。

3.3.6 朝参、班位、除拜

金代朔望朝参，七品以上职事官皆赴。其余朝日，五品以上职事官及左右司员外郎、侍御史、记注院等得赴，若元日、圣节、拜诏、车驾出猎送迎、诣祖庙烧饭，则但有职事并七品以上散官，皆赴。[4] 此时散官有一点微小的作用，表现在带散官者即被包括在朝廷官员之内，即使没有职事官，平时不能参加讨论重要事务的会议，但在举行仪式性重大活动时，仍有参与的资格。

唐代班序各项要素的重要程度递减如下：职事官品、年龄、散官品、

[1]宇文懋昭：《钦定重订大金国志》卷35《除授》，收入《景印文渊阁四库全书》第383册，第1035页。

[2]《金史》卷52《选举志二》，第1160－1161页。

[3]张万公：《武威郡侯段铎墓表》，收入《金文最》卷90，1309页。

[4]《金史》卷36《礼志九》，第842页。

勋官品。《唐会要》载天宝三年(744)所定公式令:“诸文武官朝参行立……各依职事官品为序,职事同者以齿。……若职事与散官勋官合班列,文散官在当阶职事者之下,武散官次之,勋官又次之。”[1]金代大体继承唐制,班序亦以职事官品级高下为最重要标准,但其次的标准是授官先后,《元典章·吏部·公规·座次》载:“泰和制云:‘诸文武官朝参、预宴,各依职事为序,同者以先授,授同者以散官。’”[2]泰和制的这一条大概继承五代制度,《旧五代史·唐书》“(长兴三年〔932〕四月),诏诸道节度使未带使相及防御、团练使、刺史,班位居检校官高者为上,如检校官同,以先授者为上”。[3] 推测金代班位,职事官品同者,以先授,授同者以散官。只有“后殿预宴,缘不系公礼,除宰执外,不问散官、职事并从一高”。[4]

除拜时,散官高于职事官带“行”字,职事官高于散官一品带“守”字,职事高于散官二品者带“试”字,品同则否,[5]这些是继承宋代制度,因为“试”字表示职事高于散官二品是北宋元丰改制之后出现的,此前“试”表“试官”,并非真任之意。[6] 此外,任某些职务时带“知”“充”“判”等字,则不带“行”“守”“试”字。

行的例子最为常见,因金代官员大多散官高于职事官,故往往职事官带行字。如郭长倩《梵云院碑》结衔“大定十年(1170)岁次庚寅十月丁亥朔十四日重建,朝奉大夫(从五)、行太常博士(正七)、骑都尉(从五)、汾阳郡开国男、食邑三百户、赐紫金鱼袋郭长倩”。

守在金代早期比较常见,如天会五年(1127),册大楚皇帝,读册官即“枢密院吏房承旨、中散大夫、守卫尉寺卿、上轻车都尉清河县开国伯、食邑七百户、赐紫金鱼袋张愿恭”。金代早期官制情况并不清楚,

---

〔1〕王溥:《唐会要》卷25《文武百官朝谒班序》,第483-484页。

〔2〕《元典章》卷7《吏部·公规一·座次》“官职同者以先授在上”条。

〔3〕《旧五代史》卷43《唐书·明宗九》,北京:中华书局,1976年,第590页。上引《元典章》该条有:“检会到古唐制度该:‘诸文武官朝参行立,各依职事官品为序,职事同者以先授,授同者以齿。’”唐代史料中并无类似记载,推测所谓“古唐制度”其实是五代之制。

〔4〕《大金集礼》卷31《班位表奏·班序》,第271页。

〔5〕《金史》卷55《百官志一》,第1231页。

〔6〕龚延明:《宋代官制辞典》,第608-609页,北京:中华书局,1997。

无法确定中散大夫和卫尉寺卿的品级。金代中后期，守的情况比较少见。

试和守类似，都不太常见。萧贡《京兆府泾阳县重修北极宫碑》结衔“（大定二十七年）从仕郎（正八下）、试京兆府泾阳县令（从七）、武骑尉（从七）、借绯鱼袋萧贡”[1]。

品同不带者，大定四年《庄严禅寺尚书礼部牒》“宣威将军（从五下）郎中（从五）耶律押”[2]。

实际上，关于带“行”“守”“试”等字的规定，主要适用于除拜时。平时结衔，散官和职事官品级不同，但不带“行”“守”“试”“知”“判”“充”的情况也很常见，如：大定四年《庄严禅寺尚书礼部牒》“中奉大夫（从三）礼部尚书（正三）兼翰林学士承旨知制诰修国史王”[3]未带“守”字。《云寂院钟款》“（大定二十九年）显武将军（从五中）、（淳化）县令（从七）、骑都尉（从五）、路丰县开国男、食三伯户杨定”未带“行”字。

如上所述，金代的散官地位远不如唐代前期的散官和宋代的寄禄官。散官仅用于标明官员身份，记录任官月日，基本上不再与升迁考课、薪资俸禄相联系。此外，金代的散官仍可用于封赠、荫叙，在法律上还保留一定特权。

---

〔1〕萧贡：《京兆府泾阳县重修北极宫碑》，收入《金文最》卷76，第1103页。

〔2〕王昶：《金石萃编》卷155《庄严禅寺尚书礼部牒》，第2871页。

〔3〕王昶：《金石萃编》卷155《庄严禅寺尚书礼部牒》，第2871页。

下编　元代散官研究

4　元代散官制度的建立

4.1　元代官制对金代的承袭

元代官制大体继承金代。贞祐二年(1214),金宣宗(1213—1223年在位)迁都汴梁,成吉思汗西征,派木华黎经略中原,此后金朝对华北平原其实已没有能力直接控制。木华黎对金朝降将往往承制封拜,授以高官,此时蒙古尚无汉式官制,所授官职自然仿照金朝制度,碑传资料中这样的记载很多。如王恽《贾公行状》记载,贞祐南渡后,河朔之地群雄并起,景州贾德招揽群侠,白身署为县丞。后太师木华黎欲拥兵屠城,贾德说服州将,前去归顺,太师承制拜贾德为定远大将军,赐金符,提控本州兵马事。后贾德因军功迁镇国上将军,节度副使兼右副元帅,改配金虎符,再升授金吾卫上将军、景州节度使。这些散官和职事官均为木华黎承制封拜,所授官职明显是金代官名。〔1〕

因为当时的蒙古将领并不了解汉式官制的意义,所以除拜之职有时显得不伦不类,譬如金朝的西北路招讨使幕官石抹也先,投归木华黎后,因功特恩赐虎符,拜镇国上将军,以御史大夫提控诸路元帅府事。〔2〕 因军功而拜御史大夫,又以御史大夫提控诸路元帅府事,这种奇怪的授官方式显然是蒙古人不了解汉式官制的结果。

当时割据北方的汉人军阀也有授低等官职、假授官职等权力,并常为麾下的幕僚将领向蒙古将领请求授官,所授官职也是仿照金制。胡祗遹《王忠武墓碑铭》载:兴定五年(1221),东平内属,武惠严实承制

〔1〕王恽:《故金吾卫上将军景州节度使贾公行状》,收入《秋涧先生大全集》卷47。

〔2〕胡祗遹:《舒穆噜氏神道碑》,见《紫山大全集》卷16,收入《景印文渊阁四库全书》第1196册,第277页。石抹也先,原文为"舒穆噜额森",是清代馆臣修改的结果。

授王公渊忠武校尉,从事戎幕十有余年。[1] 胡祇遹《王公行状》载:太祖八年(1213),宁晋县王义归顺太师国王,后随顺天张柔征战,张柔军表奏授深州节度使,兼深、冀、赵三州招抚使。元代并无节度使、招抚使等职,这都是承袭金制。后来王义大败武仙,张柔复称表上功,授龙虎卫上将军,安武军节度使,行深、冀二州元帅府事,佩金虎符。[2] 直到中统时期(1260—1264),承制除拜的现象依然存在。黄溍为于九思所作《行状》中记载于九思父祖的任官情况:"中统初,祃祃丞相行中书省事于燕,承制以为礼部员外郎。"[3]

蒙古国时期并没有成熟的官僚制度,除了官名借用金代之外,涉及的品级高低等因素也继承金制。胡祇遹《杜公神道碑铭》载,杜泉于太祖十五年(1220)降太祖皇帝侄,王承制封拜,署行军提控,太祖十七年,因军功佩金符充曲周丞兼管军,拖雷监国元年(1228)复赐令旨金符光宠之,升爵昭勇大将军,官曲周元帅左都监,县职如故。[4] 杜泉的散官高达正四品,职事官则为九品县丞,这在元代是不可能的。而金代则常有此种散官品级远高于职事官的情况。

蒙古国早期由木华黎承制封拜的官职已经可以父子承袭。根据王恽的《朱氏世系碑铭》载:泰安州朱楫在贞祐(1213—1217)之后投靠东平严实,太祖十五年,严实归太师国王,木华黎承制封拜,严实为朱楫请授怀远大将军,同知济南府事。太祖十九年,朱楫战殁,其弟朱存袭职,以信武将军领军务,后积劳迁广威将军,升昭勇大将军。[5] 这种承袭制度一直延续到元初,使得蒙古国时期,大部分官员所任均为金朝制度下的官职。

---

〔1〕胡祇遹:《王忠武墓碑铭》,见《紫山大全集》卷16,收入《景印文渊阁四库全书》第1196册,第289页。

〔2〕胡祇遹:《龙虎卫上将军安武军节度使兼行深冀二州元帅府事王公行状》,见《紫山大全集》卷18,收入《景印文渊阁四库全书》第1196册,第320页。

〔3〕黄溍:《元故中奉大夫湖南道宣慰使于公行状》,见《金华黄先生文集》卷23续稿20,收入《四部丛刊初编》影常熟瞿氏上元宗氏日本岩崎氏藏元刊本。

〔4〕胡祇遹:《大元故元帅左都监曲周县令杜公神道碑铭》,见《紫山大全集》卷16,第286页。原文此处作"曲周元帅监左都",应为"曲周元帅左都监"。

〔5〕王恽:《泰安州长清县朱氏世系碑铭》,收入《秋涧先生大全集》卷52。

蒙古国时期使用金代官制，不但继承了金代的官名，亦沿袭金代的牌符制度。蔡美彪认为元代把金代的金牌、银牌、木牌三等改为虎头金牌、金牌、银牌三等。[1] 但王曾瑜提到“至少在金代后期，金牌又有虎头金牌、素金牌之别”。[2] 因此，蒙古也有可能是直接继承了金朝的牌符制度。但蒙古将领对于金代官制并不了解，只是随意除授。对于蒙古人来说，比起各种复杂的职事官名，还是万户、千户、百户更为简单明了，比起散官品级，更有意义的大概是牌符等物。刘因《刘公先茔碑铭》载：“国朝兵制尚质，其将帅皆以所统户数名，故有百千万户三等，其符节有金银虎符亦三等……而至佩虎符为万户则又为最贵矣。”[3] 直到世祖（1260—1294 年在位）朝初期，正式官制建立之前，牌符仍然起着记功分等的作用。“中统二年（1261）六月，秦蜀行省言青居山都元帅钦察等所部将校有功，诏降虎符一、金符五、银符五十七，令行省铨定职名。”[4] 即使在元朝建立了完整的汉式官制之后，授官往往同时赐予牌符。根据吴澄《张武定公墓表》，元初名将张弘纲历官管军总把，升总管招讨副使，升正使，终河南诸翼征行万户府万户，初以忠显校尉佩银符，继以昭信校尉佩金符，进广威将军、定远大将军，以至昭勇将军佩三珠虎符。[5] 对于蒙古人来说，大概牌符才是一目了然的等级象征，至于中原传统的标志等级的散官制度，对于蒙古人来说过于复杂，因此他们并不关心，散官在元代的授予、升迁方式与金代相比有很大不同，其所代表的意义也大大降低，这是重要原因之一。

忽必烈即位后，开始着手建立汉式官僚制度，当时辅佐他的姚枢、许衡等人均在金代生活过较长时间，为世祖（1260—1294 年在位）制定

---

〔1〕蔡美彪：《叶尼塞州蒙古长牌再释》，载《中华文史论丛》2008 年第 2 期，总第 90 期，第1－26 页。

〔2〕王曾瑜：《金朝军制》，河北：河北大学出版社，2004 年，第 137 页。

〔3〕刘因：《怀孟万户刘公先茔碑铭》，见《静修先生文集》卷 8，收入《四部丛刊初编》影元宗文堂刊本。

〔4〕《元史》卷 4《世祖纪一》，第 71 页。

〔5〕吴澄：《大元昭勇将军河南诸翼征行万户赠宣忠秉义功臣资善大夫湖广等处行中书省左丞上护军齐国张武定公墓表》，见《吴文正集》卷 35，收入《元人文集珍本丛刊》第 3 册影台北中央图书馆所藏成化刊本，第 577 页。

的官制也几乎全承金代。如王恽为筹建御史台而呈上的《录呈宪台典故条例七十三件》，虽然号称"集录到御史台典故条例，上自秦、汉，迄于宋、金"，实际上里面大量的"旧例"都是金代制度。[1] 中统五年(1264)八月颁布圣旨条画，以"户口增、田野辟、词讼简、盗贼息、赋役平"等五事考校县尹，定夺其殿最，[2] 明显继承了金末的"六事"制度。[3] 《元史·选举志》记载元代的迁官之法："从七以下属吏部，正七以上属中书，三品以上非有司所与夺，由中书取进止。自六品至九品为敕授，则中书牒署之。自一品至五品为宣授，则以制命之。……其理算论月日，迁转凭散官，内任以三十月为满，外任以三岁为满，钱谷典守以二岁为满。而理考通以三十月为则。内任官率一考升一等，十五月进一阶。京官率一考，视外任减一资。外任官或一考进一阶，或两考升一等，或三考升二等。"[4] 这些选举制度多继承金制。尤其是"理算论月日，迁转凭散官"，职事官的任职期根据职务类型不同有长短之别，但"理考通以三十月为则"等等，以上完全是金代的规定。金代无论任何种职事官，散官均按照30个月一考通理升迁，元代实际上并未按照这条规定执行，散官随职事官一同迁转，没有独立的迁转体系。虽然如此，元代书面记载的制度仍延续金代，出现这种情况，大概因为蒙元初期的确继承金制，后来在执行过程中官制逐渐简化，但在文件中仍保留了原来的记录。

《元史·百官志》所记载的散官与金代基本相同。元代散官比金代全体提高二等，即金代的正二品变成元代的正一品，从二品变为从一品，九品变为八品。金代没有正一品，而元代不但有正一品，并有6

---

[1]王恽：《录呈宪台典故条例七十三件》，收入《秋涧先生大全集》卷83。

[2]《元典章》卷2《圣政一·饬官吏》"中统五年八月"条，方龄贵校注：《通制条格校注》卷6《选举·五事》(北京：中华书局，2001年，第259页)及《元史》卷八二《选举志二·铨法上》(第2038页)除"赋役平"皆作"赋役均"外略同。

[3]《金史》卷55《百官志一》："宣宗兴定元年，行辟举县令法，以六事考之，一曰田野辟，二曰户口增，三曰赋役平，四曰盗贼息，五曰军民和，六曰词讼简。"(第1228页)金代六事中"军民和"一事，其设置本意在于鼓励金代猛安谋克与平民和睦相处。元代无猛安谋克制度，故去掉了"军民和"一事，改六事为五事。

[4]《元史》卷83《选举志三》，第2064页。

阶之多。因为全体提高二等,元代散官没有正从九品。除了品级的调整外,元代文散官从六品儒林郎、承务郎和金代从七品承务郎、儒林郎的上下阶顺序不同,其余均完全相同。列表4-1作为对比。

表4-1-1　金、元文散官对比表

	元代			金代		
正一	开府仪同三司	仪同三司				
	特进	崇进				
	金紫光禄大夫	银青荣禄大夫				
从一	光禄大夫	荣禄大夫		开府仪同三司 特进	仪同三司 崇进	
正二	资德大夫	资政大夫	资善大夫	金紫光禄大夫	银青荣禄大夫	
从二	正奉大夫	通奉大夫	中奉大夫	光禄大夫	荣禄大夫	
正三	正议大夫	通议大夫	嘉议大夫	资德大夫	资政大夫	资善大夫
从三	太中大夫	中大夫	少中大夫	正奉大夫	通奉大夫	中奉大夫
正四	中议大夫	中宪大夫	中顺大夫	正议大夫	通议大夫	嘉议大夫
从四	朝请大夫	朝散大夫	朝列大夫	太中大夫	中大夫	少中大夫
正五	奉政大夫	奉议大夫		中议大夫	中宪大夫	中顺大夫
从五	奉直大夫	奉训大夫		朝请大夫	朝散大夫	朝列大夫
正六	承德郎	承直郎		奉政大夫	奉议大夫	
从六	儒林郎	承务郎		奉直大夫	奉训大夫	
正七	文林郎	承事郎		承德郎	承直郎	
从七	征事郎	从仕郎		承务郎	儒林郎	
正八	登仕郎	将仕郎		文林郎	承事郎	
从八	登仕佐郎	将仕佐郎		征事郎	从仕郎	
正九				登仕郎	将仕郎	
从九				登仕佐郎	将仕佐郎	

表 4－1－2　金、元武散官对比表

<table>
<tr><th></th><th colspan="6">元代</th><th colspan="6">金代</th></tr>
<tr><td rowspan="3">正一</td><td colspan="3">开府仪同三司</td><td colspan="3">仪同三司</td><td colspan="3"></td><td colspan="3"></td></tr>
<tr><td colspan="3">特进</td><td colspan="3">崇进</td><td colspan="3"></td><td colspan="3"></td></tr>
<tr><td colspan="3">金紫光禄大夫</td><td colspan="3">银青荣禄大夫</td><td colspan="3"></td><td colspan="3"></td></tr>
<tr><td rowspan="2">从一</td><td colspan="3" rowspan="2">光禄大夫</td><td colspan="3" rowspan="2">荣禄大夫</td><td colspan="3">开府仪同三司</td><td colspan="3">仪同三司</td></tr>
<tr><td colspan="3">特进</td><td colspan="3">崇进</td></tr>
<tr><td>正二</td><td colspan="2">龙虎卫上将军</td><td colspan="2">金吾卫上将军</td><td colspan="2">骠骑卫上将军</td><td colspan="3">金紫光禄大夫</td><td colspan="3">银青荣禄大夫</td></tr>
<tr><td>从二</td><td colspan="2">奉国上将军</td><td colspan="2">辅国上将军</td><td colspan="2">镇国上将军</td><td colspan="3">光禄大夫</td><td colspan="3">荣禄大夫</td></tr>
<tr><td>正三</td><td colspan="2">昭武大将军</td><td colspan="2">昭毅大将军</td><td colspan="2">昭勇大将军[1]</td><td colspan="2">龙虎卫上将军</td><td colspan="2">金吾卫上将军</td><td colspan="2">骠骑卫上将军</td></tr>
<tr><td>从三</td><td colspan="2">安远大将军</td><td colspan="2">定远大将军</td><td colspan="2">怀远大将军</td><td colspan="2">奉国上将军</td><td colspan="2">辅国上将军</td><td colspan="2">镇国上将军</td></tr>
<tr><td>正四</td><td colspan="2">广威将军</td><td colspan="2">宣威将军</td><td colspan="2">明威将军</td><td colspan="2">昭武大将军</td><td colspan="2">昭毅大将军</td><td colspan="2">昭勇大将军</td></tr>
<tr><td>从四</td><td colspan="2">信武将军</td><td colspan="2">显武将军</td><td colspan="2">宣武将军</td><td colspan="2">安远大将军</td><td colspan="2">定远大将军</td><td colspan="2">怀远大将军</td></tr>
<tr><td>正五</td><td colspan="3">武节将军</td><td colspan="3">武德将军</td><td colspan="2">广威将军</td><td colspan="2">宣威将军</td><td colspan="2">明威将军</td></tr>
<tr><td>从五</td><td colspan="3">武义将军</td><td colspan="3">武略将军</td><td colspan="2">信武将军</td><td colspan="2">显武将军</td><td colspan="2">宣武将军</td></tr>
<tr><td>正六</td><td colspan="3">承信校尉</td><td colspan="3">昭信校尉</td><td colspan="3">武节将军</td><td colspan="3">武德将军</td></tr>
<tr><td>从六</td><td colspan="3">忠武校尉</td><td colspan="3">忠显校尉</td><td colspan="3">武义将军</td><td colspan="3">武略将军</td></tr>
<tr><td>正七</td><td colspan="3">忠勇校尉</td><td colspan="3">忠翊校尉</td><td colspan="3">承信校尉</td><td colspan="3">昭信校尉</td></tr>
<tr><td>从七</td><td colspan="3">修武校尉</td><td colspan="3">敦武校尉</td><td colspan="3">忠武校尉</td><td colspan="3">忠显校尉</td></tr>
<tr><td>正八</td><td colspan="3">保义校尉</td><td colspan="3">进义校尉</td><td colspan="3">忠勇校尉</td><td colspan="3">忠翊校尉</td></tr>
<tr><td>从八</td><td colspan="3">保义副尉</td><td colspan="3">进义副尉</td><td colspan="3">修武校尉</td><td colspan="3">敦武校尉</td></tr>
<tr><td>正九</td><td colspan="3"></td><td colspan="3"></td><td colspan="3">保义校尉</td><td colspan="3">进义校尉</td></tr>
<tr><td>从九</td><td colspan="3"></td><td colspan="3"></td><td colspan="3">保义副尉</td><td colspan="3">进义副尉</td></tr>
</table>

〔1〕《元史》卷91《百官志七》武散官正三品的顺序为“昭武大将军、昭勇大将军、昭毅大将军”（第2321页），这一顺序是错误的，正确顺序应为本表所录的“昭武大将军、昭毅大将军、昭勇大将军”，见刘迎胜：《〈元史·百官志〉武官正三品资阶定误》，载《历史研究》2009年第6期，第174－180页。

《元史》中记载的散官系统表现出对金代制度的明显继承。但实际上这种继承比我们想象的更为彻底:元代早期的散官表(或许也行用于蒙古国时期),除了多出正一品外,其余与金代完全相同。以前我们并不知道这一点,最近日本京都大学宫纪子老师的《叡山文庫所蔵の「事林広記」写本について》介绍了新发现的日本叡山文库所藏日本江户时代(1603—1867)抄本《事林广记》,文章中整理发表了《别集卷二·官制类》全文,其中包括一张《大元文武官品之图》,这张图中的散官几乎就是金朝官制。[1] 此图做成表格后如表4-2。

表4-2除增加了正一品的"太师、太保、太傅"外,与金代散官完全相同,品级没有提升,仍然有正从九品,承务郎和儒林郎的上下顺序亦同金制。叡山文库本《事林广记》中,这幅图前有《官职新制》条,内容为至元元年(1264)九月所颁布的新定官制,规定"省并州县,定立官吏员数,明分品从,加散官,授宣敕,给俸禄,定公田,设仪从,仍三十个月一次,考功过,为殿最,以凭迁转施行",下面列出的"合行条划"中所载迁转制度大抵继承金制,条划的部分内容与《元史·选举志》中的记载可以相互印证,应该是的确实行过。《官职新制》部分在《元典章》和《通制条格》中均未收录,是很重要的资料。图后有《朝官职事》《东宫品职》《宫辅府品职》《亲王府品职》《外任职员》等官职表,其排列顺序和职务设置也与金制有明显继承关系。这些职品表与《元史·百官志》记载有所不同,大体上与金制更为相似,但其中有元代特有的中书省官、安西王府官、斡脱、达鲁花赤、断事官等官职,是一张介于金代官制和元代官制之间的官职表。[2] 由此可见,元世祖(1260—1294年在位)初期采用的仍是金代官制,散官制度仍与金代类似。元代是什么时候将全部散官提升二等呢?

---

〔1〕〔日〕宫纪子:《叡山文庫所蔵の「事林広記」写本について》,载《史林》,91卷3号,2008年5月。这篇文章和宫纪子老师的另一篇文章《對馬宗家舊藏の「事林廣記」について》(《东洋史研究》第67卷第1号)由乔秀岩老师翻译,笔者整理,节译后合为一篇,以《新发现的两种〈事林广记〉》为题,发表在《版本目录学研究》第1辑,北京:国家图书馆出版社,2009年,第180-227页。

〔2〕〔日〕宫纪子:《叡山文庫所蔵の「事林広記」写本について》。中译本《新发现的两种〈事林广记〉》中"仍三十个月一次"误为"仍三个月一次",载《版本目录学研究》第1辑,第180-227页。

表 4－2　叡山文库所藏《事林广记》中元代散官表

<table>
<tr><td></td><td colspan="3">文资</td><td colspan="3">武资</td></tr>
<tr><td>正一品</td><td>太师</td><td>太傅</td><td>太保</td><td>太师</td><td>太傅</td><td>太保</td></tr>
<tr><td rowspan="2">从一品</td><td colspan="2">开府仪同三司</td><td>仪同三司</td><td colspan="2">开府仪同三司</td><td>仪同三司</td></tr>
<tr><td colspan="2">特进</td><td>崇进</td><td colspan="2">特进</td><td>崇进</td></tr>
<tr><td>正二品</td><td colspan="2">金紫光禄大夫</td><td>银青荣禄大夫</td><td colspan="2">金紫光禄大夫</td><td>银青荣禄大夫</td></tr>
<tr><td>从二品</td><td colspan="2">光禄大夫</td><td>荣禄大夫</td><td colspan="2">光禄大夫</td><td>荣禄大夫</td></tr>
<tr><td>正三品</td><td>资德大夫</td><td>资政大夫</td><td>资善大夫</td><td>龙虎卫上将军</td><td>金吾卫上将军</td><td>骠骑卫上将军</td></tr>
<tr><td>从三品</td><td>正奉大夫</td><td>通奉大夫</td><td>中奉大夫</td><td>奉国上将军</td><td>辅国上将军</td><td>镇国上将军</td></tr>
<tr><td>正四品</td><td>正议大夫</td><td>通议大夫</td><td>嘉议大夫</td><td>昭武大将军</td><td>昭毅大将军</td><td>昭勇大将军</td></tr>
<tr><td>从四品</td><td>太中大夫</td><td>中大夫</td><td>少中大夫</td><td>安远大将军</td><td>定远大将军</td><td>怀远大将军</td></tr>
<tr><td>正五品</td><td>中议大夫</td><td>中宪大夫</td><td>中顺大夫</td><td>广威将军</td><td>宣威将军</td><td>明威将军</td></tr>
<tr><td>从五品</td><td>朝请大夫</td><td>朝散大夫</td><td>朝列大夫</td><td>信武将军</td><td>显武将军</td><td>宣武将军</td></tr>
<tr><td>正六品</td><td>奉政大夫</td><td></td><td>奉议大夫</td><td>武节将军</td><td></td><td>武德将军</td></tr>
<tr><td>从六品</td><td>奉直大夫</td><td></td><td>奉训大夫</td><td>武毅将军</td><td></td><td>武略将军</td></tr>
<tr><td>正七品</td><td>承德郎</td><td></td><td>承直郎</td><td>承信校尉</td><td></td><td>昭信校尉</td></tr>
<tr><td>从七品</td><td>承务郎</td><td></td><td>儒林郎</td><td>忠武校尉</td><td></td><td>忠显校尉</td></tr>
<tr><td>正八品</td><td>文林郎</td><td></td><td>承事郎</td><td>忠勇校尉</td><td></td><td>忠翊校尉</td></tr>
<tr><td>从八品</td><td>征事郎</td><td></td><td>从仕郎</td><td>修武校尉</td><td></td><td>敦武校尉</td></tr>
<tr><td>正九品</td><td>登仕郎</td><td></td><td>将仕郎</td><td>保义校尉</td><td></td><td>进义校尉</td></tr>
<tr><td>从九品</td><td>登仕佐郎</td><td></td><td>将仕佐郎</td><td>保义副尉</td><td></td><td>进义副尉</td></tr>
</table>

4.2 元代散官制度的建立

4.2.1 官员迁转制度的实行

从碑刻史料来看,蒙古国前期有大量汉人题名官衔中带散官——因其完全继承金制之故,而中统年间(1260—1264)碑刻,官员题名中带散官的例子越来越少,大多数官衔不带散官。如窝阔台汗八年(1236,窝阔台汗1229—1241年在位)所立之《大朝王公礼葬立石记》为"宣武将军、行昌乐县令、兼管勾提军民事、特封县开国男、食邑七百户王义立石"。[1] 又如窝阔台汗二年的《修东岳行宫碑》碑阴题名中"宣武将军益都府军民□□□□□□寿光县尉刘成□、武节将军益都县尉提控杨□□、武节将军权益都县主簿赵进□、武节将军益都府录事判官权司呼延进、信武将军益都县令都提控冯亨、怀远大将军元帅左都监权益都府总府判行省委差张枢、广威将军行山东尚书六部郎中和□、奉国上将军同知益都府事本路兵马都总管元帅权登州事刘佺"共9位官员,除一位官衔脱落外,其余8位均带散官,而且其散官品级远高于职事官品级,显然继承金制。不过这些官员题衔只有职事官和散官,没有勋、爵、食邑,比起金代的官员题名,已经是大大简化了。[2] 到中统年间情况颇为不同,中统四年的《五岳观碑》题名:"宣授千户王安国、宣授千户王安民、奥鲁千户王安德、宣差节度使功德主王安仁、宣差次三官杨国珍、节度判官王端、宣差达鲁火赤合剌只、宣差节度同知兼提举学校王安上。"[3] 金代节度使职品高达从三品,正常情况下一定会带有散官,但中统四年的这几位宣差节度使全都没有散官。又如中统五年所立《创塑东岳行宫二圣后记》,为"宣授彰德府路转运使常德同夫人刘氏,中统五年七月朔立石",官职为转运使(金代和元代均为正三品)的常德也不带散官。也有中统年间碑刻中官员带散官者,如中

[1] 王金岳:《昌乐县续志》(民国)卷17《金石志》,铅印本,1934年。
[2] 张承燮:《益都县图志》(光绪)卷28《金石志》24,清光绪三十三年(1907)刻本。
[3] 沈涛:《常山贞石志》卷15《五岳观碑》,收入《石刻史料新编》第18册,第13429页。

统二年所立《段氏修建祖茔记》为“滕州滕县知丞管民官次男段庆、明威将军知昌乐县事管民官段绮立石”。[1] 然而这两人一人为县丞，一人为知县，却一人带散官一人不带，足见散官授予情况之混乱。出现这种状况，大概因为蒙古国时期，散官全无意义，仅是一个荣誉性的头衔，因此到蒙古国后期乃至于世祖（1260—1294年在位）初期，多有官员仅带“宣差”或“宣授”职事官，不带散官的现象越来越多。

中统五年（1264），忽必烈彻底击溃了阿里不哥，建立了稳固的统一政权，同年八月改元至元，并颁布改元诏书，新立条格，开始施行中原王朝的统治方式，其中包括建立完整的官僚制度。《元史·世祖纪》载：“（至元元年八月，1264）诏新立条格：省并州县，定官吏员数，分品从官职，给俸禄，颁公田，计月日以考殿最。”至元元年十二月，“罢各投下达鲁花赤，定中外百官仪从”。[2] 这次订立官制，主要是开始实行官员迁转制度，至元元年之前，各地官员并不迁转，各官府自行辟署幕官，至元元年（1264）实行迁转法，由于太久未行铨选，竟颇有官员不知所措。据王恽《丁公墓碑铭》所载：丁居实于中统四年（1263）“应左丞阔公辟署大名宣慰司幕官”，“（中统）五年，朝廷大明黜陟，调中外官，铨法旷久，后生晚进有愕然手不易措者……以掌故起公，遂授吏部员外郎，所谓吏勋总格贴簿之类，指授大略，然后以今酌古，裁为新格，粲如也，痹秩崇资，升降注拟，多适其宜，以能升奉训大夫，尚书礼部郎中”。[3]

从碑传史料来看，至元元年行迁转制度之后，开始陆续授予官员散官。王恽文集中有多篇文章都记录了此种情况。《史公家传》中王恽自称“不肖恽猥登公门者有年，及与诸子游，故闻公言行颇详”，他对史天泽的情况知之甚详，而在《家传》中记载史天泽至元之前的官职，均无散官，至元改元，始“加光禄大夫、中书右丞相如故”，[4] 可以推断

[1] 王金岳：《昌乐县续志》（民国）卷17《金石志》。
[2]《元史》卷5《世祖纪二》，第98页、第100页。
[3] 王恽：《大元故奉训大夫尚书礼部郎中致仕丁公墓碑铭》，收入《秋涧先生大全集》卷52。
[4] 王恽：《开府仪同三司中书左丞相忠武史公家传》，收入《秋涧先生大全集》卷48。

至元之前官员例不带散官。王恽《王公墓志铭》载王复于中统元年任卫、辉二州同知，中统三年升卫辉路同知，均无散官，“至元甲子（至元元年），转官制行，授朝请大夫，改倅彰德路”。[1] 张之翰的《赵公神道碑铭》有“至元改元官制行，（赵璧）加荣禄大夫，分省、并郡县、转官吏”。[2] 《牧庵集》中也记载了李德辉于至元元年被授予嘉议大夫、太原路总管；[3]阿里海牙中统三年授中书省郎中，至元改元加朝请大夫、参议中书省事。[4] 《元史·刘秉恕传》载刘秉恕“中统元年，擢礼部侍郎、邢州安抚副使。二年，赐金符，迁吏部侍郎。三年，升邢为顺德府，赐金虎符，为顺德安抚使。至元元年，转官法行，改嘉议大夫，历彰德、怀孟、淄莱、顺天、太原五路总管”。[5] 可见至元元年实行官员迁转法，授予官员散官，而此前大多数官员是不带散官的。

也有一些资料记载“转官制”于至元二年开始实行，如王恽的《王公神道碑铭》载“至元乙丑，转官制行，授（王遵）怀远大将军，知中山府事”。[6] 《陈公神道碑铭》载陈祐因“至元二年调官制行，授奉政大夫，南京路治中”。[7] 《韩府君墓铭》载：“至元二年转官制行，（韩澍）积前后劳，授以县尹。”[8] 刘敏中《王氏先德碑铭》亦有“至元乙丑（至元二年），调官制行，侯徙尹真定”。[9] 大概从至元元年（1264）八月新立条格，开始实行官员迁转制度并授予官员散官，这项政策最早惠及中央高层官员，然后逐渐向远离中央的地区和底层官员扩散，各地政策落实的时间有所不同。根据《元史·世祖纪》，“（至元三年十一月），诏四

---

〔1〕王恽：《故正议大夫前御史中丞王公墓志铭》，收入《秋涧先生大全集》卷49。

〔2〕张之翰：《大元故荣禄大夫中书平章政事赵公神道碑铭》，见《西岩集》卷19，收入《景印文渊阁四库全书》第1204册，第516页。《元史》卷159《赵璧传》（第3748页）略同。

〔3〕姚燧：《中书左丞李忠宣公行状》，见《牧庵集》卷30，收入《四部丛刊初编》影武英殿聚珍本。

〔4〕姚燧：《湖广行省左丞相神道碑》，《牧庵集》卷13。

〔5〕《元史》卷157《刘秉忠传》，第3695页。

〔6〕王恽：《大元故昭勇大将军北京路总管兼本路诸军奥鲁总管王公神道碑铭并序》，收入《秋涧先生大全集》卷57。

〔7〕王恽：《大元故中奉大夫浙东道宣慰使陈公神道碑铭》，收入《秋涧先生大全集》卷54。

〔8〕王恽：《故将仕郎汲县尹韩府君墓铭府》，收入《秋涧先生大全集》卷60。

〔9〕刘敏中：《济南王氏先德碑铭》，见《中庵集》卷9，收入《北京图书馆古籍珍本丛刊》第92册影清抄本，北京：书目文献出版社，第347页。

川行枢密院遣人告谕江、汉、庸、蜀等效顺,具官吏姓名,对阶换授”。[1]此处所谓对阶换授,应是按照至元元年所订条格中的新官制品级进行,可知到至元三年,新定官制的影响力才扩展到四川地区。

虽然至元三年,新定官制已经在全国大部分地区实行,但从碑刻史料中来看,直到至元六年,还有不少官员未带散官。至元二年十月所立的《尝谷台碑》,碑阴题“隰州属官:隰川县尹刘谦、县尉吉英、典史贺太师、宣差达鲁花赤脱栾、宣差州尹杜思明”,[2]至元三年正月,为敦请月公长老住持普救禅寺,河解万户府和河中府各作一疏,分别题名为“宣差河解万户管民官徐澄、宣差河解达鲁花赤都功德主[下阙]”“宣差河中府判官段绍隆、宣差河中府同知石抹飞雄、宣差河中知府功德主奥屯希恺”,[3]至元五年所立《故金吾卫上将军知中山府事王公神道碑铭》为“翰林学士知[制]诰同修国史李冶撰文并书丹题额”,[4]至元六年二月所立的《樊公墓表》为“前陕西路观察副使郝希挚汤举撰、定襄县学教授邢履道坦之书、宣授五路万户府参议田伯英舜举篆额”,文末题名“前忻州管民官改授同知武州事行平原县尹侄樊大羽、前忻州军储监司长官侄樊大中、宣德路前课税所副使平凉府监运副使长子樊大临、前忻州提领存恤官酒税都监次子樊大节同立石”。[5] 这些官员中包括县尹、县达鲁花赤、州尹、万户府达鲁花赤、知府、府判官、观察副使、州同知等,品级自七品到三品不等。至元十年之后的碑刻中出现这些官员的题名,基本上都会带散官,但上文所引至元六年前碑刻的官员提名中均未带散官。大概所谓至元元年转官制行,其核心内容在于官员按照一定期限任职,任满后进行迁转,至于散官入衔与否,无论政府还是个人均未必重视。实际上,至元五年曾再次改革官制,这次改革

[1]《元史》卷6《世祖纪三》,第112页。

[2]胡聘之:《山右石刻丛编》卷25《尝谷台碑》,收入《石刻史料新编》第1辑20册,第15515页。

[3]胡聘之:《山右石刻丛编》卷25《月公普救寺二疏》,收入《石刻史料新编》第1辑20册,第15517页。

[4]沈涛:《常山贞石志》卷15《王善神道碑铭》,收入《石刻史料新编》第1辑18册,第13431页。

[5]牛诚修:《定襄金石考》卷2《大朝故九原帅府都总押观察使樊公墓表》,收入《石刻史料新编》第2辑,13册,第9993页。

的重点则在于散官制度。这次改革大约持续到至元七年最终完成，因此至元七年之后的史料中绝大部分官员均带散官。在至元五年改革之前，散官很可能并没有独立意义，而是与职事官同升同降，完全绑定。因此至元元年新官制施行后虽然已经开始授散官，但至元五年之前的史料中官员多有不带散官的情况。一种可能是至元五年前仅高级官员获得散官，而非全部官员授散官，另一种可能则是至元五年(1268)前散官没有独立意义，因此并不专门记录。关于至元五年的官制改革，详见下一节的讨论。

从碑刻资料来看，至元六年至七年以后，官员题名中带散官的现象比较普遍。从至元元年、二年实行新官制算起，到至元六年、七年，按3年1届的任期，大部分官员已经迁转两任。元朝官员的散官并无独立迁转系统，而是与职事官同步迁转，这一点之后还会详细论证。大概至元初期实行新官制后，在官员迁转时逐步授予散官，官员新获得散官的时间与3年1次迁转的时间相合，因此至元六年、至元九年均有新获散官的例子。如马祖常《冯君先茔碑铭》，载冯仲德于中统四年袭父职，任柏乡县尹——此时尚未实行迁转制度，官员职务仍可以承袭——至元二年实行转官制，冯仲德改任涉县尹，但此时并未获得散官，到至元六年始“真受敕黄，进敦武校尉(从七下)，井陉县尹(下县，从七)”。[1] 李道源所撰《梁公神道碑铭》载梁天翔于中统五年“制授同知怀孟路奥鲁总管府事”，但至元九年才“授从仕郎(从七下)、介休县尹(下县，从七)”。[2]

碑刻史料中亦是至元七年以后，官员题名中带散官的情况逐渐增多。如至元七年《李氏迁祖之碑》为“宣授承事郎枢密院经历茔丘张筠篆额”，[3]至元七年山东东西道提刑按察使陈庆甫于平原之廨舍题老农诗二首，至元八年三月宋景祁为其做跋，称之为“嘉议大夫、山东东西

〔1〕马祖常：《朝请大夫大明路治中致仕冯君先茔碑铭》，见《石田文集》卷13，收入《元人文集珍本丛刊》第6册影台北中央图书馆藏明刊本，第654页。

〔2〕胡聘之：《山右石刻丛编》卷31《元故少中大夫西蜀四川道肃政廉访使梁公神道碑铭(并序)》，收入《石刻史料新编》第1辑21册，第15666页。

〔3〕段松苓：《益都金石记》卷3，收入《石刻史料新编》第1辑20册，第14867页。

道提刑按察使陈公庆甫”。[1] 但即使在至元六年之后，也并非所有官员的题名都带散官，如至元七年的《重修真泽庙记》，题名为“从仕郎壶关县尹郅、达鲁华赤末儿木花”，[2] 县尹有散官而达鲁花赤未带散官。大概因为蒙古人难以理解散官的含义，蒙古官员加散官晚于汉人的缘故。

4.2.2 散官全部提升二等

宫纪子在《叡山文庫所蔵の「事林広記」写本について》一文中首次发表了新发现的叡山文库藏《事林广记》中所载元代早期散官表《大元文武官品之图》。其中散官品级与金代品级相同，比《元史・百官志》中所载的元代散官品级全部低二级。可见在元代早期使用的散官体系品级与金代全同。宫纪子在文中提出问题：“沿袭于金朝的资品位阶，到底何时被提高呢？”

宫纪子根据《外任职员》所涉及的官职，判断这张《大元文武官品之图》编写于至元十一年、十二年间。根据《元史・选举志》，至元二十年时，散官已无九品。[3] 因此推断：“假设《外任职员》的记载更新时，《大元文武官品图》仍在实行，那么散官品提高必然在至元十年～二十年之间了。”因为得出了这个时间段，宫纪子认为“待江南形势稳定，至元十七年起制定迁转官员法及俸禄表，十九年秋天（从接收江南开始计算，过了两个官员任期，即六年）对过去升迁、转任、左迁的制度进行改革，旧南宋三品官降至六品，更有甚者下降四品，七、八品下级官僚降至流外。[4] 流外官包括案牍、税务监当官、巡检等，入流需九年～十二年，难以升迁，这是为了降低这些从事实际职务的官员的流动性，因此

---

〔1〕毕沅：《山左金石志》卷21《陈庆甫诗刻》，收入《石刻史料新编》第1辑19册，第14722页。

〔2〕胡聘之：《山右石刻丛编》卷25《重修真泽庙记》，收入《石刻史料新编》第1辑20册，第15521页。

〔3〕《元史》卷83《选举志三・铨法中》：“凡文武散官：多采用金制，建官之初，散官例降职事二等。至元二十年，始升官职对品，九品无散官，谓之平头敕。”第2063页。

〔4〕原文注：《元典章》卷8《吏部二・官制二・选格・官员迁转例》。在《宋史》《元史》中均有记载的吕师孟，在大都停留四年后，又任嘉义大夫、漳州路总管、行淮东道宣慰副使。参看方回《故宣慰嘉義呂公墓誌銘》（明石市立文化博物館《江南の文物Ⅱ》，2001年，第67页）。

把正从九品调整为暧昧的状态，主要是针对这些低级官员。此种制度下，原华北官僚是被保护的，作为薪俸、排位、封荫、服色等根据之一的资品提一级，对华北官僚来说并无不满”。[1]

宫纪子认为至元十九年进行铨选制度改革时，将全部散官提升二等，主要是针对大量被降低品级、担任流外官的降宋官员，为其设置暧昧的正从九品，降低流外官的流动性。这一结论仍需商榷。《元史·选举志》有："凡文武散官：多采用金制，建官之初，散官例降职事二等。至元二十年，始升官职对品，九品无散官，谓之平头敕。"[2]宫纪子受这句话的影响，认为是至元初期采用金代散官品级系统，所授散官品级低于职事官二等，到至元十九年，将所有散官品级提升二等，升为"官职对品"的状态，而"九品无散官"也发生在同一时间。但在我们所看到的石刻碑传史料中，元代官员散官和职事官品级的对应关系并没有这样一个突然变化的过程，在至元二十年之前，亦非严格的"散官例降职事二等"。笔者收集了部分石刻史料元代碑刻题名的材料，选取至元年间部分列表4－3对比。

由表4－3可见，如果按照《元史·百官志》所载品级，元朝初年散官品级和职事官品级基本保持一致，假设元初继承金制，采用金代散官品级，则其品级的确比职事官低二等。然而这一状况并非延续到至元二十年，而是大约在至元十二年之后，开始出现散官品级与职事官品级不一致的情况，即按照金代散官品级来看，散官不再规律地比职事官品级低二等。在至元十九年、二十年前后，官员的散官与职事官品级的关系并无明显变化。事实上，在元代传记资料中，我们也没有找到至元十九年、二十年前后，官员散官品级明显变化的例子。既然至元十九年之前散官并非比职事官例降二等，那么《元史·选举志》中的"凡文武散官：多采用金制，建官之初，散官例降职事二等"一句该如何理解呢？先看姚燧的《谭公神道碑》中这一段材料：

〔1〕〔日〕宫纪子著，乔晓飞翻译：《新发现的两种〈事林广记〉》，收入《版本目录学研究》第1辑，北京：国家图书馆出版社，2009年，第180－227页。

〔2〕《元史》卷83《选举志三·铨法中》，第2063页。

表4-3 至元年间散官与职事官品级对应表

光禄大夫	从一	中书右丞相史天泽	从一	至元元年	史公家传[1]
朝请大夫	从四	彰德路同知王复[2]	从四	元年	王公墓志铭[3]
嘉议大夫	正三	太原路总管李德辉	正三	元年	李忠宣公行状[4]
朝请大夫	从四	参议中书省事阿里海牙	正四	元年	湖广行省左丞相神道碑[5]
嘉议大夫	正三	彰德路总管刘秉恕	正三	元年	元史·刘秉忠传[6]
怀远大将军	从三	知中山府事王遵	正四	二年	王公神道碑铭并序[7]
奉政大夫	正五	南京路治中陈祐	正五	二年	陈公神道碑铭[8]
将仕佐郎	从八	主簿闫梅	从八	六年	无极县厅事题名记[9]
从仕郎	从七	壶关县尹郅	从七	七年	重修真泽庙记[10]
承事郎	正七	县尹冯崧	正七	七年	无极县厅事题名记
进义副尉	从八	主簿卢滋德	从八	八年	同上
嘉议大夫	正三	宣授西京路总管兼大同府尹田介	正三	十年	西京大华严寺佛日圆照明公和尚碑铭[11]

---

〔1〕王恽:《开府仪同三司中书左丞相忠武史公家传》,收入《秋涧先生大全集》卷48。

〔2〕王恽《故正议大夫前御史中丞王公墓志铭》载王复"倅彰德路","倅"意为"副、辅助的",倅彰德路即彰德路同知。

〔3〕王恽:《故正议大夫前御史中丞王公墓志铭》,收入《秋涧先生大全集》卷49。

〔4〕姚燧:《中书左丞李忠宣公行状》,收入《牧庵集》卷30。

〔5〕姚燧:《湖广行省左丞相神道碑》,收入《牧庵集》卷13。

〔6〕《元史》卷157《刘秉忠传》,第3695页。

〔7〕王恽:《大元故昭勇大将军北京路总管兼本路诸军奥鲁总管王公神道碑铭并序》,见《秋涧先生大全集》卷57。

〔8〕王恽:《大元故中奉大夫浙东道宣慰使陈公神道碑铭》,见《秋涧先生大全集》卷54。《元史》卷168《陈祐传》同,第3939页。

〔9〕沈涛:《常山贞石志》卷16,收入《石刻史料新编》第1辑18册,第13439页。

〔10〕胡聘之:《山右石刻丛编》卷25,收入《石刻史料新编》第1辑20册,第15521页。

〔11〕胡聘之:《山右石刻丛编》卷25,收入《石刻史料新编》第1辑20册,第15521页、15523页。

续表 4－3

昭勇大将军	正三	西京路总管府达鲁花赤秃烈秃古思	正三	十年	同上
昭勇大将军	正三	西京路总管兼大同府尹蒙古	正三	十年	同上
承直郎	正六	总判平阳路事汲郡王恽	正六	十年	王恽题解池诗[1]
进义校尉	正八	解州判官张居仁	正八	十年	同上
武略将军	从五	解州知州张庆安	从五	十年	同上
武略将军	从五	解州达鲁花赤玉节	从五	十年	同上
从仕郎	从七	平阳路总管府经历田伯英	从七	十年	绛州太平县重建文庙贤廊碑[2]
进义副尉	从八	太平县簿任兴嗣	从八	十年	同上
从仕郎	从七	闻喜县尹张君	从七	十一年	解州闻喜县重修庙学碑铭[3]
敦武校尉	从七	闻喜达鲁花赤脱台	从七	十一年	同上
从仕郎	从七	闻喜前县尹张仲祥	从七	十一年	同上
敦武校尉	从七	闻喜[县]尹石抹忙古歹	从七	十一年	同上
嘉议大夫	正三	河东山西道提刑按察使东鲁王博文	正三	十一年	二贤祠碑[4]
中顺大夫	正四	河中知府杨居宽	正四	十一年	同上
忠显校尉	从六	同知绛州事攸中孚	从六	十一年	重建十方栖岩禅寺之碑[5]
奉训大夫	从五	解州知州郑公	从五	十一年	解州知州州判厅壁记[6]
将仕郎	正八	霍邑县尹高	从七	十二年	霍邑县杜庄碑[7]

〔1〕胡聘之:《山右石刻丛编》卷 25,收入《石刻史料新编》第 1 辑 20 册,第 15524 页、15525 页。

〔2〕胡聘之:《山右石刻丛编》卷 25,收入《石刻史料新编》第 1 辑 20 册,第 15525 页。

〔3〕胡聘之:《山右石刻丛编》卷 25,收入《石刻史料新编》第 1 辑 20 册,第 15527 页。

〔4〕胡聘之:《山右石刻丛编》卷 25,收入《石刻史料新编》第 1 辑 20 册,第 15528 页。

〔5〕胡聘之:《山右石刻丛编》卷 25,收入《石刻史料新编》第 1 辑 20 册,第 15529 页。

〔6〕胡聘之:《山右石刻丛编》卷 25,收入《石刻史料新编》第 1 辑 20 册,第 15536 页。

〔7〕胡聘之:《山右石刻丛编》卷 25,收入《石刻史料新编》第 1 辑 20 册,第 15534 页。

续表 4－3

昭勇大将军	正三	京兆路总管兼府尹兼诸军奥鲁总管营缮司大使赵炳	正三	十三年	终南山重阳祖师仙迹记[1]
朝请大夫	从四	翰林直学士知制诰臣高鸣	从四	十四年	重修娲皇庙碑[2]
奉议大夫	正五	河东山西道提刑按察副使臣胡祗遹	正四	十四年	同上
嘉议大夫	正三	侍御史臣王博文	正四	十四年	同上
嘉议大夫	正三	平阳路总管兼府尹兼管诸军奥鲁臣乌禔	正三	十四年	同上
嘉议大夫	正三	前陇右河西道提刑按察使仆散祖英	正三	十四年	陕西学校儒生颂德之碑[3]
将仕郎	正八	县丞侯济民	正八	十四年	常州路无锡县题名记[4]
承直郎	正六	金符充太原路织染局提举刘佐	从五	十五年	隰州刘氏先茔碑铭[5]
敦武校尉	从七	建昌路府判湛清	正六	十五年	无极县厅事题名记
太中大夫	从三	河东山西道提刑按察使史杠	正三	十六年	河中府新修庙学碑[6]
中奉大夫	从二	安西王相商挺	从二	十六年	同上
怀远大将军	从三	河中府知府兼管本府诸军奥鲁移剌德裕	正四	十六年	同上
将仕佐郎	从八	益都县主簿李楫	从八	十六年	元河山寺记[7]

〔1〕罗振玉:《金石萃编未刻稿》卷上,收入《石刻史料新编》第1辑5册,第3623页。

〔2〕胡聘之:《山右石刻丛编》卷26,收入《石刻史料新编》第1辑21册,第15537页、15538页。

〔3〕罗振玉:《金石萃编未刻稿》卷上,收入《石刻史料新编》第1辑5册,第3628册。

〔4〕《江苏金石志》卷19《江苏通志稿艺文志三》,收入《石刻史料新编》第1辑13册,第9913页。

〔5〕胡聘之:《山右石刻丛编》卷26,收入《石刻史料新编》第1辑21册,第15544页。

〔6〕胡聘之:《山右石刻丛编》卷26,收入《石刻史料新编》第1辑21册,第15541页、15542页。

〔7〕段松苓:《益都金石记》卷3,收入《石刻史料新编》第1辑20册,第14870页。

续表 4－3

[忠]翊校尉	正七	益都县尹兼管诸军奥鲁傅安	正七	十六年	同上
进义校尉	正八	益都县达鲁花赤兼管诸军奥鲁忙兀鲁海牙	正七	十六年	元河山寺记
奉训大夫	从五	知隰州刘佐	从五	十六年	隰州刘氏先茔碑铭
承仕郎	正七	前国史院编修田杨□	正八	十七年	同上
嘉议大夫	正三	中书户部尚书马璘	正三	十七年	同上
少中大夫	从三	卫辉路总管董文用	从三	十七年	绛阳军节度使靳公神道碑[1]
敦武校尉	从七	壶关县尹兼管诸军奥鲁牛天麟	从七	十七年	壶关县内王村大觉院兴修记[2]
敦武校尉	从七	壶关县达鲁花赤兼管诸军奥鲁换只	从七	十七年	同上
承仕郎	正七	泾阳县尹兼诸军奥鲁王	从七	十七年	圆明朗照真人功行之碑[3]
骠骑卫上将军	正二	广东道宣慰使淮右梁雄飞	从二	十七年	梁雄飞题名[4]
奉训大夫	从五	建宁路总府治中李辉	正五	十七年	常州路无锡县题名记
进义校尉	正八	县丞吴旺	正八	十七年	同上
承事郎	正七	潞州同知郓朗	正七	十八年	重修玉皇七佛庙记[5]
中奉大夫	从二	翰林学士承旨王磐	从二	十八年	张宏范墓碑[6]
光禄大夫	从一	平章军国重事监修国史耶律铸	从一	十八年	同上

[1]胡聘之:《山右石刻丛编》卷26,收入《石刻史料新编》第1辑20册,第15545页。
[2]胡聘之:《山右石刻丛编》卷26,收入《石刻史料新编》第1辑21册,第15549页。
[3]罗振玉:《金石萃编未刻稿》卷上,收入《石刻史料新编》第1辑5册,第3638页。
[4]彭泰来:《高要金石略》卷4,收入《石刻史料新编》第2辑15册,第11431页。
[5]胡聘之:《山右石刻丛编》卷26,收入《石刻史料新编》第1辑21册,第15552页。
[6]杨晨修:《定兴县志》(光绪)卷17,光绪十六年(1890)刻本。

续表4－3

昭勇大将军	正三	管领保定等路军马万户张珪	正三	十八年	同上
奉议大夫	正五	河东山西道提刑按察副使魏初	正四	十九年	诗人元遗山之墓[1]
大中大夫	从三	河东山西道提刑按察使济南姜彧	正三	十九年	同上
承事郎	正七	河东山西道提刑按察司经历张维	从七	十九年	姜太中晋溪留题[2]
太中大夫	从三	河东山西道提刑案察使姜彧	正三	十九年	同上
中奉大夫	从二	翰林学士承旨王磐	从二	十九年	綦公元帅先茔之碑[3]
嘉议大夫	正三	前吏部尚书兼太常乡徐震	正三	十九年	同上
辅国上将军	从二	都元帅宣慰使孙男綦公直	从二	十九年	同上
进义副尉	从八	主簿程仲昌	从八	十九年	真定府元氏县重修庙学记[4]
承事郎	正七	元氏县尹兼诸军奥鲁并陉耿镛	正七	十九年	同上
忠翊校尉	正七	达鲁火赤兼诸军奥鲁拜都	正七	十九年	同上
进义副尉	从八	乐陵主簿陈好礼	从八	十九年	同上
将仕郎	从八	建德路知事高恒	从八	十九年	同上
将仕郎	正八	主簿王钧	从八	十九年	常州路无锡县题名记

〔1〕胡聘之:《山右石刻丛编》卷26,收入《石刻史料新编》第1辑21册,第15556页。

〔2〕胡聘之:《山右石刻丛编》卷26,收入《石刻史料新编》第1辑21册,第15556页。

〔3〕毕沅:《山左金石志》卷21,收入《石刻史料新编》第1辑19册,第14726页、14727页。

〔4〕沈涛:《常山贞石志》卷16,收入《石刻史料新编》第1辑18册,第13444页。

续表 4－3

中顺大夫	正四	翰林直学士陕西汉中道提刑按察副使王利用	正四	二十年	全真第二代丹阳抱一无为真人马宗师道行碑[1]
嘉议大夫	正三	安西路总管兼府尹李颉	正三	二十年	同上
将仕郎	正八	县丞薛思齐	正八	二十一年	常州路无锡县题名记
进义副尉	从八	辽州判官张瑞	正八	二十一年	辽州重修宣圣庙碑[2]
奉训大夫	从五	辽州知州兼管诸军奥鲁吕名安答	从五	二十一年	同上
武略将军	从五	辽州达鲁花赤兼管诸军奥鲁亦黑迷失不花	从五	二十一年	同上
从仕郎	从七	交城县尹娄咨询	从七	二十一年	元宣慰谢公修石壁寺记[3]
将仕郎	正八	县丞杨蔚	正八	二十一年	常州路无锡县题名记
将仕佐郎	从八	主簿孙世英	从八	二十一年	同上
承务郎	从六	肇庆路总管府判官严居贞	正六	二十二年	严居贞题名[4]
奉训大夫	从五	肇庆路总管府治中黄泽润	正五	二十二年	同上
武德将军	正五	同知肇庆路总管府事张旺兴甫	正五	二十二年	同上
将仕郎	正八	江州录事马仲琏	正八	二十二年	文庙四至之记[5]
进义副尉	从八	无极县主簿刘泉	从八	二十二年	同上

〔1〕罗振玉:《金石萃编未刻稿》,收入《石刻史料新编》第1辑5册,第3644页。

〔2〕胡聘之:《山右石刻丛编》卷26,收入《石刻史料新编》第1辑21册,第15559页。

〔3〕方履篯:《金石萃编补正》卷3,收入《石刻史料新编》第1辑5册,第3519页。

〔4〕彭泰来:《高要金石略》卷4,收入《石刻史料新编》第2辑15册,第11431页。

〔5〕沈涛:《常山贞石志》卷16《无极县文庙四至记》,收入《石刻史料新编》第1辑18册,第13446页。

续表 4－3

忠翊校尉	正七	无极县尹兼管诸军奥鲁完颜瑄	正七	二十二年	同上
中顺大夫	正四	柳州路总管府达鲁花赤月忽乃	从三	二十五年	月忽乃题名[1]
中议大夫	正四	浙东道宣慰副使李恩衍	正四	二十九年	庆元路重建儒学记[2]
正议大夫	正三	浙东海右道肃政廉访使王宏	正三	二十九年	同上
资政大夫	正二	行宣政院使杨谨	从一	二十九年	元杨谨造多闻天王像题名[3]

说明：表 4－3 所标注散官品级均以《元史·百官志》所载为准，金代散官品级比《元史·百官志》所载低一品（即二等），即假如元代早期所采用的是金代散官品级，则其品级比本表中所标注品级低一品（二等），元代"正从 N 品"，在金代为"正从 N－1 品"。

至元六年之前的元代官员碑刻题名在石刻史料中几乎没有，因此选用了上一节提到的文集传记中至元元年、至元二年的材料。彰德路为下路，元代下路总管从三品，同知正五品，则王复和刘秉恕的职事官应分别为正五品和从三品。但据《元史·地理志》，元代的路总管府分上、下始于至元二十年。从《元典章·吏部》的相关条目来看，元代早期，路总管府分为上、中、下三级，[4]与州县分级相同，则最早对路总管府分级很可能与州县分级同在至元三年。至元元年元代的路总管府尚未分级，其官员很可能承袭金代总管府品级，总管正三品，同知从四品。因此当时王复和刘秉恕的职事官品级应分别为从四品和正三品。

[谭澄]中统建元（1260），……以为怀孟路总管，……至元二年罢世侯，省怀孟卫辉两总管入彰德，以公为同知，无几时，官嘉议，迁河南路总管兼府尹，明年奔元帅府君丧交城，中书不听终制，迫怀莅职……官少中，平滦路总管，既至，疾归。七年，散阶例降二

[1]彭泰来：《高要金石略》卷 4，收入《石刻史料新编》第 2 辑 15 册，第 11432 页。

[2]阮元：《两浙金石志》卷 14，收入《石刻史料新编》第 1 辑 14 册，第 10525 页。

[3]阮元：《两浙金石志》卷 14，收入《石刻史料新编》第 1 辑 14 册，第 10526 页。

[4]《元典章》卷 7《吏部一·官制一·职品》"拾存备照品官杂职"条，从四品有"中路宣课都提举"一职，《元典章》卷 12《吏部六·吏制·司吏》"额设司吏"条有"总管府司吏：上路三十名，中路二十名，下路一十五名"的记载。

等，与职上下，官奉议，司农少卿，寻进嘉议，京兆总管兼府尹者一年，改陕西四川道提刑按察使。[1]

这段材料很可能是《选举志》所谓“散官例降职事二等”的来源。原文为“散阶例降二等，与职上下”，指的是至元七年前后散官制度进行改革，散官品级比金代全部提升二等，因此从散官名来看，官员的散官全部下降二等。这一情形在元代初期的其他传记资料中亦有体现。如王恽的《王公神道碑》所载：

至元二年，转官制行，[王遵]授怀远大将军(金代为从四品下阶，元代为从三品下阶)，知中山府事。三年，升昭勇大将军(金代为正四品下阶，元代为正三品下阶)，彰德路总管。六年，改怀远大将军，总尹顺德路。九年，复昭勇大将军，升授太原路总管兼府尹，本路诸军奥鲁总管。十四年迁北京路总管兼大定府尹，以疾不赴。[2]

假定至元九年之前全都采用金代散官品级，王遵至元二年授从四品下阶怀远大将军，三年升正四品下阶昭勇大将军，但六年又降为从四品下阶，九年再升至正四品下阶。姚燧总结王遵的一生，说他“四历名郡，两增崇资”，似乎至元六年的散官下降并非出于犯罪等不光彩的原因，那么为什么王遵的散官在至元六年下降一级，自然是因为当时制度变化，散官品级全部提升二等所致。至元六年之前，王遵的散官遵依金代品级，由从四品下阶升为正四品下阶，至元六年之后，其散官按照《元史·百官志》所载品级，则是升至从三品下阶，九年再升至正三品下阶。王遵的散官本该提升一等，结果从散官名来看反而下降一等，一正一反，正好符合“散官例降二等”的规定。再如胡祗遹的《李公墓志铭》所载：

[李秉彝]至元元年，除户部员外郎，三年，佩金符，官大中(金代为从四品上阶，元代为从三品上阶)，升彰德路转运使，以课额

[1]姚燧:《谭公神道碑》，收入《牧庵集》卷24。

[2]王恽:《大元故昭勇大将军北京路总管兼本路诸军奥鲁总管王公神道碑铭并序》，见《秋涧先生大全集》卷57。

增，七年授中议大夫（金代为正五品上阶，元代为正四品上阶），尚书户部侍郎。[1]

李秉彝于至元三年官太中大夫，按照金代散官品级为从四品上阶，元代品级为从三品上阶，至元七年，李秉彝因办课增额，被授予中议大夫，按照金代品级为正五品上阶，元代散官品级为正四品上阶。唯有认为至元三年使用金代品级，太中大夫为从四上，至元七年使用元代品级，中议大夫为正四品上阶，如此解释，才符合逻辑。否则无论把两个散官均按金代品级还是均按元代品级理解，都无法解释为什么从太中大夫到中议大夫是作为办课增额的奖励。然而如果从一张固定的散官表来看，办课增额的李秉彝散官下降一级，正是"散官例降二等"造成的。再如《元史·刘思敬传》：

[刘思敬]至元三年，授怀远大将军（金代为从四品下阶，元代为从三品下阶）、侍卫亲军左翼副都指挥使。……八年，授广威将军（金代为正五品上阶，元代为正四品上阶）、西川副统军，佩金虎符。[2]

刘思敬至元三年为从四品下阶怀远大将军（同金代阶品），至元八年刘思敬的散官升为正四品上阶广威将军（元代阶品）。从表面上看，也是该升反降，一正一反，正好二等。

散官全部提升二等到底发生在哪一年，值得进一步考虑，姚燧文集中说"（至元）七年，散官例降二等"，但王恽的《韩府君墓铭府》中有如下一段：

至元二年，转官制行，[韩澍]积前后劳，授以县尹……五年，用新铨法，勅授将仕郎，主高唐县簿。[3]

这里提到"至元二年，转官制行"，到至元五年，又实行了"新铨法"，二者显然并非一事，似乎至元二年官制初建后，至元五年，元代的铨选制

[1]胡祗遹：《正议大夫两浙都运转使李公墓志铭》，见《紫山大全集》卷18，收入《景印文渊阁四库全书》1196册，第303页。

[2]《元史》卷152《刘斌传附刘思敬传》，第3605页。

[3]王恽：《故将仕郎汲县尹韩府君墓铭府》，见《秋涧先生大全集》卷60。

度实行了改革,这次改革很可能包括散官品级提升,去掉正从九品散官等内容。据《元史》所载,至元六年十月,制定官员朝仪服色。[1] 至元七年二月,世祖观看刘秉忠、孛罗、许衡及太常卿徐世隆等所制定的朝仪。[2] 元代的服色仍以散官品级为标准,要制定朝仪服色,势必先有确定的散官制度。王恽在《论怯薛台加散官事状》中提及:"昨闻集议宫官服色,是欲辨上下,定民志也,据散阶事理,诚宜先有定夺,然后服色可议。盖服色因官品而定,官品由服色而显也。"[3]至元六年制定服色,是因为至元五年所行的新官制,使得散官制度已"有定夺",基本确立了。但从传记资料来看,"散官例降二等"者,在至元六年、七年、八年均有。估计这次改革实际上开始于至元五年,但和散官授予的情况类似,并非一刀切,而是等到任职期满,进行迁转时再针对个人进行调整。

散官制度改革的内容是否只是散官品级单纯提高二等,去掉正从九品呢?很可能并非如此。再从姚燧的《谭公神道碑》来看,谭澄至元二年以彰德路同知,"无几时,官嘉议(金代正四,元代正三),迁河南路总管兼府尹",此后丁忧未终制,"官少中(金代从四、元代从三),平滦路总管"[4],无论从金代还是元代品级来看,嘉议大夫品级均高于少中大夫。彰德路属上路,路总管为正三品,平滦路为下路,路总管从三品。平滦路总管的品级较彰德路总管下降一等,因此散官也下降一等。这样散官品级随职事官品级下降的例子还可从其他早期传记史料中找到,如胡祗遹的《王公行状》:

> [王椅]释褐王府掾,历中书省左右司员外郎,大名等路宣抚司郎中,左三部郎中,大名等七路宣慰司郎中,户部郎中,奉政大夫(正五上)同佥徽政院事(正四)兼领太府监,奉议大夫(正五下)同知顺天路转运司事(正四)佩金符,少中大夫(从三下)顺天路转

[1]《元史》卷6《世祖纪三》,第123页。
[2]《元史》卷7《世祖纪四》,第128页。
[3]王恽:《秋涧先生大全集》卷84。
[4]姚燧:《谭公神道碑》,见《牧庵集》卷24。

运使（正三），中议大夫（正四上）吏部侍郎（正四），中书省给事中（正四），少中大夫（从三下）彰德路总管（正三）兼奥鲁佩金虎符……祇遹于椅定交近二十年，知王氏父子为颇详。[1]

我们不知道王椅的确切任官时间，从其所任官职来看，应该在中统（1260—1264）到至元（1264—1294）早期，材料中的职事官品级根据《元史·百官志》和《元典章·吏部·官制·职品》标注，很可能不与早期品级完全相符。然而王椅由三品顺天路转运使改任四品吏部侍郎时，散官也随之从三品下降为四品，胡祇遹自称"于椅定交近二十年，知王氏父子为颇详"，所记应当可靠。

从这两条史料，我们推测至元元年实行官员迁转，初建官制时，蒙古人不了解散官的作用，散官很可能完全附属于职事官，其品级与职事官品级同升同降。如果的确如此，那么至元五年进行的官制改革，并非是简单的散官品级提升二等，而是赋予散官一定的独立性和标志性意义。这才是这次散官制度改革的核心内容。从此散官的品级不再和职事官品级绑定，两者品级可以出现差别，这才是姚燧《谭公神道碑》中所谓"散官例降二等，与职上下"[2]的真正含义。然而在后人编写《元史·选举志》时，已经不了解元代初期制度的变化，把这句话精简为"散官例降职事二等"，与其原意已大不相符。

综上所述，元代全部散官品级提升二等，很可能是发生于至元五年实行"新铨法"之时，宫纪子根据《事林广记》所载《大元文武官品之图》后面所载的《外任职员》表中的官职，判断这张表编写于至元十一年、十二年间，因此认为金代散官品级在同一时间仍在使用。但《事林广记》是一部经过不断修补的类书，不能根据《外任职官》表的编写时间推测《大元文武官品之图》的使用时间。

4.2.3 全部提升二等之意义

至元五年发布新铨法的核心目的是赋予散官升迁以独立系统和

[1]胡祇遹：《龙虎卫上将军安武军节度使兼行深冀二州元帅府事王公行状》，见《紫山大全集》卷18，收入《景印文渊阁四库全书》第1196册，第322页。

[2]姚燧：《谭公神道碑》，见《牧庵集》卷24。

标志性意义,关于这一点,在下编第6章《元代散官的升迁》中“理算法”部分还会详细谈到。但又何必要将散官品级全部提升,并且去掉正从九品散官呢?

如上编第1章《金代散官的获得》所述,在金代,获得散官是获得职事官的必要条件,但并不等同于入仕做官。希望进入官僚体制的人先通过各种途径获得散官,即获得出身,根据出身之途的不同,入仕出职的程序也有所差异,进士、军功出身者可以直接做官,其他出身则需先担任一段时间承应人、流外职或吏员,才能进入真正的“官”的集团。这一点继承了唐代的铨选原则。在唐代,即使是考中科举,获得进士出身,也需先番上,然后参加吏部考试,通过考试后才能授予官职,其他出身亦类于此。这一过程到金代其实已有所简化。然而在蒙古国时期,散官的意义基本丧失,以至于中统(1260—1264)初期官员几乎不带散官,只是简单地“宣差”某职。到至元初期实行新官制,开始授予官员散官,其授予方式也是以职事官品级为依据。但元代的散官授予原则中仍可隐约看到唐代、金代制度的遗存,这一遗存表现在官员需先以一届职事官任满的经历作为“前资”,才能够获得散官。如王恽在《辞墓祭文》中自述:

> 恽自至元五年冬十月被召赴台,九年春,用前资翰林修撰(从六),由监察御史(正七),改授承直郎(正六下)、平阳路总管(正六)。[1]

根据《王公神道碑铭》,王恽于中统元年作为“儒吏之能理财者”选入京师,担任中书省详定官。至元二年实行转官制,任翰林修撰,至元五年任监察御史。[2] 翰林修撰和监察御史在金元两代品级相同,翰林修撰为从六品,监察御史为正七品。王恽先担任从六品翰林修撰,然后担任正七品监察御史,监察御史的地位比较特殊,常常有高品级官员担任,这一点与当前主题无关,不必多说。在世祖中后期迁转制度成熟

[1]王恽:《辞墓祭文》,见《秋涧先生大全集》卷63。

[2]王公孺:《大元故翰林学士中奉大夫知制诰同修国史赠学士承旨资善大夫追封太原郡公谥文定王公神道碑铭》,见《秋涧先生大全集》附录。

后，监察御史这一任自然抵充从六品资历，不过在至元早期大概迁转规定仍比较死板，因此王恽特别说明是用从六品翰林修撰作为前资，获得了正六品散官承直郎。这里涉及散官的获得方式，下章再详细说明。但获得散官需要一任“前资”是元代首次出现的制度。“前资”一词在唐代、宋代均指去任官，《日闻录》解释前资为“本唐人仕宦者已去官之称”，[1]这个词在元代发展成为“之前的任官资历”之意，并不专指为获得散官而任的第一届职官，但要获得散官，必须有一任“前资”，这是元朝重要的铨选原则之一。又如孔齐《至正直记》中记载：

> [孛述鲁翀]为南阳县儒学教谕，廉介刚毅，为时所称，御史台即就教谕选用，拜监察御史。时与同官劾某官不法，直达于文宗御览，因问：“两御史何一人无散官。”近臣曰：“无前资也。”文宗曰：“既无前资，何为御史？”近臣曰：“有御史之才，刚正不畏强御，选用人才，难拘此也。”帝乃以御笔填写将仕佐郎于其衔上，时人以为荣且称也。[2]

孔齐的这条记载并不符合史实，根据《孛朮鲁翀神道碑铭》和《元史·孛朮鲁翀传》，孛朮鲁翀于大德十一年(1307)任襄阳县儒学教谕，升汴梁路儒学正。至大四年(1311)，授翰林国史院编修官(正七)。延祐二年(1315)，擢河东道廉访司经历(从七)，迁陕西行台监察御史(正七)，阶将仕佐郎(从八下)。延祐四年，拜监察御史(正七)。[3] 孛朮鲁翀迁转过程很符合元代惯例，并非由教谕直接提拔为监察御史，而是经过国史院编修官、廉访司经历等任职积累前资，至西台御史有了第一任散官将仕佐郎。且孛朮鲁翀任监察御史在延祐四年(1317)，离文宗(1329—1332年在位)即位还有12年之久。《至正直记》中所记大

---

[1]李翀：《日闻录》，收入《丛书集成初编》328册，北京：中华书局，1985年，第13页。

[2]孔齐：《至正直记》卷4《萧䔥讲学》，上海：上海古籍出版社，1987年，第152页。

[3]苏天爵：《元故中奉大夫江浙行中书省参知政事追封南阳郡公谥文靖孛朮鲁翀神道碑铭》，收入《滋溪文稿》卷8，北京：中华书局，1997年，第121页。《元史》卷183《孛朮鲁翀传》，第4219页。《元史》本传载孛朮鲁翀于“(延祐)五年拜监察御史，时英皇未出阁”。《神道碑铭》载孛朮鲁翀“及迁内台，适英皇初正储位”。根据《元史·英宗纪》英宗于延祐三年十二月立为皇太子，授金宝，开府置官署。则《元史》本传所载自相矛盾，当从《神道碑铭》。

概是一个当时流行的传说,但这条史料显示出在元朝众所周知的官员获得散官之方式:必须先以一任职事官作为"前资",也就是说,担任第一届职事官时没有散官。如马祖常的《冯君先茔碑铭》记载,冯仲德于中统四年(1263)袭父职柏乡县尹,至元二年(1265)改涉县尹,六年真受敕黄,进敦武校尉,井陉县尹。[1] 所谓"真受敕黄",显然是因为经过前资积累,到至元六年才首次获得散官。

元代也有一些白身入仕即获得散官的官员,其中最主要的当属怯薛出身者。《元史 · 选举志》载,"凡怯薛出身……至元二十年议'久侍禁闼、门地崇高者,初受朝命,散官减职事一等,否则量减二等'"。[2] 实际上,布衣入仕的官员初授散官,品级必须比所授职事官低二等。如黄溍的《干公神道碑》:

> 仁宗临御之始,有诏著取士令。公首以江浙乡贡会试京师,登延祐二年乙科,被旨赐进士出身。故事布衣入官,[散](假)阶当[下]二等。主选吏以举人亦起于布衣,疑未决,上特命蒙古人与正六品阶,后勿用为例,余皆与对品阶。授承事郎,庆元路同知昌国州事。[3]

宋濂为黄溍所作《黄先生行状》也有:

> 延祐元年,贡举之法行,县大夫又强起先生充贡……二年上春官,复在选中,及奉大对……缀之末第,奉上旨赐同进士出身。主选吏以为白身补官,散阶当下二等。上命特与对品阶,授将仕郎,台州路宁海县丞。[4]

这两条材料可以看出,元代规定布衣入官者"散阶当下二等"。因此首次行科举时遇到问题。在元代人看来,科举出身也属于布衣入官,制度

---

[1]马祖常:《朝请大夫大明路治中致仕冯君先茔碑铭》,见《石田文集》卷13,收入《元人文集珍本丛刊》第6册,第654页。

[2]《元史》卷82《选举志二》,第2037页。

[3]黄溍:《嘉议大夫礼部尚书致仕干公神道碑》,收入《金华黄先生文集》卷27续稿24。元刻本与元抄本均作"假阶当二等",但根据下文所引宋濂的《黄公行状》,此句当作"散阶当下二等"。

[4]宋濂:《故翰林侍讲学士中奉大夫知制诰同修国史同知经筵事金华黄先生行状》,见《潜溪后集》卷10,收入《宋濂全集》第1册,杭州:浙江古籍出版社,1999年,第307页。

规定科举出身授六品、七品职事官,主持选举的官员认为,所授散官应该比职事官品级降二等。虽然从这两条材料来看,对于进士没有按照“布衣入官”的标准,而是直接“与对品阶”,但其他“布衣入官”者首次铨注官职,散官无疑要降等授予。散官降等的含义则在于首任职事官任满后不能即刻升迁,必须再次担任同品级职事官,等到散官升迁到与职事官品级相符,“官职对品”之后,职事官才能继续升迁。这种情况下,布衣入仕者虽然首次任职就获得散官,但第一任职事官仍具有“前资”的意义。

这种对“前资”的要求显然与唐代的番上、金代的差使等有继承关系。我们可以大致推测当时的制度变化,在中统时期(1260—1264),尚无成熟官制,大多数官员没有散官,到至元(1264—1294)初期,国内局势逐渐稳定,世祖开始着手建立比较完善的新官制,主要负责人是许衡、姚枢等金朝遗民。许衡等人对于金代官制比较熟悉,因此所制定官制仍是以金代制度为样本。但涉及散官,元代并未照搬金朝制度,原因大概如下:(1)散官出现的原因之一是为了调和军功、地位较高但行政能力一般的世家勋臣及子弟与能力出众但地位较低的新生代官员之间的矛盾。然而在元代,世家勋臣与新生代官员之间有一道种族差异造成的巨大鸿沟,无法想象蒙古统治阶层像以往的各朝各代那样,依靠各种手段将行政权力逐渐过渡给才能出众的新兴官僚阶层。因此散官制度似乎也不再有用武之地。(2)散官制度的功能之一是控制官员升迁速度的同时保障官员的利益,增加铨选制度的灵活性,使得职位资源合理分配,官员能力被有效利用。然而在金代,如前所述,散官制度简化,其地位已经大大下降。对于增加铨选制度灵活性等功能,金代散官所表现的并不太多。给金朝的有识之士留下更深刻印象者,恐怕是散官制度的诸多弊病。金代官员的散官品级多远高于职事官品级,在金后期这种现象更为严重,造成对行政资源的浪费,大概这也是元初进一步简化散官制度的原因之一。照搬金制,在元代设定散官与职事官分开、独立升迁的制度,不但使不熟悉中原传统官制的蒙古人难以理解,也缺乏必要。因此在元朝的铨选体系中,散官不再是进入职事官队伍的阶梯，而是变成了职事官的附庸和标志，虽然任职事官的目的不是获得散官，但从顺序上讲，担任职事官变成了获得散官的必要条件。明代也继承了关于“前资”的制度。根据《大明会典·吏部·验封清吏司·散官》：

> 自荣禄大夫至将仕佐郎，凡九等十八级，所除官员合得散官，照依定制，奏闻给授。及选部付到在京各衙门实授官员，及考功考过试职一年堪用，并三年称职者合得初授、升授散官，具奏，行移该衙门转行给授。[1]

明代对于“前资”的要求降低了，只需“试职一年堪用”，即可获得初授散官。明朝恢复了正从九品散官，应亦与此有关。

在金代，制度规定除进士和军功出身外，其余有出身人先获得散官，经过一段时间各种试用性工作后再获得职事官，因此承应人、差使、吏员等行使了过渡期的功能。然而在元代，铨选制度恰好颠倒过来，先担任一届职事官作为前资，然后才能获得散官，于是元初的新官制中将散官品级全部提高一品，最下层的正从九品预留出来，行使过渡之功能。《元史·百官志》的散官表中只列到正从八品截止，[2]但《元典章·吏部·官制·资品》所画的散官表则保留了正从九品一格，在应该写散官名的地方标明“注初入仕官员”几个字。[3] 这充分说明，正从九品正是为初入仕、积累前资的官员所准备。元代与金代散官制度的一个重要区别在于，金代散官是出身的标志，有散官的人不一定是官，也有可能是吏、承应人或任流外差使者。在元代，只有官员才拥有散官，因获得职事官是获得散官的前提。在元代，一位官员有可能在迁转过程中担任吏员、钱谷官等职，担任特定的吏职之后可以按照规定铨注某品级的职事官，但在担任吏职的时候并不带散官。从另一个角度来讲，元代可以说并非没有正从九品散官，只不过正从九品散官没有官名，是初入仕官员在积累“前资”时拥有的身份。为了让初入仕官员

[1]《正德大明会典》卷8《吏部·验封清吏司·散官》，第105页。

[2]《元史》卷91《百官志八》，第2319－2322页。

[3]《元典章》卷7《吏部一·官制一·资品》。

有积累“前资”的空间，因此把“正从九品”职事官所对应的散官位置空出来，这才是将散官系统全部提升二等，去掉正从九品的真实用意。在元代之前，散官是官员本人身份的标志，官员获得散官意味着官员本人获得出身，这一身份无论是否担任职事官都不会改变。而元代之后，散官成为职事官官职的标志。一定品级的职事官获得相应品级的散官，如果官员不再担任职事官，就不再拥有散官。散官与人分离而与职结合，是从金到元散官制度的最大变化。

至元五年的官制改革将所有散官提升一品，正是元代最终确立散官与职事官关系和散官获得方式的标志。散官品级全部提高，是为了给初入仕担任九品职事官的官员空出散官的位置，初入仕官员任满之后，再从正从八品的散官开始授予。

需要注意的是，通过下编第 5 章“元代散官的授予”一章的研究，发现元代史料中有大量初入仕即获得散官的例子。除去白身入仕的情况之外，以常规途径由吏职、流外职入仕者，如果是按照规定直接出职正从八品以上职位，大部分情况为担任第一任职事官时就获得相应品级散官。推测在制度规划和早期实行阶段坚持了“前资”的原则，把官员获得散官看作真正进入严格意义官僚集团的标志，要求获得首任散官必须先有一任实际工作经历，并因此去掉了正从九品散官。但在实行中，官员就任职事官后，实际上已经进入了官僚集团，因此直接出职正从八品以上职事官者，对于“前资”的要求越来越宽松以至于不再严格执行，这也是在元代散官地位下降的体现之一。

4.2.4　军官散官的授予

官制实行之后，授予散官者以文职官员居多。元代文武散官并不与职事官的性质相关，而是继承了金代制度，与官员的出身相关。金代进士、举人、同进士等出身为文散官，其余出身为武散官，又称右职。元代初期未行科举，所行制度为“汉儿人户及必阇赤吏员出身者，拟授文散官，其承袭军官、功绩、诸色出身，拟授武散官”，并且“迁转官员照出身拟授”。[1] 必阇赤即掌管文书的吏员,大概可以认为,元代用文职吏员出身替代了金代的科举出身,文职吏员出身者授文散官,其余军功、诸色出身者授武散官。

至元二年到至元十年间,元朝军队一直在四川、襄阳等地与南宋作战,大约无暇顾及军职官员的散官问题。至元十年襄阳陷落,为了奖励攻克襄阳的将士,至元十一年春制定了军官获得散官的制度,开始大量向军官授予散官。《元史·世祖纪》载“(至元十一年春正月)庚寅,初立军官以功升散官格”。[2] 刘因的《李公先茔碑铭》也提及“至元十一年,军职例加散官”[3] 传记史料中有很多军职官员于至元十一年获得散官的例子。如前述《李公先茔碑铭》所载,李仁祐中统二年(1261)任总把,至元十一年授予敦武校尉。姚燧《杨公神道碑》载杨彦珍于宪宗时(1251—1260年在位)袭职任副千户,攻破襄阳城后,以“劳授敦武校尉”。[4] 《元史·张禧传》载襄阳降后,世祖(1260—1294年在位)“遣使录诸将功”,张禧“授宣武将军、水军万户,佩金虎符”。[5] 至元十一年的“军官以功升散官格”实行后,元朝的散官制度基本确立。

4.3 元代散官几种不同记录之考证

4.3.1 几种记录之异同

元代文武散官表在《元史·百官志》,[6]《元典章·吏部一·资品》,[7]《南村辍耕录·官制资品》[8] 和《事林广记》中均有记载。其

[1]《元典章》卷8《吏部二·官制二·选格》“循行选法体例”条。

[2]《元史》卷8《世祖纪五》,第153页。《元史》卷98《兵志一》所载同,第2515页。

[3]刘因:《明威将军后卫亲军总管李公先茔碑铭》,见《静修集》卷8,收入《四部丛书初刊》影元宗文堂刊本。

[4]姚燧:《戍守邓州千户杨公神道碑》,收入《牧庵集》卷18。

[5]《元史》卷165《张禧传》,第3867页。

[6]《元史》卷91《百官志七》,第2319-2322页。

[7]《元典章》卷7《官制一·资品》。

[8]陶宗仪:《南村辍耕录》卷7《官制资品》,北京:中华书局,1985年,第89页。

中,《事林广记》的情况比较复杂,日本新发现的叡山文库本《事林广记》所记为元初未经提升两级的散官品级,与金代制度全同,在此不论。[1] 国内通用的《事林广记》有3种,一为日本元禄十二年(1699)影泰定二年(1325)和刻本《新编群书类要事林广记》,其中无《官制门》部分。另外两种为元末刊本,分别是至顺(1330—1332)年间刊刻的椿庄书院本《新编纂图增类群书类要事林广记》[2]和后至元六年(1340)的郑氏积诚堂本《纂图增新群书类要事林广记》,[3]此外,日本内阁文库藏有西园精舍本《新增类聚事林广记》。[4] 椿庄书院本和西园精舍本《别集》卷1《官制门》以及郑氏积诚堂本戊集《官制门》中的《大元官制表》内容相同,在此不做细分,均称为《事林广记》所载《大元官制表》。

这4种对元代资品的记载中,《元史》与《南村辍耕录》所载基本相同,《元典章》和《事林广记》所载较为相似,而这两个系统之间则差别较大,通过考证,笔者发现《元史》和《南村辍耕录》所载较为准确,但也并非全无错误,而《元典章》也是治元史者经常利用的材料,因此有必要做一对比考证,指出每种记载中的错误,恢复出较为准确的元代资品表。本节将以《元史·百官志》所载为准,以表格形式(见表4-4,表4-5)列出各种记载的不同,通过排比元代文集中材料,恢复正确的资品表。

文资表(见表4-4)中有3处记载差异,一为正二品,《元史》《南村辍耕录》《元典章》所载顺序均为"资德大夫(上)、资政大夫(中)、资善大夫(下)",《事林广记》载为"资德大夫(上)、资善大夫(中)、资政大夫(下)"。二为从六品,《元史》《南村辍耕录》《事林广记》载为"儒林郎(上)、承务郎(下)",《元典章》记载相反,为"承务郎(上)、儒林郎(下)"。三为从七品下,《元史》和《南村辍耕录》写作"从事郎",而《元

[1][日]宫纪子:《叡山文庫所蔵の「事林広記」写本について》。

[2]陈元靓:《新编纂图增类群书类要事林广记》,椿庄书院本,收入《续修四库全书》1218册,上海:上海古籍出版社,2002年,第446页。

[3]陈元靓:《纂图增新群书类要事林广记》,郑氏积成堂本,北京:中华书局,1999年,第118页。

[4]陈元靓:《新增类聚事林广记》,日本内阁文库藏西园精舍本,日本内阁文库藏。

典章》和《事林广记》写作“从仕郎”。

表 4－4　元代文散官不同记录对比表

	元史			不同			出处
正一	开府仪同三司	仪同三司					
	特进	崇进					
	金紫光禄大夫	银青荣禄大夫					
从	光禄大夫	荣禄大夫					
正二	资德大夫	资政大夫	资善大夫	资德大夫	资善大夫	资政大夫	事林广记
从	正奉大夫	通奉大夫	中奉大夫				
正三	正议大夫	通议大夫	嘉议大夫				
从	太中大夫	中大夫	亚中大夫				
正四	中议大夫	中宪大夫	中顺大夫				
从	朝请大夫	朝散大夫	朝列大夫				
正五	奉政大夫		奉议大夫				
从	奉直大夫		奉训大夫				
正六	承德郎		承直郎				
从	儒林郎		承务郎	承务郎		儒林郎	元典章
正七	文林郎		承事郎				
从	征事郎		从事郎			从仕郎	元典章 事林广记
正八	登仕郎		将仕郎				
从	登仕佐郎		将仕佐郎				

关于第一处，正二品上中下散官的顺序，通过《元史》传记和文集中的材料，可知是《事林广记》记载有误。《元史·亦怜真班传》提到：“（亦怜真班）泰定（1324—1328）初，迁资善大夫、典瑞院使。天历二年（1329），以选为太子家令，寻升资政大夫、同知枢密院事。”[1]《元史·

〔1〕《元史》卷145《亦怜真班传》，第3445页。

王结传》:“(王结)元统元年(1333)……召拜翰林学士、资善大夫、知制诰同修国史……二年正月二十八日卒……四年五月,诏赠资政大夫。”[1]可见资善大夫在资政大夫之下。又有《元史·韩若愚传》:“会文宗(1329—1332年在位)平内难,若愚画策中机,帝嘉之,进资政大夫,天历三年……九月以疾卒……赠资德大夫,江浙等处行中书省左丞。”[2]可见资德大夫高于资政大夫。苏天爵《高公神道碑铭》记载,高昉至大二年(1309)为资善大夫,延祐四年(1317)进资政大夫,五年进资德大夫[3]。此类材料尚多,不再赘举,此外,金代散官和明代散官正二品也与《元史》所载相同,则正二品的序列当为“资德大夫(上)、资政大夫(中)、资善大夫(下)”。

第二处,从六品的顺序,从传记资料来看,《元史》等记载是正确的,张养浩《监察御史韩君墓碣铭》:“(韩克昌)改承务郎,太常大乐署令,甫上,拜监察御史,进儒林郎……延祐元年(1314)八月二十九日卒。”[4]《元史·杨载传》:“延祐初,仁宗(1311—1320年在位)以科目取士,载首应诏,遂登进士第,授承务郎、饶州路同知浮梁州事,迁儒林郎、宁国路总管府推官以卒。”[5]张枢《元故礼部郎中吴君墓表》:“(后至元1335—1340末)自常选中擢国子助教,阶承务郎,明年春升博士,换儒林郎。”[6]可见从现有资料来看,在元朝大部分时间内,从六品顺序当为“儒林郎(上),承务郎(下)”,这一顺序与明代散官相同,然而《金史》所载从七品的顺序为“承务郎(上),儒林郎(下)”,与《元典章》所载相同。元代的散官基本继承金制,但显然从六品上下阶的顺序进行了调整,这一调整具体发生在何时,还需进一步考证。

---

〔1〕《元史》卷178《王结传》,第4145页。

〔2〕《元史》卷176《韩若愚传》,第4112页。

〔3〕苏天爵:《元故赠推诚效节秉义佐理功臣光禄大夫河南行省平章政事追封魏国公谥文贞高公神道碑铭》,收入《滋溪文稿》卷11,北京:中华书局,1997年,第163页。

〔4〕张养浩:《监察御史韩君墓碣铭》,见《归田类稿》卷13,收入《景印文渊阁四库全书》第1192册,第585页。

〔5〕《元史》卷190《儒学传二·杨载传》,第4341页。

〔6〕张枢:《元故礼部郎中吴君墓表》,吴师道:《吴礼部文集》附录,《北京图书馆古籍珍本丛刊》93册影清抄本,第524页。

关于从七品下阶的记载,《元典章》和《事林广记》《明史》相同,均为“从仕郎”,《金史》所载的散官从九品下亦为“从仕郎”,而《元史》《辍耕录》作“从事郎”。检查政书、文集等材料,金、元、明三代均“从事郎”与“从仕郎”混用,大约在古代,“仕”“事”二字的区分本来并不严格。

武资表(见表4-5)各种记载的差异较大,有正三品、正四品、从四品、从五品、正六品、从六品、从七品、正八品、从八品九处不同。分述如下:

(1)正三品:昭武、昭毅、昭勇

关于正三品的顺序,刘迎胜老师已经做过详细考证,正确顺序当为“昭武大将军、昭毅大将军、昭勇大将军”,现有各种记载均误,不再冗叙。[1]

(2)正四品:广威将军、宣威将军、明威将军

武散阶正四品的顺序,《元史》《辍耕录》《事林广记》《明史》均载为“广威将军(上)、宣威将军(中)、明威将军(下)”,《金史》武散阶正五品同。《元典章》为“广威将军(上)、宣成将军(下)”,“宣成将军”应是“宣威将军”之误,金、元、明史料中目前均未见到“宣成将军”的散官名出现。正四品的顺序,从传记等材料来看,应为《元典章》误。

《元史·别的因传》:“至元十三年(1276),授明威将军、信阳府达鲁花赤……十六年,进宣威将军、常德路副达鲁花赤。”[2]《千奴传》:“(至元)二十六年,加明威将军,迁淮西江北道提刑按察使……改立肃政廉访司,进广威将军,授江北淮东道肃政廉访使。”[3]可见明威将军为正四品下阶无疑。

目前在传记、文集中无法找到宣威升广威的例子,但广威、宣威的顺序目前所见的记载均同。当可认为元代正四品的顺序为“广威将军(上)、宣威将军(中)、明威将军(下)”。

---

[1]刘迎胜:《〈元史·百官志志〉武官正三品资阶订误》,载《历史研究》2009年第6期。

[2]《元史》卷121《抄思传附别的因传》,第2995页。

[3]《元史》卷134《和尚传附千奴传》,第3258页。

表 4－5　元代武散官不同记录对比表

	元史			不同			出处
正一	开府仪同三司		仪同三司				
	特进		崇进				
	金紫光禄大夫		银青荣禄大夫				
从	光禄大夫		荣禄大夫				
正二	龙虎卫上将军	金吾卫上将军	骠骑卫上将军				
从	奉国上将军	辅国上将军	镇国上将军				
正三	昭武大将军	昭勇大将军	昭毅大将军	昭勇	昭毅	昭勇	元典章
				昭勇	昭毅	昭武	事林广记
从	安远大将军	定远大将军	怀远大将军				
正四	广威将军	宣威将军	明威将军	广威		宣成	元典章
从	信武将军	显武将军	宣武将军	信武		显武	元典章
正五	武节将军		武德将军				
从	武义将军		武略将军	武略		武毅	元典章 事林广记
正六	承信校尉		昭信校尉	昭信		承信	元典章 事林广记
从	忠武校尉		忠显校尉	忠显		忠武	元典章 事林广记
正七	忠勇校尉		忠翊校尉				
从	修武校尉		敦武校尉	敦武		修武	元典章 事林广记
正八	保义校尉		进义校尉	进义		保义	元典章 事林广记
从	保义副尉		进义副尉	进义		保义	元典章 事林广记
正从九	注初入仕官员						

(3) 从四品：信武将军、显武将军、宣武将军

武散阶从四品的记载情况与正四品相同，《元史》《辍耕录》《事林广记》《明史》均为“信武将军（上）、显武将军（中）、宣武将军（下）”，《金史》武散阶从五品同。《元典章》为“信武将军（上）、显武将军（下）”。《元典章》误。

《元史·相兀速传》：“（至元）十四年（1277），加宣武将军、管军总管……三十年，升蒙古侍卫亲军副指挥使司事，易金虎符，加显武将军。”[1]《张仁义传》：“襄阳继降，帝遣使录诸将功，授宣武将军、水军万户，佩金虎符……十二年……加信武将军。”[2]《石高山传》：“（至元）十一年，从下江南，以功升显武将军。十二年冬……以功赐金虎符，进信武将军，镇高邮。”[3]

可见从四品的顺序应当为“信武将军（上）、显武将军（中）、宣武将军（下）”。

(4) 从五品：武义将军、武略将军

从五品的顺序，《元史》《南村辍耕录》载为“武义将军（上）、武略将军（下）”，《元典章》和《事林广记》均载为“武略将军（上）、武毅将军（下）”，除顺序不同外，前者作“武义”，后者作“武毅”，亦不相同。《金史》从六品和《明史》从五品的顺序亦与《元史》同，但《金史》作“武义将军”，《明史》作“武毅将军”。顺序方面，仍以《元史》为是。

《元史》中完者都[4]、李进[5]均由武略将军进武义将军。胡祗遹《韩氏新茔世德之碑》：“韩进（至元）十六年，升武略将军，明年八月，宣命武义将军。”[6]吴澄《故武义将军临江万户府上千户所达鲁花赤也先不花墓表》：“（至元）十四年，宣授武略将军，管军千户……二十五年，

---

〔1〕《元史》卷123《怯怯里传附相兀速传》，第3033页。

〔2〕《元史》卷165《张禧传附张仁义传》，第3867页。

〔3〕《元史》卷166《石高山传》，第3897页。

〔4〕《元史》卷131《完者都传》，第3193页。

〔5〕《元史》卷154《李进传》，作“武毅将军”，第3639－3640页。

〔6〕武亿：《安阳县金石录》卷9，收入《石刻史料新编》第1辑第18册，第13907页。

宣授武义将军,上千户所达鲁花赤属临江万户府。"[1]苏天爵《元故武义府郎漳州新军万户府副万户赵公神道碑铭》:"(赵伯成,至元十四年)特锡金符,制授武略将军,管军千户……十八年制授管军总管,进阶武义将军。"[2]由于元代五品以上受宣命,六品以下受敕牒,与唐代的"制授""敕授"类似,所以文集中提到授从五品散官时,往往加上"宣命""制命"的字样。

关于"武义将军"和"武毅将军",《元史》记载中授从五品上阶者共7人,其中5人作"武义将军",2人作"武毅将军"。但检索四库全书中的金、元人文集,并无作"武毅将军"者,全作"武义将军",而明人文集中均为"武毅将军",无"武义将军"。宋代有"武义大夫""武义郎",因此大概是金代采用了宋代的官名,沿用至元,而明代改为"武毅将军"。明初馆臣修《元史》时,可能是由于疏忽,将两处写作"武毅"。

(5)正六品:承信校尉、昭信校尉

暂时无法找到证明正六品顺序的传记材料。

(6)从六品:忠武校尉、忠显校尉

从六品的情况与从五品类似,《元史》《南村辍耕录》载为"忠武校尉(上)、忠显校尉(下)",《元典章》和《事林广记》与之相反,《金史》《明史》与《元史》同。

《元史》记载察罕[3]、蔡珍[4]均由忠显校尉进忠武校尉。吴澄《故右卫亲军千户武略岳将军墓碑》:"(岳元镇,至元十三年)升忠显……十五年,佩银符,升忠武。"[5]马祖常《朝请大夫大明路治中致仕冯君先茔碑铭》:"(冯仲德,至元)十七年迁忠显校尉,同知晋州……二十八年进忠武校尉,池州路判官。"[6]

可知从六品的顺序应当是"忠武校尉(上)、忠显校尉(下)"。

---

[1]吴澄:《吴文正集》卷34,收入《元人文集珍本丛刊》第3册,第568页。

[2]苏天爵:《滋溪文稿》卷15,第235页。

[3]《元史》卷123《哈八儿秃传附察罕传》,第3039页。

[4]《元史》卷166《蔡珍传》,第3900页。

[5]吴澄:《吴文正集》卷33,收入《元人文集珍本丛刊》第3册,第553页。

[6]马祖常:《石田文集》卷13,收入《元人文集珍本丛刊》第6册,第654页。

(7)从七品:修武校尉、敦武校尉

暂时无法找到证明正六品顺序的传记材料。

(8)正八品:保义校尉、进义校尉

暂时无法找到证明正六品顺序的传记材料。

(9)从八品:保义副尉、进义副尉

从八品的情况与从五品、从六品类似。

虞集《昭毅大将军平江路总管府达鲁华赤兼管内劝农事黄头公墓碑》:"新行至元银钞法,署进义副尉,濮州平准行用库提领,至元二十七年(1290)例革,除兴国路大冶县达鲁花赤,以治辨称,迁保义副尉。"[1]邵亨贞《故忠翊校尉徽杭等处茶提举唐公行状》:"(唐昱)至顺元年(1330)……捐廪粟二千五百石以赈施贫民……议以八品恩例赏之,授进义副尉,浙西袁部场司丞……元统元年(1333)改授保义副尉,江西芦潭批验所提领。"[2]

4.3.2 从武散官看元代散官的升迁方式

由于品级较低的官员,传记资料也相对较少,因此六品以下的散官顺序,无法完全依靠传记碑铭的记载来进行考证。幸而元代散官的迁转并非逐阶上升,而是大概以逐级上升的情况较多,这样就可以从某一阶散官被授予次数的多少来证明此阶散官是下阶还是上阶。关于元代散官的迁转为逐级而非逐阶,这一点在史料中并无明文记载,但通过对传记材料的排比分析,当可证明。

我们以从四品武散官为例。通过对传记材料进行整理,如果以明威将军(从四品下)为中心来考察官员散官的升迁顺序,最常见的情况是从武略将军(从五品下)、武德将军(正五品下)、宣武将军(从四品下)至明威将军(正四品下),从明威将军至怀远大将军(从三品下)、昭勇大将军(正三品下)等,次常见者为从明威将军(正四品下)升宣威将军(正四品中)或升广威将军(正四品上),较少见的是从武义将军(从

[1]虞集:《道园学古录》卷41,收入《四部丛刊初编》影明景泰翻元小字本。

[2]邵亨贞:《野处集》卷3,收入《景印文渊阁四库全书》1215册,第210页。

五品上)、显武将军(从四品中)等升明威将军(正四品下),而从明威将军直接升至较高品级的中阶、上阶者,则一例未见。也就是说,从低品下阶至高品下阶这样的迁转次序最为常见,而同品中从下阶至中阶、上阶的迁转则相对较少,低品级上、中阶转至高品级下阶的情况也可见到,但低品级散官直接转为高品级中、上阶的事例则极为少见。如《元史》传记中,授明威将军者共31人。其中有16人的传记记载了其授明威将军阶之前的散官,这16人中,有9人从宣武将军(从四品下)进阶明威将军,2人从武德将军(正五品下)进阶,2人是从武略将军(从五品下)进阶,有2人从武义将军(从五品上)进阶,还有1人从显武将军(从四品中)进阶。也就是说,有记载的16人中,有13人均从较低品级的下阶升至较高品级的下阶,占81%,只有3人是从较低品级的中阶或上阶升至较高品级,占19%。再看明威将军升迁的例子,《元史》传记中载有明威将军下一阶品级的共18例,其中明威将军(正四品下)升怀远大将军(从三下)者5人,明威将军(正四品下)升昭勇大将军(正三品下)者6人,明威将军(正四品下)升镇国上将军(从二品下)者1人,明威将军(正四品下)升宣威将军(正四品中)者3人,明威将军(正四品下)升广威将军(正四品上)者3人,也就是说,在18例中,从正四品下阶升至较高品级下阶的情况共12例,占67%,正四品下阶升至正四品中、上阶者共6例,占33%,而正四品下阶升至较高品级中、上阶者则一例也没有。这样的情况,在其他品级也大体相似。

当然,《元史》的传记并不完全可靠,其中有可能会省略官员散官的升迁步骤,但若元代散官的升迁情况的确如上文所述,那么授各品级下阶的次数应远远多于授中、上阶的次数。实际情况是否如此呢?经过统计,《元史》传记中所记载的,元代武散官的授官情况如表4-6。

从表4-6所见,绝大多数品阶被授予的次数均为下阶远远多于中阶和上阶,仅正二品例外。因为元代的武散官实际上并无正从一品,正二品是最高品级,正二品上阶的龙虎卫上将军亦即元代武散官最高的1阶,所以经常作为殊荣被特授。从表4-6中可以看出,蒙古国时期征南将领承制封拜时,最常给授的也是最高阶的龙虎卫上将军,所以

表 4－6《元史》所载元代武散官授官情况表

品级	散官名	蒙古国时期	元朝	封赠	共计
正二品上	龙虎卫上将军	13	9	4	26
中	金吾卫上将军	2	5	1	8
下	骠骑卫上将军	2	9		11
从二品上	奉国上将军	2	3		5
中	辅国上将军	1	11	2	14
下	镇国上将军	7	48	1	56
正三品上	昭武大将军		10		10
中	昭毅大将军		19		19
下	昭勇大将军	1	61		62
从三品上	安远大将军		6		6
中	定远大将军		15		15
下	怀远大将军	2	64	3	69
正四品上	广威将军		9		9
中	宣威将军		4		4
下	明威将军	1	30	1	32
从四品上	信武将军		5		5
中	显武将军		5		5
下	宣武将军		42		42
正五品上	武节将军		9		9
下	武德将军	1	14		15
从五品上	武义将军		7		7
下	武略将军		28		28
正六品上	承信校尉		1		1
下	昭信校尉		9		9
从六品上	忠武校尉		3		3

续表 4－6

品级	散官名	蒙古国时期	元朝	封赠	共计
下	忠显校尉		4		4
正七品上	忠勇校尉		1		1
下	忠翊校尉		2		2
从七品上	修武校尉				0
下	敦武校尉		1		1
正八品上	保义校尉				0
下	进义校尉		1		1
从八品上	保义副尉				0
下	进义副尉		1		1

正二品的情况较为特殊，上阶被授予的次数最多。

如果除去正二品的特殊情况，自从八品至从二品共 13 级，《元史》所载被授予武散官共 435 例，其中授下阶者 322 例，占 74%，授上阶者 56 例，占 13%，授中阶者 57 例，占 13%。由于中阶仅从四品以上有，所以有必要再单独统计从四品至从二品的情况，授散官共 353 例，授下阶者 261 例，占 74%，授中阶者 57 例，占 16%，授上阶者 35 例，占 10%。授中阶的比例略高于上阶。这是因为在元代，散官的升迁方式是以逐级升迁为主，以逐阶升迁为辅。其升迁途径大约如图 4 所示。

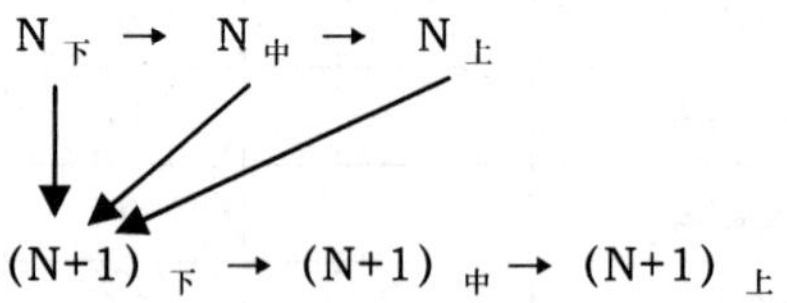

图 4　元代散官升迁方式图

即元代官员散官升迁，最常见的途径是从 $N_{\text{下}}$ 阶到 $(N+1)_{\text{下}}$ 阶；其次是从 $N_{\text{下}}$ 阶到 $N_{\text{中}}$ 阶，再到 $(N+1)_{\text{下}}$ 阶；最少见的途径是从 $N_{\text{下}}$ 阶到 $N_{\text{中}}$ 阶，再到 $N_{\text{上}}$ 阶，再升至 $(N+1)_{\text{下}}$ 阶。也就是说，假设元代一位散官

为 N 级下阶($N_{下}$)的官员,他想要得到 N 级上阶($N_{上}$)散官,必须先升至 N 级中阶($N_{中}$),然而在这个过程中,很多官员在 $N_{下}$ 和 $N_{中}$ 之后,已经升入$(N+1)_{下}$阶,因此获得上阶的人相对较少。

虽然本书用大量篇幅描述了这一升迁方式,但实际上如果了解明代的散官制度,元代的散官升迁制度就一目了然。明代的散官,正二品至从四品,每一级分为初授、升授、加授 3 阶,分别相当于元代的下阶、中阶、上阶,正五品以下分为初授和升授,相当于元代的下阶、上阶。明代规定:"初入流者,与对品初授散官,任内历俸三年,初考称职,与升授散官,又历俸三年,再考功迹显著,方与加授散官,若考核平常者,止与初授。……若升等者,止与对品初授。"[1]可见在明代逐级升迁已经是明文规定的制度,升授、加授仅作为考优之奖励。这种升迁办法,在元代史料中我们虽然没有看到书面规定,但在实际实行中已初现端倪。元代的这种升迁方式,也是明代散官与职官品级完全对应的制度产生的重要原因。

了解了元代的散官升迁方式,对于记载有差异,而传记资料中又没有材料来证明其上下顺序的散官品级,就可以依靠其被授予的次数多少来判断其为上阶或下阶。从表 4-6 可见,从五品以上的品级均可看出下阶与中阶、上阶被授予次数之间的显著差异,但由于六品以下,《元史》中记载很少,所以需依靠其他材料来进行统计。在此我们参考《四库全书》所收元人文集中所载元代官员被授予六品以下散官的情况,再次进行统计。经过初步统计,《四库全书》所收元人文集中,基本可以确定是元代官员授六品以下武散官的情况如表 4-7。

由表 4-7 可见,六品以下散官的授予情况也与五品以上相同,下阶授予的次数远远高于上阶。以此表,我们亦可判断出无直接史料证明的,记载有差异的正六品、从七品、正八品的散官顺序应均以《元史》记载为准。

[1]《正德大明会典》卷 8《吏部·验封清吏司·散官》,第 105 页。

表4-7 《四库全书》元人文集中元代武散官授予情况表

品级	散官名	蒙古国时期	元朝	封赠	共计
正六品上	承信校尉		3		3
下	昭信校尉		23		23
从六品上	忠武校尉	3	2		5
下	忠显校尉	2	46		48
正七品上	忠勇校尉		3		3
下	忠翊校尉	1	29	1	31
从七品上	修武校尉	1	2		3
下	敦武校尉	1	32		33
正八品上	保义校尉		2		2
下	进义校尉		18		18
从八品上	保义副尉		4		4
下	进义副尉		28		28

从以上考证可以看出，关于元代散官的记载，除武散官正三品的顺序错误外，《元史》的记载基本是可信的，而《元典章》和《事林广记》虽然成书时间早于《元史》，但其与《元史》相异处均误。《元典章》和《事林广记》均为江南的民间出版物，大概"官制"这一部分史源相同。

5 元代散官的授予

元代官员获得散官的情况可大体分为两种,第1种是先通过各种途径担任吏职、流外职等准备性职位,逐渐转入流品,担任正从九品或其他品级职事官,以流内官资历作为前资,获得相应品级的散官。这属于常规入仕途径。第2种是白身入仕。白身入仕属于入仕的特殊途径,可在无前资的情况下,在首次获得职事官的同时获得较低品级或同品级散官。元代铨选制度的基本原则要求白身入仕者授予较低品级散官,通常低于职事官品级二等。如下编第3章引用过的《干公神道碑》:

> 仁宗临御之始,有诏著取士令。……故事布衣入官,[散](假)阶当[下]二等。主选吏以举人亦起于布衣,疑未决,上特命蒙古人与正六品阶,后勿用为例,余皆与对品阶。[1]

可知布衣入仕,散官低于职事官二等。怯薛入仕根据民族成分不同散官所降等级有差,《元史·选举志》:

> 凡怯薛出身……至元二十年(1283)议"久侍禁闼、门地崇高者,初受朝命,散官减职事一等,否则量减二等"。至大四年(1311),诏蒙古人降一等,色目人降二等,汉人降三等。[2]

刘埙《元贞陈言》亦有:"散官降职事三等,选曹守无谓之规。"[3]可知通常情况下,白身入仕,在获得职事官的同时直接获得低于职事官品级一等至三等的散官。但从后文的研究可知,有3种获得同品级散官

[1]黄溍:《嘉议大夫礼部尚书致仕干公神道碑》,收入《金华黄先生文集》卷27续稿24。元刻本与元抄本均作"假阶当二等",但根据下文所引宋濂的《黄公行状》,此句当作"散阶当下二等"。

[2]《元史》卷82《选举志二》,第2037页。

[3]刘埙:《隐居通议》卷31《杂录·元贞陈言》,收入《景印文渊阁四库全书》866册,第266页。

的特殊情况：第一，荫叙出身获得同品级散官，大概由于荫叙来自承袭制度，被认为是获得父祖不再担任的已有官职，因此无须降等授予散官，此外，荫叙出身者需要经历一年傔使才能任官，可以看作“前资”或降等授予散官的替代。第二，科举出身获得同品级散官，这是政府对科举一途表示重视的特殊待遇。第三，一部分怯薛出职获得同品级散官，这些怯薛大都属于家世特别显赫的“大根脚”出身，或是曾做出特殊贡献。

元代散官已经基本成为职事官的附属品，仅具有标志应得职事官品级的意义，〔1〕大部分情况下，只有在获得职事官的同时才能获得散官，因此元代获得散官的途径即官员入仕获得职事官的途径。关于元代的仕进之途，学界已有一些零散研究，如萧启庆、桂栖鹏、丁崑建、姚大力、陈高华等对元代科举有过比较详细的研究，〔2〕许凡对元代由吏入官的途径进行过研究，〔3〕萧启庆、片山共夫提到过怯薛出职的情况，〔4〕于金生、申万里等研究过元代学官选举的情况，〔5〕王建军研究过学生入仕，〔6〕梁慧也曾提及元代世系与荫叙的情况。〔7〕然而目前

〔1〕关于元代散官标志应得职事官品级的意义，在下编第6章《元代散官的升迁》第2节《理算法》中将会详细讨论。

〔2〕萧启庆：《元代科举与菁英流动——以元统元年进士为中心》，收入萧启庆：《内北国而外中国——蒙元史研究》上册，北京：中华书局，2007年，第185－215页。萧启庆：《元代科举特色新论》，收入《中央研究院历史语言研究所集刊》第八十二本第一分，2010年，第1－36页。丁崑建：《元代的科举制度》，《华学月刊》第124期，1982年，第46－57页，第125期，1982年，第28－51页。姚大力：《元代科举制度的行废及其社会背景》，收入《元史及北方民族史研究集刊》第6辑，1982年，第26－59页。桂栖鹏：《元代进士研究》，兰州：兰州大学出版社，1997年。陈高华：《元泰定甲子科进士考》，原载《内陆亚洲历史文化研究——韩儒林先生纪念文集》，南京：南京大学出版社，1996年，收入陈高华：《元史研究新论》，上海：上海社会科学院出版社，2005年，第421－436页。

〔3〕许凡：《元代吏制研究》，北京：劳动人民出版社，1987年。

〔4〕萧启庆：《元代的宿卫制度》，收入《元代史新探》，台北：新丰文出版公司，1983年。收入萧启庆《内北国而外中国：蒙元史研究》，北京：中华书局，2007年，第216－255页。片山共夫：《关于元朝怯薛出身者的家世》，收入内田吟风等著，余大钧译：《北方民族史与蒙古史译文集》，昆明：云南人民出版社，2003年，第591－668页。

〔5〕于金生：《元代地方学官的选任与考迁制度》，载《内蒙古社会科学》1992年第2期，第64－68页。申万里：《元代学官选注巡检考》，载《中央民族大学学报》2005年第5期，第73－79页。

〔6〕王建军：《元代国子监研究》，澳门：澳亚周刊出版有限公司，2003年。

〔7〕梁慧：《元代官制中的世袭和荫叙》，西北师范大学硕士学位论文。

为止没有人系统叙述元代的入仕途径，更没有人从散官的角度进行铨选方面的研究。因此本章将以散官授予为中心，概述元代的仕进之途。

根据《元史·选举志》所载，元代官员的入仕途径大略如下：

其出身于学校者，有国子监学，有蒙古字学、回回国学，有医学，有阴阳学。其策名于荐举者，有遗逸，有茂异，有求言，有进书，有童子。其出于宿卫、勋臣之家者，待以不次。其用于宣徽、中政之属者，重为内官。又荫叙有循常之格，而超擢有选用之科。由直省、侍仪等入官者，亦名清望。以仓庾、赋税任事者，例视冗职。捕盗者以功叙，入粟者以赀进，至工匠皆入班资，而舆隶亦跻流品。诸王、公主，宠以投下，俾之保任。远夷、外徼，授以长官，俾之世袭。凡若此类，殆所谓吏道杂而多端者欤。矧夫儒有岁贡之名，吏有补用之法。曰掾史、令史，曰书写、铨写，曰书吏、典吏，所设之名，未易枚举。曰省、台、院、部，曰路、府、州、县，所入之途，难以指计。[1]

这段话中提及的入仕之途有“学校，荐举，宿卫勋臣，内官，荫叙，直省，侍仪，仓庾、赋税，捕盗，入粟，工匠，投下，远夷，岁贡儒生，补选吏员”等。但严格说来，这些途径并不都是获得职事官的途径，其中大部分是获得吏职，学官、钱谷官等流外职和流外首领官的途径。《选举志》把获得吏职和流外职的途径也看作入仕途径，与前代颇为不同。因为在元代，大部分情况下获得吏职、流外职即获得了进入仕途、获得职事官的可能，类似于前代的获得出身。此外，即使获得正从九品流内官，由于元代没有正从九品散官，在大部分情况下也无法获得散官，必须迁转入从八品及以上职官，才能获得相应散官。在元代，正从九品职事官的地位非常暧昧，常常与吏职、流外杂职和流外首领官相互迁调，可以说吏职、流外杂职、流外首领官和正从九品职事官所构成的职位体系部分取代了前朝散官的部分功能，成为官员正式进入严格意义的官僚集团之前的准备性职位。这种准备性职位的边界也是暧昧不明，往下

〔1〕《元史》卷81《选举志一》，第2016页。

看,某些低级杂职官职位向上无法通往流内官系统,其地位相当于杂役,不能成为准备性职位。往上看,某些正从七品职事官仍可与吏职相互迁调,成为进一步升迁的跳板。此外,还有一点与前朝散官不同者,即前代必须先获得散官才能出职,而元代除了先经历准备性职位外,也有大量白身入仕,直接获得散官的途径。

简单说来,元代首次摒弃了前代散官作为官员经历准备阶段时的标志之功能,而在元代替代散官行使这一功能的职位颇为复杂,大体可以分为3类,分别是吏职、流外职和正从九品职事官,其中,正从九品职事官虽然没有散官,但已经入流,可作为获得散官的"前资",是获得散官的最后一步。这3类准备性职位并非彼此独立的3条入仕之路,而是一张相互交错的入仕之网,3类职位之间常常互相迁转,或按照制度规定必须互相迁转,官员根据出身、才能、入仕途径的不同,可以被指定走一条最短的直路,或是走一条之字形前进道路,或走一条平行迂回的道路,也有某些特殊人士甚至可以越过这一张入仕之网,直接进入严格意义的官僚集团,获得散官,即所谓的白身入仕。这张入仕之网中的各条道路实际上是经过排列组合获得严格意义职事官的多种途径。与之前比,金代获得职事官的途径已经被其获得散官的方式提前规定好了,各条途径彼此独立,并不相交,进士出身获得散官与荫叙出身获得散官者,之后获得和迁转职事官的途径和速度有很大差别。但元代的入仕之途可以在入仕之网中随时根据官员的个人能力进行调整,这就大大增加了官员进入中级官僚集团之前职位的数量和可使用次数,进而增加了迁转的灵活度。这种功能因其便利性和灵活性,也被用于低品级官员迁转的润滑和调度。3类职位中的一部分向上延伸到与正从七品职事官相平行的地位,使得元代低品级官员的迁转灵活度也大大增加了。

从这个角度来看,元代获得散官的途径可大略分为3类。一类是吏员出职,一类是流外入流,一类是白身入仕。《元史·选举志》提及的诸多途径中,荐举、宿卫等无疑是白身入仕。学校出身者多任学官、吏员,即分别归入流外入流和吏员出职。荫叙出身者分为两类,父祖官职在五品以上者可直接担任流内官，属于白身入仕，六品以下者荫叙巡检和流外钱谷官，是为流外入流。岁贡儒吏和吏员补选，作为获得流外职的途径有所不同，但作为获得散官的途径，两者并无差别，选为吏员之后，有可能直接进入从八品以上职事官，也有可能迁转为流外职。《选举志》中没有提到的科举、特授等亦属于白身入仕。此外，《选举志》中列出的宣徽、中政，属于自辟属官机构，其官员主要由怯薛或吏员出身，亦有白身入仕者，是为自行委付。直省、侍仪多是宿卫出身，如彻里帖木儿，“早备宿卫，擢中书直省舍人，遂拜监察御史”。[1] 又如纳麟，大德六年(1302)以名臣子入备宿卫，十年除中书舍人。[2] 这是两个怯薛经常担任的职位，并不是严格意义上的入仕之途。还有封赠获得散官者，与仕途无关，归入其他途径，单独讨论。

这3类途径，前两类属于任过准备性职位迁转入流者，亦即常规途径，后一种即白身入流者，可谓特殊途径。流外入流者，吏员为主，白身入仕者，宿卫为主。姚燧曾总结元代的仕进之途，认为“太凡今仕惟三涂，一由宿卫，一由儒，一由吏。由宿卫者，言出中禁，中书奉行制敕而已，十一之。由儒者，则校官及品者，提举、教授出中书，未及者，则正、录而下出行省宣慰，十分一之半。由吏者，省、台、院、中外庶司郡县，十九有半焉”。[3] 从这段话可以看出吏员和宿卫是元代最重要的出仕之途，而吏员作为普通途径，涵盖了绝大多数官员的出身。

5.1　吏员出职入流

5.1.1　吏员的补选、迁转、出职

关于元代吏员的补选、吏员内部迁转、吏员出职等情况，在许凡的

〔1〕《元史》卷142《彻里帖木儿传》，第3403页。

〔2〕《元史》卷142《纳麟传》，第3406页。

〔3〕姚燧：《送李茂卿序》，收入《牧庵集》卷4。

《元代吏制研究》中均有比较详细的讨论,[1]在此概述如下并稍作补充。

元代成为吏员主要有四种途径,一为吏员补选,二为岁贡儒吏,三为学生充吏,四为职官充吏。吏员补选,包括以下几种情况:(1)地方政府补选耆老所荐白身之人;(2)地方政府补选贴书、写法、主案等见习吏员;(3)中央政府补选自荐或他人荐举白身之人;(4)中央政府补选见习吏员。岁贡儒吏,指地方政府向中央政府贡举优秀的儒吏,实行科举之后,下第者亦可获得岁贡资格。[2] 被贡举者通常担任六部令史或廉访司书吏等职。学生充吏:指国子学生、国子伴读生补充六部吏员,或蒙古字学生、回回字学生充当通事、译史等。职官充吏在大部分情况下并不属于获得散官的途径,因为多数职官在选充吏员之前已经带有散官。但也有一部分流外民职又选充吏员,出职后获得散官。

吏员内部也有一套迁转系统,可分为地方吏员迁转,中央吏员迁转,地方吏员向中央吏员迁转等3个部分。地方政府吏员迁转:各级地方政府的吏员由较低品级衙门向较高品级衙门逐次迁转,至路司吏为止。中央机构吏员迁转:以六部为起点,逐次向御史台、枢密院,再向中书省和行省迁转。地方吏员转入中央吏员:通过岁贡儒吏这一渠道,将地方的优秀吏员或直接贡入吏部,或先选为廉访司书吏,再进入六部担任令史。

吏员出职,在元代不同时期规定也有所不同,总的来说,越到后期,出职的条件越苛刻,出职品级越低,所需时间越长。吏员出职的情况可大体分为3类。

第一类是地方政府吏员出职,通常需先历一届钱谷官,然后担任

---

〔1〕许凡:《元代吏制研究》,吏员补选见第3章《吏员选用制度》,第3节《白身补司吏、县司吏》,第2节《见习吏员任吏》,第3节《儒充任吏职》,第56-101页。吏员内部迁转见第2章《吏员出职制度》,第1节《基层衙门吏员出职体例》,第20页。吏员出职见第2章《吏员出职制度》第1节《基层衙门吏员出职体例》,第2节《廉访司及以上衙门吏员出职体例》,北京:劳动人民出版社,1987年,第16-41页。

〔2〕傅若金:《送傅子通赴北山书吏序》,见《傅与砺文集》卷4,收入《北京图书馆古籍珍本丛刊》92册影明洪武十七年(1384)刻本,第701页。

典史、吏目、都目、提控案牍等流外首领官，一定任期后授予从九品职事官。路总管府的通事、译史，在地方吏员中地位最高，任钱谷官后可注授巡检。

第二类是上都路、大都路、廉访司、宣慰司吏员出职，根据所在机构和具体职务不同，经过60个月或90个月任期，担任提控案牍、巡检或从九品至正八品职事官。

第三类是六部、枢密院、御史台、中书省吏员出职，这部分吏员处于吏制金字塔的顶端，出职规定也最为优厚，根据所在机构和具体职务的不同，三考之后通常可以铨注从八品至最高正六品官职。所注授官职多为知事、照磨、管勾、主事、都事、经历等各机构流内首领官。

在吏员出职时，有如下几点原则：

(1)中央机构的令史、掾史、知印、通事、译史，廉访司、宣慰司司吏，地方政府书吏等地位最高，出职品级亦最高，各部门宣使、奏差次之，典吏再次之。

(2)吏员出职以90个月为考满，以上所述对于出职品级的规定，均指考满而言。任职不足90个月者亦可出职，担任吏职时间越短，则出职品级越低。

(3)对于中央机构吏员出职品级的规定，均针对中书省派遣的吏员而言。各机构自行补选（被称为自行踏逐）的吏员，出职品级降等。

元代的吏员选补、内部迁转以及出职程序，大略如图5－1所示。

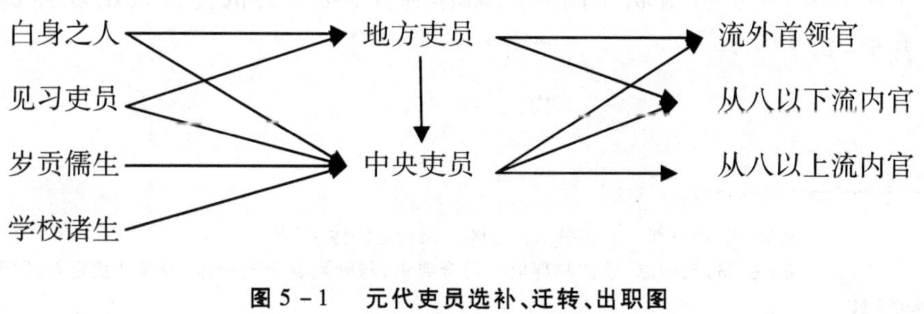

图5－1　元代吏员选补、迁转、出职图

如图 5 -1 所示,吏员出职的去向有 3 种情况:

(1)担任流内从八品以上职事官,一般来说在获得第一任职事官的同时即可获得散官,散官品级等于按照规定其出职应叙职官品级。

(2)担任流内正从九品职事官,暂时没有散官,按照"从九三考升从八,正九两考升从八"的规定升入从八品以上,[1]即可获得应叙品级散官。

(3)担任流外官,根据规定也可渐次转入流内,待升入从八品以上时获得应叙品级散官。

由于本书着眼于散官的获得,因此本节只讨论前两种情况,即由吏员出职担任流内职事官获得散官者,因为这两种情况是直接由吏员获得散官者。第 3 种情况属于流外入流获得散官,在后面的章节进行讨论。

出职能够担任正从八品以上流内职事官者主要是中央各机构吏员,如上所述,包括六部、行台、行院、行省、御史台、枢密院、中书省的宣使、奏差、译史、通事、令史、掾史,以及宣慰司令史等,宣慰司的其他吏员和廉访司吏员地位较低,通常只能出职任正从九品流内官及流外首领官。需要注意的是,典吏在吏的系统中地位较低,六部典吏,除户部填写勘合典吏地位重要,等同于六部令史外,[2]其余六部典吏两考出职任吏目,台、院典吏两考出职任都目,均为流外首领官,与其他中央机构吏员出职规定不同。元代史料中对于这些机构的吏员出职都有比较详细的规定,许凡也做了比较系统的研究,为了下文便于讨论,参照许凡书中的《吏员出职体例表》,略作补充,列中央机构吏员出职体例表 5 -1。[3]

---

[1]《元典章》卷 8《吏部二・官制二・选格》"循行选法体例"条。

[2]《元史》卷 83《选举志三》:"户部填写勘合典吏,与管勘合令史一体,考满从优定夺。"第 2082 页。

[3]许凡:《元代吏制研究》第 2 章《吏员出职制度》中有一《吏员出职体例表》,第 39 页。本表基本参照许凡表,但做了一些修正和补充。

表 5-1 中央机构吏员出职体例表

	三考考满	二考	一考	20个月以上	15个月以上	10个月以上	10个月以下
省蒙古必阇赤	正六						
省必阇赤、掾、通事、译史、知印	从六	正七	从七				
行省、台、院、大司农司、宣徽院令史、通事、译史、知印	正七	验月日定夺		从八	正九	从九	巡检
六部、行台、行院令史、通事、译史、知印,省宣使	从七	验月日定夺		正九	从九	令史提控案牍 通事、译史巡检	
六部译史、通事	从七			正九	从九		巡检
宣慰司令史	正八						
行省、台、院宣使	正八	验月日定夺		从九	巡检	酒税醋使	
行台、行院宣使	从八						
六部奏差	从八	验月日定夺	巡检	酒税醋使	酒税醋都监		
台、院典吏	*都目*						
六部典吏[1]	*吏目*						

说明:台、院、六部典吏出职任流外首领官,不属于出职任流内职事官者,但台、院六部典吏亦属中央机构吏员,因此列入表中,用斜体字表示。

表 5-1 中加阴影部分即中央机构吏员出职担任从八品以上职事官的情况。从文集传记材料来看,这部分吏员考满出职即可获得应得

〔1〕户部填写勘合典吏等同于令史,考满出职从七品,在此不单独列出。

品级职事官和散官。如李天祐，湖广行省掾史出职，任象山县尹（中县，正七），承事郎（正七下）。[1] 有一些部门吏员出职的规定在《元典章》和《元史·选举志》中没有记载，无非也是根据衙门品级，比照相同品级机构吏员出职的标准。如周贞由翰林院译史出职，补监广盈仓出纳（正八），将仕郎（正八）。[2] 周贞卒于至正元年（1341），时年 71 岁，即生于至元八年（1271），假设他在 20 至 30 岁之间由翰林院译史出职，在此期间，翰林院为从二品衙门，可比照同为从二品衙门的宣慰司吏员出职吏，即令、译史出职正八品。

5.1.2 吏员出职的特殊情况

有不少吏员出职所授官职品级不符合表 5－1 所列，如郝伯鲁，仁宗时期（1311—1320 年在位）任户部史，改太医院，出职任万亿绮源库知事（从八），将仕佐郎（从八下）。[3] 出职品级未免太低，大概是因为任期不够，或自行踏逐降等出职等原因。又有一些特殊时期的特殊情况，如王惟贤，由户部掾转宣徽掾，补中书掾，延祐二年（1315）出职工部主事（从七），从仕郎（从七下）。[4] 又如慕完，由廉访司书吏补礼部令史、御史台及中书省令史，出职任大都留守司都事（从七），改户部主事（从七），又移刑部，3 年后调任江西省都事（从七），再改山东道廉访司经历（从七），散官始终是从仕郎（从七下），《慕公墓志铭》对这一情况做了说明："故事，中书掾出官从六品，仁皇痛惩吏弊，终考者降二等，至从七品止。"因为元仁宗延祐元年规定"吏人转官，止从七品，在选者降等注授"，[5] 故而王维贤和慕完由中书省令史出职，只能担任从七品职事官，散官也授以从七品下阶从仕郎。但这种情况只持续到泰定帝（1323—1328 年在位）登基，就恢复了世祖（1260—1294 年在位）旧制。因此《慕公墓志铭》亦记载："俄以愚哲同滞，俾得展升。……拜

[1] 苏天爵：《故承事郎象山县尹李侯墓碑》，收入《滋溪文稿》卷 18，第 297 页。

[2] 苏天爵：《元故正议大夫佥宣徽院事周侯神道碑铭》，收入《滋溪文稿》卷 17，第 283 页。

[3] 苏天爵：《万亿绮源库知事郝君墓志铭》，收入《滋溪文稿》卷 19，第 326 页。"太医院"，李氏抄本、适园本、徐刻本均作"太史院"。

[4] 苏天爵：《元故大中大夫大名路总管王公神道碑铭》，收入《滋溪文稿》卷 17，第 274 页。

[5]《元史》卷 25《仁宗纪二》，第 566 页。

监察御史(正七),即超授奉议大夫(正五下)。”最终官至从二品侍御史。[1] 王维贤在延祐、至治(1321—1323)年间一直担任六部主事等从七品职事官,散官也始终是从七品下阶从仕郎,在泰定元年(1324),“先时诏由吏出官者止从七品,至是许至四品”,因此注授中书省左司都事(正七),“超迁五阶官奉直大夫”(从五上),最终官至正三品大名路总管。[2]

也有不少出职所任职事官和散官品级不符的例子。通常情况下散官品级高于职事官品级。这是由于元代的“理算法”造成的。元代散官的重要作用之一就是标志官员的应得职事官品级。由于职事官窠缺有限,官员能力高低不同,因此在授官时往往无法严格按照规定注授某品级职事官,此时授予符合应得品级的散官,用来标志此官员的应得品级,而职事官则可较为灵活地授予较高或较低品级职位。关于元代的“理算法”,在下编第 6 章《元代散官的升迁》中还会详细讨论。

理算法在吏员出职方面有一重要体现,即“回降”制度。《元史·选举志》中有 3 条至元六年(1269)关于“回降”制度的条文:

> 今拟省令译史、通事,由六部转充者,中统四年(1263)正月已前,合与直补人员一体,拟九十月考满,注六品职事,回降正七一任,还入六品。中统四年正月已后,将本司历过月日,三折二,验省府月日考满通理,九十月出职,与正七职事,并免回降。
>
> 职官充省令译史,旧例文资右职参注,一考满,合得从七品,注从六品,未合得从七品,注正七品,如更勒留一考,合同随朝升一等。一考满,未得从七注正七品者,回降从七,还入正七。
>
> 中统四年正月已前,收补部令史、译史、通事,拟九十月为考满,照依已除部令史例,注从七品,回降正八一任,还入从七。中统四年正月已后,充部令译史、通事人员,亦拟九十月为考满,依旧例

[1]许有壬:《故中奉大夫侍御史慕公墓志铭》,见《至正集》卷 59,收入《元人文集珍本丛刊》第 7 册影聊城邹道沂石印本,第 275－276 页。

[2]苏天爵:《元故大中大夫大名路总管王公神道碑铭》,收入《滋溪文稿》卷 17,第 274 页。

正八品职事,仍免回降。[1]

以上关于回降的规定,第一条针对由六部吏员转充的中书省令史、译史、通事,这类吏员考满应出职六品,但规定中统四年之前任职者,考满"回降正七一任",即第一任职事官注授正七品职位,之后再回到六品。根据这条规定看,中统四年之后出职者注正七品,不必回降。然而根据《元典章》的记载,至元十四年制定的《循行选法体例》有"省掾一考从七,两考正七,三考从六。通事、译史同"一条,[2]可见至元十四年时已恢复了中书省掾出职从六品的规定,元代绝大部分时段内,省掾考满出职六品,然而至元十四年之后是否仍需回降,在《循行选法体例》中没有提到。

从传记资料来看,元代由中书省掾出职者几乎无人能够第一任注授六品职事官,几乎全是授予六品散官,七品职事。如董讷,由燕南、河东廉访司书吏补吏部、御史台令史,再补中书省掾,皇庆(1312—1313)初年出职工部主事(从七),承直郎(正六下)。[3] 黄肯播,由山北、燕南道廉访司书吏补兵部、御史台令史,再补中书省掾,出职中书省检校官(正七),承直郎(正六下)。[4] 李守中,由户部、通政院、留守司令史补中书省掾,出职保定满城县尹(中县,正七),承直郎(正六下)。[5] 因此很可能在至元十四年恢复省掾考满出职从六品时,也恢复了回降的精神,即铨注较低品级职事官。从传记史料来看,这条规定很可能并不只针对中书省掾出职,只要是吏员出职应注六品者,几乎都会遵此原则。如王文若,由东曹掾出职兵部主事(从七),承务郎(从六上)。[6] 李羽,由吏部掾补宣徽掾,出职宣徽院架阁库管勾(正八),承务郎(从六上)。[7]

---

[1]以上《元史》卷83《选举志三·铨法下》,第2068页。

[2]《元典章》卷8《吏部二·选格》"循行选法体例·吏员宣使奏差迁转"。

[3]苏天爵:《故嘉议大夫江西湖东道肃政廉访使董某行状》,收入《滋溪文稿》卷23,第387页。

[4]苏天爵:《故奉政大夫辽阳行省郎中黄公神道碑铭》,收入《滋溪文稿》卷15,第241页。

[5]苏天爵:《元故嘉议大夫工部尚书李公墓志铭》,收入《滋溪文稿》卷11,第173页。

[6]苏天爵:《礼部员外郎王君墓志铭》,收入《滋溪文稿》卷13,第207页。

[7]苏天爵:《元故广宁路总管致仕礼部尚书李公墓碑铭》,收入《滋溪文稿》卷16,第266页。

第二条针对“职官充省令译史”者，若改职官下一任不应得从七品，选充省令译史，考满可注正七品，但需“回降从七，还入正七”，即考满可授予正七品散官，标志其资历已经达到正七品，但职事官需注授从七品者。这一条规定并非针对吏员出职者，严格说来与本节内容无关，仅举一例。李璋，“（至元）二十一年，授将仕郎（正八上），象州路总管府知事（从八），未任，选为湖广省掾……二十七年，除常州路平准行用库提领（从七）……元贞元年（1295），授承事郎（正七下），尹赣之兴国（中县，正七）”。[1]

第三条针对六部令史、译史、通事，这类吏员考满应出职从七。至元六年规定，中统四年前选充者，注从七品，回降正八一任，下一任再注从七。中统四年后，出职正八品职事。然而根据《元典章》“循行选法体例”条，至元十四年规定省宣使、六部令译史出职从七品，[2]可知与中书省掾的情况相同，最晚在至元十四年已经恢复了六部令译史出职从七的规定，根据碑传史料来看，至元十四年前后，六部令史出职从七，大约仍需回降，苏天爵《韩公神道碑铭》，韩冲于至元初年补翰林书写，后“擢户部掾。江淮初定，北人除官者帅惮往，诏升二等，公慨然请行，进从仕郎（从七下）、太平路总管府经历（从七）”。[3] 韩冲主动前往江淮，因此升二等，注授从七品。可见本应授从七品散阶，回降正八品职事官，下一任再授从七品职事。除六部令译史外，还有一些应该出职从七品的中央机构吏员，往往注授从七品散官，正八品职事。如王德新，由淮西、山东廉访司书吏补刑部、集贤院掾史，出职山东廉访司知事（正八），承事郎（正七下）。[4] 靳孟亭，广西宣慰司令史，出职赣县丞（正八），从仕郎（从七下）。[5] 大概出职回降的精神也延伸到了出职

---

〔1〕吴澄：《有元朝列大夫抚州路总管府治中致仕李侯墓碑》，见《吴文正公集》卷33，收入《元人文集珍本丛刊》第3册，第562页。

〔2〕《元典章》卷8《吏部二·官制二·选格》“循行选法体例”条。

〔3〕苏天爵：《元故奉元路总管致仕工部尚书韩公神道碑铭并序》，收入《滋溪文稿》卷12，第182页。

〔4〕张养浩：《有莘王氏先德碑铭》，见《归田类稿》卷12，收入《景印文渊阁四库全书》1192册，第575页。

〔5〕苏天爵：《大元赠中顺大夫兵部侍郎靳公神道碑铭》，收入《滋溪文稿》卷7，第97页。

品级与六部吏员出职品级相同的吏员身上。

“回降”制度最早出现于金代,元代史料中出现不多,往往出现在早期制度中。无论是史料还是前人论著中都没有解释过这个词的含义。在金代,回降指的是官员优选,铨注较高品级的职事官,考满之后任回复降。《金史·选举志》:“旧格,随朝苦辛验资考升除者,任满回日而复降之。如正七满回降除从七品,从五品回降为六品之类。”[1]《金史·孙即康传》:“旧制,尚书省令史考满优调,次任回降,崔建昌已优调兴平军节度副使,未回降即除大理司直。”[2]可见在金代,尚书省令史考满优选者是回降的重要人群。这是金代增加铨选灵活性的手段之一。元代早期大概曾短暂实行过类似于金代的回降制度,如前引材料所示,至元六年(1269)之前大概吏员出职优选者均如金代制度,先任较优的N级职事官,然后回降N-1级一任,再重新铨注N级职事官。如下编第4章讨论过的,至元六年之前,散官尚不具备标志官员应得品级的功能,很可能散官和职事官品级同升同降,因此照搬了金代的回降制度。至元六年已规定中统四年(1263)之后补选的吏员出职不再回降。但从至元十四年之后的情况来看,回降的精神被元人继承,包含在元代的“理算法”之中。“理算法”最为常见的现象之一即高级吏员出职后,铨注比应得品级低一至二等职事官。譬如吏员出职本应注授N级职官,但实际上只注授N-1或N-2级职事官,同时授予N级散官标识其应得品级。明显继承了“考满注N级,回降N-1级,还入N级”的精神。尤其中书省掾出职,几乎无一例外均注授较低品级职事官,继承了金代尚书省令史考满优选,任回复降的传统。只不过元代广泛应用“理算法”,其中已完全包含了回降的精神,不再需要单独提出回降之制。

或者有另外一种可能,即在元代仍然使用“回降”一词,但其含义与金代已有所不同。《元典章》中至元十四年的《循行选法体例》条,其

---

[1]《金史》卷54《选举志四》,第1206条。

[2]《金史》卷99《孙即康传》,第2196页。

中有 3 条如下：

一，考满应得从七人注从六，回降正七，方入六品，合得正七人注六品，免回降。

一，考满未得从七品注正七，回降从七，方入正七。

一，正从六品人不合收补。如已补，合同随朝升等。

这 3 条明显是关于"职官充省令译史"的规定，但前后文没有说明，而且将其分作 3 条，大概是《元典章》编写过程中脱漏所致，容易引起读者误解，以为是普通铨选的规定。这 3 条显示出至元十四年仍在实行职官充省掾，出职回降的制度。但这里的回降指的大概是出职时铨注较低品级职事官，同时授予应得品级散官。与金代的"尚书省令史考满优选，注较高品级职事官，任回降级注授"不同。这是因为金代散官没有标志应得品级的功能，只有授予高品级职事官才能体现优选之优。而元代可以用散官来表示其应得品级，有此标志，即使先铨注了较低品级的职事官，之后铨选过程中仍可体现出优选的影响。因此，如果一定要说至元十四年之后仍在实行回降制度，则元代所谓"考满注 N 级，回降 N－1 级，还入 N 级"，即指吏员考满出职注授(N－1)级职官，N 级散官。因此在回降制度涉及到的范围内，吏员出职可能会获得高于所授职事官品级的散官，该散官品级等于出职应得职事官的品级，只是由于回降制度所限，官员铨注了较低品级的职事官。这一制度在元代已经成了"理算法"的一部分，因此元代史料中较少出现"回降"一词。

如前所述，大部分情况下，只有中央机构中的高级吏员才能出职铨注从八品或以上职事官，同时获得散官。但在史料中，也能看到个别级别较低的吏员，由于积累了较长时间资历，出职直接获得散官的例子。如黄溍的《王君墓志铭》载："(王奎)初以才见推择为吏于郡府，又以廉能见察举为浙东西福建三道宪司书吏，凡历四考，乃赴吏部，铨授将仕佐郎、婺州路总管府提控案牍兼照磨承发架阁库管勾。"[1]王奎由岁贡吏员一途自州府司吏成为廉访司书吏。四考之后铨注从八品下阶将仕佐郎、婺州路提控案牍兼照磨承发架格库管勾,按照至元二十八年规定:"各道廉访司书吏,于各路上名司吏内选取,九十个月考满,正九品迁叙。"[2]则廉访司书吏应三考出职,注正九品官,没有散官。但王奎历四考,因此授予从八品散官,但他所注职事官"诸路总管府提控案牍兼照磨承发架格库管勾"属于无品级流外首领官,自然因为窠缺有限。实际上,虽然至元二十八年规定廉访司书吏考满出职正九品,但大德年间(1297—1307)冗官现象严重,大德规定:"廉访司书吏实历请俸九十月,拟正九品铨注,任回添一资历升转。大德元年三月初七日已后创入廉访司人吏,九十月考满,如无过犯,历提控案牍一任,于从九品内迁用。"至大二年(1309)御史台上奏,认为:世祖(1260—1294年在位)时期,宪司书吏考满出职九品,"在后省官每故意沮坏台纲的上头,将先定立来的体例改了,年分月日满呵,部令史里、各路里的提控案牍里委付有。俺寻思来,耳目衙门里,和俺一处做伴当,掌管着大勾当有。似这般,他每根底若不与出身呵,不宜的一般有"。于是至大三年恢复世祖定制。[3] 王奎生于宋宝祐元年(蒙古蒙哥汗三年,1253),卒于元统二年(1334),他出职任提控案牍后被浙东帅阃辟为令史,调将仕郎、建德路总管府知事,升承事郎、延平路总管府经历,随即引年告老,以承直郎、庆元路总管府判官致仕。假设他按照元代规定,七十致仕,按照"从八两考升正八,从八三考升从七,正八两考升从七,从七三考升正七",[4]他自将仕佐郎升为将仕郎再升为承事郎,共需七考,即21年。王奎由廉访司书吏出职,注将仕佐郎,任路总管府提控案牍兼照磨架格库管勾,必然在大德四年(1300)之前,可以推测,至元(1264—1294)末年到大德初期,基层官员人数不断膨胀,冗官现象严重,因此为数不

---

[1]黄溍:《承直郎庆元路总管府判官致仕王君墓志铭》,收入《金华黄先生文集》卷37续稿34。

[2]《元典章》卷12《吏部六·吏制·书吏》"廉访司书吏出身"条。

[3]《元典章》卷12《吏部六·吏制·书吏》"台察书吏出身"条。

[4]《元典章》卷8《吏部二·官制二·选格》"循行选法体例"条。

少的宪司书吏出职无法铨注九品职事官,王奎任宪司书吏四考,大概也是因为窠缺有限,因此滞留一考。四考出职之后还是只能注授提控案牍,以散官标志其应得职位,王奎的遭遇很可能颇具代表性,因此大德四年才会规定廉访司书吏90个月出职,先任提控案牍,再于正九品职事官内迁用。至大三年虽然恢复世祖定制,但类似于王奎这样因员多阙少,滞留一考而由宪司书吏直接出职获得散官的情况很可能仍然存在。

5.1.3 职官充吏出职入流

本节开头已经说过,职官充吏出职在大部分情况下并不属于获得散官的途径,因为多数职官在选充吏员之前已经带有散官。但也有一部分流外常调官又选充吏员,出职后获得散官。如周潜心"用宪司试,为瑞金县儒学教谕,升吉安路学正,借注广州新会县药径砦巡检,辟广东元帅府令史……迁桂阳路总管府知事……历两考,进阶从仕郎、赣州录事"。[1] 又如赵执中"年未弱冠,以推择为吏,隶河南统军司……久次升提控案牍,历行中书、枢密两府掾。太师淮安忠武王以右丞相行中书省事,复署公为属……自行省令史拜中顺大夫(正四下)、寿昌府知府(正四)行同知真州路总管府事"。[2] 周潜心由巡检辟帅府掾,出职路总管府知事,赵执中由提控案牍任中书省、枢密院、行省令史,出职散府知府,均为由流外职选充吏员再出职入流的例子。不过严格说来,职官选充吏员,其担任吏员期间仍然理算职官月日,升迁办法也依照职官的升迁格例。如《至元新格》所规定:"吏员……由职官转补者,同职官例。"[3]可知流外官宣布吏员再重新出职,原则上与流外官出职办法相同。

元代前期没有实行科举,原因之一是高级吏员出职这一入仕途径

---

〔1〕欧阳玄:《元赠从仕郎吉安路吉水州判官周君潜心墓碑铭》,见《圭斋文集》卷10,收入《四部丛刊初编》影明成化刊本。

〔2〕黄溍:《福州路总管赠嘉议大夫太府卿上轻车都尉追封天水郡侯谥景惠赵公墓志铭》,收入《金华黄先生文集》卷31续稿28。

〔3〕《元典章》卷8《吏部二·官制二·选格》"至元新格"条。

基本上替代了唐、宋、金代科举的地位。至元早期，只有中央机构的吏员才能出职，地方政府吏员没有出职渠道。王恽《韩君墓碑铭》载，韩天麟至元二年由路总管府从事出身，勾补中书省令史，至元八年转御史台，后迁为吏礼部员外郎，韩天麟任吏部员外郎时"建言：'随朝掾史已有出职定例，外路吏资亦当与议，使至公均。'被准，其事行焉"。[1]可知早期吏员出职仅限于高级吏员。元代对于文武散官注授的规定承袭金代，至元十四年"循行选法体例"有"职官文武散官、照勘各官、若系汉儿人户及必阇赤吏员出身者，拟授文散官，其承袭军官、功绩诸色出身，拟授武散官。外，迁转官员，照出身拟授"。[2]《金史·选举志》："凡进士则授文散官，谓之文资官。自余皆武散官，谓之右职。"[3]可知元代"必阇赤吏员出身者"，其地位大约相当于金代进士举人出身。元代中书省令史考满出职从六品，其品级与金代状元所铨注散官品级相同，反而与金代尚书省令史出职品级不同。[4]几乎可以认为元代中书省掾出职，约略比照金代科举的状元，六部令史约同于金代一甲进士，廉访司书吏大约等同于金代的同进士出身或举人。高级吏员出职是元代的普通人进入中高层官僚集团的最主要途径，其功能和地位基本等同于金代的科举制度。

5.2 流外入流

在元代，官的类别大大复杂化了。广义的官可以分为有品级官员和无品级官员两种，其中有品级官员可以分为常调和不系常调两种，常调官又被称为流官，不系常调官员又被称为杂职官员。无品级官员也可以大致分为有出身官员和杂职官两种。即元代广义的官可以大

〔1〕王恽：《大元故奉议大夫中书兵部郎中韩君墓碑铭并序》，收入《秋涧先生大全集》卷56。

〔2〕《元典章》卷8《吏部二·官制二·选格》。

〔3〕《金史》卷52《选举志二》，第1157页。

〔4〕根据《金史·孙即康传》："旧制，尚书省令史考满优调，次任回降，崔建昌已优调兴平军节度副使，未回降即除大理司直。"（第2169页）可知崔建昌尚书省令史出职为兴平军节度副使，为从五品。

致分为有品级常调官、有品级杂职官、无品级有出身官员、无品级杂职官共4部分。大略如图5-2所示。

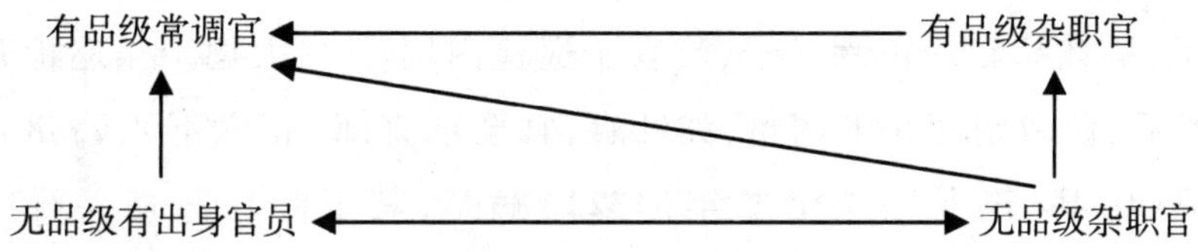

图5-2　元代官员大致分类及迁转方向图

图5-2中有品级常调官还可以被分为两类,即从八品以上官员和正从九品官员。其中从八品以上官员带散官,可以被认为是最狭义流内官范畴,其他3类官员不带散官,可以被笼统看作流外官员,正从九品官员的情况比较复杂,早期正九品官员是官员按照最常规途径初入仕时所任官职,是升入正从八品时获得散官的"前资",亦属流内官,但中后期,一部分流外官如巡检、提控案牍等升为九品,这部分九品官地位与流内官有所区别,可以认为仍属于流外官范畴,因此正从九品官的地位越来越暧昧,这是元代特有的现象,本节后文还会加以讨论。总之无品级有出身官员、流外正从九品官员、一部分无品级杂职官和一部分有品级杂职官可以通过月日累积或其他途径,渐次转入流品,获得散官。这部分官员如何获得散官,是本节要讨论的内容。

5.2.1　流外有出身官员入流

流外有出身官员主要包括典史、吏目、都目、提控案牍和巡检。其中巡检是捕盗官,其余均为流外首领官。巡检和提控案牍在大德十年(1306)之前是无品级官员,均于大德十年升为九品,[1]从品级上来看,似乎与九品捕盗官县尉和九品首领官主簿、照磨(廉访司、宣慰司、路总管府)地位相同。但从史料来看,大德十年之后,巡检、提控案牍与县尉、主簿、照磨的地位并不一样。巡检和提控案牍仍需迁转为县尉、主簿、照磨等职后才能入流获得散官。县尉、主簿、照磨等职往往带散

〔1〕《元史》卷91《百官志七》,第2318页。《元史》卷21《成宗纪四》,第468页。

官，与八品官相互迁转，而巡检、提控案牍很少有此种情况。应该说虽然巡检和提控案牍于大德十年提升为九品官，但在实际操作中仍把它们看作流外官。大德四年制定荫叙制度："正五品子，正九品叙。从五品子，从九品叙。正六品子，流官于巡检内用。"[1]大德十年巡检升入九品后，荫叙制度并未调整，如叶森，官至承直郎（正六下）、赣州兴国县尹（中县、正七），至治二年（1322）病卒，其子叶仁荫嘉兴石门巡检。[2] 可知正六品流官子仍荫叙巡检。这充分说明巡检的地位低于正从九品官，否则荫叙制度无法保持原样执行下去。根据《元典章》记载，大德八年，巡检"系流外之职，所掌从九品印信"，大德十年制造儒学官员公服时，要求路府州学正"与巡检、案牍、吏目、典史一体制造服色"。[3] 可知巡检一职在大德十年之前已经掌九品印信，但在大德十年之后仍被看作与吏目、典史地位相同的流外职。

巡检和县尉均掌捕盗，如黄溍所说："尉、巡检均以求盗为职，而尉得与令长联署，常治其邑中。巡检所治率在乎荒郊林莽山区海聚幽昧旷绝之境。"[4]提控案牍和照磨均为案牍之职，根据郑玉的记载："国朝之制，各路设首领官三员，总领六曹，职掌案牍，谓之宾幕，与郡侯别驾分庭抗礼，不敢待以司属。其官曰经历、曰知事、曰照磨。照磨初名提控案牍，行省版授，后改兼照磨承发架阁，乃命于朝，列第九品，今铨曹以员多，虽正从八品皆借注为之。"[5]实际上《元史·百官志》中照磨和提控案牍两种职位均有出现，从《百官志》记载的情况来看，大致是级别较高的常调机构设照磨，级别较低的机构如州、府和杂职、军职、投下等机构设提控案牍。各任职于中央机构，属于内任官的照磨均为正八品或以上品级，而廉访司、宣慰司、诸路总管府照磨则为正九品。巡

---

[1]《元史》卷83《选举志三》，第2060页。

[2]王逢：《故乡先执赣州兴国县尹叶公挽诗序》，见《梧溪集》卷6，收入《北京图书馆古籍珍本丛刊》95册影元至正明洪武间刻景泰七年陈敏政重修本，第556－557页。

[3]《元典章》卷29《礼部二·礼制二·服色》"巡检公服"条，"儒官服色"条。

[4]黄溍：《松阳县惠洽巡检司记》，收入《金华黄先生文集》卷9续稿6。

[5]郑玉：《送郑照磨之南安序》，见《师山集》卷3，收入《景印文渊阁四库全书》1217册，第23页。

检和提控案牍处于流外有出身官员序列的最顶端，而县尉、正九品照磨和主簿处于流内民职的最低端，这两类官员均为九品，却有流内流外之分。可见元代正从九品官员概念之模糊与地位之暧昧。

成为流外常调官的途径很多。最主要的途径是由低级吏员出职，或高级吏员未及考满出职铨注。除此之外还有捕盗、杂职官转入、荫叙、入粟等多种途径。通过这些途径成为流外常调官后，入流方式和入流之后的迁转方式并无根本差别。与唐、宋、金三代官员出身不同则迁转途径不同的状况大不一样了。元代虽然在任官方面给予蒙古人和世家贵族以令人咂舌的特权，但若单论普通官员的入仕途径，似乎与前代相比反而具有更多的公平性。

5.2.1.1 吏员出职流外入流

如上节《吏员出职》所述，地方政府吏员，大都路、上都路、廉访司吏员，宣慰司、中央机构典吏等吏员出职，均任流外民职，其他中央机构高级吏员，如果任期没有达到90个月，也有可能出职流外民职。关于低级吏员出职的情况，在许凡的《元代吏制研究》中也有过讨论，[1]为了下文便于讨论，此处简单说明元代低级吏员出职的情况，同时讨论流外有出身官员入流的情况。以其他途径任流外职者，入流方式并无明显不同。

如前所述，至元（1264—1294）早期只有中央机构的吏员才能出职，地方政府吏员是没有出职渠道的。据王恽的《韩君墓碑铭》所载，韩天麟至元二年有路总管府从事出身，勾补中书省令史，至元八年转御史台，后迁为吏礼部员外郎，韩天麟任吏部员外郎时“建言：‘随朝掾史已有出职定例，外路吏资亦当与议，使至公均。’被准，其事行焉”。[2]可知元代地方吏员出职最早也在至元八年以后。在元仁宗（1311—1320年在位）之前，吏员出职的规定较为宽松，大致如图5-3所示，需要说明的是，司、县司吏出职典史仅限于世祖（1260—1294年在位）

〔1〕许凡：《元代吏制研究》，第2章《吏员出职制度》，第1节《基层衙门吏员出职体例》，第18-27页。

〔2〕王恽：《大元故奉议大夫中书兵部郎中韩君墓碑铭并序》，收入《秋涧先生大全集》卷56。

时期。

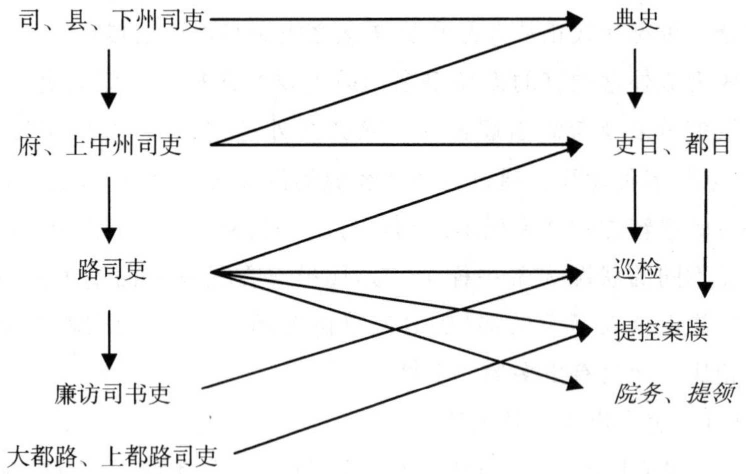

说明:其中院务、提领属于杂职官,在上图中用斜体字表示。

图 5-3 元代前期低级吏员迁转出职图

元代中后期,对吏员出职的规定逐渐严格,不再允许司、县司吏直接出任典史,而是必须渐次补任散府、上州、路总管府司吏后,才能出职典史,再由典史渐次转任都吏目、提控案牍、巡检。大略如图 5-4 所示。

司、县、下州司吏⟶府、上中州司吏、路司吏⟶典史⟶吏目⟶都目⟶巡检、提控案牍⟶正从九品[1]

图 5-4 元代中后期低级吏员迁转出职图

如图 5-3,5-4 所示,流外职的地位也有所差别,其从低到高分别是典史、吏目、都目、巡检、提控案牍。[2] 元代前期,吏职与流外职地位差别不明显,低级吏职可以升迁为高级吏职或出职为低级流外职,高级吏职出职为高级流外职,低级流外职也可以升迁入高级流外职,

---

〔1〕《元典章新集·吏部·吏制》"散府上州司吏出身"条。许凡:《元代吏制研究》,第 2 章《吏员出职制度》,第 1 节《基层衙门吏员出职体例》,第 24-25 页。

〔2〕巡检和提控案牍大致属于同一级别,从迁转规则来看,提控案牍的地位略高于巡检。

形式极为灵活。在当时人眼中，流外首领官的地位大约与吏差别不大。刘允恭，“中书尝檄授江西儒学提举司都目，夫人曰：都目吏职，不足为”。[1] 元代中后期随着官员人数增加，制度逐渐僵化，变成了直线的迁转结构，低级吏职升迁为高级吏职，出职为低级流外职，再升迁入高级流外职，最终入流。

在实际迁转过程中有可能会跳过上图中的某个或多个步骤。譬如在某一职位上任职时间较长，超过了规定任期，则有可能会跳过下一步骤，直接进入更高级别。譬如姚燧的《毛府君阡表》载：“（毛宪）凡掾府十二年，都目沁州……转汴梁提控按牍兼照磨官……除济南上口巡检。”[2] 根据规定，毛宪散府司吏三考满，出职应任吏目，但可能由于吏目无缺，因此任司吏 12 年，也就是四考，出职都目。元代规定：“都、吏目应升无阙，止注本等职名，验理升转。”[3] 毛宪显然属于这种情况。也有由较低级别职务直接升入较高级别职务的情况，如徐泰亨，“用举者试吏平江……既书满，行中书省署君归安县典史……升平阳州提控案牍……迁海道都漕运万户府提控案牍……中书奏君以九品官仍为本府提控案牍兼照磨承发架阁……久之以职官入福建帅幕，由令史为提控……用例授将仕佐郎（从八下）、建德路总管府知事（从八）”。[4] 徐泰亨跳过了都吏目的步骤，直接由典史迁入提控案牍，因此三任提控案牍后，由职官入吏选为令史，再出职提控案牍，然后才获得从八品散官。根据制度规定，流外有出身官员迁转入流大致过程为典史一考升吏目，再一考升都目，再一考提控案牍，提控案牍两考正九，再两考升入从八。但实际操作中会根据窠缺情况进行调整，跳过某个步骤，或多次重复某个步骤，其原则是流外职的总任职时间必须达到一定要求，即司吏请俸 90 个月出职吏目，吏目通理 120 个月出职

〔1〕危素：《故刘君允恭夫人墓志铭》，见《危太朴文续集》卷 6，收入《元人文集珍本丛刊》第 7 册影嘉业堂丛书本，第 552 页。

〔2〕姚燧：《鄢陵主簿毛府君阡表》，收入《牧庵集》卷 27 。

〔3〕《元史》卷 82《选举志二》，第 2046 页。

〔4〕黄溍：《青阳县尹徐君墓志铭》，收入《金华黄先生文集》卷 34 续稿 31。

九品。由司吏开始计算，则210个月入流。[1]

级别较高的吏员也有可能出职任流外民职，虽然史料中没有明确记载，但根据规定，应该是吏员任期未满三考出现的情况。如许有壬《邓公神道碑铭》载邓泽于至元十一年被辟为立行枢密院令史，改为黄州等路宣慰司令史，转提控案牍，未几，江南平，授将仕郎、黄州录事。[2] 根据表5-1，宣慰司令史本应出职正八品职事官，大概因为没有任满三考，因此邓泽先出职提控案牍，之后才获得正八品散官，并注授正八品录事司录事。

元成宗(1294—1307年在位)大德十年(1306)后，路总管府司吏、通事、译史等出职前必须先任一届钱谷官。在许凡的书中对这一点已经进行了讨论。[3] 这一规定显然继承了金代的"一除一差""两除一差"等制度。总的来说，在元代，由流外民职入流获得散官，最主要的途径是由低级地方政府吏员渐次转入路总管府司吏、通事、译史等较高级别吏员，出职任典史、都吏目等低级流外民职，逐步迁转到提控案牍、巡检等较高级别职位后，再经一定任期，即可入流获得散官。在这个过程中通常需要担任一届或数届钱谷官。陆文圭《赵君墓志铭》载赵文荣"由海右道宪司书写文字入绍兴路总管府掌簿书，就充会稽县、平江路录事司、杭州仁和县三任典史，升宜兴、乐平两州都吏目……泰定丙寅(泰定三年，1326)，北来暨阳，为马驮沙巡检……省差嘉会门钞库副使……至顺辛未年(至顺二年，1331)及耳顺……始授牒除将仕佐郎、江阴州司狱"。[4] 这是元代吏员出职为流外民职后，获得散官的典型道路。然而赵文荣入流获得从八品散官时已经60岁，看来想要进入七品以上的中高级官僚集团是今生无望了。

---

[1]《元典章》卷8《吏部二·官制二·月日》"提控案牍月日通例"。

[2]许有壬:《故浙西道宣慰司都事赠嘉议大夫礼部尚书上轻车都尉南阳郡侯邓公神道碑铭》，收入《至正集》卷61，第281-282页。

[3]许凡:《元代吏制研究》，第2章《吏员出职制度》第1节《基层衙门吏员出职体例》，第22-26页。

[4]陆文圭:《故司狱赵君墓志铭》，见《墙东类稿》卷12，收入《元人文集珍本丛刊》第4册影常州先哲遗书本，1985年，第596页。

亦有流外官转入九品职事,然后升入八品,获得散官的例子。如邓希颜,巡检任满,授丽水县尉,继授徽州路平准库使,进保义校尉(正八上)、通山县主簿(从八)。[1] 又如杨居义,"初起家常州酒使,历镇江圌山巡检,嘉兴海盐尉,改建德淳安尉,庆元路务副。官进义副尉(从八下),主定海簿(从八),迁进义校尉(正八下),两浙运司浦东场盐司丞(从八)"。[2]

流外有出身官员也有可能再被选充高级吏员,出职获得散官。但由职官选充吏员,迁转时仍然按照职官迁转的办法。这一点在第1节第3部分"职官充吏出职入流"中已经提到,此处再进行一些补充。如高本祖,由宪司书吏任荔浦县南源砦巡检,任满后被辟为帅府令史,再调恭城县之西岭砦巡检,改将仕佐郎、常德路照磨。[3] 高本组巡检任满后辟为元帅府令史。元帅府品级与宣慰司相同,按照宣慰司令史出职的标准,帅府令史应当3考出职正八品,但高本祖是由廉访司书吏出职巡检后再充帅府令史,属于职官选任吏员,升转时"同职官例"[4]。因此是按照巡检3考出职从八的格例。帅府令史按照一任巡检月日计算。再来看一个与此相对应的例子:郑仲贤由学官"借注巡检,辟广东帅府掾,考满当升八品,铨曹以无阙,借注南安照磨"。[5] 郑仲贤由学官借注巡检,此时仍理算学官月日,郑仲贤仍是杂职官,并不能按照巡检的身份算作流外常调官。按照规定,他巡检任满本应铨注教授,但被辟为帅府掾,也许是岁贡儒吏,也许是走荐举之途,总之并不属于职官选充吏员,因此"考满当升八品"。

如上所述,元代入流之前的入仕途径错综复杂。正如本章开头提到的,如果把进入流官集团、获得散官看作严格意义的入仕,元代入仕

[1]吴澄:《有元忠显校尉同知吉水州事邓君墓碣铭》,见《吴文正集》卷40,收入《元人文集珍本丛刊》第3册,第640页。

[2]苏天爵:《元故两浙运司浦东场盐司丞杨君墓志铭》,收入《滋溪文稿》卷20,第334页。

[3]贡师泰:《故承直郎福建道宣慰使司都元帅府经历高君墓志铭》,收入《贡礼部玩斋集》卷10,嘉靖十四年(1535)刻本。

[4]《元典章》卷8《吏部二·官制二·选格》"至元新格"条。

[5]郑玉:《送郑照磨之南安序》,见《师山集》卷3,收入《景印文渊阁四库全书》1217册,第23页。

已经不再有划分明晰的一条条入仕之途，而是变成了一张入仕之网，这张网由吏职、流外民职、流外杂职、正从九品民职、低级杂职官等不同序列的职位构成，官员在严格意义上的入仕之前，可以根据能力和个人意愿和机遇的不同，在这张网中组合各种符合品级升迁规定的入仕途径。

5.2.1.2　杂职转入常调入流

元代的杂职官主要包括学官、钱谷官、军官、匠官、医官、阴阳官、站官、投下官等8类。其中大多数不能转入常调，只能在自身序列内迁转。可以转入常调官的主要有两类。一为钱谷官，一为学官。许有壬《送陈季和序》有：

> 至治辛酉（至治元年，1321），选部以巡检则缺浮于员，始议借注，以八品借九品，而当时执政且谓，巡检为流官，教授在流外，戛戛靳之。予时主事天官，力辨于堂，九品监当中州得借，孰谓八品师儒，且置要荒，而反不彼若乎。其议始允。[1]

可知能够借注常调官的杂职官只有学官和钱谷官两类。且学官借注流外常调官是从至治元年才开始的。

如果对杂职官入流的途径进行细分，可分为3种，第一种是杂职官在自身序列内迁转，迁转至顶端后直接入流获得散官。第二种是杂职官在迁转过程中担任一届或数届流外常调官，然后回到杂职官序列继续迁转，最终入流。第三种是杂职官转入流外常调官后，由流外常调官入流获得散官。前两种在下节“流外杂职入流”中讨论。这里只讨论最后一种。严格说来，杂职官借注常调官，并不意味着杂职官就此进入常调，在担任流外常调官职位时，仍理算杂职官月日，因此才被称为借注。但在第三种情况下，入流过程是：流外杂职官——流外常调官——流内常调官。在这个过程中，究竟是哪一步进入常调，元朝人似乎并不细分。因此许有壬在《送陈季和序》中称“季和历邑郡校

〔1〕许有壬：《送陈季和序》，收入《至正集》卷31，第163页。

官,当升教授……今借授宁都巡检,始释褐矣",[1]把陈季和借注宁都巡检直接看作入流释褐,并不认为是借注常调、实为杂职。

学官借注巡检,然后出职的例子非常普遍。申万里的《元代学官选注巡检考》对此问题进行过讨论。申文中举出了很多学官铨注巡检的例子,此处不再赘举。[2]

钱谷官转入常调者以选任巡检为主。大德三年规定:"万亿四库、左右八作司、富宁、宝源等库,各设色目司库二名……考满巡检内任用。"五年规定:"都提举万亿宝源库色目司库,拟于巡检内任用,添一资升转。"[3]

如程鹏霄,"始从都漕周侯督兵储,筹笔汉中……及来长安,转运使马公官以照磨接之……又提举规措解盐于怀孟……至元丁丑(至元十四年,1277)以荐提控案牍兴元……除武陵尉"。[4] 由流外钱谷官转入流外有出身官员,大概注授提控案牍、巡检、县尉等职,考满后即可转入流品获得散官。需要注意的是,由钱谷官出身者入流授武散官,这一点与吏员出职者不同。此种情况下,虽然表面上看均由流外常调官入流获得散官,但钱谷官借注流外有出身官员,仍理算钱谷官月日,入流后仍注授钱谷官,并授武散官标明其杂职出身。如王让,荫漳州务提领,历闽安高泉巡检,长泰簿,福建盐运司监运,除敦武校尉(从七下)、上杭簿。[5] 王让荫叙出身,铨注钱谷官,即杂职出身,借注巡检后,曾担任流内常调官县主簿,也担任过流内杂职官,但他在担任流内常调官时,仍带武散官,标志其杂职出身。

5.2.1.3 捕盗

捕盗出身,最常见的是授以巡检,因为巡检本来就是捕盗之职。

---

[1]许有壬:《送陈季和序》,收入《至正集》卷31,第163页。

[2]申万里:《元代学官选注巡检考》,载《中央民族大学学报》,2005年第5期。

[3]《元史》卷83《选举志三》,第2080页。

[4]萧𣂏:《程飞卿墓表》,见《勤斋集》卷3,收入《景印文渊阁四库全书》第1206册,第413页。

[5]王礼:《平阳王氏世次志》,见《麟原文集》后集卷12,收入《景印文渊阁四库全书》第1220册,第558页。

大德元年,江浙行省为"杀获首贼等事"向中书省发出咨文,中书省"从行省所拟,于巡检内任用"。[1] 可见捕盗有功,铨注巡检属于惯例。陈旅《刘彦章墓碣》载衢州开化人刘彦章,"年十九以计诱贼入隘,贼穷就缚,以功授处州路缙云县仙都乡巡检"。[2] 捕盗功劳较低者大概先授以都吏目,然后再渐次转入巡检。如刘敏中《黄氏先茔之记》载黄晏捕盗有功,"特授山东乐盐司吏目,迁磁州都目,官又三转,至济南危山巡检"。[3]

巡检在大德十年之前属于流外职任,至元九年规定巡检"拟三十月为一考,任回于从九品迁叙",至元二十年(1283)改为"巡检六十月,升从九品"。大德七年(1303)又改为"须历一百二十月,方许出职迁转"。大德十年升巡检为九品,又规定巡检需任钱谷官一届,"通理巡检月日,依旧升转"。但从碑传史料来看,似乎并不完全符合这些规定。如范文忠,大德十一年因捕盗十四人有功,恰逢丁忧,服除后,至大四年(1311),"中书乃以赏典奏用公为慈溪县鸣鹤巡检",之后升徽州路歙县主簿(从八),迁吉安路庐陵县主簿(从八),调平江路吴江州判官(从七)。[4] 范文忠任巡检在大德十年之后,但入流之前并未担任钱谷官。而陈龙于至元十八年捕盗有功,"省府版授庆元路定海县海内寨巡检……定海县官界寨巡检,大德三年己亥,迁饶州路鄱阳县石门巡检……转池州路贵池县城山库上巡检……升两浙都转运盐使司长亭场盐司管勾……改抚州路在城税课大使……除将仕郎(正八下)、全州路清湘县主簿(从八)"。[5] 陈龙从至元十八年开始担任巡检,四任巡检后又担任两届钱谷官才出职获得正八品散官。总之,元

[1]《元典章》卷6《台纲二·体覆》"体覆获功人员"。

[2]陈旅:《江山县尹刘彦章墓碣有序》,见《安雅堂集》卷11,收入《元代珍本文集汇刊》影中央图书馆藏清抄元本,台北:中央图书馆,1970年,第465页。

[3]刘敏中:《梁邹黄氏先茔之记》,见《中庵集》卷5,收入《北京图书馆古籍珍本丛刊》第92册,第314页。

[4]黄溍:《巡检奉议大夫余姚州知州致仕范公墓志铭》,收入《金华黄先生文集》卷38续稿35。

[5]汪克宽:《元故将仕郎全州路清湘县主簿陈君墓碣铭》,见《环谷集》卷8,收入《景印文渊阁四库全书》1220册,第720－721页。

代官员的迁转非常灵活，虽然大体上有规律可循，但具体到每个人，并不一定符合所谓的"选格"或"迁转法"。这其中涉及理算法的应用，下一章还会详细讨论。

5.2.1.4　荫叙

荫叙是成为巡检的途径之一，五品以上官员子孙荫叙获得流内职事官，六品以下官员子孙荫叙流外职。大德四年规定："正六品子，流官于巡检内用，杂职于省劄钱谷官内用。"[1] 可知正六品常调官子弟荫叙均铨注巡检。因此至治元年（1321）监察御史呈文，提到"县尉、巡检名役虽微，所系实重，近年以来，多系荫授子弟"。[2] 此外，投下县达鲁花赤子弟承荫亦铨注巡检至元七年制定"达鲁花赤弟男承荫"格例："都省拟得、县达鲁花赤应继之人，亦验根脚轻重，于县尉、巡检内叙用。"[3]

文集中有很多荫叙注授巡检的例子。如叶森，官至承直郎（正六下）、赣州兴国县尹（中县、正七），至治二年（1322）病卒，其子叶仁荫嘉兴石门巡检，累迁至从七品乐平判官。[4] 又如葛荣，官至承直郎（正六下）、岭南广西道提刑按察司佥事（正五），其子葛晟美荫济源王屋巡检。[5] 荫叙注授巡检之后，大体仍按照前面讨论过的升迁途径，渐次升补县尉等职，一定届数后转入流品，即可获得相应散官。如杨彦宽"父任入官，以巡检获盗，迁尉平原，又获贼四十余伍凡百五十余

---

[1]《元史》卷83《选举志三》，第2060页。《元典章》卷8《吏部·官制二·承荫·职官荫子例》将此条系于大德八年，但《元史》卷20《成宗纪三》载："（大德四年八月）更定荫叙格，正一品子为正五，从五品子为从九，中间正从以是为差，蒙古、色目人特优一级。"第432页。《元典章》所载或为大德八年重申制度。

[2]《元典章新集·吏部·官制·职官》"县尉巡检于正从九品内选注"。

[3]《元典章》卷8《吏部二·官制二·承荫》"达鲁花赤弟男承荫"条。申万里《元代学官选注巡检考》中根据此条认为"巡检最初由县级官吏子弟充任"，不够准确。

[4]王逢：《故乡先执赣州兴国县尹叶公挽诗序》，见《梧溪集》卷6，收入《北京图书馆古籍珍本丛刊》95册，影印元至正明洪武间刻景泰七年（1456）陈敏政重修本，第557页。

[5]许有壬：《故承直郎佥岭南广西道提刑按察司事葛公墓碑》，收入《至正集》卷53，第252－253页。

人，迁禹城主簿，政声流闻，辟大都警巡判官”。[1]

5.2.1.5 荐举

因荐举授官在元代是非常常见的。荐举是白身入流的一条重要途径，但亦有荐举任流外官者。亦以担任巡检最为常见。如郭实，因“骑射绝人，当路荐于朝，授怀仁镇巡检”。[2] 又如赵嗣椿，“当道贵人交为之荐，初授湖广水溪镇巡检”。[3] 荐举出身任巡检者入流，亦如前面讨论过的，渐次升入县尉等职，一定考数之后迁入从八，获得散官。如郑千龄，“长游京师，用荐者历弦歌、延陵、美化、江宁四镇巡检，升淳安、祁门两县尉，改从仕郎、泉州录事”。[4]

还有一些比较特殊的途径，譬如临川彭仲宝，因“佐修皇朝经世大典于奎章阁，以恩借授衢州龙游水北寨巡检”。[5] 在元代的流外有出身官员中，巡检和提控案牍位于序列顶端。其中提控案牍属于流外首领官的最高级别职位，多由典史、都吏目等低级流外首领官员迁转担任。巡检多设在“荒郊林莽山区海聚幽昧旷绝之境”，[6] 有些偏远县所设巡检远不止一名。成为巡检的途径较提控案牍为多。

5.2.1.6 入粟

元朝至正年间(1341—1368)战事频繁，朝廷允许入粟补官。前期规定入粟补茶盐钱谷官，到至正十二年，开始允许入粟补常选流官。至正十二年三月，中书省臣请行纳粟补官之令：“凡各处士庶，果能为国宣力，自备粮米供给军储者，照依定拟地方实授常选流官，依例升转、封荫；及已除茶盐钱谷官有能再备钱粮供给军储者，验见授品级，

[1]程钜夫：《送杨彦宽谢事东归序》，见《雪楼集》卷14，收入《元代文集珍本汇刊》影洪武二十八年(1369)刊本，第561页。

[2]程端礼：《元故赠中顺大夫兵部侍郎郭公墓志铭》，见《畏斋集》卷6，收入《景印文渊阁四库全书》1199册，第702页。

[3]胡行简：《水溪镇巡检赵公行状》，见《樗隐集》卷6，收入《景印文渊阁四库全书》1221册，第158页。

[4]郑玉：《先府君休宁县尹方村阡表》，见《师山集》卷8，收入《景印文渊阁四库全书》1217册，第62页。

[5]揭傒斯：《送彭仲宝赴水巡检序》，见《揭文安公全集》卷10，收入《四部丛刊初编》影乌程蒋氏密韵楼藏孔荭谷抄本。

[6]黄溍：《松阳县惠洽巡检司记》，收入《金华黄先生文集》卷9续稿6。

改授常流。”[1]可以推测,入粟亦可授流外有出身职位。《至正直记》“江南富户”条载:“至正乙酉(至正五年,1345)间,江南富户多纳粟补官,倍于往岁,由是杨希茂父子、周信臣、蒋文秀、吕养诰等一时炫耀于乡里,未几信臣以他赃罪黜,文秀以倨傲被讦,希茂父子自劾免罪,养诰以他事见拘,时荆溪士人张载之作诗嘲之曰:纳粟求官作贵翁,谁知世事转头空,一朝金濑周巡检,三日维扬蒋相公。……”[2]可知周信臣以入粟补巡检。

5.2.2 流外杂职入流

如前所述,杂职官主要包括学官、钱谷官、军官、匠官、医官、阴阳官、站官、投下官等8类。其中大多数不能转入流品,只能在自身序列内迁转。可以转入流内常调者主要有两类。一为学官,一为钱谷官。在此分别讨论这两种情况。

5.2.2.1 学官

元代学官有儒学、蒙古字学、医学、阴阳学4类,其中儒学、蒙古字学教官可以入流,医学、阴阳学教官不可入流。《经世大典》载:“世祖皇帝(1260—1294年在位)既立国子学,以教国人及公卿大夫之子,取其贤能俊秀而用之。又推其法于天下,而郡县皆立学,其司儒之命于朝廷者曰儒学教授,路、府、上州则置焉。蒙古字行,则置蒙古字教授。考满皆入流。而阴阳医学亦仿置,教授不与流选之考。”[3]关于元代的地方学官,陈高华、王风雷、王立平均有过研究。[4] 地方儒学的教官主要包括教授、学正、山长、学录、教谕、直学等。诸路总管府设教授一员,学正、学录各一员,散府、上中州设教授一员,下州设学正一员,县设教谕一员。教授受敕牒,学正受中书省劄付,学录、教谕受吏部付

---

[1]《元史》卷42《顺帝纪五》,第896页。

[2]孔齐:《至正直记》卷4,上海:上海古籍出版社,1987年,第153-154页。

[3]苏天爵编:《国朝文类》卷40《经世大典序录·儒学教官》,收入《四部丛刊初编》影元至正西湖书院刊本。

[4]陈高华:《元代的地方官学》,收入《元史论丛》第5辑,北京:中国社会科学出版社,1993年,第169页。王风雷:《元代的儒学教师》,载《内蒙古师大学报(哲学社会科学版)》,1991年第1期,第50-56页。王立平:《元代地方官学》,载《固原师专学报》,1994年第2期,第44-49页。

身。此外,路府州县各设直学一员,止受本路官司付身,直学主要掌管钱粮、庙学祭祀修造等事,与其他教官略有不同。我们用下面表5－2来说明元代教官系统。

表5－2　元代学官系统表

机构	人员设置
诸路总管府	教授一员、学正一员、学录一员、直学一员
散府、上中州	教授一员、直学一员
下州	学正一员、直学一员
县	教谕一员、直学一员

职位	机构	级别
教授	诸路总管府、散府、上中州	敕牒,准从八品、正九品
学正	诸路总管府、下州	中书省劄付
学录	诸路总管府	吏部付身
教谕	县	吏部付身
直学	诸路总管府、散府、州、县	本路官司付身

在《元典章·吏部·官制·职品》中,路教授为从八品,散府上中州教授为正九品,让人觉得元代的路教授好像是流内官员。其实并非如此,“内外诸官员数”条中,教授被归为“无品级”官员。[1] 在《元典章·吏部·官制·教官》中记载的各条教官迁转的规定,提到教官品级都写作“准某品”。如至元二十四年(1287)规定“府州儒学教授准正九品,任满日,再升路教授一任,准从八品”。[2] 其他普通官员迁转并不这样表述,可知教授的品级只是等于正九品或从八品,并非真正就是正九或从八品流官,因此被元代人被归入“无品级”一类。本节也把路教授归入流外学官一并进行讨论。

〔1〕《元典章》卷7《吏部一·官制一》“职品”“内外诸官员数”。

〔2〕《元典章》卷9《吏部三·官制三·教官》“保选儒学官员”条。

5.2.2.1.1　补选

成为学官主要有3种途径,一种是荐举,一种是学生,一种是科举。

途径(1)　荐举

关于补选教授,《元典章》"保选儒学官员"载至元二十四年中书省公文:"其有年高德邵、茂材异等、不求闻达,虽白身,才堪教授一路一州者,许牒按察司体覆相同,将所业文字连申,拟充教授,不拘前例。"对于这篇公文,吏部提出不同意见,认为:"近来……保举白身之人,止抄录文字一二篇,申部并翰林院迁用,中间冒滥不无。"建议若各路并府州教授有阙,"拟合令本路官司于所辖州郡教官内通行推选才德之人,牒委文资正官覆察相应,行移本道按察司出题试验,将亲笔所业文字并按察司牒文缴申省部,移文翰林国史院再行考校……若有茂材异等之人,本处官司依例体覆,令本人亲身赴翰林国史院试验,保明关发,赴部定夺"。[1] 由此可知,至元二十四年前,经过保举,按察司体覆相同,候选者提交"所业文字",即可申请吏部和翰林院迁用。至元二十四年,吏部认为如此"冒滥不无",要求选充教授者,第一,应该从所辖州郡教官之内选择;第二,应该由按察司、翰林国史院进行两次考试,并且需本人亲自参加考试,才能当选教授。

补选学录、教谕,大德九年(1305)也出台了考试规定,要求"白身创入教官之人,各路、府正官体覆相应,移牒廉访司,行移分司,与各路文资正官验各人所业,当面令本路教授从公多出试题,听试官选择题目面试,毋容作弊,然后将所试的本程文用印封钤缴连,依例行移,从翰林国史院考较,委中程序者补学录、教谕"。[2] 大概大德九年之前,选充学录、教谕与至元二十四年(1287)之前选充教授的规矩类似,并不需要考试。但大德九年后,充学录、教育者也必须参加本路教授主持的公开考试,试卷还需由翰林国史院核查。

[1]《元典章》卷9《吏部三・官制三・教官》"保选儒学教官"条。

[2]《元典章》卷9《吏部三・官制三・教官》"考试教官等例"条。

途径(2) 学生

关于学生充当教授,至元二十九年制定"诸教官迁转例",规定"国子伴读……每年岁贡四人,二名充部令史,二人充府州教授"。[1] 可知国子伴读生中优秀者可以通过贡举直接担任散府、上中州教授。虽然制度中并未提及,但从碑传资料来看,国子生也可以担任学正,如邵南,由国子监生举呈翰林院,"既试,捧中书檄充淮安路安东州学正,考满,敕授赣州路雩都县印山巡检"。[2]

延祐四年(1317)规定地方学校的学生可以充任直学。"今后应设教授、学正去处,依旧例设直学一员,许令本处教授于在学生员内推保才学优长、行无玷缺者,具申合干上司,令文资正官当面出题,试验经疑、史评各一道,从本路出给付身,委充勾当。"[3]

途径(3) 科举

后至元六年(1340)之后,下第举人会授以教授、山长、学正等流外职,此前亦间或授予,但非常制。[4]

5.2.2.1.2 升迁

《元典章》载至元二十四年公文:"府州儒学教授准正九品,任满日,再升路教授一任,准从八品,满日给由赴部,于本等迁转……所据随路教授遇有阙员,散府、上、中州教授历一考之上者升补。散府、上、中州教授有阙,各处学正历一考之上者升补。[各处学正有缺,学录、教谕历一考之上者升补。]学录、教谕有缺,于直学选补升补。"[5] 又有大德九年(1305)"考试教官等例"规定:"白身创入教官之人……委中程序者补学录、教谕,任满日须又历一任,方入学正之选。……学正满日,依上又试,果中程序,升府、州教授,如不中式者,止于学正内升

---

[1]《元典章》卷9《吏部三·官制三·教官》"诸教官迁转例"条。

[2]王礼:《邵巡检墓志铭》,见《麟原文集》前集卷2,收入《景印文渊阁四库全书》1220册,第336页。

[3]《元典章》卷9《吏部三·官制三·教官》"正录教谕直学"条。

[4]《元史》卷81《选举志》,第2027页。

[5]《元典章》卷9《吏部·官制三·教官》"保选儒学官员"条。

用。"[1]这两条升迁格例中均未提及"山长"一职，延祐四年礼部上呈定学官升转制度，将山长与学正并列，令教授在学生推选直学，"三十月为满，勘合给由，依上考试中式，补充学录、教谕。须历两任，再行试中，方入学正、山长之选。学正、山长满日，依上再试，果中程序，缴连程文，申达省部，行移集贤院考校。中式，升补府州教授，如不中式者，止于学正、山长内任用"。[2]

由以上条例可知，教官的迁转原则大致如图5-5。

直学（本路官司付身）⟶学录、教谕（吏部付身）⟶学正、山长（中书省劄付）⟶散府、上中州教授（准正九品）⟶路教授（准从八品）⟶主簿

图5-5　元代教官迁转图

以上所显示的是一位元代儒士最完整的入流过程。如程端学所描述的："士之以校官进而受一命之宠者难矣哉，律二十五始得仕，由乡校荐之郡，郡试其文，移宪覆核，率二三年为直学，典饩廪之出纳，又二三年上之行省若大府，行省若大府类其名，复三四年授一谕若录，近者五六年，远者十数年然后领事，三年秩满，复如之，又十数年升正若长，正三年始上之都省、部，又三年始授一命为州教授，州教授三年始升之郡，郡教授三年始入流为县主簿，士而至于州教授年且致仕矣。故得州教授者十三四，得郡教授者十二三，得县主簿者十不一二，有终身不得者焉。"[3]根据程端学的描述，从直学升入县主簿，加上考试、待阙等，大概需要近40年时间，普通儒士25岁成为直学，到县主簿秩满就该致仕了，很难进入正七品以上中高层官僚集团。但实际上由教官出身进入中高层官僚集团者并不少见，元朝人甚至把教官出身看作科举的替代途径之一。《元典章》载皇庆元年（1312）监察御史呈文："钦惟

[1]《元典章》卷9《吏部·官制三·教官》"考试教官等例"条。

[2]《元典章》卷9《吏部·官制三·教官》"正录教谕直学"条。

[3]程端学：《送花教授秩满序》，见《积斋集》卷2，收入《景印文渊阁四库全书》第1212册，第331页。

圣朝累降诏书,勉励学校,作养人材,虽科举之法未行,而于儒人选取教官,升转民职,盖乡举里选之遗意。"[1]盖因教官出身者文化水平较高,常有被选入馆阁或被监察机构选为御史的机会,因此升迁前景好于低级吏员出职流外有出身官员者。此外,部分教官并非由直学渐次升转,而是因学生、荐举等途径成为学正、山长或教授,然后两考入流为县主簿,节省了教官序列内部迁转的二三十年光阴。如宋翼,"甫冠,以茂异除大都路儒学正,进中山教授,迁怀庆……初官将仕郎,主永宁县簿",宋翼在教官序列内仅历三考即顺利入流,之后又被选入翰林国史院,再选为监察御史,官至朝散大夫(从四中),佥太常礼仪院事。[2] 又如曹伯启,"仕砀山文学掾,历濞州学正,冀州教授……主婺州兰溪簿尉",后被选为西台御史,最终官至淮东道廉访使。[3] 如果没能成为内任官,教官出身者很难进入中高阶层官僚集团。如陈恕可,至元二十七年为西湖书院山长,元贞元年(1295)为崇德州教授,后又为庐州路儒学教授,衢州路江山县主簿(从八),宝庆路总管府知事(从八),松江府上海县丞(正八),年六十八告老,以承务郎(从六下)、平江路吴县尹(从六)致仕。[4]

如图 5-5 所示,教官序列的顶端是教授,然而元代路教授窠缺仅185 处,[5]散府、上中州教授窠缺仅 89 处。[6] 但学正窠缺 488 处,[7]

---

[1]《元典章》卷 9《吏部三・官制三・教官》"选取教官"条。

[2]欧阳玄:《元故朝散大夫佥太常礼仪院事宋公墓碑》,见胡聘之:《山右石刻丛编》卷 39,收入《石刻史料新编》第 1 辑第 21 册,第 15848 页。

[3]苏天爵:《元故御史中丞曹文贞公祠堂碑铭》,收入《滋溪文稿》卷 10,第 150 页。

[4]陈旅:《陈如心墓志铭》,见《安雅堂集》卷 12,收入《元代文集珍本汇刊》第 525 页。

[5]《元史》卷 58《地理志一》载"路一百八十五",每路设教授一名,则路教授窠缺共 185 处。第 1346 页。

[6]《元典章》卷 9《吏部三・官制三・教官》"考试教官等例"条:"……教官之选壅塞日久,其间冗滥不无,不可以贤愚同滞。究其本源,府、州教授窠缺南北八十九处,即目在选籍记五百余员,已有守候八、九年者,尚未知何时注授。"

[7]元代诸路总管府设学正一员,下州亦设学正一员。元代"路一百八十五",可知路学正有窠缺 185 处。根据上一条脚注,散府、上中州教授窠缺 89 处,元代"府三十三""州三百五十九",可知上、中州共 56 个,下州 303 个,则州学正窠缺 303 处。则元代学正窠缺共 488 处。《元史》卷 58《地理志一》,第 1346 页。

山长窠缺具体数目不详。学录、教谕窠缺共1312处。[1] 直学则路府州县各设一名,共应1704名。[2] 其中府州教授特少,可谓教官升迁过程中的瓶颈。而巡检多设在偏远之处,无人愿去。因此至治元年起,允许教官当升教授而无窠缺者借注巡检。很多文人在文集中记载了这一情况,如陈旅《送俞伯康巡检序》:"国朝念儒者淹积选曹,有终身不得一命者,而远方游徼之官恒缺,于是以当为州郡校官而齿未暮者充焉。"[3] 又如吴澄《送李见翁巡检序并诗》:"往年儒学官之至吏部者,员多缺少,当路通其变,凡应注教授之人,俾借注警逻之职。"[4] 因此有不少教官在迁转过程中担任一届巡检,然后回到教官序列继续迁转,最终入流。如叶谨翁,"历浦江、义乌两县教谕,升衢之明正书院山长……上名铨部,借授处之缙云县官政乡巡检……迁吉安之吉水州学教授,秩满,调泉之晋江县主簿,阶将仕郎"。[5] 又如王文锷,由高安县学教谕迁吉安之龙溪书院山长,"以累考上诠部,借授广之南海县黄鼎砦巡检,调攸州儒学教授,除乾宁军民安抚司文昌县尹,阶将仕郎"。[6]

大多数情况下,教授出职县主簿,但也有少数教授直接选任内任官的情况,一旦选入内任官,前景就大为光明。如虞集,"大德六年以大臣荐擢大都路儒学教授,十一年除国子助教,明年丁内艰,至大二年(1309)再除国子助教。四年授将仕郎(正八下),国子博士(正八)"。官至翰林侍讲学士(从二)、通奉大夫(从二中)。[7]

---

〔1〕元代诸路总管府设学录一员,县设教谕一处,元代"路一百八十五",则学录窠缺185处,"县一千一百二十七",则教谕窠缺共1127处。《元史》卷58《地理志一》,第1346页。

〔2〕《元史》卷58《地理志一》"路一百八十五,府三十三,州三百五十九……县一千一百二十七",第1346页。

〔3〕陈旅:《送俞伯康巡检序》,见《安雅堂集》卷5,收入《元代珍本文集汇刊》第200页。

〔4〕吴澄:《送李见翁巡检序并诗》,见《吴文正集》卷18,收入《元人文集珍本丛刊》第3册,第341页。

〔5〕黄溍:《叶审言墓志铭》,收入《金华黄先生文集》卷33续稿30。

〔6〕黄溍:《乾宁草民安抚司文昌县尹王君墓志铭》,收入《金华黄先生文集》卷37续稿34。

〔7〕赵汸:《邵庵先生虞公行状》,见《东山存稿》卷6,收入《景印文渊阁四库全书》1221册,第323–324页。

5.2.2.2 钱谷官

钱谷官,又叫监当官,元代的流外钱谷官主要包括两类,一类是仓库官,包括仓官、库官,仓官管粮仓,库官管钞库。一类是场务官,包括税官、盐官、茶官,顾名思义,分别管理税务、盐场和茶场。仓库官主要包括监纳、提领、大使、副使等;[1]场务官主要包括提领、大使、司令、司丞、管勾、副使、都监等。[2] 根据仓库、盐场、茶场的不同规格,提领、大使、副使、都监都有可能是流外钱谷官。此外,仓库官还设有一些杂职吏员,如攒典、库子、本把、秤子等。

仓库官主要从吏职、流外职、低等职事官及杂职官中补选,元代规定,补选杂职,"流官内选用者,任回,理流官月日。元拟杂职人员,任回,杂职迁升"。[3] 如果是流内官或流外有出身官员补选仓库官,任一届或数届之后,回到流官序列内,减资升等迁转。《经世大典序录》:"仓氏、库氏之为官,其制已久。国家于常调之选,转补之吏,历仓库之任,视其钱谷之多寡,地理之远近,为之减资升转之法焉。"[4] 由于已经根据仓库官所管仓库规格的不同有一定减资升等的奖励,流官所任仓库官月日一般不再理算。也有杂职官补选仓库官的情况,任回按照杂职官品级理算月日。关于流官选任仓库官的迁转规定,详见《元典章》卷9《吏部三·官制三·仓库官》所载相关规定以及《经世大典》中"仓库官"相关规定。[5] 大部分情况下,仓库官是仅供吏职、流外有出身官员、流外杂职和低级流内官在仕途中临时周转的职位,在此不进行特别讨论。

流外场务官主要由荫叙子弟、入粟平民担任,或由杂职吏员补选。

---

[1]《元典章》卷9《吏部三·官制三·仓库官》"仓官窠阙"条,"平准库官资品"条。

[2]《元典章》卷9《吏部三·官制三·场务官》"额办课程处所"条,"内外税务窠阙"条,"盐场窠阙处所"条。

[3]《元典章》卷9《吏部三·官制三·仓库官》"依前考第品级迁升例"条。

[4]苏天爵编:《国朝文类》卷40《经世大典序录》,收入《四部丛刊初编》影元至正西湖书院刊本。

[5]《元典章》卷9《吏部三·官制三·仓库官》,收入《永乐大典》卷7517,3a-8a。

5.2.2.2.1 荫叙

大德四年(1300)规定"正六品子,流官于巡检内用,杂职于省劄钱谷官内用;从六品子,近上钱谷官;正七品子,酌中钱谷官;从七品子,近下钱谷官"。[1]

近上、酌中、近下钱谷官的概念在元朝不同时期也有所不同。至元二十一年(1284)规定:"应叙办课官分三等。一百锭之上,设提领一员、使一员。五十锭之上,设务使一员。五十锭之下,设都监一员。十锭以下,从各路差人管办。都监历三界,升务使,一周岁为满,月日不及者通理。务使历三界,升提领。提领历三界,受省劄钱谷官,再历三界,始于资品钱谷官并杂职任用。"[2]从这条规定来看,似乎一百锭之上为近上钱谷官,五十至一百锭为酌中钱谷官,五十之下为近下钱谷官。至大三年(1310),定立办课例。"一百锭之下院务官分为三等:五十锭之上为上等,设提领一员,受省劄,大使一员,受部劄;二十锭之上为中等,设大使、副使各一员;二十锭之下为下等,设都监、同监各一员,俱受部劄。……都监、同监四界升副使,又四界升大使,又三界升提领,又三界入资品钱谷官并杂职内迁用。"[3]至大三年近上、酌中和近下的界限改为五十锭之上、二十锭之上和二十锭之下。升迁的时限也增加了两届,至大三年之前,从都监升入资品钱谷官,共需十二届,至大三年改为十四届。

荫叙任钱谷官在文集中有颇多记载。如蒋葵以从仕郎(从七下)、绍兴路诸暨州判官(下州,正八)致仕,其子宏荫补商税官。[4] 叶审言官至授承务郎(从六下)温州路同知瑞安州事(下州,正七),其次子叶泰之荫补江浙行中书省广济库库子。[5] 库子属于杂职吏员,60个月铨注近下钱谷官,90个月铨注近上钱谷官,按规定,从六品子荫叙近上钱谷官,此处叶泰之荫补广济库库子,可能是因为窠缺有限等

[1]《元史》卷83《选举志三》,第2060页。
[2]《元史》卷82《选举志二・铨法上》,第2045页。
[3]《元史》卷82《选举志二・铨法上》,第2046页。
[4]陈旅:《蒋县尹墓碣铭》,见《安雅堂集》卷11,收入《元代珍本文集汇刊》第496页。
[5]黄溍:《叶审言墓志铭》,收入《金华黄先生文集》卷33续稿30。

原因采取了理算法原则。

制度规定,流外钱谷官不能转入常调官,只能在杂职序列内入流。延祐二年(1315),江西行省提出"腹里从六品至从七品流(品)[官]子荫授院务等官,俱有升转定例。……江南历仕官员荫叙定例,正六品官子巡检内任用,渐次转入流品,从六品子止于近上钱谷官,虽任数十界,别无入流之例"。要求允许江南荫叙子弟"准与腹里从六品以下荫叙钱谷官一体,于杂职资品内流转",从此以后,江南从六品至从七品官员子孙承荫者,"依例监当差使,满日于从九品杂职升用"。[1] 可知钱谷官考满入流从九品,也只能"杂职升用",带武散官。如陈安,尝为汴梁酒税副使,改进义副尉(从八下)、河间盐司厚财场管勾。[2] 杂职入流之后,可以转入常调官,但仍然带武散官,表示其为杂职出身。如王畿,官至永福县尹,其子王让,荫漳州务提领,历闽安高泉巡检,长泰簿,福建盐运司监运,除敦武校尉(从七下)、上杭簿。[3] 王让荫叙出身,铨注钱谷官,即杂职出身,借注巡检后,曾担任流内常调官县主簿,也担任过流内杂职官,但他在担任流内常调官时,仍带武散官,标志其杂职出身。

5.2.2.2.2　杂职吏员

仓库钱谷序列中有一些类似于司吏、典吏、宣使、奏差的杂职吏员,包括攒典、本把、库子、秤子等。这些杂职吏员有的由司吏等低级吏员转充,考满回到地方低级吏员系列继续升迁;有的由地方选取,没有出身;也有一部分从地方人户选取,考满转入近下钱谷官,然后如前所述,可以渐次转入有资品钱谷官序列。如"万亿四库秤子,拟大都人户内选差,二周岁满日,解由到部,拟于近下钱谷官内任用"。行省"于金银匠户内点充广济库秤子……满日,别无粘带,许移转再充秤子

〔1〕《元典章》卷8《吏部二·官制二·承荫》"职官荫子例"条。

〔2〕张养浩:《赠中顺大夫河中府知府上骑都尉颍川郡伯陈公神道碑铭有序》,见《归田类稿》卷10,收入《景印文渊阁四库全书》第1192册,第558页。

〔3〕王礼:《平阳王氏世次志》,见《麟原文集》后集卷12,收入《景印文渊阁四库全书》1220册,第558页。

一界，于近下钱谷官内叙用相应”。[1]

需要注意的是，流外杂职官和杂职吏员地位非常低，一般从本地“有抵业、无过犯上户”内差选，任满无出身，从地位和前途上看与杂役的界限非常模糊。譬如至元三十一年，江西行省申请攒司、库子，由州县司吏内，验物力高者选取，任满授总管府司吏，或各路院务副使。中书省驳回此条提议，认为“各路库子、攒典，别无州县司吏内选取定例，亦无定夺出身”。[2]

5.2.2.2.3　白身补选

至元二十四年规定各地平准行用库副使和行用库副使均“从本路官司于有抵业不作过犯上户内选充”，[3]大德四年（1300）公文内有“行用库副，依例于近上钱谷官内委付”。[4]可知白身人可以被选为行用库副使，然后迁转入近上钱谷官。至元三十年规定，办课官，即税务官副使，“从各路钦依累降圣旨，于本处系籍近上户内公选有抵业、慎行止信实人员，避籍任用”。[5]但这里的副使应仅指课额五百锭以下的税务副使，五百锭以上副使授吏部付身，不会由白身选入。

元朝中后期，开始实行入粟补官制度。泰定（1324—1328）年间入粟补官“准致仕铨格”，[6]并不授以实职。天历二年（1329），河南、陕西等处发生饥荒，“江南、陕西、河南等处富实之家愿纳粟补官者，验粮数等第，从纳粟人运至被灾处所，随即出给勘合朱钞，实授茶盐流官”。这大概是首次实行入粟实授杂职官。天历三年根据入粟多少授以从七品杂职流官至下等钱谷官等官职，各地标准有所不同。[7]至正十二年（1352）起，入粟可以宣布常调流官，之前入粟补茶盐钱谷官者，再

〔1〕《元典章》卷9《吏部三·官制三·仓库官》“选差仓库人员”条。

〔2〕《元典章》卷9《吏部三·官制三·仓库官》“选差仓库人员”条。

〔3〕《元典章》卷9《吏部三·官制三·仓库官》“平准库官资品”条。

〔4〕《元典章》卷9《吏部三·官制三·仓库官》“行用库副例”条。

〔5〕《元典章》卷9《吏部三·官制三·场务官》“委用商税务官”条。

〔6〕《元史》卷30《泰定帝纪二》，第671页。

〔7〕《元史》卷33《文宗纪二》，第733－736页，卷82《选举志二》（第2053页）将此事系于天历三年，误。

次入粟即可改授常调流官。[1]

5.2.3 其他

按照制度规定,匠官、医官、阴阳官等杂职官,属于"例不转入流品者,虽资品相应,不许铨注"。[2] 但史料中也有医官、阴阳官等转入常调者,一般来说是升入中高层官僚集团之后,因特旨转入。如韩公麟,世祖(1260—1294 年在位)时任尚医,敕授医正郎、御药局副使,因曾侍奉成宗(1294—1307 年在位,当时为皇孙),成宗即位后,"易阶为承直郎(正六下),迁太医院副使,寻加奉议大夫(正五下),又迁中顺大夫(正四下),太医院大使,大德辛丑(大德五年,1301),升太医院为二品,进嘉议大夫(正三下),佥书太医院事"。[3] 韩公麟在短短 5 年之内散官从正六品升至正三品,显然是出于皇帝特旨,普通人不可能有这样的待遇。

又如齐履谦,由星历生补星历教授,迁平秩郎、保章正,至大三年(1310)升授时郎、秋官正兼领冬官正事,仁宗(1311—1320 年在位)即位后,李孟为擢其为国子监丞、易阶奉直大夫(从五下),改佥太史院事,复拜国子司业,又出知滨州,超拜太史院使,阶朝散大夫(从四下),泰定二年充江西福建道奉使宣抚。[4] 这应该也是杂职官转入常调的特例。

5.3 白身入流

前两节所讨论的是吏员和流外职入仕的情况,即有过一段时间工作经验的政府部门工作人员进入严格意义官僚集团的情况,可以说是元代普通人最常规的入仕途径。除此之外,还有无须正规工作经历即可获得散官,即进入严格意义官僚集团的途径,即白身入流。白身入

〔1〕《元史》卷42《顺帝纪五》,第 896 页。

〔2〕《元史》卷83《选举志三》,第 2063 页。

〔3〕苏天爵:《资善大夫太医院使韩公行状》,收入《滋溪文稿》卷 22,第 372 页。

〔4〕苏天爵:《元故太史院使赠翰林学士齐文懿公神道碑铭》,收入《滋溪文稿》卷 9,第 128 页。

流又分为两类。一类是有过非正规工作经历者,如怯薛、荫叙,怯薛有过宫内服务经历,荫叙入仕者先经历1年傔使,可以认为是某种形式的工作经验。另一类是没有任何工作经验,有科举、荐举、入粟、军功、特赐、自行委付等途径。这一类属于入仕途径中最特殊的部分。

5.3.1 荫叙

元代早期实行承袭制度,即官员的职位由子孙直接继承。至元元年(1264)起,职官开始迁转,承袭制度无法继续实行,因此制定了荫叙制度。元代的荫叙制度受到承袭制度的影响,与唐、宋、金代大不相同。唐代官员荫叙人数不限,宋代荫叙途径很多,大多数官员都可以荫叙多名子孙,金代根据官品高下可荫叙人数递减,虽然对荫叙人数有一定限制,但高品级官员仍可荫叙多人。元代每名职官只能荫叙子孙一人,这一方面受到承袭制度的影响,承袭者直接继承父、祖职事官,而职位只有一个,能够继承职位者自然也仅限一人。另一方面,元代入仕的方式与前朝不同,唐、宋、金官员入仕,均先获得散官作为入仕资格,而元代直接获得职事官,散官仅仅是职事官应得品级的标志。前朝荫叙者仅仅获得相应品级散官,再通过各种途径担任流外职务或低品级职务,逐步升迁。元代荫叙者,高官子弟直接获得较高品级职事官,因此职位数量的有限性也决定荫叙人数必须有所限制。

元世祖(1260—1294年在位)至元四年十月始确立荫叙制度:

> 诸官品正从分为一十八等,职官用荫,各止一名。正从一品、二品子,正七品叙;正三品子,从七品叙;从三品子,正八品叙;正四品子,从八品叙;从四品子,正九品叙;正从五品子,从九品叙外;据六品、七品子,已后定夺,注流外职事。
>
> 诸取荫官,不以居官、去任、致仕、身故,其承荫人年及二十五以上者听。
>
> 诸用荫者,立嫡长子。若嫡长子有笃废疾,立嫡长子之子孙[曾玄同]。如无,立嫡长同母弟。如无,立继室所生。如无,立次室所生。如无,立婢生子。如绝嗣者,荫其亲兄弟,各及子孙。如无,荫伯叔及其子孙。

诸用荫者,孙降子一等,曾孙降孙一等,婢生子及旁荫者各降一等。谓于合叙品从上降一等。

诸职官荫子之后、若有余子、不得于诸官府自求职事、及诸官府亦不许委用。[1]

至元九年规定:

除蒙古及已当秃鲁花人数别行定夺外,三品以下七品以上,通令承荫子孙若年二十五以上,许当傔使一年,并不支俸。应当满日,其三品至五品子孙,照依施行体例量材叙用外,六品七品子准上注监当差使,已后通[验](例)各界增亏定夺。[2]

以上是元代早期实行的荫叙制度,除荫叙品级在大德四年(1300)略有改动外,这些制度终元一代大体未变,但在实际实行中并不完全符合制度记载。在此分为两个部分进行讨论。

5.3.1.1 荫叙品级

至元四年制定的荫叙品级与唐代较为接近,估计是继承金制,这一点在上编第2章《金代散官的获得》第2节《获得武散官》的"荫叙"部分已有过一些讨论。大德四年制度改变,规定荫叙品级如下:

诸职官子孙荫叙,正一品子,正五品叙。从一品子,从五品叙。正二品子,正六品叙。从二品子,从六品叙。正三品子,正七品叙。从三品子,从七品叙。正四品子,正八品叙。从四品子,从八品叙。正五品子,正九品叙。从五品子,从九品叙。正六品子,流官于巡检内用,杂职于省劄钱谷官内用。从六品子,近上钱谷官。正七品子,酌中钱谷官。从七品子,近下钱谷官。[3]

大德四年所定荫叙制度与明制相似,可见终元一代未曾大变。

---

[1]《元典章》卷8《吏部·官制二·承荫·品官荫叙体例》。《元史》卷83《选举志三·铨法中》,第2059页,《通制条格校注》卷6《选举·荫例》第148条,第265-266页,略同。

[2]《元典章》卷8《吏部·官制二·傔使》"品官子孙当傔使"。《元史》卷83《选举志三·铨法中》,第2060页,将此条系于至元五年,误。"例"字据《元史》改为"验"。

[3]《元史》卷83《选举志三》,第2060页。《元典章》卷8《吏部·官制二·承荫·职官荫子例》将此条系于大德八年,但《元史》卷20《成宗纪三》载:"(大德四年八月)更定荫叙格,正一品子为正五,从五品子为从九,中间正从以是为差,蒙古、色目人特优一级。"第432页。《元典章》所载或为大德八年重申制度。

《正德大明会典》中记载的荫叙制度正六品以上官员的荫叙品级与元大德四年的制度完全相同，只是正六品以下略作调整。[1] 为了便于讨论，列出从唐代到明代荫叙品阶的变化列表（见表5－3）。

大德四年（1300）的制度，比起至元四年（1267）制度，正从五品以上官员荫叙子孙的品级有所提升，取消了一品、二品官员子孙荫叙品级的上下阶之分，这是符合元代散官制度发展趋势的，即减少阶的差别，强调级的差别。因此元代中后期和明代荫叙所谓的"某品叙"，基本可以理解为"某品下阶叙"。在至元四年以前，荫叙出身第一任铨注的最高品级是正七品，但到大德四年之后，荫叙出身，第一任最高可以铨注正五品官，由于元代荫叙可直接获得职位，这意味着官员子孙通过荫叙可以直接进入中层官僚集团，这在唐代、金代都是不可想象的。

元代荫叙制度中，所谓"某品子，某品叙"，这里提到的官员父、祖品级，指的是职事官还是散官品级呢？在至元四年，两者尚无区别。根据下编第4章《元代散官的建立》第2节《元代散官制度的建立》"全部提升一品"部分的讨论，至元五年散官制度改革之前，元代职事官品级和散官品级很可能完全绑定，散官并无独立地位。因此至元四年所谓"职官用荫……某品子，某品叙"，其品级很可能既指职事官品，也指散官品。其后随着理算法的应用，元代官员职事官与散官品级开始出现不符合的情况，此时荫叙品级的凭据是职事官品还是散官品级呢？史料中有两种不同记载。一为"凭散官"，即以散官品级为标准，决定承荫人所获职位品级，见《元史·选举志》武宗（1307—1311年在位）至大二年（1309）诏：

> 内[外]官四品以下，普覃散官一等，服色、班次、封荫皆凭散官。[2]

[1]《正德大明会典》卷8《吏部·验封清吏司·荫叙》，第102页。

[2]《元史》卷83《选举志三·铨法中》"凡覃官"，第2065页。

表 5－3　唐代、元代前期、元代后期、明代荫叙品级对比表

<table>
<tr><th>荫补品级</th><th>唐代</th><th>元至元四年</th><th>元大德四年</th><th>明代</th></tr>
<tr><td>正五品上</td><td></td><td></td><td rowspan="2">正一品子</td><td rowspan="2">正一品子</td></tr>
<tr><td>正五品下</td><td></td><td></td></tr>
<tr><td>从五品上</td><td></td><td></td><td rowspan="2">从一品子</td><td rowspan="2">从一品子</td></tr>
<tr><td>从五品下</td><td></td><td></td></tr>
<tr><td>正六品上</td><td></td><td></td><td rowspan="2">正二品子</td><td rowspan="2">正二品子</td></tr>
<tr><td>正六品下</td><td></td><td></td></tr>
<tr><td>从六品上</td><td></td><td></td><td rowspan="2">从二品子</td><td rowspan="2">从二品子</td></tr>
<tr><td>从六品下</td><td></td><td></td></tr>
<tr><td>正七品上</td><td>一品子</td><td>正从一品子</td><td rowspan="2">正三品子</td><td rowspan="2">正三品子</td></tr>
<tr><td>正七品下</td><td>二品子</td><td>正从二品子</td></tr>
<tr><td>从七品上</td><td>正三品子</td><td rowspan="2">正三品子</td><td rowspan="2">从三品子</td><td rowspan="2">从三品子</td></tr>
<tr><td>从七品下</td><td>从三品子</td></tr>
<tr><td>正八品上</td><td>正四品子</td><td rowspan="2">从三品子</td><td rowspan="2">正四品子</td><td rowspan="2">正四品子</td></tr>
<tr><td>正八品下</td><td>从四品子</td></tr>
<tr><td>从八品上</td><td>正五品子</td><td rowspan="2">正四品子</td><td rowspan="2">从四品子</td><td rowspan="2">从四品子</td></tr>
<tr><td>从八品下</td><td>从五品子</td></tr>
<tr><td>正九品上</td><td></td><td rowspan="2">从四品子</td><td rowspan="2">正五品子</td><td rowspan="2">正五品子</td></tr>
<tr><td>正九品下</td><td></td></tr>
<tr><td>从九品上</td><td>六品、七品子</td><td rowspan="2">正从五品子</td><td rowspan="2">从五品子</td><td rowspan="2">从五品子</td></tr>
<tr><td>从九品下</td><td>八品、九品子</td></tr>
<tr><td>有出身巡检
无出身省劄钱谷官</td><td rowspan="3"></td><td></td><td>正六品子</td><td></td></tr>
<tr><td>元近上钱谷官
明流外上等职事</td><td rowspan="2">六品、七品子</td><td>从六品子</td><td>正六品子</td></tr>
<tr><td>元酌中钱谷官
明流外中等职事</td><td>正七品子</td><td>从六品子</td></tr>
</table>

续表 5－3

荫补品级	唐代	元至元四年	元大德四年	明代
元近下钱谷官 明流外下等职事		六品、七品子	从七品子	正七品子

说明1:表5－3中所列仅为嫡长子荫叙的品级,孙、曾孙、嫡长子同母弟、继室生子、侧室生子、婢生子、兄、弟、侄、叔、伯等各须依次降等,此表中不再一一列出。

说明2:唐代六品至九品子荫叙制度与五品以上子不同,需要担任一定时间的职役或纳资代役,才能得到从九品上、下的散官,叫作品子。在这里为了列表方便,不做细分。

另一种记载是"从一高",即以职事官和散官中品级较高者为标准,决定承荫人所获职位品级,见《元史·选举志》泰定帝(1323—1328年在位)泰定元年(1324)诏:

> 内外流官已带覃官,准理实授。所有军官及其余未覃人员,四品以下并覃散官一等,三品递进一阶,至三品上阶止,服色、班次、封荫,悉从一高。[1]

除此之外,《元史·选举志》"凡文武散官"条也记载"惟封赠荫叙,官职各从一高"。[2]

究竟是"凭散官"还是"从一高",从碑传材料来看,两种情况均有。如许有壬《葛公墓碑》载,葛荣官至承直郎(正六下)、岭南广西道提刑按察司佥事(正五),其子葛晟美荫济源王屋巡检。[3] 根据至元四年规定,正五品子叙从九品,根据大德四年标准,正五品子叙正九品。葛荣55岁卒于提刑按察司佥事任,至元二十八年提刑按察司改名肃政廉访司,可知葛荣去世在至元二十八年之前,大德十年巡检升为九品。葛荣去世之后十来年间巡检仍属于无品级职位。葛晟美荫叙巡检,应该是凭借葛荣的正六品散官承直郎,而非正五品职事官按察司佥事。但陆文圭的《孙公墓志铭》所载,乌古孙泽官至中大夫(从

〔1〕《元史》卷83《选举志三·铨法中》"凡覃官"条,第2065页。

〔2〕《元史》卷83《选举志三·铨法中》"凡文武散官"条,第2063页。

〔3〕许有壬:《故承直郎佥岭南广西道提刑按察司事葛公墓碑》,收入《至正集》卷53,第252－253页。

三中）、江东建康道廉访使（正三），其子乌古孙良祯至治三年（1323）荫叙为暨阳判官，暨阳即江阴州，为上州，判官正七品。[1] 根据大德四年所制定的荫叙规则，正三品子，正七品叙。则乌古孙良祯荫叙所依据的是乌古孙泽正三品廉访使之职，而非其从三品中大夫散官。

元代史料中最早出现"职事散官从一高"的说法，是在延祐二年（1315）制定"贵贱服色等第"时，规定"职官、除龙凤文外、一品二品、服浑金花、三品、服答子、四品五品、服云袖带襴、六品七品、服六花、八九品、服四花。[职事散官从一高]"。[2] 推测"职事散官从一高"的原则形成于仁宗时期（1311—1320 年在位）。此前荫叙原则大概是"凭散官"，此后则"职事散官从一高"。

除了表 5 - 3 中所列至元四年（1267）和大德四年（1300）制定的普遍规定外，对于荫叙品级还有许多针对特殊情况的特殊规定如下：

> （大德四年）八月癸卯朔，更定荫叙格，正一品子为正五，从五品子为从九，中间正从以是为差，蒙古、色目人特优一级。[3]
>
> 诸职官子孙承荫，须试一经一史，能通大义者免儤使，不通者发还习学，蒙古、色目愿试者听，仍量进一阶。[4]
>
> 诸职官子孙承荫，已有元定荫叙地方通例，别难议拟，如愿于广海荫叙者，听其所请，依例升等迁叙。[5]
>
> 诸路达鲁花赤（上路正三品、下路从三品）子弟荫叙充散府诸州达鲁花赤（散府正四品，上州从四品，中州正五品，下州从五品），其散府诸州子弟充诸县达鲁花赤（上县从六品，中县正七品，下县从七品），诸县子弟充巡检。[6]

由此可知，荫叙有几种情况可以升等迁叙，第一、蒙古、色目人荫叙特

---

〔1〕陆文圭：《中大夫江东肃政廉访使孙公墓志铭》，见《墙东类稿》卷 12，收入《元人文集珍本丛刊》第 4 册，第 589 页。

〔2〕《元典章》卷 29《礼部二·服色》"贵贱服色等第"条。

〔3〕《元史》卷 20《成宗纪三》，第 432 页。

〔4〕《元史》卷 83《选举志三·铨法中》至大四年诏，第 2061 页。

〔5〕《元史》卷 83《选举志三·铨法中》泰定四年部拟，第 2062 页。

〔6〕《元史》卷 7《世祖纪四》，至元七年四月壬午敕，第 129 页。

优一级，其中愿意试经史且通大义者，又可以进阶。第二、原则上承荫人于父、祖任官处荫叙官职。然而本不该荫叙边远地区，而自愿前往广海任职者，可以升等迁叙。第三、达鲁花赤荫叙有特殊规定。其中，达鲁花赤荫叙的特殊规定在大德四年之后不再实行。大德四年重新制定荫叙制度，规定："达鲁花赤子孙与民官子孙一体荫叙，傍荫照例降叙。"[1] 由于有这些可以升等的特殊规定，以及旁荫降等的规定，我们在文集史料中看到的荫叙品级并不完全符合至元四年和大德四年所制定的标准，但多数碑传史料中记载的情况还是符合《元典章》和《元史》所载规定的。

从目前所见史料来看，荫叙所授职事官和散官品级大体相符，或甚至散官品级高于职事官品级。碑传材料中，荫叙所授散官与职事官品级相同者如翰林学士（正二）、资善大夫（正二下）吴澄之子吴文，荫奉议大夫（正五下）、同知柳州路总管府事（下路，正五）。[2] 正议大夫（正三上）、肃政廉访使（正三）奥屯之子脱脱，荫承事郎（正七下）、同知常德路龙阳州事（下州，正七）。[3] 通议大夫（正三中）、同知察罕脑儿等处宣慰使司事（从三）副都元帅张世杰之子张弘，荫忠翊校尉（正七下）、南阳府同知嵩州事（下州，正七）。[4] 奉训大夫（从五下）、冠州知州（从五）周之翰次子周骏，荫官进义副尉（从八）亳州城父县主簿（从八）。[5] 散官品级高于职事官品级者，如翰林侍讲学士（从二）、通奉大夫（从二中）虞集之子虞安民，荫奉训大夫（从五），广州路东莞县尹（正七）。[6] 奉议大夫（正五）、太子左赞善（正五）同恕之孙同再

---

〔1〕《元史》卷83《选举志三》，第2060页。

〔2〕虞集：《故翰林学士资善大夫知制诰同修国史临川先生吴公行状》，见《道园学古录》卷44，收入《四部丛刊初编》影明景泰翻元小字本。

〔3〕许有壬：《赠嘉议大夫济南路总管上轻车都尉追封博平郡侯奥屯公神道碑并序》，收入《至正集》卷51，第246页。

〔4〕许有壬：《赠通议大夫大都路都总管上轻车都尉清河郡侯谥庄惠张公神道碑铭》，收入《至正集》卷57，第266页。

〔5〕苏天爵：《元故奉训大夫冠州知州周府君墓碑铭》，收入《滋溪文稿》卷17，第287页。

〔6〕欧阳玄：《元故奎章阁侍书学士翰林侍讲学士通奉大夫虞雍公神道碑》，见《圭斋文集》卷9，收入《四部丛刊初编》影明成化刊本。

思，荫受将仕郎（正八下）宜川县主簿（从八）。[1] 奉政大夫（正五上）、淮西江北道肃政廉访使（正三）普颜之子黄头，荫承务郎（从六下）、同知诸暨州事（下州，正七）。[2] 这三条荫叙散官品级高于职事官的例子中，荫叙人的散官品级是他们应该得到的官职品级，大概由于职位窠缺不足或其他原因，暂时就任较低品级职事官，然而其散官标志了其应得品级，在之后的升迁中，应该仍以其散官品级为准。

荫叙虽然是白身入仕，但由于元代的荫叙制度来源于承袭制度，在元代统治者的理解中，通过荫叙得到的职位来自于其父祖辈。荫叙仕宦者并非凭空进入官僚集团而获取职位。因此荫叙入仕得到的散官和职事官品级相同，类似于前面提到的各种普通入流途径。这一点与其他白身入仕之途均不相同。

5.3.1.2　荫叙条件

根据《元典章》所载《品官荫叙体例》："诸取荫官，不以居官、去任、致仕、身故，其承荫人年及二十五以上者听。"[3]但从元代史料来看，早期官员只有在"身故"的情况下子孙才能承荫，王恽曾作《论居官身故等官员子孙承荫事状》对此事提出异议：

> 会验中书省钦奉圣旨条画内一款："诸取荫官，不以居官、去任、致仕、身故，其承荫人年及二十五以上者听。"照得，今者身故官员子孙已拟叙荫，其居官、去任子孙应荫者至今未见施行。外，据致仕官子孙往往亦未蒙定夺，如真定张宣抚子复，前泰安州尹赵德庸子符是也。卑职参详，即今贪冒成风，恬不知退，如一二以理致仕者，宜蒙显异。若应荫子孙反为迟疑，不蒙定拟，只以身故者听叙，是使为子孙者得父祖早故为幸，非所以进廉隅而激贪鄙也。兼照得旧例，诸养素丘园征聘不赴者，子孙尚得以征官为荫，况职官清要、历年深远之人乎，理合比父祖身故者，即令叙荫为

[1] 贾仁：《元故奉议大夫太子左赞善榘庵先生同公行状》，见《榘庵集》卷15，收入《景印文渊阁四库全书》1206册，第811页。

[2] 许有壬：《故奉政大夫淮西江北道肃政廉访使赠嘉议大夫礼部尚书上轻车都尉追封恒山郡公谥正肃普颜公神道碑铭》，收入《至正集》卷61，第282－283页。

[3] 《元典章》卷8《吏部·官制二·承荫》"品官荫叙体例"条。

当。其居官、去任子孙亦合依奉圣旨条画定夺施行。[1]

此状收在王恽《乌台笔补》的最后一卷,《乌台笔补》是王恽至元五年至至元八年在御史台任职时所作事状。[2] 由此可知,直到至元八年前后,官员只有"身故"之后,子孙才能承荫。根据《元典章》的记载,元代从至元二十八年始行致仕之制。[3] 既无致仕制度,也无所谓"致仕荫叙"之制。至元二十八年之前所谓"致仕",仅仅是官员个人提出要求,并无一定之规,因此王恽认为"今贪冒成风,恬不知退,如一二以理致仕者,宜蒙显异"。推测至元四年所定荫叙制度只是照抄金代成文,实际实行的制度大体仿照承袭制度。承袭之制,只有父、祖身故,方能袭职。因此在至元前期,官员处于"居官""去任""致仕"几种状态时,子孙并不能按照制度承荫授职。

到元代中后期,致仕成为通行制度,官员致仕之后,子孙亦可承荫,如陈旅《蒋县尹墓碣铭》所载:

> 至元再元之三月甲午,诸暨州判官蒋葵致辞使来……[蒋葵]从仕郎(从七下)绍兴路诸暨州判官(下州,正八)致仕……宏荫补商税官。[4]

诸暨州判官蒋葵遣使请陈旅为其父作墓碣铭,此时蒋葵已经致仕,但仍在世,其子蒋宏亦已荫补商税官。可见元代中后期,官员致仕之后子孙即可承荫。但"居官""去任"状态下的官员,子孙始终无承荫资格,据《元史·赵师鲁传》:

> 泰定(1324—1328)中……有朝士年未及致仕,其子请预荫其官,而执政者为之地,师鲁驳其非,事遂止。[5]

可见官员若非致仕,子孙不得承荫。这无疑与元代同时实行的承袭制度有关。元代军官系统中实行承袭制,部分情况下,官员职位可以由子孙继承,若非官员致仕或身故,子孙必然无职可袭,元仁宗(1311—

---

〔1〕王恽:《论居官身故等官员子孙承荫事状》,收入《秋涧先生大全集》卷89《乌台笔补》。

〔2〕王恽:《乌台笔补序》,收入《秋涧先生大全集》卷83。

〔3〕《元典章》卷11《吏部·职制二·致仕·官员老病致仕》。

〔4〕陈旅:《蒋县尹墓碣铭》,见《安雅堂集》卷11,收入《元代珍本文集汇刊》第496页。

〔5〕《元史》卷176《赵师鲁传》,第4113页。

1320年在位)至大四年敕文强调:

> 军官七十致仕,始听子弟承袭。其有未老即托疾引年,令幼弱子弟袭职者,除名不叙。[1]

由于承袭制度不得不严格实行"致仕、身故,始听子弟承袭"的规则,与之类似的承荫制度也采取了同一原则。

根据《品官荫叙体例》:"诸用荫者,立嫡长子。若嫡长子有笃废疾,立嫡长子之子孙[曾玄同]。如无,立嫡长同母弟。如无,立继室所生。如无,立次室所生。如无,立婢生子。如绝嗣者,荫其亲兄弟,各及子孙。如无,荫伯叔及其子孙。"从这条规定来看,似乎承荫人必须是嫡长子,只有在嫡长子由于"笃废疾"等原因无法承荫的情况下,荫叙资格才能顺延给其他人。然而从元代碑传史料来看,嫡长子已经另行求仕为官,由次子或其他子孙承荫的现象非常普遍。如吴澄的《赵侯墓碑》记载,赵思恭,"子男三,侃年十九而殇。天纲由国子生贡充儒吏,由户部迁行省掾,由浙省迁行台掾。天经以兄之让,受父荫,主获嘉县簿"。[2] 赵思恭长子早逝,次子已经通过学校的途径步入仕途,因此把荫叙的资格让给幼弟赵天经。如前所述,赵思恭官至朝列大夫(从四下)、燕南河北道肃政廉访司佥事(正五),获嘉县为下县,主簿正九品。赵思恭卒于元贞二年(1296),时年五十五。赵天经依至元四年(1267)标准荫叙,从四品子,正九品叙,完全符合规定,并未降等。此外还有叶审言官至承务郎(从六下)温州路同知瑞安州事(正七),次子叶泰之荫补江浙行中书省广济库子。[3] 韩居人官至奉直大夫(从五上)河北河南道肃政廉访司佥事(正五),由于长子希孟已经入仕,把荫叙资格让于次子希夷,希夷荫叙新城县尉(从九)。[4]

从至元五年起,"诸荫叙人员,除蒙古及已当秃鲁花人数别行定夺

---

[1]《元史》卷24《仁宗纪一》至大四年七月敕,第545页。

[2]吴澄:《大元故朝列大夫佥燕南河北道肃政廉访司事赵侯墓碑》,收入《吴文正集》卷33,第557页。

[3]黄溍:《叶审言墓志铭》,收入《金华黄先生文集》卷33续稿30。

[4]许有壬:《故奉直大夫佥河北河南道肃政廉访司事赠朝列大夫秘书少监骑都尉高阳郡伯韩公神道碑铭并序》,收入《至正集》卷50,第241页。

外,三品以下、七品以上、年二十五之上者,当傔使一年,并不支俸”。[1] 大德七年要求“诏凡军官子弟年及二十者,与民官子孙同,傔直一年方许袭职,万户于枢密院,千户于行省,百户于本万户”。[2] 这是要求色目、汉人、南人荫叙及承袭者在任官之前具有一定工作经验。但有一部分荫叙人可以免除傔使。包括以下几类:

> 致仕官止有一子应承荫者,其傔使并免之,家贫者给半俸终其身。[3]
>
> 诸职官子孙承荫,须试一经一史,能通大义者免傔使,不通者发还习学,蒙古、色目愿试者听,仍量进一阶。[4]
>
> 凡傔直,曾当怯薛身役,已经历仕及止有一子,五十以上者,并免。[5]

由此可知,官员只有一子且承荫为官者,曾担任怯薛者,曾经有过工作经验者,文化考试合格者均可免除傔使。

5.3.2 怯薛

怯薛,又称宿卫,是元代高官的主要来源。怯薛的来源主要是高官勋臣子弟,不过四怯薛长也可以“自举其属”。[6] [日]片山共夫对于怯薛的来源有过比较详细的讨论。[7] 除了皇帝,在皇后、太子、诸王、公主身边也有怯薛。刘因的《段公墓碑铭》载“国初凡守亲王分地者,一子当备宿卫”,段绍先就宿卫王府。[8] 怯薛出职制度在元代的功能和意义实际上类似于中国传统的荫叙制度。勋贵子弟为皇室服务一段时间,按照其出身高低,服务时间长短和位置不同,能力高下有

[1]《元史》卷83《选举志三·铨法中》,第2060页。

[2]《元史》卷21《成宗纪四》,第453页。

[3]《元史》卷21《成宗纪四》,第462页。

[4]《元史》卷83《选举志三·铨法中》,第2061页。

[5]《元史》卷83《选举志三·铨法中》,第2060页。

[6]《元史》卷82《选举志二》,第2037页。

[7][日]片山共夫:《关于元朝怯薛出身者的家世》,收入内田吟风等著,余大钧译:《北方民族史与蒙古史译文集》,昆明:云南出版社,第591-668页。

[8]胡聘之:《山右石刻丛编》卷27《泽州长官段公墓碑铭》,收入《石刻史料新编》第1辑21册,第15578页。

别,安排各种职位,直接进入官僚集团。《经世大典序录·入官》载元代入仕制度:"及得中原,损益古今之制度而行之,而用人之途不一。亲近莫若禁卫之臣所谓怯薛者,然而任使有亲疏,职事有繁易,历时有久近,门第有贵贱,才器有大小,故其得官也,或大而宰辅,或小而冗散,不可齐也。国人之备宿卫者浸长,其属则以自贵,不以外官为达。"〔1〕

据《元史·选举志》所载,"凡怯薛出身……至元二十年(1283)议'久侍禁闼、门地崇高者,初受朝命,散官减职事一等,否则量减二等'。至大四年,诏蒙古人降一等,色目人降二等,汉人降三等"。〔2〕可知怯薛直接出职,即可获得散官,只是首次任职时,散官品级低于职事官一等或二等。高等怯薛往往被皇帝直接任用,所授大多为随朝要职,叶子奇的《草木子》有"木华黎王等四怯薛大根脚出身,分任省台"。〔3〕由于蒙古国时期实行职位世袭制度,元朝大根脚怯薛所授的某些官职也有世袭成分,《元史·别儿怯不花传》在记叙别儿怯不花作为宿卫出职时提到"八番宣抚司长乃其世职",〔4〕郝时远提出"御史大夫一职,一度成为博尔术家族在元朝政府中的世袭职务",〔5〕都是这种习惯的体现。史料中还有一些怯薛出职的惯例,如至元二十二年(1285),枢密院臣请求任命脱列伯为佥院,提到"旧制四宿卫各选一人参决枢密院事"〔6〕大德元年,中书省、御史台臣言:"合剌赤、阿速各举监察御史非便,亦宜止于常选择人。……宿卫近侍,奉特旨令台宪擢用者,必须明奏,然后任之。"〔7〕可知宿卫中选人担任枢密院判官、监察御史、台宪官等,有惯例可循。但总的说来,大部分怯薛出职似无一定之规,出职的时间、所授官职种类和品级似乎都比较随意。高等

〔1〕苏天爵编:《国朝文类》卷40《经世大典序录·入官》。

〔2〕《元史》卷82《选举志二》,第2037页。

〔3〕叶子奇:《草木子》卷4下《杂俎篇》"仕途"叶子奇:《草木子》,北京:中华书局,1959年,第82页。

〔4〕《元史》卷140《别儿怯不花传》,第3365页。

〔5〕郝时远:《元代监察制度概述》,载《元史论丛》第3辑,北京:中华书局,1986年,第88页。

〔6〕《元史》卷13《世祖纪十》,第272页。

〔7〕《元史》卷19《成宗纪二》,第410页。

怯薛出职有高至二品者，普通怯薛有低至八品者。所授官职亦不确定，军职、民职、诸职均有。萧启庆在他的《元代的宿卫制度》中研究过怯薛出职所任官职品级，[1]但尚未有人讨论怯薛出职时散官授予的情况。

从史料来看，怯薛出职授散官并未严格遵照"蒙古人降一等，色目人降二等，汉人降三等"的规定，根据部分《元史》和元代文集中提到的怯薛出职的史料，列出部分怯薛出职所授职事官与散官的品级关系表5-4。

如表5-3所示，怯薛出职，最常见者为散官降职事官一等，其次为散官与职事官品级相同，散官降二等或三等的情况略少。甚至还有少数散官品级高于职官品级者，大概是用散官标志其应得职事官品级，但根据实际需要，暂时授予较低职官的情况。由表5-3可知，怯薛出职所授散官与职事官品级的关系并不完全符合《元史》中所记载的"蒙古人降一等，色目人降二等，汉人降三等"。其中汉人授予与职事官品级相同或降一等散官者并不少见。不过蒙古人的确没有降二等甚至降三等的情况。总的说来，怯薛出职所授散官品级受到的影响因素较多，如皇帝和其他皇室成员的意志，中央各部门的陈请，铨选部门的权衡等，随意性比较大。从史料来看，甚至有怯薛出职未授散官的情况。如华埜仙，南人，至大年间由宿卫出职任都功德使司都事，"朝廷之制，由布衣进用者散阶下所居官二等，都事官七品，当冠以八品文阶，而铨曹靳弗与，近臣有欲为之请而弗果言，君亦不以为歉"。[2] 大概是铨选部门不满于怯薛出职扰乱普通铨选程序，因此采取的反对措施。这些因素都有可能增加怯薛出职的随意性。

〔1〕萧启庆：《元代的宿卫制度》，收入萧启庆：《内北国而外中国——蒙元史研究》，北京：中华书局，2007年，第216-255页。

〔2〕黄溍：《都功德使司都事华君墓志铭》，收入《金华黄先生文集》卷37续稿34。

表 5－4　怯薛出职散官职官品级关系表

姓名	种族	时间	散官	品级	职事官	品级
品级相同						
亦怜真班[1]	西夏	仁宗宿卫	中奉大夫	从二下	翰林侍讲学士	从二
硕德[2]	札剌尔	世祖宿卫	嘉议大夫	正三下	通政院同知	正三
王结[3]	汉人	仁宗潜邸宿卫	太中大夫	从三上	典牧太监	从三
李[4]	汉人		武略将军	从五下	坚州达鲁花赤	从五
卢景[5]	汉人	成宗宿卫	承直郎	正六下	都水监丞	正六
必里台[6]	南人	成宗宿卫	将仕郎	正八下	耒阳州判官	正八
散官降职官一等						
燕铁木儿[7]	钦察	武宗潜邸	正奉大夫	从二上	同知宣徽院事	正二
别儿怯不花[8]	燕只吉歹氏	仁宗宿卫	怀远大将军	从三下	八番宣抚司达鲁花赤	正三
阔里吉思[9]	蒙古	博儿赤	朝列大夫	从四下	司农少卿	正四
野仙溥化[10]	札剌儿	速古儿赤	朝列大夫	从四下	给事中	正四

〔1〕《元史》卷 145《亦怜真班传》，第 3445 页。

〔2〕黄溍：《朝列大夫佥通政院事赠荣禄大夫河南江北等处行中书省平章政事柱国追封鲁国公札剌尔公神道碑》，收入《金华黄先生文集》卷 25 续稿 22。

〔3〕苏天爵：《元故资政大夫中书左丞知经筵事王公行状》，收入《滋溪文稿》卷 23，第 383 页。

〔4〕邓文原：《皇元赠陇西郡李公神道碑铭》，见《巴西邓先生文集》，收入《北京图书馆古籍珍本丛刊》92 册影清抄本，第 769 页。

〔5〕黄溍：《元故正议大夫卫辉路总管兼本路诸军奥鲁总管管内劝农事知河防事卢公行状》，收入《金华黄先生文集》卷 23 续稿 20。

〔6〕程钜夫：《故常州路儒学教授袁君墓志铭》，见《程雪楼文集》卷 22，收入《元代珍本文集汇刊》第 852 页。

〔7〕《元史》卷 138《燕帖木儿传》，第 3326 页。

〔8〕《元史》卷 140《别儿怯不花传》，第 3365 页。

〔9〕《元史》卷 134《阔里吉思传》，第 3261 页。

〔10〕《元史》卷 139《乃蛮台传》，第 3353 页。

续表 5-4

姓名	种族	时间	散官	品级	职事官	品级
穆忱[1]	汉人	真金宿卫	朝列大夫	从四下	山北辽东按察副使	正四
阿鲁浑萨理[2]	北庭	真金宿卫	朝列大夫	从四下	左侍仪奉御	正四
董士恭[3]	汉人	成宗宿卫	奉议大夫	正五下	典瑞少监	从四
答答呵儿[4]	脱脱忒	世祖宿卫	武德将军	正五下	揭只揭烈温千户所达鲁花赤	从四
脱帖穆耳[5]	蒙古	成宗宿卫	武德将军	正五下	上千户所达鲁花赤	从四
哈答孙[6]	蒙古人	宿卫世祖藩邸	昭信校尉	正六下	料库提□	从五
李拱辰[7]	汉人	成宗宿卫	承事郎	正七下	高邮府判官	从六
自当[8]	蒙古人	英宗速古儿赤	从仕郎	从七下	监察御史	正七
道家奴[9]	蒙古人	世祖必阇赤	从仕郎	从七下	资成库副使	正七
散官降职官二等						
庆童[10]	嗐喇氏	仁宗宿卫	中奉大夫	从二下	大宗正府掌判	从一

〔1〕苏天爵:《元故参知政事王宪穆公行状》,收入《滋溪文稿》卷23,第378页。

〔2〕赵孟頫:《大元勅赐故荣禄大夫中书平章政事守司徒集贤院使领太史院事赠推忠佐理翊亮功臣太师开府仪同三司上柱国追封赵国公谥文定全公神道碑铭》,见《松雪斋集》卷7,收入《四部丛刊初编》影元沈伯玉刻本。

〔3〕黄溍:《资德大夫陕西诸道行御史台御史中丞董公神道碑》,收入《金华黄先生文集》卷26续稿23。

〔4〕《元史》卷135《孛儿速传附答答呵儿传》,第3279页。

〔5〕黄溍:《明威将军管军上千户所达鲁花赤逊都台公墓志铭》,收入《金华黄先生文集》卷35续稿32。

〔6〕程钜夫:《秦国昭宣公神道碑》,见《程雪楼文集》卷8,收入《元代文集珍本汇刊》影洪武二十八年(1395)刊本,台北:中央图书馆,第337页。

〔7〕黄溍:《奉议大夫御史台都事李公墓志铭》,收入《金华黄先生文集》卷31续稿28。

〔8〕《元史》卷143《自当传》,第3417-3418页。

〔9〕黄溍:《真定路总管府达鲁花赤致仕道家奴嘉议公墓志铭》,收入《金华黄先生文集》卷37续稿34。

〔10〕贡师泰:《江浙等处行中书省平章政事庆童公功德之碑》,收入《贡礼部玩斋集》卷9。

续表 5-4

姓名	种族	时间	散官	品级	职事官	品级
伯帖木儿[1]	钦察	哈剌赤	武节将军	正五上	左卫亲军都指挥使司佥事	正四
史元亨[2]	汉人	成宗潜邸宿卫	奉训大夫	从五下	龙兴路同知	从四
巙巙[3]	康里		承直郎	正六	集贤待制	正五
普颜[4]	高昌	仁宗潜邸必阇赤		正八	监察御史	正七
林坚[5]	南人	成宗宿卫	进义副尉	从八上	常湖茶园副提举	从七
散官降职官三等						
张观宇[6]	南人	成宗宿卫	承德郎	正六上	同知江浙财赋都总管府事	从四
孙继宁[7]	汉人	世祖宿卫	敦武校尉	从七下	上都大仓使	正六
散官高于职事官品级						
不花[8]	兀速儿吉氏	宿卫仁宗潜邸	中顺大夫	正四下	中书直省舍人	从五
汪从善[9]	杭州	成宗舒库尔齐	奉训大夫	从五下	典瑞监丞	正六

[1]《元史》卷131《伯帖木儿传》,3195页。

[2]邓文原:《故朝散大夫同知饶州路总管府事史公墓铭》,收入《巴西邓先生文集》,第785页。

[3]《元史》卷143《巙巙传》,第3411页。

[4]许有壬:《故奉政大夫淮西江北道肃政廉访使赠嘉议大夫礼部尚书上轻车都尉追封恒山郡公谥正肃普颜公神道碑铭》,收入《至正集》卷61,第282-283页。

[5]苏天爵:《元故承德郎寿福院判官林公墓碑铭》,收入《滋溪文稿》卷21,第348页。

[6]黄溍:《延福太监张公墓志铭》,收入《金华黄先生文集》卷35续稿32。

[7]吴澄:《大元中大夫益都般阳等处路淘金总管孙侯墓志铭》,见《吴文正集》卷40,收入《元人文集珍本丛刊》第3册,第645页。

[8]《元史》卷135《易剌传附不花传》,第3286页。

[9]邵亨贞:《元故嘉议大夫邵武路总管兼管内劝农事汪公行状》,见《野处集》卷3,收入《景印文渊阁四库全书》1215册,第205页。

侯子罡讨论过元代怯薛入仕的“契机”，认为有“勋旧世家、举荐、才识、忠勤、年劳、立功、特殊技能”等七种契机。[1] 实际上怯薛出职非常灵活，并无一定之规。高等怯薛出职往往出于皇帝或具有人事权之皇太子的个人意愿，偶然性较大，有时出职者本人亦可对所任官职发表意见，如董士珍之子董守简，20 余岁入备宿卫，仁宗（1311—1320 年在位）特命其为集贤侍读学士，为从二品高官。董守简将此官让于其兄守中，自愿任董守原职从三品典瑞院佥事，得到了仁宗（1311—1320 年在位）的同意，授散官从四品下阶朝列大夫散官。[2] 有的时候，怯薛出职由于掌权者为了巩固自身势力的行为。真金身为皇储时曾多次授予怯薛高官，如至元年间担任东宫宿卫的穆忱，至元十七年被任命为朝列大夫（从四下）、山北辽东道按察副使（正四）。[3] 仁宗为储君时亦然，如至大元年，任其宿卫王结为太中大夫（从三上）、典牧太监（从三）。[4] 新皇登基大量任用潜邸旧臣宿卫更是常见，《元史·明宗纪》：“（天历二年五月，1329）选用潜邸旧臣及扈从士，受制命者八十有五人，六品以下二十有六人。”[5] 除了皇帝本人，怯薛亦或由权臣及中央机构等荐举出职。如史元亨于至元二十九年任成宗（1294—1307 年在位）潜邸宿卫，“越三年，龙兴路守臣请用公为佐，乃权其郡同知”。[6] 张观宇任成宗宿卫，由中政院荐举，担任江浙财赋都总管府同知。[7] 再如成宗宿卫脱帖穆耳由御史台臣推荐，担任上千户所达鲁花赤。[8] 此外，也有王府、投下宿卫被举荐出职的情况。

[1] 侯子罡：《元代怯薛入仕契机探析》，载《阴山学刊》2009 年 4 月，第 22 卷第 2 期，第 67－70 页。

[2] 苏天爵：《元故荣禄大夫御史中丞赠推诚佐治济美功臣河南行省平章政事冀国董忠肃公墓志铭》，收入《滋溪文稿》卷 12，第 192 页。

[3] 苏天爵：《元故参知政事王宪穆公行状》，收入《滋溪文稿》卷 23，第 378 页。

[4] 苏天爵：《元故资政大夫中书左丞知经筵事王公行状》，收入《滋溪文稿》卷 23，第 383 页。

[5]《元史》卷 31《明宗纪》，第 698 页。

[6] 邓文原：《故朝散大夫同知饶州路总管府事史公墓铭》，收入《巴西邓先生文集》，第 785 页。

[7] 黄溍：《延福太监张公墓志铭》，收入《金华黄先生文集》卷 35 续稿 32。

[8] 黄溍：《明威将军管军上千户所达鲁花赤逊都台公墓志铭》，收入《金华黄先生文集》卷 35 续稿 32。

大德八年曾有规定:“自内降旨除官者,果为近侍宿卫,践履年深,依已除叙。……各位下再任者,从所隶用,三任之上,听入常调。”不过同时也规定“蒙古人不在此限”。[1] 大概高等王府怯薛出职,并不需严格遵守三任入常调的规定。如阿的迷失帖木儿,畏兀人,随安西王忙哥剌出镇六盘。成宗时,阿难答嗣位,遣使入朝奏曰:“阿的迷失帖木儿父子,本先帝旧臣,来事先王,服勤二十余年矣。若终老王府,非所以尽其才也,愿以归陛下用之。”于是阿的迷失帖木儿被任命为汝州达鲁花赤(从五),官至秘书太监。[2]

某些普通怯薛出职亦有相关规定。如“元贞元年(1295),控鹤提控奉旨充速古儿赤一年,受省劄充御前伞子,历三百三十二月,诏于从六品内迁用”。又如“玉典赤,至元二十七年,定拟历三十月至九十月者,并与县达鲁花赤、进义副尉(从八下)。一百月以上者,官敦武校尉(从七下)。至大二年(1309),令玉典赤权于州判、县丞内铨注。三年,令依旧例,九十月除从七下县达鲁花赤,任回添一资”。[3]

怯薛出职亦有可能担任高级吏员,然后入流。如朵罗台之子脱欢,初直宿卫,历御史台译史,拜监察御史。[4] 又如月鲁帖木儿,仁宗时入宿卫,哈剌哈孙欲用之为中书蒙古必阇赤,但月鲁帖木儿没有接受,最终由宿卫出职御史。[5] 这一途径属于第1节讨论吏员补选时提到的“中央政府补选自荐或他人荐举白身之人”,之后应按照高级吏员出职途径入流。

怯薛出职,如果所授散官低于职事官品级,则需任数届该品级职事官,直到散官升至与职事官品级符合,再向上迁转。如前面提到的董守简出职从三品典瑞院佥事,散官为从四品下阶朝列大夫,此后“在职十年,不迁他官……文皇入,立进阶嘉议大夫(正三下),出为淮安

〔1〕《元史》卷21《成宗纪四》,第458页。
〔2〕《元史》卷124《哈剌亦哈赤北鲁传附月朵失野讷传》,第3047页。
〔3〕《元史》卷82《选举志二》,第2055页。
〔4〕《元史》卷134《朵罗台传附脱欢传》,第3265页。
〔5〕《元史》卷144《月鲁帖木儿传》,第3434页。

路总管（正三）”。[1] 董守简为汉人，按照至大四年的规定，应该散官降职事官三等，但他的散官仅低于职事官二等，大概由于董氏世家勋臣，地位极高之故。他出职后，任典瑞院佥事长达10年，因为他要等待散官要从从四品下阶升入从三品，与职事官品级相符，需要6年，然后再经过官职对品的3年工作经历，升入正三品。由于高等怯薛往往地位特殊，为皇帝熟知之人，这一规定有时候未必严格执行。如另一位董氏子弟董士恭，“入备宿卫为尚奉御，从成宗皇帝（1294—1307年在位）至三不剌……大德九年（1305）特授奉议大夫（正五下），典瑞少监（从四）。十一年，有位公下者，中书奏升为太监，上怒曰：董少监本居上，乃不升，何耶。特命升太监（从三），进阶正议大夫（正三上）。公辞，而后就职”。[2] 董士恭大德九年出职典瑞少监，散官降职事一等，本应60个月之后才能升职，因此大德十一年任命典瑞太监的时候没有考虑他。但由于皇帝特命，董士恭出职两年之后即升职二等，散官也随之升级。

怯薛出职是元代重要的入仕途径之一。姚燧有“太凡今仕惟三涂，一由宿卫，一由儒，一由吏。由宿卫者，言出中禁，中书奉行制敕而已，十一之”。[3] 许有壬曾说：“今岁（后至元元年，1335）自四月至九月，白身补官受宣者七十二人，而科举一岁仅三十余人。”[4] 可知由怯薛入仕者大约占官员的1/10，后至元元年半年之内怯薛出职任五品以上官者（授宣）就有72人，可见怯薛出职任高等官员数量之众。怯薛出职的程序、规则等还有很多值得研究之处。作者限于时间和能力，暂止于此。

---

〔1〕苏天爵：《元故荣禄大夫御史中丞赠推诚佐治济美功臣河南行省平章政事冀国董忠肃公墓志铭》，收入《滋溪文稿》卷12，第192页。

〔2〕黄溍：《资德大夫陕西诸道行御史台御史中丞董公神道碑》，收入《金华黄先生文集》卷26续稿23。

〔3〕姚燧：《送李茂卿序》，收入《牧庵集》卷4。

〔4〕《元史》卷142《彻里帖木儿传》，第3405页。

5.3.3 学生

对于蒙元时期的国子学，萧启庆、王建军等均有过研究，[1]但尚无人系统研究国子学生出职的情况。早在窝阔台汗时期(1229—1241年在位)，蒙古国已设立国子学，以培养翻译人才为主，学生学成之后担任通事。至元八年(1271)设蒙古国子学，随朝蒙古、汉人百官及怯薛子弟均可入学。学成之后，通过一定考试，即可授予官职。诸路蒙古字学情况与此类似，官员子弟和地方政府选出的优秀人才均可入学，学成之后"经由本处提调总管府官司转申"翰林院，经过考试，可以保举生员入国子监。然后就有了出任官职的机会。国子生所担任的通常是学官或译史。[2] 至大四年(1311)开始实行国子学试贡法："蒙古授官六品，色目正七品，汉人从七品。试蒙古生之法宜从宽，色目生宜稍加密，汉人生则全科场之制。"[3]苏天爵在《齐文懿公神道碑铭》中亦提及此制，记载略为详细："有制国子岁贡六人，蒙古二，官从六品，色目二，官正七品，汉人二，官从七品，第以入学名籍为差次。"[4]延祐二年(1315)开始实行升斋积分法："国学立六斋，下两斋以初学者居之，中两斋治大学、论语、孟子、中庸，学诗者居之，上两斋治易、诗、书、春秋、礼记，属文者居之。每季考学问进者以次第升，又必在学二年以上，始与私试。孟春月试经疑经义，季月试问古赋制诰章表，蒙古色目试明经策问，辞理俱优者为上，准一分，理优辞平者次之，准半分，岁终积至八分者充高第。生以四十人为额，员不必备，惟

---

〔1〕萧启庆:《大蒙古国的国子学:兼论蒙汉菁英涵化的滥觞与儒道势力的消长》，收入萧启庆:《内北国而外中国:蒙元史研究》上册，北京:中华书局，2007年，第89-112页。王建军:《元代国子监研究》，澳门:澳亚周刊出版有限公司，2003年。特格舍:《元代国子学与国子监初探》，载《内蒙古社会科学》1981年第3期，第145-148页。王风雷:《元代的蒙古国子学和蒙古国子监》，载《内蒙古师范大学学报》1993年第2期，第100-112页。王风雷:《元代的国子祭酒考》，载《内蒙古社会科学》1993年第4期，第72-77页。陈高华:《元代的地方官学》，收入《元史论丛》第5辑，第169页。

〔2〕《元典章》卷30《礼部四·学校一·蒙古学》"蒙古学校"条。《元史》卷81《选举志一》，第2027-2028页。《元典章》卷30《礼部四·学校一·蒙古学》"保举蒙古生徒"条。

〔3〕《元史》卷81《选举志一·学校》，第2030页。

〔4〕苏天爵:《元故太史院使赠翰林学士齐文懿公神道碑铭》，收入《滋溪文稿》卷9，第130页。

取实才，然后集贤礼部试其艺业及格者六人以充贡，诸生二年不能通一经，及在学不满半岁者并黜之。”即国子生学习两年之上者，每3个月考试一次，按上、中、下3等积分，积满8分者方可贡举补官。[1] 这种3个月一试的制度是金代亦曾实行，但金代国子生须参加科举后获得出身，元代则直接出职。马祖常的弟弟马祖谦就是国子生以“积分法”中选出身，授承事郎（正七下）、保德州同知（下州，正七）。[2] 因马祖谦是雍古部，属色目人，故而授官正七品。王伯衡由国学积分就试礼部登第，擢为太常礼仪院郊祀署丞（从七）。[3] 符合汉人官从七品的规定。不过贡举补官者并不全都符合上述规定。如周骧，国子积分出身奉圣州判官。[4] 奉圣州为下州，判官正八品，由于墓碑中没有记载他出职所授散官，不能肯定他是否出职从七品，实授正八品职事官。

通过在升斋积分法和试贡法出职任官者仅限于国子学生，伴读生出职只能担任学官或译史等流外职。如孟泌入国子学后，“以积分中高等生补国学录”，学录为无品级学官，可知孟泌并非岁贡六人之例，大概属于国子伴读生，因此至治元年（1321）他又参加科举考试中第，授冠州判官（下州，正八）。[5]

泰定三年之后，国子生与其他考生一起参加科举，不再举行单独的“私试”，但是国子生中第比例高于其他普通考生。如“至正五年（1345）春二月大比进士，……国子积分生试者百二十人，中选者十有八人”。[6] 中第比例大约为6:1。

5.3.4 科举

元代对于参加科举者的身份要求与前代不同，要求应举者“从本

〔1〕苏天爵：《元故太史院使赠翰林学士齐文懿公神道碑铭》，收入《滋溪文稿》卷9，第130－131页。《元史》卷81《选举志一》所记略同，第2029－2032页。

〔2〕苏天爵：《元故奉训大夫昭功万户府知事马君墓碣铭》，收入《滋溪文稿》卷19，第324页。

〔3〕李存：《王伯衡诗序》，见《鄱阳仲公李先生文集》卷20，收入《北京图书馆古籍珍本丛刊》92册影明永乐三年（1405）李光刻本，第621页。

〔4〕苏天爵：《元故奉训大夫冠州知州周府君墓碑铭》，收入《滋溪文稿》卷17，第287页。

〔5〕苏天爵：《朝列大夫监察御史孟君墓志铭》，收入《滋溪文稿》卷13，第212页。

〔6〕苏天爵：《国子生试贡题名记》，收入《滋溪文稿》卷3，第30页。

贯官司于路府州县学及诸色户内推举”，要求推举“乡党称其孝悌，朋友服其信义，经明行修之士”，这些条件显然都是很空泛的，基本上只要不是倡优之家、犯十恶奸盗之人或汉人南人居父母丧者，不管是何等出身，得到推举之后均可应试。在金代，学生是参加科举的主要人选，而官员子弟是学生的主要来源。在参加科举者的来源上，金元的情况发生了较大变化，元代的科举是为平民知识分子所提供的出仕之途，贵族高官子弟很少参加科举，这与金代的情况不同。根据萧启庆先生的研究，元代诸科进士中，蒙古、色目子弟中来自军户者为最大生力军，南人进士布衣子弟亦占 1/3，[1]这个比例在中国古代各朝平民自科举出身的比例中已相当之高。此外，在唐代和金代，国子监生的主要出路是考科举[2]，但在明代，监生可以直接出职做官，如前一节所述，这种变化也是发生在元代。关于元代的科举，萧启庆、桂栖鹏、姚大力等已经有过比较详细的研究。

元代科举分为蒙古色目、汉人南人两榜，第一名赐进士及第，授从六品散官，第二名以下及第二甲，皆授正七品，第三甲以下，皆授正八品，两榜均是如此。荫叙子弟参加科举，中选者优升一等。在官未入流者，若中选之人，已有九品以上资级，比附一高，加一等注授。若无品级，止依试例从优铨注。[3] 国子学生在泰定三年之前可以直接出职，如果参加科举，中选者于监学应得资品上从优铨注。[4]

总的来说，进士出身者所授散官和职事官品级符合《选举志》的记载。但有的时候会授予进士应得品级的散官，但职事官则未必符合应得品级，通常略低，应是出于职位窠缺有限、内外职位有别等原因。如马祖常延祐二年进士廷试第二，授承事郎（正七下）、应奉翰林文字

---

〔1〕萧启庆：《元代科举特色新论》，收入《中央研究院历史语言研究所集刊》（台湾）第八十二本第一册，2010 年，第 13 页、第 19 页。

〔2〕见金代获得散官的途径中“进士”一节。在金代，3 年都无法通过内部考试获得参加科举资格的监生，可以选择参加比较简单的内部考试，补诸局承应人，然后出职。《金史》卷 51《选举志一》，第 1132 页，《元典章》卷 31《礼部 · 学校一 · 儒学》“科举条制”条。

〔3〕《元史》卷 81《选举志一》，第 2019 页，《元典章》卷 31《礼部 · 学校一 · 儒学》“科举条制”条。

〔4〕《元史》卷 81《选举志一》，第 2023 页。

(从七)、同知制诰、国史院编修官。应奉翰林文字属于内任清官,虽然品级不足规定的正七品,但对于马祖常来说应无不满,反而预示着光明前景,马祖常最终官至正二品御史中丞,正与他以内任官起家并长期居于内廷有关。[1]

元代科举出身人数很少。延祐二年开科,3 年 1 科,延祐年间开两科,每科取士 50 余人,至治元年(1321)科 60 余人,泰定(1324—1328)年间开两科,每科 80 余人,之后每科不过 100 人左右。[2] 前后算来共开 16 科,取进士约 1200 人,据姚大力先生推算,在元代文职官员中只占 4.3%。[3] 虽然如此,后至元元年(1335),还是以"科举取人,实妨选法"为由议罢科举。[4] 实际上这种议论是有一定道理的。纵观元代的入仕之法,其中吏员出职、流外入流属于普通常规途径,入流者之前都有长时间积累资历和工作经验的过程。怯薛出职和荫叙补官者虽是白身入仕,亦有一定服役期,且怯薛属于高等贵族内部的入仕途径,而元代的荫叙实际上是降等继承父祖辈的职位,学生出职者也有在中央长期供职(虽然供职的内容是在国子学进行学习)的经历。只有科举是最为特殊,又是长期存在,每 3 年提供固定入仕名额的途径。科举的特殊性表现在,通过科举入仕者没有工作经验,没有在中央服役的过程,没有父祖的职位可以承袭,可以说是从天而降占用职位的空降兵。这些空降兵甚至不必遵守白身入仕者散官降等注授的规定。故而伯颜所谓的科举"实妨选法"并非完全无理取闹。

5.3.5 非常规途径

5.3.5.1 征召

与中原传统政权一样,元朝政府也常有征召隐逸贤才之举。政府

---

[1]苏天爵:《元故资德大夫御史中丞赠虑忠宣宪协正功臣魏郡马文贞公墓志铭》,收入《滋溪文稿》卷 9,第 138 页。

[2]《元史》卷 81《选举志一》,第 2026 页。

[3]姚大力:《元代科举制度的行废及其社会背景》,载《元史及北方民族史研究集刊》第 6 期,第 26 – 59 页。桂栖鹏:《元代进士研究》,兰州:兰州大学出版社,1997 年,第 4 页。

[4]《元史》卷 142《彻里帖木儿传》,第 3405 页。

亦多次要求各地官员荐举遗逸、茂异、童子等。[1] 尤其是世祖(1260—1294年在位)前期,人才匮乏,荐举是一条重要的入仕途径,王恽的《乌台笔补》中有数条荐举事状,其中一部分荐举已有出身官吏,亦有荐举白身人者,如《举关仲修事状》[2]、《举河南士人陈天祥事状》[3]、《举陕西儒士杨元甫状》[4]等。荐举不是入仕的常规途径,亦无定额,属于白身入流,按照规定,散官品级低于职事官品级,但从史料来看,大概早期征召散官品级低于职事官,但有时或许为了表示尊敬贤才,征召官职的品级相等。元代征召贤才,最有名的当属刘因。至元十九年,世祖以承德郎(正六下)、右赞善大夫(正五)征召刘因,至元二十四年再次征召,官职为嘉议大夫(正三下)、集贤学士(正三)。[5] 第一次征召,散官低于职事官品级二等,第二次则官职对品。

5.3.5.2　特赐

特赐即有特殊功绩者获得皇帝特赐官职。如中统元年(1260)郝经出使南宋被扣,至元九年伯颜攻宋时放被送回,"世祖(1260—1294年在位)赐宴大庭,官加国子祭酒(从三),为朝列大夫(从四下)"。[6] 这里有可能是遵守了白身人入仕,散官降等的原则,亦有可能沿袭了金代必须经过实际历官,散官才能升入三品的严格规定。特赐并非入仕的常规途径,在此不过多讨论。

5.3.5.3　自行委付入流

元代各投下和一些管理皇室成员财产的部门可以自行委付官吏,所委任官员不入常调。按照规定,这种投下和各衙门自行委付的官员也应该从"勾当里行来的有体例人每委用",其次从"常选里人每选着委付",但实际上颇有委任白身人的情况。《元典章》"禁治骤升品级"

---

[1]《元史》卷81《选举志一》,第2034-2035页。

[2]王恽:《秋涧先生大全集》卷86。

[3]王恽:《秋涧先生大全集》卷89。

[4]王恽:《秋涧先生大全集》卷89。

[5]苏天爵:《静修先生刘公墓表》,收入《滋溪文稿》卷8,第110页。

[6]刘秉忠:《郝文忠公传》,收入《全元文》第3册,第460页,出自1918年刊本《霸县志》卷5。

条提到投下委付白身人高位的事件："如句容县豪民王训，白身受宣大都等处打捕鹰房民匠总管。他的叔叔王熙，亦受宣命中瑞司丞。"御史台对此进言："常选里人每循着资格，两考、三考才得升转。这等侥幸人每，白身里做三品、四品。虽是不入常调，从各投下、各衙门委付呵，是一般受了国家宣敕，管着军民人匠等户。"[1]理论上讲，这类官员不能入流迁转，但也会出现投下自行委付官员"冒受敕牒"，入流任官的事件。如《元典章新集》"拘收诈冒宣敕"条记载高邮府宝应县"东关外官庄内闲居汉儿人孙天佑，至元二十九年(1292)受总统院劄付，充扬州营田提领，大德七年(1303)例革。大德九年，冒受敕牒扬州江淮营田副提举。任满，延祐二年(1315)六月内钦奉宣命，改名作桑和孙，奉议大夫(正五下)、钦州路达鲁花赤(下路，从三)"，孙天祐以"闲居汉人"的身份受总统院劄付，担任不入常调的自行委付官员。之后不知采取什么途径，进入常调系统，竟然改名受宣，担任从三品路达鲁花赤，散官亦至正五。[2]

5.3.5.4　封赠

元武宗(1307—1311 年在位)至大二年(1309)开始实行封赠制度，诏："流官内五品以上父母、正妻、七品以上正妻，尚书省次第议行封赠之制。"[3]皇庆元年(1312)六月罢废封赠，[4]延祐三年恢复，[5]延祐五年再废，[6]至治三年(1323)再度恢复，一直实行到元末。[7]

延祐三年(1316)所定封赠制度与至治三年(1323)略同，亦即元代中后期一直实行的封赠制度，大略如下：

> 封赠一品至七品流官等第，杂职不与。
>
> 正从(二)[一]品封赠三代：爵国公，勋正上柱国、从柱国，

[1]《元典章》卷8《吏部二·官制二·承荫》"禁治骤升品级"条。

[2]《元典章新集·吏部·官制·总例》"拘收诈冒宣敕"。

[3]《元典章》卷11《吏部五·职制二·封赠》"流官五品以上封赠"条。《元史》卷23《武宗纪二》所载略同，第520页。

[4]《元史》卷24《仁宗纪一》，第552页。

[5]《元史》卷25《仁宗纪二》，第565页、第572页、第573页。

[6]《元史》卷26《仁宗纪三》，第582页。

[7]《元史》卷28《英宗纪二》，第628页。

母、妻并国夫人。特旨封王，仍须禀奏。其封王者，母、妻并国夫人。

正从二品封赠二代：爵郡公，勋正上护军、从护军，母、妻并郡夫人。

正从三品封赠二代：爵郡侯，勋正上轻车都尉、从轻车都尉，母、妻并郡夫人。

正从四品封赠父母：爵郡伯，勋正上(柱)[骑]都尉、从骑都尉，母、妻并郡君。

正从五品封赠父母：爵正县子、从县男，勋正骁骑尉，从飞骑尉，母、妻并县君。

正从六品封赠父母：父止用散官，母、妻并恭人。

正从七品封赠父母：父止用散官，母、妻并宜人。

《元典章》中有一表格(见表5－5)说明延祐三年的封赠制度，更为明晰。[1]

表5－5　封赠制度表

<table>
<tr><td rowspan="6">流官封赠等第</td><td></td><td colspan="2">正从一</td><td>正从二</td><td>正从三</td><td>正从四</td><td>正从五</td><td>正从六</td><td>正从七</td></tr>
<tr><td>爵</td><td colspan="2">国公</td><td>郡公</td><td>郡侯</td><td>郡伯</td><td>正县子
从县男</td><td></td><td></td></tr>
<tr><td rowspan="2">勋</td><td>正</td><td>上柱国</td><td>上护军</td><td>上轻车都尉</td><td>上骑都尉</td><td>骁骑尉</td><td></td><td></td></tr>
<tr><td>从</td><td>柱国</td><td>护军</td><td>轻车都尉</td><td>骑都尉</td><td>飞骑尉</td><td></td><td></td></tr>
<tr><td rowspan="2">封赠</td><td colspan="2">三代</td><td>二代</td><td>二代</td><td>父母</td><td>父母</td><td>父母</td><td>父母</td></tr>
<tr><td colspan="2">母妻并
国夫人</td><td>母妻并
郡夫人</td><td>同上</td><td>母妻并
郡君</td><td>母妻并
县君</td><td>父散官
母妻恭人</td><td>父散官
母妻宜人</td></tr>
</table>

元代通过封赠得到散官的原则大致如下：

(1)封赠品级，父与子同，祖降父一等，曾祖降祖一等，子升同升。至治三年规定"正从七品至正从六品，止封一次。升至正从五品，封赠一次。升至正从四品，封赠一次。升至正从三品，封赠一次。升至正

[1]《元典章》卷11《吏部五·职制二·封赠》，为了排版方便，将表格略作调整。

从二品，封赠一次。升至正从一品，封赠一次"。[1] 这里所谓升至正从某品，封赠一次，指的是子孙升迁到正从某品，仅封赠父祖一次，例如子孙自从三品升至正三品，父祖封赠之官不能随之同升。但譬如孙子的官职自正三升至从二，祖父封赠之官则自从三升至正三，是可以的。譬如中书左丞傅岩起(梦臣)之祖父傅晋，"以左丞贵，初赠大中大夫(从三上)、怀农路总管、轻车都尉，追封河东郡侯，再赠嘉议大夫(正三下)、礼部尚书，勋加上，爵如初"。就是这种情况。[2]

(2)封赠所凭据子孙官职的品级采取从一高原则，除了子孙散官与职事官品级从一高外，有数位子孙可以封赠父祖时，亦从一高。父、祖原有官不及应封赠官阶时，按照子孙文武官阶封赠。父祖原有官与应封赠官品级相同者，则于本等官上进一阶，已至上阶者不再进阶。[3]

(3)父母在仕者不封，已致仕并不在仕者封之，虽在仕弃职就封者听。[4] 只有致仕才能接受封赠，因此封赠的散官除了衣服、荣誉等没有实际意义，不能作为升迁、荫叙等凭据。

---

[1]《元典章》卷11《吏部五·职制二·封赠》"流官封赠通例"条，《元史》卷84《选举志四》"凡封赠之制"，第2116页。

[2]欧阳玄：《大元勅赐故礼部尚书赠中奉大夫河南江北等处行中书省参知政事护军追封河东郡公傅公神道碑铭(有序)》，胡聘之：《山右石刻丛编》卷36，收入《石刻史料新编》第1辑21册，第15768页。

[3]《元典章》卷11《吏部五·职制二·封赠》"流官封赠通例"条作"父、祖元有官者，随其所带文武官上封赠。若已及封赠之官，止于本等官上许进一阶，阶满者更不在封赠之限(谓如子官至四品，其父、祖已带四品之类)。或两子当封者，从一高。文武不同者，从所请。妇人因其夫、子封赠而夫、子两有官，亦从一高"。《元史》卷84《选举志四·封赠》所载略同，《元典章》"谓如子官至四品，其父、祖已带四品之类"在《元史》中，第二个"四品"后多出"上阶"二字。应以《元史》为是。

[4]《元史》卷84《选举志四》，第2115页。

6 元代散官的升迁及其他

6.1 常规升迁

本章将详细讨论元代散官升迁的方式,有一些特点前面两章已零星提到过,元代散官的升迁方式与金代相比有几点重要不同:

第一,金代散官的升迁系统在时间和品级两个方面都有独立于职事官的系统,即金代散官不但品级可以与职事官不同,迁转的时间也与职事官不同。而在元代,职事官与散官同时升迁。

第二,金代散官为逐阶升迁,即由 $N_{下}$ 升至 $N_{中}$ 或 $N_{上}$ 再至 $(N+1)_{下}$,而元代散官以逐级升迁为主,辅以逐阶升迁,即其主要升迁方式为 $N_{下}$ 升至 $(N+1)_{下}$,这一点在前一章的最后部分也已经涉及了。

第三,金代官员的散官品级在绝大多数情况下高于职事官品级,而元代官员的散官品级多与职事官品级差别不大。由于职事官窠缺有限而散官名额无限,职事官有中外、清浊等多种附加因素,同品级散官的意义则无太大区别,因此元代职事官与散官品级大致相符的状况本来是很难维持的,但元代负责铨选的官员使用理算法,力图保持官员“资品相应”的状况。

第四,金代官员,进士、举人、同进士出身者为文散官,其他出身者为武散官。武散官换授文散官的途径只有考科举、应制举、皇帝特赐等几种途径,换授的情况并不常见。元代文武散官从制度规定上看,是“汉儿人户及必阇赤吏员出身者,拟授文散官,其承袭军官、功绩、诸色出身,拟授武散官”,并且“迁转官员照出身拟授”,[1]但从实际情况

〔1〕《元典章》卷8《吏部二·官制二·选格》“循行选法体例”条。

来看并非如此,散官授予比较随意,换授也非常普遍。

6.1.1 散官的升迁原则

6.1.1.1 散官和职事官同时升迁

根据《元史》和《元典章》的相关记载,元代的迁官之法,"其理算论月日,迁转凭散官,内任以三十月为满,外任以三岁为满,钱谷典守以二岁为满。而理考通以三十月为则"。[1] 从"迁转凭散官"几个字来看,似乎元代官员升迁取决于散官高低,而从"理考通以三个月为则"一句来看,似乎虽然职事官按照类别不同,任期长短不一,但考课则均为30个月1考。这段记载与金代制度基本相同,即无论职事官任期如何,散官均30个月1迁,散官迁转在时间上独立于职事官升迁系统。虽然制度条文这样规定,但从碑传材料来看,元代散官迁转在时间上并不独立,而是与职事官迁转同时进行。元代各地衙门的历任职官题名记清楚显示出元代官员升迁的这一特点。我们以《常州路无锡县题名记》和《无锡州官题名记》为例,至元时期(1264—1294),无锡为上县,官员题名记如下:

至元十二年

忽鲁敦(达鲁花赤,是年十二月初六日到任,十五年二月十二日就升武略将军、管军民千户)

湛清(县尹,是年十二月二十四日到任,十五年十一月初四日离职,续受敦武校尉、建昌路府判)

钱奎(县丞,是年十二月二十四日到任,十四年六月就升县尹,十六年十二月廿二日受从仕郎,十九年十二月廿二日得替)

李辉(主簿,是年十二月初八日到任,十七年七月十三日离任,续受奉训大夫、建宁路总府治中)

刘天泽(县尉,是年十二月初六日到任,十七年七月口日离职,改就常州路录事判官)

[1]《元史》卷83《选举志三》,第2064页,《元典章》卷8《吏部·官制二·选格》"循行选法体例"条同。

至元十四年

别古思(从仕郎、达鲁花赤,是年五月□日到任,十七年五月□日得替,续受嘉定县达鲁花赤)

侯济民(将仕郎、县丞,是年四月日到任,十七年二月□日得替)

至元十六年

钱奎(从仕郎、县尹,是年十二月廿二日就任,十九年十二月二十二日得替,升受承直郎、平江路总管府治中)

至元十七年

吴旺(进义校尉、县丞,是年二月初六日到任,二十年正月十二日得替,升受敦武校尉、英山县尹)

张德林(县尉)

至元十八年

阔阔出(达鲁花赤,十七年五月初二日到任,二十年十二月初二日得替)

至元十九年

姜好仁(从仕郎、县尹,是年十二月二十二日到任)

王钧(将仕郎、主簿,是年陆月初二日到任,二十一年十一月初二日得替)

至元二十年

麻合马(忠显校尉、达鲁花赤,是年十二月初二日到任,二十一年九月离职)

薛思齐(将仕郎、县丞,是年正月十二日到任,二十一年三月十二日得替)

至元二十一年

杨蔚(将仕郎、县丞,是年三月十二日到任)

孙世英(将仕佐郎、主簿,是年十一月初二日到任)

李茂(县尉,是年闰五月初一日到任)[1]

元贞元年(1295),无锡县升为州,亦保存下来一份《无锡州官题名记》,这份《题名记》的石刻分为5截,第一截是无锡升州、设官等情况的介绍,第五截为流外官题名,不带散官,这里只录第二、三、四截:

第二截

玉连赤都鲁弥实(武德将军、达鲁花赤,至治元年九月二十一日礼任)

赵思益(奉议大夫、知州,至治二年九月三十日莅任)

廉可安凯牙(宣武将军、达鲁花赤,泰定元年八月二十一日礼任)

董世杰(奉议大夫、知州,泰定元年十二月十八日礼任)

阿思兰(奉政大夫、达鲁花赤,泰定四年七月初九日礼任)

张采(□□大夫、知州,泰定四年)

玉古伦赤海牙(奉议大夫、达鲁花赤,至顺二年七月二十五日之任)

王克敬(朝散大夫、知州,至顺二年十一月初二日之任)

不颜不花(宣武将军、达鲁花赤,元统二年十二月初三日之任,至元二年(1336)十二月二十四日得代)

董守思(朝列大夫、知州,元统二年十一月初一日之任,就任除授汉中道廉访司佥事)

达理悦实(前省理问,授朝散大夫、本州达鲁花赤,至元三年十二月二十四日之任,至元六年十一月初六日得代)

李台山(朝列大夫、知州,至元三年十月十三日之任,至元六年十一月二十八日得代)

高阔阔出(奉政大夫、知州,至元六年十一月二十八日之任,至正三年十一月初二日得代)

---

〔1〕《江苏金石志》卷19《江苏通志稿艺文志三》,收入《石刻史料新编》第1辑13册,第9913页。

哈儿沙(奉直大夫、达鲁花赤,至正三年十一月初二日之任,至六年十月二十日得代)

第三截

乌马儿(昭信校尉、同知,至治二年七月初二日礼任)

刘威(承务郎、同知,至治二年八月初一日礼任)

捏古伯(承德郎、同知,泰定二年六月初六日礼任)

秦世英(忠显校尉、同知,泰定二年七月二十八日礼任)

张也萨帖木儿(□□郎、同知,天历元年六月二十二日礼任)

阿里(承务郎、同知,至顺元年七月二十七日之任)

桑哥答思(承务郎、同知,至顺四年七月十二日之任至元二年六月初六日得代)

也先不花(承事郎、同知,元统二年六月初八日之任,至元三年五月二十六日得代)

周宗仁(忠武校尉、至元三年五月二十六日之任,至元六年四月二十四日得代)

山寿(承务郎、同知,至元四年八月二十八日之任,至正元年八月十一日得代)

埜仙(承务郎、同知,至正二年四月二十四日之任,至正五年四月初七日得代)

第四截

王居仁(承事郎、州判,至治二年二月初八日礼任)

张友一(承事郎、州判,至治二年闰五月二十八日礼任)

魏谅(承事郎、州判,泰定元年二月十八日礼任)

李秃坚不花(承事郎、州判,泰定二年四月十五日礼任)

和尚(承事郎、州判,泰定三年正月二十八日礼任)

都思脱因(承事郎、天历□年五月十六日礼任)

忽都海牙(承事郎、□□,至顺二年□二□□□礼任)

余天锡(忠翊,元统……初八日上任)

延仲诚（从仕郎、州判，至元三年（1337）十一月初四日之任，至元六年十月二十日得代）

刘善庆（承事郎、州判，至元五年四月十五日之任，至正二年四月二十四日得代）

马驯（征事郎、州判，至元六年十月二十日之任，至正三年十一月初二日得代）

魏秃普申（承事郎、州判，至正二年四月二十四日之任，至正五年四月十一日得代）

兀都蛮（从仕郎、州判，至正八年三月十八日之任，至正十二年三月十七日得代）[1]

这两份题名记有一个重要特点：除了《常州路无锡县题名记》中至元十二年到任的县丞钱奎外，其他官员在任期内散官均无升迁。钱奎是江南被元朝征服之后第一批官员中的一员，他于至元十四年六月升任县尹后，到十六年十二月正好任满30个月，授从仕郎。按照《元史》和《元典章》所记载的制度，外任官员以三周年为一任，钱奎任满30个月受散官，很可能是继承旧制的特殊情况，他下一任到至元十九年十二月得替，任期为三周年，应已按照新官制的规定实行。从钱奎之后，即至元十二年之后，到至正十二年（1352），在无锡的两份题名记中，没有官员于任内升迁散官。这一特点在元代的其他各种题名记中均存在。

《常州路无锡县题名记》中还有一个特点：官员任满之后如果调任其他官职，大都同时被授予新的散官。只有两人例外：分别是至元十二年担任县尉的刘天泽，于十七年七月离职，改任常州路录事司判官；至元十四年任无锡县达鲁花赤的别古思，十七年五月得替，续受嘉定县达鲁花赤。刘天泽和别古思都是平级迁调。县尉为从九品，录事司判官，在《元史·百官志》中未记载品级，但录事司为正八品衙门，至元十七年时有录事、司候、判官各一员，[2]录事司判官的品级大概

[1]《江苏金石志》卷24《江苏通志稿艺文志三》，收入《石刻史料新编》第1辑13册，第10045－10047页。

[2]《元史》卷91《百官志七》，第2317页。

与县尉平级。无锡县和嘉定县均是元初建制，在元贞元年分别升为无锡州和嘉定州，均为中州，可知人口在三万户之前，此前建制为县时，很可能是上县，因此在至元十七年时，无锡县与嘉定县达鲁花赤应同为从六品。刘天泽和别古思都是平级迁调，分别属于"从九三考升从八""从六三考升从五"的阶段，所以职事官迁调时散官没有变化。

元代史料中的各类"题名记"，情况基本相似，官员在任内散官没有变化。如果记载官员的升迁情况，则职事官升迁时，大多数情况下散官同时升迁。除上引无锡县题名外，还有《秘书监志》中的秘书监历任官员题名，[1]《(至正)金陵新志》中江南行御史台历任官员题名等，[2]因其篇幅太长，此处不再引用。从这些《题名记》可以看出，元代的散官随职事官一起升迁，在时间上没有独立系统。本节开头所引《选举志》中所记录的"迁转凭散官""理考以三十月为则"的规定，不过是照抄金代制度，实际上至元(1264—1294)前期就已不再这样实行了。

这也从另一个角度解释了金代和元代人物碑传书写的差异。金代所流传下来的墓志铭、碑传等，大多不记载人物的散官升迁，只记载职事官升迁，以黄久约所撰《张公神道碑》为例，载张商老于天德三年(1151)科举中第后"初任征事郎、河州防御判官，改濮州军事判官，丁父忧，服除，再为河州防御判官终，更调单州鲁台令，又调莱州胶水令，数月被选为国史院编修官，又入翰林应奉文字，考满，补镇西军节度副使兼岚州管内观察副使，散官由征事郎凡十三迁至是为朝散大夫，勋骑都尉，爵县男，食邑三百户，佩服金紫"[3]，黄久约在《神道碑》中详细记载张商老的任官经历，连防御判官、军事判官之别都记录下来，似乎并非刻意简略，但散官只是简要说"由征事郎凡十三迁至是为朝散

[1]王士点、商企翁：《秘书监志》卷9、卷10《题名》，杭州：浙江古籍出版社，1992年，第160－205页。

[2]张铉：《金陵新志》(至正)卷6下《官守志二·题名》，南京：南京出版社，1991年，第270－273页。

[3]毕沅：《山左金石志》卷20《大金故朝散大夫镇西军节度副使张公神道碑并序》，收入《石刻史料新编》第1辑19册，第14694页。

大夫”。金代碑传大多类同于此，黄久约这一篇算是散官记载相当详细，其他碑传中大多只记载最终达到的最高散官，几乎找不到详细记载金代官员散官升迁过程的墓铭碑传。但元代碑传中，往往在记录职事官升迁时同时记载散官的升迁。如姚燧的《珊竹公神道碑铭》，记载拔不忽于“中统三年(1262)，同知北京转运司事…其年校功，实最他道，官武节、金符，又二年，官奉政，凡贰曹六年，其年升朝列，迁尹濮州…改平滦路总管，虎符，明年官嘉议，江南浙西道提刑按察使…十八年改江北淮东提刑按察使…为刑曹尚书，复无几时，官中奉，出为江东宣慰使”。[1] 姚燧以文笔简洁著称，但在《神道碑铭》中不厌其烦地在升官调职时简略写上散官。这并非偶然现象，元代的碑传墓铭中大多会记载官员散官升迁的情况，甚至在碑刻题名中都有顺便写上散官的例子，如《福田寺弘教□公功行记》，最末有功德主八思海牙题名为：“都功德主，敦武校尉、先任冀宁路忻州达鲁花赤，次任承事郎、崞州达鲁花赤，次三任承直郎、汾州达鲁花赤兼管诸军奥鲁劝农事八思海牙。”[2] 八思海牙三任职事官的散官都被详细记录下来，这样烦琐的题名，在金代碑刻中很难见到。

有一种观点认为金代碑传中不记录散官的升迁过程，是因为金代散官地位下降，意义不大，导致金人写传记时不重视散官。但元代散官地位实较金代更低，因此这种解释并不成立。还有人认为这种差异源于金元两代文学水平高低不同，金代文人文采甚好，因此文笔简洁，元代文化水平大大降低，导致碑传也写得啰里啰唆，只会堆砌材料。实际上这与文采高下关系不大，是因为金代的散官升迁自有一独立系统，时间上与职事官升迁并不同步，如果要详细记载散官升迁的话，文章势必啰唆一倍。而元代散官和职事官同时升迁，只需在记录职事官升迁时同时写上散官即可，无须单独记录散官升迁的时间，因此产生

〔1〕汪鋆：《十二砚斋金石过眼录》卷18《有元故中奉大夫江东宣慰使珊竹公神道碑铭并序》，收入《石刻史料新编》第1辑10册，第7261－7262页。

〔2〕胡聘之：《山右石刻丛编》卷33《福田寺弘教□公功行记》，收入《石刻史料新编》第1辑21册，第15717页。

两朝墓铭碑传在散官记录上的详略不同。

6.1.1.2　散官逐级升迁

《元史·选举志》和《元典章》记载官员升迁之法:"内任官率一考升一等,十五月进一阶。京官率一考,视外任减一资。外任官或一考进一阶,或两考升一等,或三考升二等。"[1]《元典章》更详细记载了内外官员的升迁规则:内任官包括随朝衙门、行省、宣慰司官,均"三十个月为一考,一考升一等";外任官三周年一考,除达鲁花赤、回回官员有升迁特权外,其他普通外任官员"从九三考升从八,正九两考升从八,从八两考升正八,从八三考升从七,正八两考升从七,从七三考升正七,正七两考升从六,从六三考升从五,正六二考升从五,从五三考升正五。正五两考须历上州尹一任,方入四品。如无上州尹窠阙,再历正五品一任,方入从四品。正从四品内外人员通理八十个月,与三品职事。三品以上非有司定夺"。[2]

如果不了解元代官制,很难看出这两条史料所载到底是散官还是职事官升迁之法。从"外任官或一考进一阶"来看,所载应当为散官升迁之法,因为职事官品级只分正从九品十八级,散官才在每一级中有上下或上中下阶之分。但从"正五两考须历上州尹一任,方入四品"一句来看,所说似乎又是职事官的升迁规则,让人迷惑。了解到元代官员散官与职事官同时升迁的原则后,这个问题就迎刃而解了,无论是内任官一考升一等,还是外任官或两考升一等,或三考升二等,所说的都既是职官也是散官。实际上,虽然规定外任职事官 3 年 1 任,内任职事官 30 个月 1 任,但职事官尚未任满而更换工作者也很常见,任期未满因故去职者,再次任官,散官仍保持原来品级,职事官品级根据窠缺情况有可能改变,但所积累的均是同一级资历。不同工作所经历的月日累计满一届任期后,才能按规定升迁,散官也一同升迁。如郑元祐《张公圹志》所载:

---

[1]《元史》卷 83《选举志三》,第 2064 页,《元典章》卷 8《吏部·官制二·选格》"循行选法体例"条同。

[2]《元典章》卷 8《吏部·官制二·选格》"循行选法体例"条。

［张世昌］至大（1308—1311）初，升授奉议大夫（正五下），同知邵武路总管府事（下路，正五）。明年，改授两浙都转运盐使司同知（正四），丁内艰。服阕，延祐元年（1314）夏四月，除庆元路同知（上路，从四）。七年（1320），升授奉政大夫（正五上），池州路同知（下路，正五）。[1]

张世昌的散官自1308年升为正五品下阶奉议大夫后，因改授、服母丧等缘故，先后担任下路同知、两浙都转运盐使司同知、上路同知等三任职事官，虽然到1320年升奉政大夫期间过了12年，但大概由于两考期限未满，散官始终是奉议大夫。关于张世昌的升迁过程，在下一节《理算法》中还会详细分析。

从《元史》和《元典章》所载的"内任官率一考升一等，十五月进一阶。京官率一考，视外任减一资。外任官或一考进一阶，或两考升一等，或三考升二等"的规定来看，似乎元代官员的散官也是逐阶升迁，即内任官每"十五月进一阶"，外任官"一考进一阶"，如果实际情况的确如此，那么史料中某一品级内获得每一阶散官的官员人数应大致相同，即N级散官中，获得$N_{下}$、$N_{中}$、$N_{上}$ 的人数应大致相等。但前一章中已经证明，元代史料中获得散官每一品级下阶的官员远远多于获得中阶或上阶者，即带散官$N_{下}$ 者远多于带散官$N_{中}$ 或$N_{上}$ 者。下一节讨论散官与职事官品级的时候，我们从表6-1中还能看到这一现象，即带下阶散官者远多于中阶和上阶。可见元朝在制度描述上继承了金朝逐阶升迁的书面规定，但制度在实际施行中已经被简化，大多数官员只是内任官时30个月升一等，外任官时两考或三考升等。升阶的规定大概只适用于政绩特别优秀的官员，如《大明会典》中所规定的"初入流者，与对品初授散官，任内历俸三年，初考称职，与升授散官，又历俸三年，再考功迹显著，方与加授散官，若考核平常者，止与初

[1] 郑元祐：《平江路总管致仕张公圹志代其子都中作》，见《侨吴集》卷12，收入《元代文集珍本汇刊》影清抄本，台北：中央图书馆编印，1970年，第545-546页。《江苏通志稿·艺文志三·金石二十二》所载《致仕张伯颜圹志》所载同，收入《石刻史料新编》第13册，第10004页。

授”。[1] 需考核称职、功绩显著才能授予散官中阶、上阶，考核平常者，只能授予下阶，大概元代也与此类似。概括说来，元代官员散官常规升迁的原则如下：

(1)内任官，包括行省官、宣慰司官等，均一考升一等(即一级)，即从 $N_{下}$ 升到 $(N+1)_{下}$。

(2)外任官则两考升一等或三考升二等，即6年从 $N_{下}$ 升到 $(N+1)_{下}$，或9年从 $N_{下}$ 升到 $(N+2)_{下}$。

(3)官员散官与职事官同时升迁。

(4)某些情况下，内任官有可能会15个月升迁1阶，外任官有可能会3年升1阶，即从 $N_{下}$ 升到 $N_{中}$ 或 $N_{上}$。这种升迁与明代类似，通常作为奖励。

6.1.2 散官与职事官的品级关系

从理论上讲，制度规定“蒙古、色目，初授散官或降职事，再授职，虽不降，必俟官资合转，然后升职。汉人初授官不及职，再授则降职授官”。[2] 如第2章所讨论过的，元代部分白身入仕官员初次授职，散官降等注授，但之后需待散官与职事官品级相应才能继续升迁。这里值得注意的是“必俟官资合转，然后升职”的规定。元代官员升迁过程中，总是以“资品相应”为原则，资即职事官的历官经历，品即散官的品级，选调官员时，铨选机构优先考虑“资品相应”，即职事官和散官品级大致对应的官员。[3] 实际情况也是如此，在碑传资料中，官员散官品级和职事官品级相同，或相差一两级的情况占大多数，品级相差较多的例子并不常见，这与金代的情况大不相同。笔者收集了部分元代碑刻史料中所记载的职事官和散官品级的材料，可以看出大致情况如表6－1所示。

---

〔1〕《正德大明会典》卷8《吏部·验封清吏司·散官》，第105页。

〔2〕《元史》卷83《选举志三·铨法中》“凡文武散官”条，第2063页。

〔3〕《元史·选举志》中由多处记录铨选原则时，要求优先选用“资品相应”者，如《元史》卷82《选举志二·铨法上》“凡选举守令”条(第2038页)，《元史》卷83《选举志三·铨法中》“凡迁调闽广、川蜀、云南官员”条(第2061页)。类似的例子还有不少，不一一列举。

表 6-1　职官散官品级关系表

品级	散官名	资料数	高三级或更多	职事高二级	职高一级	职官、散官同级	职事低一级	职事低二级	低三级或更多
正四上	中宪大夫	1					1 从四		
正四中	中议大夫	6	2 正二	2 正三		2 正四			
正四下	中顺大夫	19		5 正三	1 从三	5 正四	6 从四	1 正五	1 从七
从四上	朝请大夫	7		1 从三	1 正四	3 从四	1 正五	1 从五	
从四中	朝散大夫	9	1 正三		1 正四	1 从四	6 正五		
从四下	朝列大夫	32	2 从二 1 正三	5 从三	5 正四	4 从四	13 正五	1 从五	1 正七
正五上	奉政大夫	27	1 从二 2 正三 1 从三	2 正四	3 从四	9 正五	7 从五		2 正七
正五下	奉议大夫	57	1 从二 2 正三	6 正四	2 从四	21 正五	22 从五		2 正七 1 从七
从五上	奉直大夫	21	2 正三 2 正四		5 正五	10 从五	2 正六		
从五下	奉训大夫	40		1 从四	7 正五	26 从五	3 正六	3 从六	
正六上	承德郎	21		3 正五	2 从五	4 正六	9 从六	3 正七	
正六下	承直郎	28		7 正五	3 从五	4 正六	12 从六	1 正七	1 从七
从六上	儒林郎	10	2 正五	1 从五		1 从六	5 正七	1 从七	
从六下	承务郎	68	1 正三	2 从五	10 正六	27 从六	23 正七	5 从七	
正七上	文林郎	5	1 正五 1 从五				1 从七	2 正八	
正七下	承事郎	88	2 正五 4 从五	1 正六	4 从六	20 正七	52 从七	5 正八	
从七上	征事郎	14	1 正五			11 从七	2 正八		
从七下	从仕郎	49			4 正七	34 从七	8 正八	3 从八	
正八上	登仕郎	8	1 从六		2 从七		4 从八		1 从九

续表 6-1

品级	散官名	资料数	高三级或更多	职事高二级	职高一级	**职官、散官同级**	职事低一级	职事低二级	低三级或更多
正八下	将仕郎	45		4 正七	7 从七	**13 正八**	20 从八	1 正九	
从八上	登仕佐郎	0							
从八下	将仕佐郎	29		3 从七	1 正八	**10 从八**	15 正九		
总计		584	30	43	58	205	212	27	9

表 6-1 采用的资料,包括《山右石刻丛编》《两浙金石志》《江苏省通志稿·艺文志·金石》《台州金石录》《句容金石录》等 5 种石刻史料所载元代碑刻中官员的职事官和散官品级,之所以选择这 5 种书,是因为这 5 种石刻史料中元代碑刻收录较多,碑刻题名记载较为完整,《山右石刻丛编》代表北方情况,其他 4 种代表南方的情况,南北方的资料数大致相等。此外,由于三品以上官员由皇帝亲自决定其仕途,不再受铨选条例的约束,所以只采用了四品以下的官员资料。石刻史料中所记载的文散官资料远多于武散官,并且在元代史料中对于武官职事官的品级记载远不如文官职事官详细,因此这里采用了文散官的数据,武散官的情况在下编第 4 章中已经大略讨论过,其情况与文散官类似,本章不再另外制表。

表 6-1 以散官品级为基础,列出每一级散官所对应的不同品级职事官的数量,中间一列加粗显示者为职事官与散官品级完全相符的官员数量,向左依次为职事官品级高于散官一级至三级或更多的官员数量,向右则为职事官低于散官品级者。从表 6-1 可以看出,元代的职事官品级和散官品级符合程度比较高,584 条资料中,散官和职事官品级完全相符者有 205 条,占 35%;相差一级者有 270 条,占 46%;相差两级者有 70 条,占 12%;相差三级或更多者总共只有 39 条,仅占 7%,大致呈不标准的正态分布图,可用图表显示如图 6。

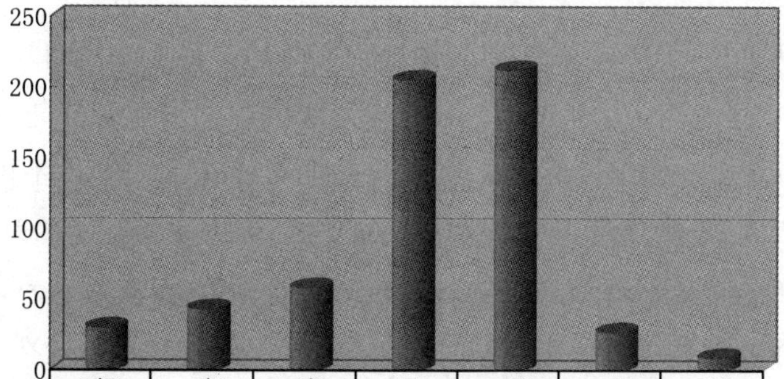

	+3级+	+2级	+1级	同	-1级	-2级	-3级+
职事官	30	43	58	205	212	27	9

图6　元代职官散官品级关系图

此外,元代官员职事官高于散官和低于散官的情况都比较常见,前者有131条,占22%,后者有248条,占43%,职事官低于散官的情况较多,其中低散官一级者数量最多,从这一细节来看,仍与金代绝大多数官员职事官低于散官的情况稍有相似。虽然元代散官与职事官大致是同时升迁,但散官升迁的机会仍多于职事官,譬如钱谷官办课增额、皇帝下诏覃恩或其他恩赏等,职事官的升迁条件则比较苛刻,总是会出现员多阙少的情况。可以推测元代的铨选机构已经是尽力保持"资品相应"原则。

但如果不考虑相差一级的情况,单看职事官与散官品级相差两级或以上的情况时,是职事官高于散官者略多,这种情况主要出现在职事官品级较高的中高层官员集团中,与大量蒙古、色目贵族职事官迁转较快,而且多担任高层官员有关。下面我们将会列出以职事官为基准,显示散官与职事官品级对应关系的表6-2,将表6-2与表6-1对比来看,可以更充分地说明这一点。

与元代相比,金代散官有完全独立的升迁系统,受外界影响较小,固定按30个月1级升迁,因此职事官低于散官者占绝大多数。正因如此,金代荫叙、封赠以散官为基准,而元代职事官和散官品级互有高低,则在荫叙、封赠等制度方面多采用从一高的原则。明代散官品级与职事官品级完全符合,与元代这种相对符合的状态有明显的继承关系。

从表6-1还可看出,每一级散官下阶的资料数量都明显多于中阶和上阶,这是因为元代散官升迁时是逐级升迁而非逐阶升迁,这一点在第4章中已经详细讨论过了,此处只是再次给出一个力证,不再冗叙。

表6-1中还有一个颇为有趣的现象,即无论是职事官还是散官,似乎六品官员的数量均少于七品和五品的官员,尤其是正六品更为明显。为了更清楚地显示六品官员数量较少的情况,我们再列出一张以职事官品级为基准,散官和职事官品级的对照表(见表6-2)。

表6-2 散官职官品级关系表

职事品级	资料数	高三级或更多	散官高二级	散官高一级	**散官、职事同级**	散官低一级	散官低二级	低三级或更多
正四	33		3 正三	6 从三	7 **正四**	7 从四	8 正五	2 从五
从四	23		2 从三	7 正四	8 **从四**	5 正五	1 从五	
正五	80	1 从三	1 正四	20 从四	30 **正五**	12 从五	10 正六	2 从六 3 正七 1 从七
从五	81	1 从三	2 从四	29 正五	36 **从五**	5 正六	3 从六	5 正七
正六	24			5 从五	8 **正六**	10 从六	1 正七	
从六	57		3 从五	21 正六	28 **从六**	4 正七		1 正八
正七	66	1 正三 1 从四 4 正五	4 正六	28 从六	20 **正七**	4 从七	4 正八	
从七	119	1 正四 1 正五 1 正六	6 从六	53 正七	45 **从七**	9 正八	3 从八	
正八	31		7 正七	10 从七	13 **正八**	1 从八		
从八	37		3 从七	24 正八	10 **从八**			
正九	16		1 正八	15 从八				
从九	1	1 正八						
总计	568	12	32	218	205	57	30	14

表6－1和表6－2采用的资料来源相同，三品以上官员由皇帝亲自裁定，迁转授予没有一定之规，所以均从四品开始列表。由于职事官四品以下的资料和散官四品以下的资料不完全重合，因此资料的数量也不相等。这张表所显示的情况与表6－1大致相同，散官高于职事官一级者数量最多，其次为品级完全相符者。表6－2与表6－1最明显的不同是，表6－1显示，职事官与散官品级相差两级以上时，职事官高于散官的情况比较多，而表6－2中看不出这种状态，相差两级或更多的情况下，散官高于职事官和低于职事官品级的官员数量完全相等，均为44例。这是因为表6－2剔除了职事官三品以上的官员数据，而职事官三品以上、散官低于职事官二级或以上的官员，构成了表6－1多于表6－2的那一部分数据，这一部分官员大多是大根脚的世家子弟。

特别列出表6－2，还因为这张表能够清楚地显示出元代六品职事官窠缺数量较少的情况。从表6－2可见，5种石刻史料中，担任正从七品职务者有185人，担任正从五品职务者有161人，但担任正从六品职务者仅81人，其中正六品官员只有24人。这是正从五品两列最末和正从七品两列的最前端数据较多的原因。也就是说，由于六品职务比较少，因此大量七品官员任满后，在升入六品时遇到员多阙少的困难，他们有两种选择：第一，仍然担任七品职务，但散官升迁，此时他的七品职务被换算成六品资历；第二，暂时担任五品职务，但散官并不同时越级升迁，同时他的职务也被看作六品资历。所以七品官员中散官高于职事官者和五品官员中散官低于职事官者相对较多。这种情况影响到了元代的制度规定。根据《元典章》的记载，外任官员“从九三考升从八，正九两考升从八，从八两考升正八，从八三考升从七，正八两考升从七，从七三考升正七，正七两考升从六，从六三考升从五，正六二考升从五，从五三考升正五”。[1] 可以看出，从七品以下大

〔1〕《元典章》卷8《吏部二·官制二·选格》“循行选法体例”，《元史》卷84《选举志四·考课》“凡官员考数”条略同，第2093页。

致遵循着“从N三考升从(N+1),正N两考升从(N+1),从N两考升正N”这样的规律,但由于六品窠缺过少,为了缓解大量七品官员升入六品的压力,升迁的规律在七品官仕途中改变了,本来应该是“从七三考升从六,正七两考生从六,从七两考生正七”,却变成了“从七三考升正七,正七两考升从六”,从七到从六之间直接的升迁途径被取消了。这一现象的原因在以前很可能被理解为,从七以下官员铨选由吏部负责,正七以上由中书省负责,因此在从七和正七之间设置了比较明显的分界线,甚至我们可以从金代制度中找到其制度渊源。但从表6-2可以发现,根本原因在于六品外任官员的数量锐减。让我们看看从七品到正五品外任民职的构成表[1](见表6-3)。

表6-3　元代从七至正五品外任民职构成表

品级	外任民职
正五品	下路同知、中州达鲁花赤、中州知州、路治中
从五品	下州达鲁花赤、下州知州、散府同知
正六品	大都上都警巡院达鲁花赤、大都上都警巡使、路判官、上州同知
从六品	宣慰司经历、散府判官、赤县尹、赤县达鲁花赤、路推官、中州同知、上县尹、上县达鲁花赤
正七品	下州同知、上州判官、中县尹、中县达鲁花赤
从七品	路经历、中州判官、下县尹、下县达鲁花赤

表6-3所列各级官员中,地方行政区的长官和佐贰官是构成主体。元代的州、县各分为上、中、下三级,其中下县的数量远多于中县和上县,下州远多于中州和上州。经过初步统计,《元史·地理志》中的上、中、下州和上、中、下县的数量大略如表6-4所示。

〔1〕表6-3内容来自于《元典章》卷7《吏部一·官制一·职品》,《元典章》中记录的是大德(1297—1307)年间的职事官品级,但从《元史》卷91《百官志七》来看,表6-3中所载的官品到元代后期并无变化。

表 6－4　元代行政区划数量统计表

县	赤县	上县	中县	下县	未注明县	总计
	2	82	272	706	53	1115
州	上州	中州	下州	未注明州	总计	
	8	51	282	16	357	

根据表 6－3 和表 6－4，忽略《地理志》中未注明级别的州、县不计，则从七至正五各品级外任官窠缺数量大致如表 6－5 所示。

表 6－5　元代从七至正五品外任民职职位数量表

品级	外任民职大致窠缺数
正五品	90 下路同知[1] ＋51 中州达鲁花赤 ＋51 中州知州 ＋185 路治中[2] ＝381
从五品	282 下州达鲁花赤 ＋282 下州知州 ＋33 散府同知[3] ＝597
正六品	3 大都上都警巡院达鲁花赤[4] ＋3 大都上都警巡使 ＋185 路判官 ＋8 上州同知 ＝199
从六品	17 宣慰司经历 ＋33 散府判官 ＋2 赤县尹 ＋2 赤县达鲁花赤 ＋185 路推官 ＋51 中州同知 ＋82 上县尹 ＋82 上县达鲁花赤 ＝454
正七品	282 下州同知 ＋8 上州判官 ＋272 中县尹 ＋272 中县达鲁花赤 ＝834
从七品	185 路经历 ＋51 中州判官 ＋706 下县尹 ＋706 下县达鲁花赤 ＝1648

表 6－5 中各级外任民官的窠缺数并不准确，因为《元史・地理志》有一些路、州、县并未标明级别，未被纳入统计，而这些未标明级别的州、县是下级的可能性大于是中级或上级的可能性。虽然如此，表6－5仍可以显示出元代从七品至正五品官员窠缺数的大致对比关系。从

〔1〕下路的数量根据《元史・地理志》中标记为下的路级行政区划统计得出，其中包括“武定路军民府”“鹤庆路军民府”“茫部路军民总管府”和“德昌路军民府”等四个标志为“下”的“路军民府”。此外《地理志》中未注明上下的路中，有“河南府路”“襄阳路”户口数不及 10 万户，有可能是下路，但未计入 90 下路之数。

〔2〕《元史》卷 58《地理志一》载“路一百八十五”，第 1346 页。

〔3〕《元史》卷 58《地理志一》载“府三十三”，第 1346 页。

〔4〕大都警巡院分为左右两院，上都警巡院仅一院。

表6－5来看，正七品窠缺只有从七品的一半左右；从六品窠缺又只有正七品的一半，亦少于从五品；正六品窠缺最少，不到从六品的一半，只有从五品的约1/3，甚至只有正五品窠缺数的1/2强。这样的一张窠缺表让我们很容易理解为什么要把部选和省选的界限划在从七品与正七品之间，元代外任官员的升迁原则“从七三考升正七，正七两考升从六，从六三考升从五，正六二考升从五”[1]也更容易理解，因为正六品的窠缺实在太少，所以正常的升迁途径中甚至取消了升至正六品的路线，即并没有“从六两考升正六”和“正七三考升正六”这两条从升迁规律来看应该存在的条例。正六品不到200个窠缺大概都分配给走怯薛出职或吏员出职等途径的升迁人员了。

以上长篇大论为了说明两个问题：

第一，表6－1和表6－2正从七品的几列数据中，位于最左端的数据相对较多，正从五品位于最右边的数据相对较多（这一点在表6－2中表现得更为明显），也就是说有两种情况更为常见，（1）职事官正从七品的官员中，散官高于职事官两级或更多；（2）职事官正从五品的官员中，散官低于职事官两级或更多。这种情况是由于元代六品官员，尤其是正六品官员窠缺太少造成的。

第二，与散官相比，职事官授予遇到更多的限制条件。最重要的一点是职事官窠缺有限而散官名额无限。散官被发明出来，其意义之一就是超越职事官的名额限制，用来标志官员的实际任职时间、给予长时间任官但由于名额限制而无法升迁的官员以奖励或安慰，对铨选制度起补充和调节作用。在元代，散官与职事官同时升迁，散官的调节作用大大减少了，但散官与职事官品级尚未完全结合，因此散官的升迁多少还保留了一些独立性。

[1]《元典章》卷8《吏部二・官制二・选格》“循行选法体例”。

6.2 理算法

6.2.1 理算法的内容

在实际操作中，想要保持散官和职事官同时升迁并且资品相应常常会遇到问题，因为散官系统和职事官系统的性质大有差异，散官无名额限制，职事官有名额限制，散官无具体执掌，职事官有具体执掌，同一品阶散官无高下之分，同一品级职事官根据内外、清浊、文武、地域等因素大有高下之分。要求职事官和散官的品级对应，同时升迁，对于制度的灵活性有很大影响。为了解决这个矛盾，出现了以下几种现象：第一、蒙古、色目大根脚贵族子弟有铨选方面的特权，不受常规约束。第二、御史台、枢密院、宣政院、宣徽院等重要机构和特殊部门以及各投下，有自行委任的特权。第三、铨选部门使用“理算法”来调和官员执掌和品级之间的矛盾，增加制度的灵活性。其中，“理算法”是使用最为广泛的制度性方法，在此专门做一讨论。

理算的本意是计算，《吏学指南》中解释理算“谓寻究计算也”，放在“征敛差发”标题下，[1]可见“理算”一词更多用于理算钱谷、钱粮等。但在元代，理算还指计算官员的任官月日，这种理算并非对官员的任官时间进行简单相加，而是必须考虑到各种复杂的抵充关系，因此形成了元代特有的“理算法”。《元史 · 选举志》“必历官至二品，则官必从职，不复用理算法矣”，[2]可见官员在二品以下，多有官职品级不相符合的情况，需要使用理算法。理算法的具体内容是什么呢？元代史料中并无明确集中记载。从常理推断，随朝官员、行省官、宣慰司官一考升一等，外任官员或两考升一等，或三考升两等，各衙门吏员考满出职的各种规定，流外钱谷官按月日长短渐次转入流品等等，负责铨选的官员要计算其任职时间的长短，均属于理算月日的范畴，应是理算法的常规内容。除去这些常规部分，理算法最重要的作用是增加

[1]徐元瑞：《吏学指南》“征敛差发”，杭州：浙江古籍出版社，1988年，第122页。

[2]《元史》卷83《选举志三 · 铨法中》，第2063页。

铨选制度的灵活性——这是元代基本摒弃散官职能后,不得不采取的新的调节办法,应属理算法的权衡部分,这一部分是理算法的精髓所在。《元史·选举志三》记载元代"迁官之法":

> 内任官率一考升一等,十五月进一阶。京官率一考,视外任减一资。外任官或一考进一阶,或两考升一等,或三考升二等。四品则内外考通理。此秋毫不可越。然前任少,则后任足之,或前任多,则后任累之。一考者及二十七月,两考者及五十七月,三考者及八十一月以上,遇升则借升,而补以后任。此又其权衡也。[1]

这一段"迁官之法"均属理算的内容,其中内任官"一考升一等"、外任官"或两考升一等,或三考升二等"属于常规部分,其核心内容应该是"前任少,则后任足之""前任多,则后任累之""遇升则借升,而补以后任"的"权衡"部分。《元史·选举志一》提到"铨选之备,考核之精,曰随朝、外任,曰省选、部选,曰文官、武官,曰考数,曰资格,一毫不可越。而或援例,或借资,或优升,或回降,其纵情破律,以公济私,非至明者不能察焉"。其中"一毫不可越者"应属理算法的常规部分,而"援例""借资""回降"等,应属权衡部分。《元典章》里也有不少属于理算法的具体条文或案例,如:

> 大德十一年(1307)十月,湖广行省准中书省咨该:
>
> 来咨:"县吏取充库子,得替例发州吏。各路多有无州去处,须由州吏转补府吏,终身不能显进。参详,今后县吏如历一考之上,取充库子一界,别无粘带,再发县吏,准理州吏月日。路吏有

---

〔1〕《元史》卷83《选举志三·铨法中》,第2064页。"两考者及五十七月",《校勘记》提及:"两考者及五十七月清《续通考》改作'两考者及54月',并注:'志作五十七月,疑误。'"推测《续通考》认为第一考为27个月,第二考为第一考两倍,当为54个月,第三考为第一考三倍,为81个月,因此把57个月改为54个月。但《元典章》卷8《吏部二·官制二·选格》"循行选法体例"条有"循行五十五个月,同两考",另有钱谦益《孙承宗行状》载:"公两任督师,实历五十五月,移咨吏部以闻。上曰:'枢辅历镇岩关,平章军国,忠诚匪解,猷绩弘多,一品久已秩满,至今方行报考,愈见劳谦,朕心嘉说'。"可见在明末,两考仍为55个月(《牧斋初学集》卷47下《特进光禄大夫左柱国少师兼太子太师兵部尚书中极殿大学士孙公行状》,《钱牧斋全集》2册,上海:上海古籍出版社,2003年,第1216页)。而两考54个月的记载尚未发现。《元史》此处或为"五十五"。

缺，依例挨次名排勾补，庶不淹滞。”送吏部议得：“州、县司吏转补事理，合准湖广行省所言。”都省除外，咨请依上施行。[1]

元代江南的很多路总管府下并不领州，而是直接领县，因此“县吏充库子一任升州吏”的规定在江南很难执行，于是规定县吏历库子一届，再任县吏，这一段资历“准理州吏月日”，等到路吏有缺，又可以依次勾补，这就是典型的理算法的精神。又如：

大德七年十月，江浙行省准中书省咨：

据吏部呈：“江浙行省怯里马赤玉速亦不花，元贞元年（1295）六月勾当，至大德三年七月告暇迁葬，有沙的将玉速亦不花抵替，实历俸五十一个月。本部议得，玉速亦不花役过江浙行省怯里马赤五十一个月日，户部照俸相同，理合于相梯衙门内补贴月日。缘怯[里]马赤有阙，例从长官保选。参详，除玉速亦不花依验实历俸月，议拟应得资品定夺，今后通事、知印经值衙门例革、告暇迁葬，或因事作阙人等，拟合于本衙门及相梯衙门宣使、奏差内贴补月日，折算通理，考满方许迁用，庶得允当。系为例事理，具呈照详。”都省准呈施行。[2]

怯里马赤玉速亦不花，因为迁葬事作阙，已经历仕 51 个月，迁葬结束，重新求职时，经讨论，准许他担任同品级衙门的宣使、奏差，用来“贴补月日，折算通理”，待任满两考后才能升迁。玉速亦不花是吏员理算月日的案例，官员的情况也与此类似。如《张公圹志》所载：

先公[张世昌]以谨饬小心入仕于朝。儤值久之，成宗皇帝以先公忠勤爱之，赐名伯颜，大德五年（1301）宣授将作院判官（正五）。十年冬，以奉训大夫（从五下），出为泉州路总管府治中（正五）。至大（1308—1311）初，升授奉议大夫（正五下），同知邵武路总管府事（下路，正五）。明年，改授两浙都转运监使司同知（正四），丁内艰。服阕，延祐元年（1314）夏四月，除庆元路同知

[1]《元典章》卷8《吏部二 · 官制 · 月日》“县吏准州吏月日”条。
[2]《元典章》卷8《吏部二 · 官制 · 月日》“迁用通事知印等例”条。

(上路,从四)。七年,升授奉政大夫(正五上),池州路同知(下路,正五)。泰定三年(1326),进阶朝散大夫(从四中),福宁州尹(上州,从四)。至顺二年(1331)冬,超迁太中大夫(从三上),漳州路总管(下路,从三)。[1]

张世昌为怯薛出身,成宗皇帝(1294—1307年在位)对他比较信任,赐名伯颜,出职就授予正五品将作院判官。[2] 有了将作院判官的前资,第二任被授予正五品路总管府治中,根据至元二十年(1283)的规定据“(怯薛)久侍禁闼、门地崇高者,初受朝命,散官减职事一等,否则量减二等”。[3] 张伯颜属于怯薛久侍禁闼,因此散官降职事官一等,为从五品下阶。第三任为正五品下路同知,此时他的散官升为“官职对品”的正五品下阶,这标志着他经过之前大德五年到至大初八年左右共三任从五品职事资历,按照“从五三任升正五”[4]的规定,正式进入正五品官员的行列。张伯颜的第三任职事官,亦即是第一任正五品官并未考满,仅过一年即改授两浙都转运监使司同知,所积累仍为正五品资历。但都转运盐使司同知是正四品,属于以正四品职位抵充正五品资历。然而张伯颜因服母丧未能终任,延祐元年,他转任从四品上路同知,继续完成两考正五品资历。根据“正五两考须历上州尹一任,方入四品。如无上州尹窠阙,再历正五品一任,方入从四品。正从四品内外人员通理八十个月,与三品职事”[5]的规定,正五品两考,即任期满55至60个月之后,他应该带正五品散官担任从四品上州尹一任,然后才能进入四品序列。但如前所述,元代上州数量极为有限,根

[1]郑元祐:《平江路总管致仕张公圹志代其子都中作》,见《侨吴集》卷12,收入《元代文集珍本汇刊》,第545-546页。《江苏通志稿·艺文志三·金石二十二》所载《致仕张伯颜圹志》所载同,收入《石刻史料新编》第1辑第13册,第10004页。

[2]《元史》卷88《百官志四》“将作院”条载将作院为正二品衙门,判官正五品,第2225页。但根据《元典章》卷7《吏部一·官制·职品》的记载,元代前期,将作院应为从二品,《职品》中无“将作院判官”一职,但载将作院与通政院同为从二品衙门,推测此时将作院判官与通政院判官同样为正五品。

[3]《元史》卷82《选举志二·铨法上》,第2037页。

[4]《元典章》卷8《吏部·官制二·选格》“循行选法体例”条。

[5]《元典章》卷8《吏部·官制二·选格》“循行选法体例”条。

据《元史·地理志》的标注,一共只有8个。可以想象张伯颜庆元路同知任满之后,一直等待上州尹窠缺,但始终没有,于是只好再任正五品一任——此时他的散官升为正五品上阶。这一任结束后,他终于进入四品,“进阶朝散大夫(从四中),福宁州尹(上州,从四)”。从泰定三年(1326)到至顺二年(1331),他在四品官序列中任职6年,并不足80个月,因此算是“超迁”,进入三品。从张世昌的仕官经历来看,其实际所任职务的品级多有不符合其所应历资历品级者,其以从五品抵充正五品资历、以从四品抵充正五品资历,以正五品抵充从四品资历,均属于理算法的调控手段。我们再以《山右石刻丛编》所录至元二十年(1283)之前碑刻中官员题名的情况为例,如表6-7所示。

表6-7中,散官品级和职事官品级不同的条目全都加阴影显示。可以看到,《山右石刻丛编》所载题名中,至元七年(1270)到至元十一年之间,官员的职事官和散官品级全部相符[1],至元十二年之后出现了散官品级和职事官品级不符的情况,大约占所举例子的一半。从此表来看,至元五年(1268)新官制实行之初,铨选机构尽力保持散官与职事官品级相符,但经过两个铨选周期,即6年之后,无可避免地出现了越来越多职事官与散官品级不符的情况,这种不符,自然是因为职事官的名额限制,对能力的要求等各方面因素导致无法严格按照品级逐级升转官员的职事官,因此在铨选的过程中使用了理算法。

[1]需要说明的是,石刻史料中也有个别似乎是至元十二年之前散官与职事官品级不符的例子,如《益都金石记》所收《元李氏迁祖之碑》,碑末云“至元七年闰十月二十日与祖母合葬于益都县之马阑村,礼也铭曰……”似乎为至元七年所立,题名为“宣授承事郎(正七下)枢密院经历(从五)茔丘张筠篆额……敕授奉训大夫(从五下)宁国府路总管府判官(从六)孙男李伯善立石”。然而宁国路本为南宋宁国府,至元十四年归入元朝,升为宁国路。可知此碑并非至元七年所立。《益都金石记》卷3,《石刻史料新编》第1辑20册,第14868页。

表 6－7 《山右石刻丛编》所见至元二十年之前元代官员散官职官品级表

散官	散官品级	职事官	职官品级	时间	出处
从仕郎	从七	壶关县尹郅	从七	至元七年	卷 25 重修真泽庙记
嘉议大夫	正三	西京路总管兼大同府尹田介	正三	至元十年	西京大华严寺佛日圆照明公和尚碑铭[1]
昭勇大将军	正三	西京路总管府达鲁花赤秃烈秃古思	正三	至元十年	西京大华严寺佛日圆照明公和尚碑铭
昭勇大将军	正三	西京路总管兼大同府尹蒙古	正三	至元十年	西京大华严寺佛日圆照明公和尚碑铭
承直郎	正六	总判平阳路事汲郡王恽	正六	至元十年	王恽题解池诗
进义校尉	正八	解州判官张居仁	正八	至元十年	王恽题解池诗
武略将军	从五	解州知州张庆安	从五	至元十年	王恽题解池诗
武略将军	从五	解州达鲁花赤玉节	从五	至元十年	王恽题解池诗
从仕郎	从七	平阳路总管府经历田伯英	从七	至元十年	绛州太平县重建文庙贤廊碑
进义副尉	从八	太平县簿任兴嗣	从八	至元十年	绛州太平县重建文庙贤廊碑
从仕郎	从七	闻喜县尹张君	从七	至元十一年	解州闻喜县重修庙学碑铭
敦武校尉	从七	闻喜达鲁花赤脱台	从七	至元十一年	解州闻喜县重修庙学碑铭
从仕郎	从七	闻喜前县尹张仲祥	从七	至元十一年	解州闻喜县重修庙学碑铭
敦武校尉	从七	闻喜［县］尹石抹忙古歹	从七	至元十一年	解州闻喜县重修庙学碑铭

〔1〕本表所引碑刻页码均可见于表 4－4，不再另外标出。以下至《霍邑县杜庄碑》均出自第 25 卷。

续表 6－7

散官	散官品级	职事官	职官品级	时间	出处
嘉议大夫	正三	河东山西道提刑按察使东鲁王博文	正三	至元十一年	二贤祠碑
中顺大夫	正四	河中知府杨居宽	正四	至元十一年	二贤祠碑
忠显校尉	从六	同知绛州事攸中孚	从六	至元十一年	重建十方栖岩禅寺之碑
奉训大夫	从五	解州知州郑公	从五	至元十一年	解州知州州判厅壁记
将仕郎	正八	霍邑县尹高	从七	至元十二年	霍邑县杜庄碑
朝请大夫	从四	翰林直学士知制诰臣高鸣	从四	至元十四年	卷 26 重修娲皇庙碑
奉议大夫	正五	河东山西道提刑按察副使臣胡祗遹	正四	至元十四年	重修娲皇庙碑[1]
嘉议大夫	正三	侍御史王博文	正四	至元十四年	重修娲皇庙碑
嘉议大夫	正三	平阳路总管兼府尹兼管诸军奥鲁臣乌禔	正三	至元十四年	重修娲皇庙碑
承直郎	正六	金符充太原路织染局提举	从五	至元十五年	隰州刘氏先茔碑铭
太中大夫	从三	河东山西道提刑按察使史杠	正三	至元十六年	河中府新修庙学碑
中奉大夫	从二	安西王相商挺	从二	至元十六年	河中府新修庙学碑
怀远大将军	从三	河中府知府兼管本府诸军奥鲁移剌德裕	正四	至元十六年	河中府新修庙学碑
承仕郎	正七	前国史院编修□□田杨□	正八	至元十七年	隰州刘氏先茔碑铭
嘉议大夫	正三	中书户部尚书马璘	正三	至元十七年	隰州刘氏先茔碑铭
奉训大夫	从五	知隰州刘佐	从五	至元十六年	隰州刘氏先茔碑铭

〔1〕以下至《辽州重修宣圣庙碑》均出自第 26 卷。

续表 6-7

散官	散官品级	职事官	职官品级	时间	出处
少中大夫	从三	卫辉路总管董文用	从三	至元十七年	绛阳军节度使靳公神道碑
敦武校尉	从七	壶关县尹兼管诸军奥鲁牛天麟	从七	至元十七年	壶关县内王村大觉院兴修记
敦武校尉	从七	壶关县达鲁花赤兼管诸军奥鲁换只	从七	至元十七年	壶关县内王村大觉院兴修记
承事郎	正七	潞州同知郅朗	正七	至元十八年	重修玉皇七佛庙记
奉议大夫	正五	河东山西道提刑按察副使魏初	正四	至元十九年	诗人元遗山之墓
大中大夫	从三	河东山西道提刑按察使济南姜彧	正三	至元十九年	诗人元遗山之墓
承事郎	正七	河东山西道提刑按察使经历张维	从七	至元十九年	姜太中晋溪留题
进义副尉	从八	辽州判官张瑞	正八	至元二十一年	辽州重修宣圣庙碑

匠官在元代有一套独立升迁的体系,“管匠官止于管匠官内流转”,正常情况下不得选入流官,因此在匠官系统中,职务数量有限与官员数量庞大的矛盾更为突出。在至元十四年所订立的匠官迁转法如下:

一百户之上大使,正九品,两考升从八。
二百户之上副使,从八品,三考升从七。
三百户之上大使,正七品,两考升从六。
五百户之上副提举,从八,三考升从七。
一千户之上副提举,正八,二考升从七。
五百户之上提举,正六品,二考升从五。
一千户之上提举,正五品,三考升从四。
五百户之上同提举,从七,三考升正七。

一千户之上同提举,正七,二考升从六。[1]

这一条所载的匠官升迁规则中有些细节与《元史·选举志》不符,但无论如何,至元十四年订立的匠官迁转原则只有常规部分,没有权衡部分。与之相比,至元二十二年由吏部、工部再次议定的《工匠官升转例》则写入了大量理算法的内容。如下所示:

至元二十二年五月,省判:吏部、工部议定例:

院长百二十个月,升正九匠官。

正九两考从八,从八三考从七,从七三考正七。

正七两考从六〖如无从六窠阙,拟加从六散官,止于所辖衙门正七匠官用〗。

从六三考从五〖如正六匠官有阙,许于已受从六散官人内用],正六两考从五〗。

从五三考正五〖别无正五阙,升加[正]五品散官,于从五匠官迁用〗。[2]

在至元二十二年(1285)重新议定的《工匠官升转例》中,正七品该升从六品时,如果没有从六品职务,可以继续担任正七品匠官,但授予从六品散官,标志出此官员所历为从六品资历。从六升从五时,则允许官员担任正六品匠官,积累从六品资历。从五升正五时,允许继续担任从五品职务,抵充正五品资历。由此可见,官员所经历的资历由其散官标示,即如果某官员的职事官品级为A,散官品级为B,两者之间不符,那么此任所经历的是B所标示品级的资历。需要注意的是,虽然资历由散官标示,但官员的诸种利益,如俸禄、座次、班位等,仍与职事官品级相关,与散官品级无关。散官品级并不是官员的真正品级,只是标示其所抵充资历的品级而已。

元代官员散官与职事官同时升迁,品级差别不大,彼此之间没有比较强的独立性,散官除与服色相关外不标示实际利益,因此散官对

〔1〕《元典章》卷8《吏部二·官制一·选格·循行选法体例》"杂例"。

〔2〕《元典章》卷9《吏部三·官制三·局院官》"工匠官升转例"条。

职事官品级缺乏调节作用。从《元史》和《元典章》所记载的“迁官之法”和“循行选法体例”来看,官员迁转的总体趋势是只升不降,正常情况下,内任官一考升一等,外任官或两考升一等,或三考升二等。与此矛盾的是,官僚系统内各品级的职位数量有限,官员的个人能力亦有差异,因此实际的铨选过程中,不得不出现以下情况:让官员担任实际品级为 A 的职位,但所理算的是品级为 B 的资历。这种为了调和矛盾而在实践中出现的协调手段就是理算法。因为理算法的实行,导致经常出现官员实际担任职务的品级 A 与其所理算的品级 B 不相符,而其理算的品级 B 用其散官来标示,于是出现了表6-1 和表6-2所描述的官员散官和职事官品级不相符合但又基本符合的情况。

6.2.2 理算法的意义

理算法是元代铨选中极为重要的调节手段,其意义主要有两点:第一,解决官员数量太多与窠缺有限的矛盾。在官员应得品级职事官中没有窠缺时,铨注较低或较高品级,以散官标志其应得品级。第二,解决职位的特殊性和品级的一般性之间的矛盾。使品级较低的重要职位可以由能力较强,但应得较高品级职位的官员来担任。总的来说,虽然在元代与散官相关的利益减少了,但理算法替代散官出现,其功能就是散官最初被期望实现的功能,散官在理算法系统中仅仅起到一个标志作用。以下我们分别阐述这两点意义之体现。

6.2.2.1 解决官员数量太多与窠缺有限的矛盾

元代中后期,虽然福建、两广等边远地区严重缺官,无人愿去,但腹里、江淮等地又严重地官多阙少。官员待阙成为非常普遍的情况,至元二十四年(1287),由于铨选压力过大,尚书省申请允许为求仕官员铨注 1 年之后的窠缺,“交等一年阙委付”,经讨论后,认为 1 年时间太长,允许委任 5 个月内到期的窠缺。[1] 大德元年(1297)又有文书如下:

大德元年十月,中书吏部承奉中书省劄付:

---

[1]《元典章》卷10《吏部四·职制一·守阙》“迁转等一年阙”。

蒙古文字译该，本年十月初五日完泽丞相等官奏过事内一件："前者春里行诏书时节，'迁转官员的勾当休交迟住，疾忙铨注的立体例者。'么道，圣旨有呵，俺商量的，皇帝根底奏来：'在前迁转官员注一年阙来，后来迁转的人每多的上头，俺商量，交守二年阙委付呵，怎生？'么道，世祖皇帝根底奏呵：'这言语我好省不得有。后头说者。'么道，圣旨有来。如今，'做官的人每休交迟住，疾忙委付者。'么道，圣旨了来。这一遍委付的其间，一年、二年窠阙文书到来的，照阙都委付。一年、二年窠阙的后头，拟定奏呵，怎生？奉圣旨：'那般者，委付者。'圣旨有呵，铨注了奏过，委付者。先注时节落后下的，如今逐旋来的也有，且注二年的窠阙委付者。选法的勾当，如今见交官人每提调着商量有。已后合行的定例，那商量里有也者。"奏呵，奉圣旨："那般者。"钦此。[1]

从这条文书来看，早在至元后期，已经开始为求仕官员铨注一年之后的窠缺，并且吏部曾向世祖（1260—1294 年在位）请求注二年阙，到大德十年，铨选压力越来越大，很多官员无法及时铨注，终于从制度上认可"注二年的窠缺"。窠缺有限与官员众多的矛盾越来越明显，于是理算法的应用也越来越普遍。简单说来，就是按照应得资历授予散官，但职事官则铨注较低品级者，由于低品级职事官数量多于高品级职事官，这样可以一定程度上缓解铨选的压力，尤其是官员升入六品时，由于正、从六品职位较少，如果不使用理算法，某些铨选规定就无法执行。譬如按照规定，"凡省部令史、译史、通事等……拟九十月考满，注六品职事"。[2] 但六品职事官窠缺极为有限，就目前所见材料中，省掾考满直接铨注六品职事官者几乎没有，绝大部分情况是铨注六品散官、七品职事官。如郭泰，由户部掾选为河南行省掾，出职授

[1]《元典章》卷 10《吏部四・职制一・守阙》"铨注官员守一二年阙"。
[2]《元史》卷 83《选举志三・铨法下》，第 2068 页。

承务郎(从六下),南阳郏县尹(下县,从七)。[1] 董讷历任廉访司书史、礼部掾、御史台掾、省掾,皇庆(1312—1313)初出职,授承直郎(正六下),工部主事(从七)。[2] 李守中任户部掾、中书省掾,出职授承直郎(正六下)、保定满城县尹(中县,正七)。[3] 黄肯播,由廉访司书史选为兵部掾、御史台掾、中书省掾,出职授承直郎(正六下)、中书省检校官(正七)。[4] 类似的例子还有很多,在此不一一列举,由于蒙古人、色目人、大根脚世家子弟由怯薛出职,任官不受铨选法的约束,常常直接出任中高级职事官,因此由中低级职事官向上迁转的汉人、南人的仕官之途颇为艰难。这种情况发展到后来,变成很大一部分汉人、南人的散官品级略高于职事官。如本章"散官与职事官的品级关系"一节中表6-1和图6所示,元代最常见的情况并非散官与职事官品级相同,反而是散官高于职事官一阶,正是由于这个原因。

6.2.2.2　解决职位的特殊性和品级的一般性之间的矛盾

元代的大多数官僚机构都实行4等官制,即一个机构中有正官、佐贰官、首领官、吏员4等。品级相同的机构内,四等官的品级也基本相当。这种情况下,品级相同但重要性不同的机构,其内部官员的品级也基本相似,一些比较重要、工作比较繁重的职位的特殊性就必须由品级之外的因素来体现。在唐代、金代,所谓清要官就是这一类官员。元代似乎没有清要官的说法,但随朝官,尤其是中书省、御史台、六部等机构的职位在铨选中具有明显特殊性,《元史·选举志》有"凡选用不拘常格"条:

> 凡选用不拘常格,省参议、都司郎中、员外高第者,拜参(预)[知]政事、六曹尚书、侍郎,及台幕官、监察御史出为宪司官。外补官已制授,入朝或用敕除,朝迹秩视六品,外任或为长伯。在朝

[1]王沂:《承务郎南阳郏县尹郭君墓碣铭》,见《伊滨集》卷23,收入《景印文渊阁四库全书》1208册,第589页。

[2]苏天爵:《故嘉议大夫江西湖东道肃政廉访使董某行状》,收入《滋溪文稿》卷23,第387-390页。

[3]苏天爵:《元故嘉议大夫工部尚书李公墓志铭》,收入《滋溪文稿》卷11,第173页。

[4]苏天爵:《故奉政大夫辽阳行省郎中黄公神道碑铭》,收入《滋溪文稿》卷15,第241页。

诸院由判官至使，寺监由丞至卿，馆阁由属官至学士，有递升之法，用人重于用法如此。[1]

这一条提到3种铨选的例外。(1)参议中书省事拜参知政事，中书省左右司郎中拜六部尚书，员外郎拜侍郎，以及御史台、廉访司经历、监察御史担任廉访司佐贰官，这些除拜均不符合普通升迁格例，都属于“选用不拘常格”“用人重于用法”者。实际上，中书省、六部、御史台、廉访司等部门大都有“不拘常格”的选用权。(2)随朝官与外任官也有明显地位差别，外任官五品以上者，选任随朝官亦可用于六品以下；随朝六品秩者，补外亦可授予五品以上地方行政长官、佐贰官。(3)中央同一机构内部升迁可以优先考虑。这3种铨选特例，前两种都是理算法第二点意义的体现。

铨选特例(1)得以实现的主要方式是“自行保选”。首先，中书省负责铨选正七品以上官员，具有绝对的用人权。其次，为了保持监察机构和军事机构的独立性，元代允许御史台官、枢密院官自行选任，在某些时段内，为了维护皇太后的权力，亦允许中政院自行选官。《元史·选举志》有“凡台宪选用：大德元年(1297)，省议：‘……宜令台官，幕官听自选择，惟廉访司官，则省、台共选。若台官于省部选人，则与省官共议之；省官于台宪选人，亦与台官共议之’。”[2]又有“中政院……延祐七年(1320)，院臣启：‘皇后位下中政院用人，奉懿旨，依枢密院、御史台等例行之’。”[3]由于可以自行选任，因此出现官、职品级不符的情况非常常见。尤其以中书省官、六部官和监察官员最为普遍。以前面提到的董讷为例。根据苏天爵的《董某行状》：

[董讷]字仁甫，真定路赵州柏乡人。由燕南宪史转河东，入掾礼部，升御史台、中书掾。皇庆(1312—1313)初，以承直郎为工部主事。擢奉训大夫、监察御史。未几，左迁大都路总管判官，改陕西行御史台都事，召为中书省左司都事。英庙为皇太子，选为

[1]《元史》卷83《选举志三·铨法中》，第2064－2065页。
[2]《元史》卷82《选举志二》，第2037页。
[3]《元史》卷82《选举志二》，第2040页。

詹事院中议，进官奉议大夫，久之，迁工部郎中，又迁上都副留守兼本路都总管府治中，改佥河东道廉访司事，进朝列大夫，江西道廉访副使。至治二年(1322)冬，召拜吏部侍郎。泰定初元(1324)，拜右司郎中，寻改左司。岁余，遂拜太中大夫，吏部尚书，选充山北辽东道奉使宣抚，还朝拜嘉议大夫，江西道廉访使。泰定四年五月十六日终。[1]

董讷的升迁过程大致如表6－8所示。

表6－8　董讷升迁表

职官	品级	散官	品级	时间
燕南、河东宪史、礼部掾、台、省掾				
工部主事	从七	承直郎	正六下	皇庆初
监察御史	正七	奉训大夫	从五下	延祐初
大都路总管府判官	正六			
陕西行御史台都事	正七			
中书省左司都事	正七			
詹事院中议	从五	奉议大夫	正五下	
工部郎中	从五			
上都副留守兼本路都总管府治中	正四			
河东道廉访司佥事	正五			
江西廉访副使	正四	朝列大夫	从四下	
吏部侍郎	正四			至治二年
中书省右司郎中	正五			泰定初元
中书省左司郎中	正五			岁余
吏部尚书	正三	太中大夫	从三上	
山北辽东奉使宣抚				
江西廉使	正三	嘉议大夫	正三下	

〔1〕苏天爵:《故嘉议大夫江西湖东道肃政廉访使董某行状》，收入《滋溪文稿》卷23，第387－390页。

皇庆初年，董讷中书省掾考满出职，按规定本应注授六品职事官，但实际上被授予正七品工部主事，散官为正六品下阶承直郎。从皇庆初到延祐(1314—1320)初年，大约30个月，历过一任工部主事后，按照“内任官一考升一等”的规定，董讷获得从五品下阶散官奉训大夫，职事官为正七品监察御史。这两任均属于“选用不拘常格”的范畴，虽然品级较低，但地位重要，前途光明。然而董讷任监察御史时直言极谏，抵忤时相，下一任授正六品上都路总管府判官，虽然职事官品级上升二等，但《行状》称之为“左迁”。因为这次铨选不但从“不拘常格”的重要官职选任为常调官，更从随朝官变成外任官，这不单单是从“一考升一等”的内任官变成“或两考升一等，或三考升二等”的外任官，更是从仕途光明的中央清要官变成了远离权力核心的地方官。幸而“台臣怜公以言权奸”，仅过8个月，就除为陕西行台都事。西台都事不但属于内任官，可以“一考升一等”，更重要的是又进入了“不拘常格”的范畴，此后由西台都事再次进入中书省，任正七品左司都事，很快进入五品，成为中高级官员。然而“时相”仍然在位，又“奏公佐留司”，虽然品级升入四品，但在《行状》的作者看来，仍然是因“言权奸”造成的左迁，这一次仅在留守司任职3个月，御史台又行使自行任官权力，“为之改除外台”。英宗(1320—1323年在位)即位之后，董讷一直在中书省、六部或台察任职，很快就进入三品，成为高级官僚集团中的一员。回顾董讷的任职经历，他从皇庆初年出职，到泰定(1324—1328)前期进入三品，一共只用了十三四年，不到六考，可见期间始终是一考升一等，从未待阙，能够如此高效率的升转，正因为董讷大部分时间担任随朝官，并且在中书省、御史台、六部等重要部门工作。

相对而言，李守中就没有这么幸运了。他的升迁过程大致如表6-9所示。[1]

[1]苏天爵：《元故嘉议大夫工部尚书李公墓志铭》，收入《滋溪文稿》卷11，第173页。

表 6-9　李守中升迁表

职官	品级	散官	品级	时间
左司令史，户部、通政、留司、中书掾				年二十至至大二年
保定满城县尹	正七	承直郎	正六下	仁宗初
治解盐、河间盐池				延佑二年、六年
户部主事	从七	奉议大夫	正五下	
知泗州	从五			
河南左右司员外郎	从六			
两浙转运盐司副使	正五			
归德知府兼诸军奥鲁劝农事知河防事	正四	中议大夫	正四上	
工部尚书	正三	嘉议大夫	正三下	致仕官

如表 6-9 所示，李守中虽然也是中书省令史考满，授正六品下阶散官，但由于他至大二年（1309）担任省掾期间曾反对尚书省改革，以“间谍两省辅臣”的罪名废黜田里，尚书省倒台之后，他才得以出职，因此他的起家官不是随朝重要机构职位，而是县尹，虽然正七品县尹比从七品六部主事级别要高，但地位则远远不如。此后，除了一任户部主事外，李守中长期在地方任职，最终只达到四品官。李守中于皇庆（1312—1313）初年出职，至正二年（1342）去世，享年 73 岁，如果他七十致仕，则任官时间由皇庆元年至后至元五年（1339）共约 28 年，迁转效率远远低于董讷。最终因致仕，职事官和散官各进一等，才得以进入三品。因此苏天爵在《墓志铭》中感叹：“国家初由胥吏取人，人才亦多由是而显。故参知政事曹公从革，刑部尚书谢公让，与公同居里闬，材能相埒。二公扬历中朝，赫然进用，公独以刚直自持，老于郡县，人或不能无少憾。”李守中和曹从革、谢让都是吏员出身，但曹、谢二人一直在中朝任职，所以“赫然进用”，李守中则“老于郡县”令人遗憾。

这里提到的曹从革并无碑铭传记，谢让无碑铭，《元史》有传，根据本传，谢让的迁转过程如表6－10。

表6－10　谢让升迁表

职官	品级	散官	品级	时间
宣慰司令史				
江西行省令史				国兵取宋时
河间等路都转运盐司经历	从七			
南台御史	正七			
陕西行御史台都事	从七			大德间
中书省右司都事	正七			
户部员外郎	从六			
宗正府郎中	正五			大德四年
监察御史	正七			
中书省右司员外郎	正六			
湖广行省左右司郎中	从五			
河南行省左右司郎中	从五			
户部侍郎	正四			至大元年
西台治书侍御史	正三			二年
治书侍御史	正三			三年，未上
同佥枢密院事	正四			
户部尚书	正三			
刑部尚书	正三	正议大夫	正三上	四年，仁宗即位
陕西行省参知政事	从二			
西台侍御史	从二			
河南行省参知政事	从二	正奉大夫		延祐四年卒，赠官

谢让除初出职担任都转运盐使司经历外，之后一直在中央核心部门任职，虽然他在江西行中书省担任令史，略逊于董讷和李守中在中书省或尚书省任职，但他大德年间（1297—1307）尚任从七品西台都事，至大二年（1309）已经进入三品，即使从大德元年算起，亦只花费14年时间。可以想象，谢让在大德四年担任正五品宗正府郎中之前，散官品级应一直高于职事官。因为中书省、御史台等机构可以自行选任官员，也因为元朝铨选中所奉行的理算法精神，才得以让应得较高品级的谢让、董讷等人担任品级较低但地位重要的职位。也正因如此，谢让才能在任过正五品宗正府郎中之后，再次担任正七品监察御史以及从六品中书省右司员外郎。

关于铨选特例（2），随朝官与外任官的差别，前面两个例子已经颇有体现，我们再来看一个更为明显的刘澍升转例。根据张养浩的《刘公神道碑铭》，刘澍迁转过程如表6－11。[1]

表6－11　刘澍升迁表

职官	品级	散官	品级	時间
吏部掾、宣徽掾				大德九年
工部主事	从七			
工部员外郎	从六	奉训大夫	从五下	
同提举万亿广源库	从五	奉议大夫	正五下	至大三年
辽阳行省左右司郎中	从五	朝列大夫	从四下	延祐二年
大都路同知	正三	中顺大夫	正四下	五年
监察御史	正七			
工部侍郎	正四			
左司郎中	正五			
山东都运盐使	正三	中议大夫	正四上	延祐七年

〔1〕张养浩：《山东都转运盐使刘公神道碑铭有序》，收入《归田类稿》卷10，第561页。

从刘澍的升迁过程中,可以明显看到随朝官与外任官的地位差别。从辽阳行省左右司郎中到大都路同知,散官自从四升为正四,职事官则自从五升到正三,因大都路同知属于外任官,地位较低之故。随朝官中不同机构地位也有所不同,中书省官地位明显高于六部官。刘澍散官为正四品下阶时,从正四品工部侍郎转为正五品中书省左司郎中,正因此故。

这种任官的灵活性是金代所无法比拟的。《金史·选举志》中有金世宗(1161—1189年在位)因为铨选法不够灵活而对宰臣所作的抱怨之辞:

(大定)十一年(1171),上谓宰臣曰:"随朝官多自计所历,一考谓当得某职,两考又当得某职,故但务因循而已。及被差遣,又多稽违。近除大理司直李宝为警巡使,而奏谢言'臣内历两考',意谓合得五品而除六品也。朕以此人干事,尝除监察御史,及为大理司直,未尝言情见一事,由是除长官,欲视其为政,故授是职。自今外路与内除者,察其为政公勤则升用,若但务苟简者,不必待任满即当依本等出之。不明赏罚,何以示劝勉也。"[1]

如果在元代,"合得五品而除六品"实在是太常见了,只要现实情况需要,何止"合得五品而除六品",即使合得五品而除七品、合得四品而除六品、合得四品而除七品等情况也颇为不少。前面提到的董讷和李守中,都在散官进入五品后担任过正从七品职事官。再如张养浩的《陈公神道碑铭》所载:

[陈安之子]惟德为尚书省检校官,阶奉议大夫。国制,诸封赠,父与子同,子升亦升,遂封奉议大夫、骁骑尉、河内县子。后惟德进中顺大夫、户部员外郎。遂加今封……[陈安五子]皆仕,惟德为最显,由丞相掾转秘书著作郎,中书架阁管勾,尚书省检校

[1]《金史》卷54《选举志四》,第1199页。

官，出为陕西省左右司员外郎，拜监察御史。[1]

从《神道碑》推测陈惟德的迁转过程大致如表6－12。

表6－12　陈惟德升迁表

职官	品级	散官	品级
丞相掾			
秘书著作郎	从六		
中书架阁管勾	正八		
尚书省检校官	正七	奉议大夫	正五
陕西省左右司员外郎	从六		
监察御史	正七		
户部员外郎	从六	中顺大夫	正四

如表6－12所示，陈惟德散官已进入正四品下阶中顺大夫，职事官仍为从六品户部员外郎。这自然因为六部官的特殊性，然而在元代，无论"合得"五品还是四品，自然有散官从旁标记，再次铨选的时候丝毫不会弄错，可以想象，陈惟德之后迁转中，职事官会很快升入四品。

再如元代著名监察官曹伯启，根据苏天爵的《曹文贞公祠堂碑铭》和张起岩的《曹公神道碑铭并序》，曹伯启的升迁历程大致如表6－13。[2]

〔1〕张养浩：《赠中顺大夫河中府知府上骑都尉颍川郡伯陈公神道碑铭有序》，收入《景印文渊阁四库全书》1192册，第558页。

〔2〕苏天爵：《元故御史中丞曹文贞公祠堂碑铭》，收入《滋溪文稿》卷10，第150页。张起岩：《大元故资善大夫陕西行御史台中丞赠体忠守宪功臣资政大夫河南江北等处行中书左丞上护军追封鲁郡公谥文贞曹公神道碑铭并序》，收入《曹文贞诗集》附，《北京图书馆古籍珍本丛刊》94册影元至元四年曹复亨刻本，第399－404页。

表 6－13　曹伯启升迁表

职官	品级	散官	品级	时间
砀山文学掾、漷州学正、冀州教授				
婺州兰溪簿	从八			
	……			
常州路推官	从六			
河南行省左右司都事	从七	奉训大夫	从五下	大德十一年
台州路治中	正五	朝列大夫	从四下	至大三年
陕西行御史台监察御史	正七			
陕西行御史台都事	正七	朝散大夫	从四中	
御史台都事	正七	中顺大夫	正四下	
刑部侍郎	正四	中宪大夫	正四中	延祐三年
湖广行省右丞	正二			
真定路总管	正三	通议大夫	正三中	
司农丞	从三			
南台治书侍御史	正三			
福建廉访使	正三			
中书省右司郎中	正五			
辽东廉访使	正三			至治元年
集贤侍讲、侍御史	从二			
浙西廉使	正三			
淮东廉使	正三			

曹伯启由流外职教授起家，由县主簿累迁路推官，因为善于断狱，被御史潘昂霄、廉访司副使王俣举荐，担任西台御史，从此走上了迁转的捷径——根据他此时的散官从五品下阶奉训大夫推测，之前曹伯启在地方任职多年，如果没有成为监察御史，接下来就要等待寥寥无几的上州窠缺才能再升入四品，必然会老于地方。然而一任监察御史后，他的职事官立刻进入正五品路治中，正是《选举志》“凡选用不拘常格”

条所谓的“朝迹秩视六品,外任或为长伯”。此后他连任两届监察官,散官进入正四品,职事官仍为正七品。然而下一任职事官即由正七品监察御史铨注正四品刑部侍郎,这种“合得四品而除七品,再由七品升入四品”的情况在金代是绝对无法想象的。在金代,职事官与散官升迁时在时间和等级方面均各自独立,大多数官员在职事官品级较低时,散官早已依照独立的升迁系统,以 30 个月 1 阶的速度自顾自升了上去,并不能起到标志应得品级的作用,官员所铨注的职事官就是下一步迁转的依据,因此官员特别看重所铨注的职事官品级并不奇怪。虽然金世宗(1161—1189 年在位)强调“自今外路与内除者,察其为政公勤则升用,若但务苟简者,不必待任满即当依本等出之”,并且感叹“不明赏罚,何以示劝勉”,但在没有制度支持的情况下,铨选部门很难真正做到任贤去不肖。反而在元代,散官一定程度上丧失独立地位的情况下,使用理算法加强了铨选制度的灵活性。这种灵活性的重要作用之一,就是为最重要的职位“不拘一格选人才”。

总的来说,中书省官、六部官、监察官、枢密院官是比较特殊的职位,通常会借助理算法任命一些资历较深的官员,这种做法在元代已经成为惯例,至正五年(1345),监察御史上奏:“爵禄者,乃励名节之器;铨衡者,实赏罚之权。今乃限以资格,其人亦恐难其选也。今后省院台选用,悉遵旧制,不限资格,惟务得人。度材而任职,量能而授官。如是则贤否无并进之患,而朝廷有得人之实。”经过商议,中书省奏“省院台选用好人,依先例不限资格,其余有选法衙门,依部家定拟来的行”皇帝表示同意。[1] 这次上奏大概因省、院、台选官,旧制不限资格,与“其余有选法衙门”不同,而元统(1333—1335)末年改元至元时,诏旨“并依世祖皇帝定制”[2],严格遵守定制不知变通,导致省、院、台的铨选制度僵化,御史提出异议,于是“省院台选用好人,依先例

[1]唐惟明编撰,王晓欣点校:《宪台通纪续集·不拘资格》,杭州:浙江古籍出版社,2002 年,第 118 页。

[2]《宪台通纪续集·不拘月日》,第 119 页,要求中书吏员出职不限资格,与此次上奏或为相同原因。

不限资格"。可见省、院、台的选举不拘常格,到元代后期已经成为制度的一部分。

这些"选用不拘常格"的职位逐渐有了自己的"常格",发展出一套专门制度。以监察御史为例,大德元年(1297)规定:"监察御史任满,验行过事迹,高出伦辈,知大体者,闻奏升迁。其余验所行事迹,堪充各道廉访司官,依例选用。合呈省迁转者,依例呈省。比依旧例,宜立程序。行御史台监察御史,若有异政,依例不次擢用。或再历内台监察御史一任。内有合呈省迁转者,依例呈省。"[1]可知在元代前期的制度规定中,监察御史迁转,需根据其任内表现分为上、中、下三等,上等"闻奏升迁""不次擢用",中等"选用各道廉访司官",或行台监察御史再历内台一任,下等"依例呈省迁转"。有这三等的分别,原本是为了奖励优秀人才,提供"不次擢用"的途径。但许有壬在《铨除御史》中提到:"宪台除用,历御史者,即除各道佥事正五品,职内转台为都事,必授副使正四品级……今也四品、五品率皆除之,甚有资历已及三品而浮沉其中。"[2]正因正七品监察御史,任满即除正五品廉访司佥事,若职内再历正七品御史台都事,即授正四品廉访司副使,所以铨选部门考虑到这种"惯例",选用较高资历者担任御史的情况逐渐普遍起来。许有壬认为那些高资历官员"含糊模棱目曰老成,钤口缩头号为持重。迫晚景者顾影而自惜,计子孙者留意于将来,因仍改除,遂为得计",因此应该优先铨注"县达鲁花赤、县令有治迹者,次及内外六品七品才德堪充之人,其资品高者不必铨用"。但从铨选角度来看,铨注六品、七品县令、县达鲁花赤,之后的理算就异常复杂,还不如选用四品、五品官,使得之后的除官顺理成章。可见监察御史的选举,看似不拘常格,实际上已经有了一套自己的"常格",监察御史一职品级未变,但在升迁序列中的位置大致固定下来。为了增加制度灵活性的理算法在后期也逐渐僵化,这大概是制度发展的必然。这一部分不属

[1]赵承禧编撰,王晓欣点校:《宪台通纪·整治事理》,杭州:浙江古籍出版社,2002年,第42页。

[2]许有壬:《铨除御史》,收入《至正集》卷74,第337页。

于散官制度范围,因此不再做过多讨论。

除了重要职位外,还有一些特殊职位的铨选也需借助理算法进行协调。如王府官,可能会长期任职,不遵守普通的任职期限。此时亦需散官来标识其品级,并借助理算法在王府官员离任后进行适当的铨注。如韩冲的迁转过程如表6－14。[1]

表6－14　韩冲升迁表

职官	品级	散官	品级	时间
翰林书写、户部掾				
太平路总管府经历	从七	从仕郎	从七下	江淮初定
詹事院掾				
本院架阁库管勾	正八			
工部主事	从七			至元二十八年
陕西左右司员外郎	从六	承务郎	从六上	
安西王相府郎中令	正五			大德元年
		奉训大夫	从五下	二年
		奉议大夫	正五下	六年
		奉政大夫	正五上	八年
知沔阳府	正四	朝列大夫	从四下	十年
峡州路总管	从三	中宪大夫	正四中	
黄州路总管	从三			
奉元路总管	正三			延祐四年
工部尚书	正三	嘉议大夫	正三下	六年

韩冲从大德元年(1297)到大德十年任安西王相府郎中令,共任职四考,散官自从六品上阶到从四品下阶,共升迁4等,正符合一考升一等,然而职事官始终是正五品,直到大德十年专为正四品沔阳府知府,单从职事官来看是超升二等,实际上完全符合他的应得资历。

〔1〕苏天爵:《元故奉元路总管致仕工部尚书韩公神道碑铭》,收入《滋溪文稿》卷12,第181页。

6.3 其他

6.3.1 元代军官的散官

元代的军官属于杂职官,通常情况下不能转入流官,也不能与管民官相互迁调。至元十九年(1282)处理灭南宋后江淮官员的迁转事宜,有大量管军官转入管民官。[1] 但通常情况下,“军官、匠官、站官、医官、各投下人等,例不转入流。虽资品相应,不许铨注”,[2]“管军官休管民者,管民官休管军者”。[3] 军官系统亦有正从九品各级官职,任八品及以上职位的军官带散官,官员在军官系统内部迁转,散官的迁转亦有一定之规。由于杂职官的特殊性,使得军官散官制度与普通流官的散官制度有所不同。

如下编第4章第2节中“军官散官的授予”部分所述,世祖早期忙于征战,大多数军官没有散官。至元十一年制定“军官以功升散官格”,才开始大量向军官授予散官。[4] 元代的军官制度,至元七年定为“万户、总管、千户、总把、百户、弹压”共6级。[5] 至元二十一年,重定军官品级,取消了“总管”“总把”2级,万户、千户、百户各自分等,“弹压”的含义也有所改变。至元二十一年所定军官品级终元一代大致未变,列表如下见表6-15。[6]

---

〔1〕《元典章》卷8《吏部二·官制二·选格》“官员迁转例”条。

〔2〕《元典章》卷8《吏部二·官制二·选格》“选调官员”条。

〔3〕《元典章》卷8《吏部二·官制二·选格》“军官休做民官”条。

〔4〕《元史》卷8《世祖纪五》,第153页。《元史》卷98《兵志一》所载同,第2515页。

〔5〕《元史》卷7《世祖纪四》载“(至元七年四月癸未)定军官等级,万户、总管、千户、百户、总把以军士为差”,第129页。《元史》卷98《兵一》载:“世祖时,颇修官制……外则万户之下置总管,千户之下置总把,百户之下置弹压,立枢密院以总之。”第2507页。

〔6〕《元典章》卷9《吏部三·官制三·军官》“定夺军官品级”条。

表 6-15　至元二十一年后元代军官品级表

	上万户	中万户	下万户	上千户	中千户	下千户	上百户	下百户
正三	万户							
从三	副万户	万户	万户					
正四		副万户						
从四			副万户	千户				
正五	镇抚			副千户	千户			
从五		镇抚			副千户	千户		
正六			镇抚			副千户		
从六							百户	
正七								
从七	*经历*	*经历*	*经历*					百户
正八								
从八	*知事*	*知事*	*知事*	弹压				
正九								
从九					弹压	弹压		

说明：经历和知事不属于军官，属于"迁转首领官"，在铨选制度上和军官有所不同，详见后文。因此用斜体字表示。

早期元代汉人军官并不像民官那样进行常规迁转，官员长期征战或镇守地方，父死子继。至元十六年(1279)"王良臣言：'西川军官父死子继，勤劳四十年，乞显加爵秩。'诏从其请"。[1] 可知西川军官镇守一方40年，并不迁转。至元十七年，广东宣慰使帖木儿不花提议"诸军官宜一例迁转"，世祖(1260—1294年在位)"诏中书省、枢密院、翰林院集议以闻"，但似乎并未实行。至元二十年开始改革军官制度，至元二十年二月，"定军官选格"。[2] 七月，制定了军官升用、承袭、承替以及军事机构首领官迁转的相关条画。[3] 至元二十一年二月，枢

〔1〕《元史》卷10《世祖纪七》，第208页。

〔2〕《元史》卷12《世祖纪九》，第251页。

〔3〕《元典章》卷8《吏部二·官制二·承袭》"军官承袭例"条。

密院官员提出很多因军功获得“名分”的管军官实际上无军可管，而“这汉儿军官每委付了到今多时也，只交他每根底占定做官呵，无体例的一般有”。因此商议：“镇抚、千户之上三年为满交迁转，百户以下不须迁转。”[1]《元史》载同年八月“定拟军官格例”，大概就指此事。[2] 需要注意的是，在部分军事机构中还设有一些文职官员，如经历、知事等首领官。这些官员被称为“迁转首领官”，即归入常调，可以与流官相互迁转，与不入流的军官不同，其散官迁转制度应当与前面讨论过的流官散官迁转制度类似。本小节所讨论的情况不包括迁转首领官。

虽然至元二十一年拟定镇抚、千户以上军官 3 年为满，进行迁转，但之后对于军官的迁转问题还有过讨论。至元二十四年十一月，因为江南多起叛乱，叶李认为“大抵军官嗜利与贼通者，尤难弭息。宜令各处镇守军官，例以三年转徙，庶革斯弊”。帝皆从其议，诏行之。[3] 这次大概要求百户以下的军官也要参与迁转。但至元二十五年，江淮行省忙兀带认为应该“除军官更调法”。[4] 总的来说，军官肩负镇戍重任，对于职务的稳定性有更高要求。如果进行迁转，有可能造成军队战斗力下降，如果不迁转，长期镇守一处，又有可能在地方形成势力，难以控制。此外，军官职位例由子弟承袭，如果没有迁转制度，必然造成员多阙少，新进入军官集团的官员则无职可任。因此，军官采取了部分迁转策略，为了保证军队稳定性，军官的流动性远低于流官。直到元朝后期，中央政府仍认为世系军官与迁转民官不同。至顺元年(1330)八月，枢密院因千户也先帖木儿，奔丧违限事上奏，认为军官“若比民官一体勒停，似涉太重”，最后刑部和都省的判决为：“军官奔丧违限，比例勒停，缘系世袭之职，似与迁转民官不同。合准枢密院所拟科断，违限俸禄，不须支给。”[5]

---

[1]《元典章》卷 9《吏部三 · 官制三 · 军官》“定夺军官品级”条。

[2]《元史》卷 13《世祖纪十》，第 268 页。

[3]《元史》卷 14《世祖纪十一》，第 302 页。

[4]《元史》卷 15《世祖纪十二》，第 310 页。

[5]《至正条格 · 断例》卷 4《职制》“军官奔丧”条，韩国学中央研究院，2007 年，第 206 页。

军官的官职品级升迁,大多是因为军功,至元十六年六月"西川既平,复立屯田,其军官第功升擢,凡授宣敕、金银符者百六十一人"。[1]与文职官员不同的是,文职官员的散官随着职事官的升迁而升迁,或者因为职事官应该升迁而暂时无法实现,因此散官升迁以标识应得职事官品级。但军官的散官可以因军功而独立升迁。如至元中期参加征南宋战争的刘潭,其升迁情况如下表6-16所示。[2]

表6-16 刘潭升迁表

职官	品级	散官	品级	时间	原因	备注
上百户摄行千户事	从六			至元十一年	世袭	
总把		忠显校尉	从六下	十一年	攻沙市先登	
		昭信校尉	正六下	十二年	攻潭州先登	
真千户	正五	武略将军	从五下	十三年	攻静江先登	赐银符
		武德将军	正五下	十四年	定廉钦高雷四州	
琼州总管	从三	宣武将军	从四下	十五年	定琼州	赐金符
		显武将军	从四中		略定万安军	赐虎符
万户兼安抚使镇海招讨使	正三	明威将军	正四下	十六年	定吉阳昌化	
怀孟万户移镇严州	正三	广威将军	正四上	凡九年		

如表6-16所示,至元十一年到至元十六年间,刘潭随军出征,每年均因立下军功而升迁散官。四品以下每次升迁一级,四品以上开始以阶为单位升迁,六九年之间任散官升迁7次,但职事官升迁5次,并且两者升迁在时间上并不同步。并且由于在战争期间,为了激励士气,其升迁速度远高于文职官员"内任以一考升一等,外任两考升一等或三考升二等"的速度。

---

〔1〕《元史》卷10《世祖纪七》,第213页。

〔2〕刘因:《怀孟万户刘公先茔碑铭》,见《静修先生文集》卷16,收入《四部丛刊初编》影元宗文堂刊本。

如前所述，相对于文官来说，军官的职位比较稳定，因此军官散官升迁比文官更具独立性。元代散官具有标识应得职事官品级的功能，因此覃官现象比较少见，覃官的形式也与前代有所不同。前代所谓覃官，多指散官升迁，但元代的覃官除了升迁散官外，更有职官减资之制。《元史·选举志》载"凡选用不拘常格"条："又覃官，或准实授，或普减资升等，或内升等，或外减资，或外减内不减，斯则恩数之不常有者。"[1]可知元代的"覃官"有减资和升等两种。所谓减资，即职事官升迁减少一考，升等即散官升迁一级。根据《元史》，元代明确记载覃官范围和形式者有4次，如表6-18所示。[2]

表6-18　元代覃官表

至大二年正月	内外大小职官普覃散官一等，有出身人考满者，加散官一等	《元史》卷23《武宗二》，第509页
至大四年七月	敕内外军官并覃官一等	《元史》卷24《仁宗一》，第544页
泰定元年六月	百官志四品以下，普覃散官一等，三品递进一阶	《元史》卷29《泰定帝一》，第648页
至正三年十月	以郊祀礼成，诏大赦天下，文官普减一资，武官升散官一等	《元史》卷41《顺帝四》，第869页

由表6-18可知，元代记载了范围和形式的4次覃恩中，有两次散官升等的范围只限制在军官之中。可以想象，《选举志》记载"覃官"时提到的"减资升等"，减资多用于文官，而升等则多用于军官。除覃官外，一部分范围较大的奖励措施也是文官减资、武官升等的面貌出现。至大四年(1311)二月，"命广西静江、融州军民官，镇守三载无虞者，民官减一资，军官升一阶，著为令"。[3]《元史·刑法志》载

〔1〕《元史》卷83《选举志三·铨法中》，第2064页。

〔2〕《元史》卷166《张泰亨传附张震传》载张震"延祐二年，覃恩加武略将军"，第03901页。大概延祐二年(1315)亦有一次覃恩，但这次覃恩未记载范围和形式，因此不列入表中。

〔3〕《元史》卷24《仁宗纪一》，第539页。

“诸军民官镇抚边陲，三年无啸聚之盗者，民官减一资，军官升散官一阶。五年无者，军民官各升散官一等”。[1] 由《刑法志》的这一条记载来看，大概军官和外任民官均为“两考升一等、三考升二等”，五年相当于两考，因此军官民官各升散官一等。三年相当于一考，民官可以减一资，军官并非所有人均可常规升迁职事官，因此无减资之说，只是散官升一阶。总的来说，军官迁转的流动性不及文官，因此军官散官的迁转比文官更加灵活独立。

这一点在犯罪惩罚的措施中亦可见到。元代对军官犯罪惩罚实行的措施也曾在“与民官同例”和“与民官不同”之间摇摆。大德三年(1299)三月，“命何荣祖等更定律令，诏军官受赃罪，重者罢职，轻者降其散官，或决罚就职停俸，期年许令自效”。[2] 军官受赃，分为轻重两类，重罪即指枉法，其处罚与民官“枉法者，除名不叙”类似，轻罪即不枉法，处罚与民官不同。《元典章·官员取受例》对这一条例有更详细的记载：

> 在先，但是勾当里行的人每，要肚皮呵，他的罪过，斟酌轻重，依着十三个体例里，断罪有来。在后，省官人每奏了：‘军官每若犯枉法呵，断罢不叙。不枉法呵，要了罪过，止教依旧勾当。若一年后合委付的有呵，一年的俸钱休与者。若合降等的呵，降了散官。’么道，奏呵，‘那般者’么道，圣旨有来。”[3]

这里提到的“十三个体例”，指的大概是《元典章》所载“赃罪条例十二章”中所载枉法罪五等，不枉法罪七等，加上“吏人犯赃，终身不叙”一等共十三等，如表 6-18 所示。[4]

[1]《元史》卷 102《刑法志一·职制》，第 2618 页。

[2]《元史》卷 20《成宗纪三》，第 427 页。

[3]《元典章》卷 46《刑部八·诸赃一·取受》“军官取受例”条。

[4]《元典章》卷 46《刑部八·诸赃一·取受》“赃罪条例十二章”条。表格来自《元典章》卷 46《刑部八》卷首表格。

表 6－18　元代赃罪条例表

断例	四十七	五十七	六十七	七十七	八十七	九十七	一百七	以至元钞为则
枉法：不满贯者，量情断罪，依例除名	一贯至十贯	十贯以上至二十贯		二十贯以上至五十贯	五十贯以上至一百贯		一百贯之上，应受宣敕并行追夺	今后因事受财，依条断罢。枉法者，除名不叙
不枉法：不满贯者，量情断罪，解见任，别行求仕	一贯至二十贯，本等叙	二十贯以上至五十贯，注边远一任	五十贯以上至一百贯，降一等	一百贯以上至一百五十贯，降二等	一百五十贯以上至二百贯，降三等	二百贯以上至三百贯，降四等	三百贯以上，除名不叙	不枉法者，须殿三年。再犯不叙。无禄人减一等
								吏人犯赃，终身不叙

如表 6－18 所示，民官犯不枉法罪，除杖刑外，还要受到职事官“本等叙”“注边远一任”“降一等”至“降四等”等不同处罚，但如前引《元典章》载“军官取受例”条所示，军官不枉法取受之后，职事官不变，只是“降其散官”或“就职停俸”。实际上，这种与民官不同的处罚方式在大德五年被改变，《元史》载，大德五年七月，又“诏军官受赃者与民官同例，量罪大小殿黜”。[1]《元典章》“军人取受例”中所载更为详细：

大德五年，御史台据监察御史呈：“……民官虽有升转，子孙止是照依元授品级高低荫叙。其军官元帅、万户、千户、百户、弹压，子孙弟侄本等承袭承替，就带元降虎符牌面。比之民官，优宠甚重。莫若今后军官，但犯一切不法不公罪名者，无分轻重，依十

〔1〕《元史》卷 20《成宗纪三》，第 435 页。

三等例，与民官一体科断，自有空闲窠阙，不妨相调铨注，以使有所警惧……”于大德五年七月初十日，本台奏过事内一件：“监察每文书里说有：‘……军官不罢了、只依旧交管着他每的上头，不敢告有。为那般，军人每哏生受有。’俺商量来，管军官每要了肚皮，交军生受呵，他的勾当不罢呵，告的人也不敢告有，军人每大生受有。依着管民官的体例里，他的罪过，斟酌轻重，合罢的罢了，依着十三个体例里断罪呵，怎生？”么道，奏呵，“那般者”。么道，圣旨了也。钦此。[1]

从上引文字来看，似乎民官升转，是民官优于军官之处，因为军官不升转，所以在大德三年制定法律，定为军官不枉法取受时，职事官仍可保留。但监察御史提出，民官子孙降等荫叙，军官子孙本等承袭，所以军官并未受到苛待，应该在刑罚上与民官一视同仁。如前所述，军官从至元二十一年开始，镇抚、千户以上 3 年为满迁转，这里暗示军官不像民官一样迁转，指的是迁转的方式或范围不同，还是后来取消了军官的迁转，尚不得而知。但军官由于职位稳定性更强，因此在犯罪处罚条例中，以降低散官等级作为惩罚手段。可以推断出军官散官级别的升降比民官更为灵活。

这种灵活未必是制度上的灵活，亦有在实施过程中灵活掌握的意味。如《元典章》“枉勘死平民”条载大德七年枉禁死平民案，刑部议拟：“达鲁花赤沙班、县尹陈世荣、县丞赵渊、主簿孙从、千户张宣武，解见任，各降元职二等……”这一处理意见上报到中书省，中书省给出了不同意见：“量拟达鲁花赤沙班、县尹陈世荣、县丞赵渊、主簿(系)[孙]从，各降先职一等；军户千户宣武，削降散官一等。余准部拟。”[2]大德七年，应是军官犯法“与民官同例”，但从这一条来看，虽然刑部按照“与民官同例”的原则来处罚，但中书省仍希望尽可能保持军官职位的稳定性。

---

〔1〕《元典章》卷 46《刑部八·诸赃一·取受》“军官取受例”条。

〔2〕《元典章》卷 54《刑部十六·杂犯一·违枉》“枉勘死平民”条。

除军官外，有一些与军官有相似性质，即需要保持职位稳定性，流动性较差的官员类别，散官也会承担起较多惩罚和奖励的功能。如《元典章》“土官取受无禄同有禄人断”条：延祐六年九月，御史台上奏：“云南建昌路姓张的同知，因事取受人的马疋上头事，本处廉访司官要了它的招伏，依例断七十七下，例降散官二等。他是本土人有，依先立定来的，依旧勾当。”[1] 土官与军官类似，不进入民官迁转系统，职位父子承袭，因此其犯罪处罚措施与军官类似，断杖刑，依旧担任职事官，散官降等。

6.3.2 散官的非常规升降

由于元代的散官依附于职事官，其非常规升降的情况远少于金代。金代散官超迁，从1阶至12阶均有，而且散官超迁的例子非常常见。[2] 元代散官超迁，大多数情况是跟随着职事官超迁同时进行，在任官员单独升迁散官的情况比较少见，主要有覃官、立功、特赐等，此外致仕和封赠也会出现散官单独升迁的情况。

覃官，如前一节表6-18所示，在元代一共只有4次，而且其中有两次只有军官散官升迁。军官立功散官升迁的情况比较常见，如至元二十五年（1288）正月，“赏征东功：从乘舆，将吏升散官二阶，军士钞人三锭；从皇孙，将吏升散官一阶”[3] 如上一节所述，针对军官的奖励和惩罚措施，以散官升降作为手段者较为常见，南方边远地区的官吏，因为与军官有着类似的职事官流动性弱的特点，也有以散官超迁作为奖励的制度。仁宗（1311—1320年在位）至大四年（1311）二月，“命广西静江、融州军民官，镇守三载无虞者，民官减一资，军官升一阶，著为令”。[4] 《元史·刑法志》：“诸军民官镇抚边陲，三年无啸聚之盗者，民官减一资，军官升散官一阶；五年无者，军民官各升散官一等。”[5]

[1]《元典章新集·刑部·赃贿·取受》“土官取受无禄同有禄人断”条。

[2]详见上编《金代散官研究》第3章《金代散官的升降和意义》第1节《散官的迁转》第2小节“超迁”。

[3]《元史》卷15《世祖纪十二》，第307页。

[4]《元史》卷24《仁宗纪一》，第539页。

[5]《元史》卷102《刑法志一·职制》，第2618页。

元代也有过非军官立功者亦获得散官单独升迁的情况，武宗（1307—1311 年在位）至大二年十二月，“亲飨太庙，上太祖圣武皇帝尊谥、庙号及光献皇后尊谥，又上睿宗景襄皇帝尊谥、庙号及庄圣皇后尊谥，执事者人升散阶一等，赐太庙礼乐户钞帛有差”。[1] 我们注意到，元代共有两次内外文武官员普覃散官的例子，第一次即出现在武宗至大二年，因“亲飨太庙”而升迁散官的现象也仅在武宗时期出现。但与其把它看作武宗变乱选法的例证，倒不如说在武宗时期，执政集团开始试图真正运用中原传统的铨选制度，使散官承担更多功能。这是一个很有意思的现象，值得专文讨论，此处限于篇幅不再赘述。

元代早期没有致仕制度，大德七年（1303）始定制，官员三品以下者七十致仕，散官升迁一级，[2] 与金代制度类似。大德十年，监察御史提出有的官员最后一次升迁邻近致仕年龄，散官按照最后应该铨注的品级再升一等，但并未授予职事官。应该仍遥授最后一任职事官职，并不真正上任。[3] 到延祐元年（1314），因为大量蒙古、色目官员的职事官品级高于散官品级，仅仅散官升一等，按照散官致仕从一高的原则，其子孙荫叙时无法享受到致仕升一等的好处，因此致仕制度改为“职事、散官皆升一等”。[4] 至此散官和职事官的升迁再次同步，即使是致仕，也是职事官和散官共同升迁。

封赠的情况在下编第 5 章《元代散官的授予》第 3 节第 5 小节中已经有过讨论，封赠原则是“父与子同，子升同升”，因此获得封赠者散官品级亦有可能继续上升。

元代散官下降的情况亦较金代为少。如上编讨论金代散官下降时所述，金代官员犯罪之后，散官下降 1 阶到 4 阶不等，继承了唐代的官当制度。[5] 元代亦继承了前朝官员以官当罪的精神，但散官降等被职事官降等所取代，根据《元典章》所载《取受赃罪条例十二章》：

---

〔1〕《元史》卷 23《武宗纪二》，第 519 页。

〔2〕《元典章》卷 11《吏部五・职制二・致仕》“七十致仕”条。

〔3〕《元典章》卷 11《吏部五・职制二・致仕》“致仕加授散官职事”条。

〔4〕《元典章》卷 11《吏部五・职制二・致仕》“致仕升散官一等”条。

〔5〕见上编《金代散官研究》第 3 章《金代散官的升降和意义》第 2 节《散官的下降》。

枉法：

一贯至十贯，四十七下。不满贯者，量情断罪，依例除名。

一十贯以上至二十贯，五十七下。

二十贯以上至五十贯，七十七下。

五十贯以上至一百贯，八十七下。

（二）［一］百贯之上，一百七下。

不枉法：

一贯至二十贯，四十七，本等叙。不满贯者，量情断罪，解见任，别行求仕。

二十贯以上至五十贯，五十七，注边远一任。

五十贯以上至一百贯，六十七，降一等。

一百贯以上至一百五十贯，七十七，降二等。

一百五十贯以上至二百贯，八十七，降三等。

二百贯以上至三百贯，九十七，降四等。

三百贯以上，一百七，除名不叙。[1]

由《取受赃罪条例十二章》可见，元代官员犯赃罪，枉法者一概除名不叙，不枉法者除“解现任”“注边远一任”和“除名不叙”外，还有“降一等”至“降四等”之惩罚，可以看到金代官员过犯，散官降1阶至4阶的影子。需要说明的是，由于元代法律受到金代法律的影响，也保留了徒杖并罚的特点。即在制度上给徒刑、流刑均加上了一定数量的杖刑。因此官员在职事官解现任、注边远、降等和除名外，还需要受杖刑之苦。总的来说，元代民官犯罪，已经没有用散官抵充刑罚的规定。虽然至大三年起，“诸牧民官犯公罪之轻者，许罚赎”[2]，但这并非散官所附带的特权，而是职事官所附加的特权。

军官散官照例比民官可承担更多功能。因为军官子孙本等承袭父祖官职，刑罚方面，也用散官下降取代了职事官下降，成为军官刑罚

［1］《元典章》卷46《刑部八·诸赃一·取受》“取受赃罪条例十二章”条。

［2］《元典章》卷39《刑部一·刑制·刑法》“民官公罪许罚赎”条。

的一部分。如《元史·刑法志》:"诸管军官,辄以所佩金银符充典质者,笞五十七,降散官一等,受质者减二等。"[1]需要增加职事官稳定性的边远地区,也有可能采用散官下降作为军民官员惩罚的手段。如《元史·刑法志》:"诸湖南北、江西、两广接境溪洞蛮獠窃发,诸监临禁治不严及故纵者,军官笞三十七,管民官二十七,并削所受阶一等,记过。"[2]

6.3.3 元代散官的意义

如前文多次提到的,金代散官的意义已经比较薄弱,与金代相比,元代散官的意义更加下降了。在金代,一定条件下,散官高者在迁转方面可以略享优待;带散官者免除赋役;犯罪处罚,散官可抵充一部分刑罚,这些在元代均不再实行。此外金代荫叙、封赠、服色凭散官,元代在这几个方面则基本遵守"散官职事从一高"的原则。分别略述如下。

如前所述,元代官员的铨选尽量维持官员"官职对品""资品相应"的状态,因此从表面上看,散官若达到较高品级,职事官也有升迁到相应品级的可能。但实际上,职事官的升转是由官员的职事官资历和任官期间的个人表现所决定的,散官只起到标志作用,用于标识该官员根据其职位任官资历,所应达到的职事官品级。与金代相比,金代官员获得散官之后,散官即以规律的速度正常升迁,其散官品级可以明确标识出官员获得出身即入流之后的时间长短,但元代散官并无此功能,一位元代官员,在已经进入广义的官僚集团但尚未进入狭义的官僚集团之间这段时间内均无散官,即使获得散官,进入狭义的官僚集团后,在担任流外职、吏员等职位时,亦无散官。其间区别所导致的结果之一,即在金代,一位入流时间较长但职事官品级较低,即散官品级远高于职事官的官员,可以在铨选中获得一定优待。但在元代,因为秉持"资品相应"的铨选原则,实际上是职事官的品级决定官员的散官品级,较少出现散官品级远高于职事官的情况。因此散官品级

[1]《元史》卷103《刑法志二·职制》,第2625页。
[2]《元史》卷102《刑法志一·职制》,第2618页。

无法反过来对官员获得职事官的品级产生影响。与其认为元代散官仍部分依附于官员本人,标志官员本人的身份,不如说元代散官只是标志官员应该得到的职事官品级。元代官员获得散官基本上凭借职事官,在正常铨选过程中,并无单独获得并升迁散官的途径。因此散官对于官员升迁没有实际作用。金代官员的散官达到一定品级后,官员若参加科举考试,可以获得一定优待。元代亦有规定,官员参加科举,"已有九品以上资级、比附一高、加一等注授"。[1] 从这一条来看,元代散官高于职事官者,可以因为其散官品级获得科举方面的优待,考虑这个散官品级只是该官员应该获得的职事官的品级,似乎也不能将之作为散官所附加的特权了。元代官员的俸禄也只与职事官相关。即使官员致仕,其散官品级也不会对致仕之后的俸禄产生影响。沈仁国对于元代的俸禄制度有过比较详细的研究。[2] 法律方面,如前一节讨论过的,元代品官在法律方面仍可得到优待,但这种优待是与职事官而非散官相关的,在处罚过程中,也只有职事官而非散官能够作为惩罚手段。

元代的荫叙、封赠制度在下编第 5 章中均有过讨论。如前所述,荫叙品级在元代前期很可能继承金制,以官员散官品级为基准,而在延祐二年(1315)之后改为散官、职事官从一高。封赠始行于至大二年(1309),根据延祐三年条画,亦为"散官、职事从一高"。[3] 官员服色的原则,在至大二年诏书中显示为"凭散官以高低定论",[4] 延祐二年圣旨中变成"职事、散官从一高"。[5] 总的来说,由于元代在进行铨选和迁转时,把散官看作职事官的附属和标志,极力保持"资品相应""官职对品"的原则,使得元代散官与职事官品级基本符合,职事官品级略高于散官和散官品级略高于职事官的情况均存在。因此在涉及与官员品级相关利益时,前期虽然继承了金代制度,将荫叙、服色等一

〔1〕《元典章》卷 31《礼部四 · 学校一 · 儒学》"科举条制"条。
〔2〕沈仁国:《元代的俸禄制度》,载《元史及北方民族史研究集刊》第 12、13 期。
〔3〕《元典章》卷 11《吏部五 · 职制二 · 封赠》"流官封赠通例"条。
〔4〕《元典章》卷 8《吏部二 · 官制二 · 选格》"内外四品以下普覃散官一等"条。
〔5〕《元典章》卷 29《礼部二 · 礼制二 · 服色》"贵贱服色等第"条。

部分利益系于散官,但为了保护大量职事官品级较高官员的利益。“凭散官”逐渐变成了“职事、散官从一高”。散官在迁转方面地位的变化导致其意义逐渐降低了。

元代这种散官授予和升迁的方式影响到明代的制度。根据《大明会典·吏部·验封清吏司·散官》:

> 自荣禄大夫至将仕佐郎,凡九等十八级,所除官员合得散官,照依定制,奏闻给授。及选部付到在京各衙门实授官员,及考功考过试职一年堪用,并三年称职者合得初授、升授散官,具奏,行移该衙门转行给授。
>
> 凡白身人入仕,并杂职人等初入流者,与对品初授散官。任内历俸三年,初考称职,与升授散官。又历俸三年,再考功迹显著,方与加授散官。若考核平常者,止与初授。其任内未经初考,迁调改除者,仍照见授职事,与初授散官。已经初考,合得升授,迁调改除,仍系本等品级者,照见授职事,与升授散官。若升等者,止与对品初授。或有已得升授,未经再考,迁调改除,仍系本等品级者,照见授职事,与升授散官。已经再考,合得加授,迁调改除,仍系本等品级者,与加授散官。若升等者,止与对品初授。[1]

明代散官授予,完全以职事官的品级为依据,按照所授职事官给予对品散官。在授予初授散官前要“试职一年”,考功合格,才能授予散官。这种“试职一年”的规定显然来自元代的前资制度,或除授低于职事官品级的散官,待迁转至“资品相应”,职事官再行升迁的规定。[2] 明代散官并无标志官员入仕时间长短的用途,只有短期的奖励意义,即一考之后功绩显著,散官可以在同品级内升一阶。然而一旦官员授予不同品级的职事官,那么散官又随着职事官的品级重新开始计算。

---

[1]《正德大明会典》卷8《吏部·验封清吏司·散官》,第105页。

[2]《元史》卷83《选举志三·铨法中》:“蒙古、色目,初授散官或降职事,再授职,虽不降,必俟官资合转,然后升职。汉人初授官,不及职,再授则降职授官。”第2063页。

结　语

作为官僚体制的一部分,散官制度曾在铨选中发挥过重要作用。笔者认为,散官制度在官员铨选和迁转中起到的作用可以大致归纳为以下两部分:一,散官品级用以标识官员的个人地位,因此政府可以在合理而灵活地分配职事官位置的同时,用散官品级所联系的特权和利益来保障官员的地位和权益;二,散官品级用以记录官员的任官时间和过往业绩,而官员的任官时间和业绩无疑是影响其可担任何种职事官的重要因素,因此散官品级的高低可以在一定程度上影响职事官的授予,或者说散官的升迁可以在一定程度上影响职事官的升迁速度。

进一步思考这个问题,实际上这两种作用具有同一性质。官僚制度中的职事官体系包括很多颇为复杂的因素,这些因素大致可以分为固定和不固定两类。固定因素以品级为主,即某职事官职位的品级相对而言不会在短期内有较大变化,此外还有薪俸、官服等固定因素。不固定因素则以职事官的实际权力为主,即随着时间、政治、外交、战争等多种因素的改变,某职事官职位的实际权力可能在短时间内有较大变化。最初设计官僚制度时,设计者的本意是用固定的品级来体现不固定的实际权力,但由于职位的实际权力总是在不断变化,如果随着实际权力的变化不断调整品级,将会有碍于官僚制度的稳定性,这两种因素之间出现了矛盾,散官制度因此而生。散官并没有权力,在本质上只包含品级这一唯一固定因素,因此官员的职事官通过品级与散官相关联,同时把一部分固定因素通过品级这一联系转移到散官上。这部分固定因素最初包括特权、利益、官员的任官时间和过往业绩的记录等等。政府期待着通过散官的固定性来标识和保障这一部分固定因素,从而在维护官僚体制稳定性的同时,可以根据另一部分不固定因素合理而灵活地分配职事官位置。除了标注职事官所承担的固定因素、将其与职事官的不固定因素分离,以保证职事官分配的灵活性外,散官体系还应与职事官体系有所关联,因为官员在承担职事官时所完成的业绩以及体现出的能力必须在其散官品级上有一定反映,以散官所承担的固定因素对官员本人的能力做出合理评价,这种评价还要再反映到下一次的职事官授予上。

由此来看,散官制度想要充分发挥作用,必须同时做到以下两点:第一,散官体系保持独立性,独立记录一切固定因素,保障官员的特权和利益并忠实标识官员的任官时间和过往业绩。第二,散官体系保持与职事官体系的相关性。如此才能以其所标注的固定因素对官员获得何种职事官职位进行影响。然而散官本质上不与实际权力相关,其承担的一切功能、特权、利益,所标注的种种因素都是由政府强制赋予的,因此散官制度往往在实行一段时间之后就逐渐丧失了原有功能,从本段提到的两个方面来看,一方面丧失独立性,所承担的特权、利益、业绩记录等固定因素逐渐减少,无法再保证官员的地位和权益,也无法忠实反映对官员个人能力的评价;另一方面则丧失与职事官体系的关联性,与职位分配的关系减弱,无法以其记录的资历和业绩进行反馈,对职事官的分配产生影响,亦无法控制职事官升迁的速度。在唐代后期,散官制度就逐渐丧失了上述功能,然而宋代选择了使用原来的职事官系统取代散官的功能,形成了本官阶和寄禄官体系。从宋代到金、元,官阶体系的功能再次大幅减弱了。本书即详细阐述了这一过程以及金、元两代所选取的替代方法。

从本书的研究来看,金、元之间是中国古代散官制度演变的重要转折点。总的来说,金元时期的散官制度均已无法较好地承担上述两方面功能,但均未创建新的官阶体系用以替代散官系统,而是把散官制度所应承担的功能逐步转移到职事官体系中,逐渐扩大了职事官的范围,并对职事官进行了种类细分,以期望在职事官系统内部建立更多种类的品级因素,用来更好地标识职事官的实际权力这一不固定因素。在制度内部发生巨大变化的同时,金代和元代又都充分表现出对前代制度的继承性。虽然这种继承更多地体现在表面和细节上,但这些继承的因素给人一种充分延续的错觉，让人几乎忽略内在的巨大改变，直到明代散官与职事官品级基本绑定，我们才突然感慨，认为明代的散官制度出现了天翻地覆的变革，然而这只不过是之前的漫长渐变最终在形式上表现出来而已。

从散官表的形态来看，金、元均主要以继承为主。金代前期散官表的不规则形态，显然是对宋代寄禄官体系的继承。本书上编第1章恢复出的金大定十四年(1174)之前的散官表(见上编表1－6)，与《金史·百官志》所载的明昌以后行用的散官表不同，每一级的散官数量从1阶到5阶不等，这在中国古代散官制度中是绝无仅有的，唯一与之相似的是北宋的寄禄官体系。对比金代前期散官表与唐代散官、宋寄禄官体系，可以看到金代参用唐、宋散官名和品阶的痕迹。金代散官共42阶，来自于北宋大观二年(1108)的寄禄官30阶加上政和六年(1116)的选人7阶和授予奏补未出官人3阶所构成的40阶的品位体系，这套体系被金代继承之后，金海陵(1149—1161年在位)时新增崇进、荣禄二阶[1]，最终变成了金代的文武散官各42阶。到大定十四年，金人调整了这一套明显继承宋制的不规则体系，将之变成五品以上每级3阶，六品以下每级两阶的规则形态，这种调整是因为金代散官的意义下降，其不规则形态不再有制度上的必要性进行支持。由于职事官只分级不分阶，散官调整为每一级中阶的数量大致相同的规则形态，是散官逐渐丧失独立性，向职事官靠拢的步骤之一。从金代到元代，散官表的形态没有重大变化。元代散官表基本继承了金代，只不过把所有散官品级升高二级(一品)，正一品变为6阶，去掉了正从九品散官，并且对调了金代文散官从七品上(在元代升高一品，成为从六品)下阶的位置，由金代的上阶承务郎、下阶儒林郎调整为元代的上阶儒林郎、下阶承务郎。

在官员铨选和迁转方面，金代制度有如下特点：

〔1〕徐梦莘《三朝北盟会编》卷244，张棣《金图经·官品》："亮立，渐加损益，……增崇进、荣禄二官。"第1753页。

第一、官员获得散官，即获得出身，是获得职事官的前提。金代入仕人员先获得散官，拥有官的身份，但并不立刻担任职位，而是通过考试或担任一段时间预备性职位后再获得职事官，即先通过授散官赋予官员确定的“官”的身份标识，然后再根据官员的个人能力灵活授予职位。这种铨选方式与前朝相同，都着眼于对“官”这一身份的保障，即使暂时不担任职位，亦可享受与散官相关的各种特权和利益。

第二、官员获得散官的方式，即其出身之途，对于之后职事官的迁转路径有决定性影响。在金代，仅科举出身者可以带文散官，被称为文资，其余出身者均带武散官，被称为右职，各种出身途径中，科举和军功出身者升迁速度最快。其余各种出身者在升迁过程中往往需要“一除一差”或“两除一差”，文资与右职，“一除一差”“两除一差”等均与宋代制度有明显继承关系。不同出身的官员，其职事官采取不同路线和速度进行升迁，这种出身决定迁转途径的情况在宋代的本官阶体系中表现非常明显，而到金代，这一影响出现在职事官迁转过程中，即出身途径这一固定因素在宋代对官阶的影响在金代转变为对职事官的影响，金代职事官与固定因素的联系增加了。金代散官的初授品级仍与出身途径有关，但升迁途径与出身之途无关，金代散官所承载的固定因素减少了。

第三、散官升迁在品级和时间上独立于职事官升迁。金代官员的散官每 30 个月升迁 1 阶，不受职事官品级和迁转时间的影响，也不对职事官升迁产生直接影响。官员职事官升迁的决定性因素是其出身途径以及由之前所任职事官构成的资历，即官员的职事官升迁自有一套大概步骤，大致为先担任数任地方政府幕职官，然后担任从七品县令，数任县令后即可进入正七品以上的中层官僚集团，进入正七品被称为“呈省”。这套步骤往往要求官员担任某一品级职事官二任至五任甚至更多，而在此期间，官员的散官始终保持一考升迁一阶的速度，因此大部分官员的散官品级高于职事官，其中为数不少的官员其散官远高于职事官品级。这种从幕职州县官经过“呈省”进入中层官僚集团的过程，与宋代官阶体系中的选人改官步骤颇有相似之处，然而金代散官与职事官体系的关联性减弱了，散官所记录的因素无法反馈到职事官分配上并对其产生影响，因此出现了职事官升迁的相对固定的步骤，职事官选任的灵活性因此下降了。另一方面，为了增加职事官选任的灵活性，金代把吏员、流外职、承应人等大量此前不属于官的职位纳入了广义的官的范畴，大量官员在获得散官之后长期担任此类职务，甚至在职事官迁转过程中仍穿插担任此类职务，增加了职事官选任的灵活性，以此弥补散官系统功能下降的不足。

元代散官在官员铨选和迁转中承担的功能大大改变了。

第一，元代官员理论上在获得正从八品职事官之后才能获得散官，获得正从八品职事官的途径多种多样，可以通过吏员、流外职等准备性职位逐渐迁转入流，也可以白身直接入流。无论如何，散官不再是获得职事官的必要条件，而成为获得职事官之后的附属品，所谓获得散官的途径，其实就是获得正从八品以上职事官的途径。这是元代散官体系丧失独立性的最重要表现。在元代，不再有只带散官、不带职事官的官员，亦即不存在只有官的身份、暂时不任职位的情况，因此，散官独立赋予官员一部分特权和利益的情况也基本消失了。

第二，元代官员不再明显区分不同的入仕途径。如本书下编第5章所讨论的，元代大部分官员在获得散官之前须担任准备性职位。这种准备性职位可大体分为吏职、流外职和正从九品职事官等3类。这3类准备性职位并非彼此独立的3条入仕之路，而是混杂一体相互交错的一张入仕之网，官员在3类职位之间常常互相迁转，或按照制度规定必须互相迁转。根据出身、才能和入仕途径的不同，官员可以被指定走一条最短的直路，或是走一条之字形道路，或走一条平行迂回的道路。也有某些特殊人士可以越过这张入仕之网，直接获得散官，即所谓的白身入仕。在元代，不同的入仕道路对于官员职事官的迁转路线和迁转速度并无制度层面的影响。这当然是一种更具公平性的铨选制度。从制度演化的角度来讲，宋代由出身决定本官阶的迁转途径，到金代演化为由出身决定职事官的迁转途径，而到了元代，不再为官员区分出身，其实是去掉了之前强行赋予职事官的一种固定因素，即某些职位或某类职位必然或更大可能属于某类出身官员的固定因素。相应的,职事官的不固定因素的作用更加突出了,即根据职位自身所需来灵活决定担任该职的人选。

第三,元代官员的散官升迁不再逐阶升迁,而是以逐级升迁为主,以逐阶升迁为辅。元代官员散官升迁,最常见的途径是从 $N_{下}$ 阶到 $(N+1)_{下}$ 阶;其次是从 $N_{下}$ 阶到 $N_{中}$ 阶,再到 $(N+1)_{下}$ 阶;最少见的途径是从 $N_{下}$ 阶到 $N_{中}$ 阶到 $N_{上}$ 阶,再升至 $(N+1)_{下}$ 阶。采用这种升迁方式是因为元代散官不再独立升迁,而是与职事官同步升迁,正常情况下,职事官资历是散官升迁的唯一标准。散官品级与职事官品级亦大致相符,铨选部门努力遵循"资品相应""官职对品"的铨选原则。由于元代三年一考,内任官的职事官品阶"一考升一等(一级)",外任官"两考升一等或三考升二等",因此内任官的散官通常"一考升一等(一级)"。外任官的散官本该"一考升一阶,两考升一等",但铨选的过程逐渐简化,省略了"一考升一阶"的步骤。升阶变成了一种奖励手段,而非制度规定的常规升迁程序。元代散官与职事官同级、同时升迁,亦是其丧失独立性的重要体现。

由以上概括金、元两代散官授予和迁转制度的特点可以看出,金代的散官体系已经丧失了与职事官体系之间的关联性,仅保持独立性。金代散官虽然仍是独立体系,但已无法忠实记录俸禄、过往业绩等与职事官相关的固定因素,因此也无法对职位分配进行有效反馈和影响。元代的散官体系则基本丧失了独立性,散官无法独立获得,也无法独立升迁,散官系统虽然保持了与职事官系统极其紧密的关联性,但由于其缺乏独立性导致除了品级外,散官几乎无法承载与职事官相关的任何其他固定因素,因此更谈不上对职事官系统产生回馈性影响。从散官所承载的特权和利益来看,金代散官品级在任官方面仅有微小意义,散官到达一定品级者,参加科举可获优待,散官与赋役、致仕后的俸禄、犯罪官当、衣服、封赠、荫叙、朝参、班位等相关。由于金代散官体系仍保持着独立性,因此仍可独立保障官员的部分利益。但由于金代散官与职事官已几乎没有关联性,所以在职俸禄、业绩记录和反馈性影响等与职事官密切相关的固定因素已与散官无关。而元代散官并无独立性,仅剩下标志应得职事官品级的功能,所以几乎不独立与官员特权和利益相关,俸禄、犯罪官当等完全与职事官关联,而衣服、封赠、荫叙等,也采取"职事、散官从一高"的政策。

金元两代采用何种制度来实现本该由散官体系承担的功能呢?前面已经大概提到,金代所采取的措施如下:第一,为职事官升迁制定了相对固定的步骤,从制度上减缓了"呈省"之前,即从七品以下(包括从七品)官员的升迁速度。第二,把吏员、流外职、承应人等准备性职位纳入广义的"官"的范畴,获得散官,即获得"官"的身份后,大部分官员还需担任长时间此类准备性职位,并且在职事官迁转过程中仍需穿插担任此类职务。

金代所实行的规定职事官升迁步骤的制度,造成职位分配的灵活性大大降低。金世宗时期,高品级职位常常缺乏合适人选,也没有有效措施延缓能力不足者的升迁速度。到元代,职事官的升迁途径不再有制度层面上的详细规定,制度中更明显地表现出"扩大官的范围,细分官的种类"这一倾向。元代不再用是否带散官来区分官民。吏员、流外职、流内杂职官都被纳入官的范畴,有时甚至造成"官"与"吏"、"流内"与"流外"、"吏"与"役"的界限模糊。流内官被细分为"民职""军职""军民职""匠职""诸职"等五大类。职事官职位所在的地域分为"腹里""接连""边远"三个区域。职位中又区分"由蒙古人担任""由色目人担任"和"由汉人南人担任"等3类。官员的俸禄也不再按照品级进行简单划分,而是每一品级内都根据不同职位分为几类,给予高低不同的俸禄。总的来说,就是在原有品级之外,给职事官增加大量辅助因素,使其可以更加细致的表示出职事官的不固定因素,从而把散官的功能整合入职事官体系之内。

回顾散官制度的发展,一方面是散官与各种特权和利益的关联仅仅依靠制度规定才得以实现,使得散官制度在发挥有效功能之后总是随着制度自身发展逐渐走向衰落。另一方面,职事官的实际权力受到各种因素的影响不断变化,使得其品级的高低越来越不能准确表示其实际权力的大小,由于散官系统是依靠品级才与职事官系统建立联系,在品级对职事官的表现力日渐衰弱的情况下,散官与职事官系统的联系亦逐渐削弱。职事官系统在逐渐发展的过程中,制定出越来越精密的等级划分,这种等级划分除了品级之外,还包括了地域、工种、内外、官吏等多种因素。可以说散官品级的功能是被职事官系统内部发展出的更为精密的等级划分所取代了。随着职事官体系精密到可以兼顾自身的稳定性和灵活性的程度,散官制度所承载的功能也越来越少。虽然如此,这一制度的意义仍然不可否定,官阶制度即使在今天依然存在,元代的官阶制度已经相当衰落,但仍延续数百年不绝于今,其中原因恐怕要留待明清史学者进一步讨论了。

参考文献

1、史料：

安熙. 默庵集//元人文集珍本丛刊:第5册. 影台北中央图书馆藏清嘉庆十一年(1806)赵辑宁手抄本. 台北:新文丰出版公司,1985.

毕沅. 山左金石志//石刻史料新编:第1辑第19册. 台北:新文丰出版公司,1982.

曹文贞. 曹文贞诗集//北京图书馆古籍珍本丛刊:94册. 影元至元四年(1267)曹复亨刻本. 北京:书目文献出版社.

陈旅. 安雅堂集//元代珍本文集汇刊. 影台北中央图书馆藏清抄元本. 台北:中央图书馆,1970.

陈元靓. 新编纂图增类群书类要事林广记. 椿庄书院本//续修四库全书:1218册. 上海:上海古籍出版社,2002.

陈元靓. 纂图增新群书类要事林广记. 郑氏积成堂本. 北京:中华书局,1999.

陈元靓. 新增类聚事林广记. 西园精舍本. 日本内阁文库藏.

程端礼. 畏斋集//景印文渊阁四库全书:1199册. 台北:台湾商务印书馆,1986.

程端学. 积斋集//景印文渊阁四库全书:1212册. 台北:台湾商务印书馆,1986.

程钜夫. 雪楼集//元代文集珍本汇刊. 影洪武二十八年(1395)刊本. 台北:中央图书馆,1970.

大金集礼//丛书集成初编:1047－1048册. 据史学丛书本排印. 北京:中华书局,1985.

大元圣政国朝典章. 台北:故宫博物院,1972.

邓文原. 巴西邓先生文集//北京图书馆古籍珍本丛刊:92 册. 影清抄本. 北京:书目文献出版社.

段松苓. 益都金石记//石刻史料新编:第 1 辑 20 册. 台北:新文丰出版公司,1982.

方龄贵,校注. 通制条格校注. 北京:中华书局,2001.

方履篯. 金石萃编补正//石刻史料新编:第 1 辑 5 册,台北:新文丰出版公司,1982.

傅若金. 傅与砺文集//北京图书馆古籍珍本丛刊:92 册. 影明洪武十七年(1384)刻本. 北京:书目文献出版社.

贡师泰. 贡礼部玩斋集. 嘉靖十四年(1535)刻本.

郝经. 陵川集//景印文渊阁四库全书:1192 册. 台北:台湾商务印书馆,1986.

洪皓. 鄱阳集//景印文渊阁四库全书:1133 册. 台北:台湾商务印书馆,1986.

洪皓. 松漠纪闻. 陈顺芝,点校//豫章丛书:史部一. 南昌:江西教育出版社,2000.

胡聘之. 山右石刻丛编//石刻史料新编:第 1 辑第 20 – 21 册. 台北:新文丰出版公司,1982.

胡行简. 樗隐集//景印文渊阁四库全书:1221 册. 台北:台湾商务印书馆,1986.

胡祗遹. 紫山大全集//景印文渊阁四库全书:1196 册. 台北:台湾商务印书馆,1986.

黄溍. 金华黄先生文集//四部丛刊初编. 影常熟瞿氏上元宗氏日本岩崎氏藏元刊本.

江苏金石志//石刻史料新编:第 1 辑 13 册. 台北:新文丰出版公司,1982.

江苏通志稿:艺文志三//石刻史料新编:第 1 辑 13 册. 台北:新文丰出版公司,1982.

揭傒斯.揭文安公全集//四部丛刊初编:影乌程蒋氏密韵楼藏孔荭谷抄本.

金少英,校补.李庆善,整理.大金吊伐录校补.北京:中华书局,2001.

孔齐.至正直记.上海:上海古籍出版社,1987.

孔元措.孔氏祖庭广记//丛书集成初编:3316-3317册.北京:中华书局,1985.

李翀.日闻录//丛书集成初编:328册.北京:中华书局,1985.

李存.鄱阳仲公李先生文集//北京图书馆古籍珍本丛刊:92册.影明永乐三年(1405)李光刻本.北京:书目文献出版社.

李道谦.甘水仙源录//四库全书存目丛书:子259册.影上海图书馆藏清抄本.济南:齐鲁书社,1995.

李俊民.庄靖集//景印文渊阁四库全书:1190册.台北:台湾商务印书馆,1986.

李林甫,等.唐六典.北京:中华书局,1992.

李心传.建炎以来系年要录.台北:文海出版社,1980.

刘敏中.中庵集//北京图书馆古籍珍本丛刊:第92册.影清抄本.北京:书目文献出版社.

刘祁.归潜志.北京:中华书局,1983.

刘埙.隐居通议//景印文渊阁四库全书:866册,台北:台湾商务印书馆,1986.

刘因.静修先生文集//四部丛刊初编.影元宗文堂刊本.

陆文圭.墙东类稿//元人文集珍本丛刊:4册.影常州先哲遗书本.台北:新文丰出版公司,1985.

陆耀遹.金石续编//石刻史料新编:第1辑第5册.台北:新文丰出版公司,1982.

全辽金文.太原:山西古籍出版社,2002.

陆增祥.八琼室金石补正//石刻史料新编:第1辑8册.台北:新文丰出版公司,1982.

罗福颐.满洲金石志外编//石刻史料新编:第1辑23册.台北:新文丰出版公司,1982.

罗振玉.金石萃编未刻稿//石刻史料新编:第1辑5册.台北:新文丰出版公司,1982.

马祖常.石田文集//元人文集珍本丛刊:第6册.影台北中央图书馆藏明刊本.台北:新文丰出版公司,1985.

牛诚修.定襄金石考//石刻史料新编:第1辑13册.台北:新文丰出版公司,1979.

欧阳修,宋祁.新唐书.北京:中华书局,1975.

欧阳玄.圭斋文集//四部丛刊初编.影明成化刊本.

彭泰来.高要金石略//石刻史料新编:第2辑15册.台北:新文丰出版公司,1979.

钱谦益.牧斋初学集//钱牧斋全集:1-3册.上海:上海古籍出版社,2003.

阮元.两浙金石志//石刻史料新编:第1辑14册.台北:新文丰出版公司,1982.

邵亨贞.野处集//景印文渊阁四库全书:1215册.台北:台湾商务印书馆,1986.

沈涛.常山贞石志//石刻史料新编:第1辑第18册.台北:新文丰出版公司,1982.

四库全书总目.北京:中华书局,1965.

宋濂,等.元史.北京:中华书局,1975.

宋濂.宋濂全集.杭州:浙江古籍出版社,1999.

苏天爵.滋溪文稿.北京:中华书局,1997.

苏天爵,编.国朝文类//四部丛刊初编.影元至正西湖书院刊本.

唐惟明,编纂.王晓欣,点校.宪台通纪续集.杭州:浙江古籍出版社,2002.

陶宗仪.南村辍耕录.北京:中华书局,1985.

同恕.榘庵集//景印文渊阁四库全书:1206册.台北:台湾商务印

书馆,1986.

脱脱,等.宋史.北京:中华书局,1977.

脱脱,等.金史.北京:中华书局,1975.

王昶.金石萃编//石刻史料新编:第1辑第4册.台北:新文丰出版股份有限公司,1982.

王逢.梧溪集//北京图书馆古籍珍本丛刊:95册.影元至正明洪武间刻景泰七年(1456)陈敏政重修本.北京:书目文献出版社.

王金岳.金石志//〔民国〕昌乐县续志:卷17.铅印本,1934.

汪克宽.环谷集//景印文渊阁四库全书:1220册.台北:台湾商务印书馆,1986.

王礼.麟原文集//景印文渊阁四库全书:1220册.台北:台湾商务印书馆,1986.

王溥.唐会要.上海:上海古籍出版社,1991.

王士点,商企翁.秘书监志.杭州:浙江古籍出版社,1992.

王沂.伊滨集//景印文渊阁四库全书:1208册.台北:台湾商务印书馆,1986.

王恽.秋涧先生大全集//四部丛刊初编.影江南图书馆藏明弘治翻元本.

汪鋆.十二砚斋金石过眼录//石刻史料新编:第1辑10册.台北:新文丰出版股份有限公司,1982.

危素.危太朴文续集//元人文集珍本丛刊:7册.影嘉业堂丛书本.台北:新文丰出版公司,1985.

吴澄.吴文正集//元人文集珍本丛刊:3-4册.影台北中央图书馆所藏成化刊本.台北:新文丰出版公司,1985.

吴师道.吴礼部文集//北京图书馆古籍珍本丛刊:93册.影清抄本.北京:书目文献出版社.

武亿.安阳县金石录//石刻史料新编:第1辑18册.台北:新文丰出版公司,1982.

萧𣂏.勤斋集//景印文渊阁四库全书:1206册.台北:台湾商务印

书馆,1986.

谢维新.古今合璧事类备要//景印文渊阁四库全书:940册.台北:台湾商务印书馆,1986.

徐梦莘.三朝北盟会编.影许涵度光绪三十四年(1908)刻本.上海:上海古籍出版社,1987.

徐梦莘.三朝北盟会编.影光绪四年活字本.台湾:文海出版社,1962.

徐梦莘.三朝北盟会编.台湾:大化书局,1979.

徐梦莘.三朝北盟会编.国家图书馆藏湖东精舍本(A00083).

徐梦莘.三朝北盟会编.国家图书馆藏明抄本(10995).

徐梦莘.三朝北盟会编.国家图书馆藏勤志馆本(10996).

徐梦莘.三朝北盟会编.国家图书馆藏铁琴铜剑楼抄本(3401).

徐梦莘.三朝北盟会编.国家图书馆藏不不通阁本(3984).

徐梦莘.三朝北盟会编.国家图书馆藏明抄本(7386).

徐梦莘.三朝北盟会编.国家图书馆藏王氏郁冈斋本(8016).

徐梦莘.三朝北盟会编.北大图书馆藏旧抄本(SB/915.05/2844.2).

徐梦莘.三朝北盟会编.北大图书馆藏白华楼本(SB/5373).

徐梦莘.三朝北盟会编.台湾傅斯年图书馆藏明抄本(北京大学中古史中心图书馆藏复印件).

薛居正,等.旧五代史.北京:中华书局:1976页.

杨晨修.〔光绪〕定兴县志.光绪十六年(1890)刻本.

姚奠中,主编.李正民,增订.元好问全集.太原:山西古籍出版社,2004.

姚燧.牧庵集.影武英殿聚珍本//四部丛刊初编.

叶子奇.草木子.北京:中华书局,1959.

虞集.道园学古录.影明景泰翻元小字本//四部丛刊初编.

崔文印,校证.大金国志校证.北京:中华书局,1986.

宇文懋昭.大金国志.清乾隆上海扫叶山房刻本.

宇文懋昭. 大金国志国家图书馆海源阁藏明抄本(A00067).

宇文懋昭. 大金国志国家图书馆马思赞红药山房藏明抄本(15309,第26-40卷配清抄本).

宇文懋昭. 大金国志国家图书馆傅增湘藏明抄本(14415).

宇文懋昭. 大金国志国家图书馆铁琴铜剑楼藏清抄本(3654).

宇文懋昭. 大金国志国家图书馆卢文弨家藏清抄本(11006).

宇文懋昭. 大金国志国家图书馆清抄本(8045).

宇文懋昭. 大金国志国家图书馆翁同龢家藏清抄本(6325).

宇文懋昭. 大金国志北京大学图书馆清乾隆三十八年(1773)孟氏藏清抄本(SB/915.7097/3000.2).

宇文懋昭. 大金国志北京大学图书馆李盛铎藏清抄本(LSB/273).

宇文懋昭. 钦定重订大金国志//景印文渊阁四库全书:第383册. 台北:台湾商务印书馆,1986.

元好问. 续夷坚志//笔记小说大观:第10册. 南京:江苏广陵古籍刻印社,1983.

张承燮.〔光绪〕益都县图志. 清光绪三十三年(1907)刻本.

张金吾. 金文最. 北京:中华书局,1990.

长孙无忌,等. 唐律疏议. 北京:中华书局,1983.

张铉.〔至正〕金陵新志. 南京:南京出版社,1991.

张养浩. 归田类稿//景印文渊阁四库全书:第1192册. 台北:商务印书馆,1986.

章钰. 章氏四当斋藏书目. 北京:北京图书馆出版社,2007.

张之翰. 西岩集//景印文渊阁四库全书:第1204册. 台北:台湾商务印书馆,1986.

赵秉文. 闲闲老人滏水文集//四部丛刊初编. 影湘潭袁氏藏汲古阁精写本.

赵承禧,编纂. 王晓欣,点校. 宪台通纪. 杭州:浙江古籍出版社,2002.

赵汸.东山存稿//景印文渊阁四库全书:1221册.台北:台湾商务印书馆,1986.

赵孟頫.松雪斋集//四部丛刊初编.影元沈伯玉刻本.

正德大明会典.东京:汲古书院,1989.

郑玉.师山集//景印文渊阁四库全书:1217册.台北:台湾商务印书馆,1986.

至正条格.韩国学中央研究院(韩国),2007.

周必大.文忠集//景印文渊阁四库全书:第1147－1149册.台北:台湾商务印书馆,1986.

二、著作:

陈高华,史卫民.中国政治制度通史:第8卷(元代).北京:人民出版社,1996.

龚延明.宋代官制辞典.北京:中华书局,1997.

桂栖鹏.元代进士研究.兰州:兰州大学出版社,1997.

李锡厚,白滨.中国政治制度通史:第7卷(辽金西夏).北京:人民出版社,1996.

李则芬.元史新讲.台北:中华书局,1978.

唐代剑.王嚞丘处机评传.南京:南京大学出版社,2000.

孙国栋.唐宋史论丛.香港:商务印书馆,2000.

王建军.元代国子监研究.澳门:澳亚周刊出版有限公司,2003.

王曾瑜.金朝军制.河北:河北大学出版社,2004.

王曾瑜.辽金军制.保定:河北大学出版社,2011.

许凡.元代吏制研究.北京:劳动人民出版社,1987.

阎步克.品位与职位——秦汉魏晋南北朝官阶制度研究.北京:中华书局,2002.

叶潜昭.金律之研究.台北:台湾商务印书馆,1972.

游彪.宋代荫补制度研究.北京:中国社会科学出版社,2001.

曾代伟.金律研究.台北:中华发展基金管理委员会,五南图书出版公司,联合出版,1995.

张复华.北宋中期以后之官制改革.台北:文史哲出版社,1991.

赵冬梅.文武之间:北宋武选官研究.北京:北京大学出版社,2010.

周广业.经史避名汇考.北京:北京图书馆出版社,1999.

三、论文

蔡美彪.叶尼塞州蒙古长牌再释.中华文史论,2008,90(2).

陈高华.元泰定甲子科进士考//陈高华.元史研究新论.上海:上海社会科学院出版社,2005.

陈高华.元代的地方官学//元史论丛:第5辑.北京:中国社会科学出版社,1993.

陈苏镇.北周隋唐的散官与勋官.北京大学学报:哲学社会科学版,1991(2).

陈学霖.范成大《揽辔录》传本探索//宋史论集.台湾:东大图书股份有限公司,1993.

邓广铭,刘浦江.《三朝北盟会编》研究.文献,1998(1)//刘浦江.辽金史论.沈阳:辽宁大学出版社,1999.

邓小南.北宋的循资原则及其普遍作用.北京大学学报,1986(2).

丁崑健.元代的科举制度.华学月刊,1982(124),1982(125).

丁凌华.宋代寄禄官制度初探.中国史研究,1986(4).

〔日〕宫纪子.叡山文庫所蔵の「事林広記」写本について.史林,2008,91(3).

〔日〕宫纪子.對馬宗家舊藏の「事林廣記」について.东洋史研究,2008,67(1).

乔晓飞,翻译.新发现的两种《事林广记》//版本目录学研究:第1辑.北京:国家图书馆出版社,2009.

龚延明.北宋元丰官制改革论.中国史研究:1990(1)//中国古代职官科举研究.北京:中华书局,2006.

郝时远.元代监察制度概述//元史论丛:第3辑.北京:中华书局,1986.

侯子罡.元代怯薛入仕契机探析.阴山学刊,2009,22(2).

黄清连.唐代散官试论//中央研究院历史语言研究所集刊(台北):58卷1分,1987.

黄正建.唐代散官初论.中华文史论丛,1989(2).

梁慧.元代官制中的世袭和荫叙.西北师范大学硕士学位论文.

刘浦江.范成大《揽辔录》佚文真伪辨析.北方论丛,1993(5)//刘浦江.辽金史论.沈阳:辽宁大学出版社,1999.

刘迎胜.《元史·百官志》武官正三品资阶定误.历史研究,2009(6).

马小红.试论唐代散官制度.晋阳学刊,1985(4).

〔日〕片山共夫.关于元朝怯薛出身者的家世//内田吟风,等,著.北方民族史与蒙古史译文集.余大钧,译.昆明:云南人民出版社,2003.

沈仁国.元代的俸禄制度.元史及北方民族史研究集刊,1989—1990,12/13.

申万里.元代学官选注巡检考.中央民族大学学报,2005(5).

唐统天.辽代汉官的散阶制.社会科学辑刊.1988(3).

特格舍.元代国子学与国子监初探.内蒙古社会科学,1981(3).

王风雷.元代的儒学教师.内蒙古师范大学学报:哲学社会科学版,1991(1).

王风雷.元代的蒙古国子学和蒙古国子监.内蒙古师范大学学报:哲学社会科学版,1993(2).

王风雷.元代的国子祭酒考.内蒙古社会科学,1993(4).

王立平.元代地方官学.固原师专学报,1994(2).

王曾瑜.辽朝官员的实职和虚衔初探//王曾瑜.凝意斋集.兰州:兰州大学出版社,2003.

王曾瑜.金熙宗"颁行官制"考辨//宋史研究论丛:第6辑.河北大学出版社,2005.

萧启庆.元代的镇戍制度//萧启庆.内北国而外中国——蒙元史

研究:上册.北京:中华书局,2007.

萧启庆.元代科举与菁英流动——以元统元年进士为中心//萧启庆.内北国而外中国——蒙元史研究:上册.北京:中华书局,2007.

萧启庆.元代的宿卫制度//萧启庆.内北国而外中国——蒙元史研究.北京:中华书局,2007.

萧启庆.元代科举特色新论//中央研究院历史语言研究所集刊(台北):第八十二本第一分,2010.

萧启庆.大蒙古国的国子学:兼论蒙汉菁英涵化的滥觞与儒道势力的消长//萧启庆.内北国而外中国——蒙元史研究:上册.北京:中华书局,2007:89-112.

姚大力.元代科举制度的行废及其社会背景.元史及北方民族史研究集刊:第6辑.1982.

于金生.元代地方学官的选任与考迁制度.内蒙古社会科学,1992(2).

俞宗宪.宋代职官品阶制度研究//文史:第21辑.北京:中华书局,1983.

张帆.金、元における散官の地位の下降とその原因.河上洋,译//アジアの歴史と近代:(4).河合文化教育研究所,2006.

张国刚.唐代阶官与职事官的阶官化论述//张国刚.唐代政治制度研究论集.台北:文津出版社,1994.

人名索引

A

B

C

D

E

F

G

H

J

K

L

M

N

·欧·亚·历·史·文·化·文·库·

P

Q

R

S

T

W

X

Y

Z

散官索引

A

B

C

D

F

G

H

J

K

W

X

Y

Z

后 记

2003年秋,北大新传学院三年级的我打算跨专业考研,学中国古代史。

起初想考阎步克老师的研究生,研究魏晋南北朝——初学者很多爱这个朝代,更多爱阎老师。阎老师不收我,极力劝我考后面的断代,我淋着雨在他面前哭,他很无奈地挠头,然后向我推荐张帆老师。他说:“张老师人很好,学生都去他家抢电视看。”

我复试折戟,没考上北大历史系的研究生,幸好民族大学的达力扎布老师收留我读蒙古史。但因为阎老师的这句话,我硕士期间几乎每日前往中古史中心图书馆做预备役学生,最后成了张老师的博士生。

张老师的确人很好,学问亦好,藏书极富,读书极多,也跟很多此类型学者一样,不爱写东西。据说阎老师开始研究官阶时,为了让古代官阶制度研究成为一个体系,邀请张老师研究金元官阶。张老师历时几年,只写了一篇五千余字的文章,高屋建瓴地列了一些观点——从此书的研究结果来看,大部分是对的。

等我开始选择博士论文题目时,提出想像张老师一样研究制度,张老师说:“你写散官吧,这样我就算给阎老师还了债。”

这是这本书的缘起。

这本书能够以今天的面貌出版,当然还有更多更多其他的缘故。北大历史系研究制度很有渊源。制度史作为中国古代史研究的四把“钥匙”之一,一直受到相当重视。早先制度史题目就是各种考试题中最重要的部分。后来李新峰老师在本科生古代史课程期末考试时开始出“穿越”试题,要求学生穿越到某朝代,给出一些限定条件,请学生描述自己的人生历程。无论学生打算入仕、参军、从商,均需对制度有一定了解，否则茫然不知穿越后的一生如何度过。

陈高华先生在社科院主持的《元典章》读书班，张帆老师和党宝海老师开设的各种元史课程，邓小南老师开设的宋代政治制度史课程，刘浦江老师开设的《四库总目提要》读书课，李锦绣老师单独为我和华喆开设的《唐六典》读书课，都是我求学之路上最重要的经历。因为上了刘浦江老师的课，才使我有了研究历史应充分利用抄本这样的认知，之前竟然总觉得古籍库离我颇为遥远，只有整理和影印古籍的人才会利用。上博士前从未摸过抄本的人，在写博士论文时勇猛地用了20种抄本，谢谢刘老师，愿他身体健康。

就这样，作为一个基础薄弱，中途转行的学生，磕磕绊绊地进入历史研究、元史研究中。决定在散官制度方面试试身手。散官虽然算不上制度中最为重要的一部分，但通过对金元散官的考察，竟然也得出不少有趣的新结论。元末权臣伯颜罢废科举，此前无一例外认为伯颜狭隘专权，反对汉化，因此借口“科举实妨选法”将其废除。经过对元代铨选制度的全面梳理，才发现元代官员入仕之前均有一定年限服役经历，或是继承父祖职位，只有科举入仕者是着实特殊的空降兵，因此论文中写道：“伯颜所谓的科举实妨选法并非完全无理取闹。”预答辩时张老师说：“这观点有意思且有道理，若伯颜知道，一定引你为知己。”在研究升迁途径时，发现六品窠缺意外的少，甚至少于从五品窠缺，因而发现铨选规定中一些看似奇怪的部分是因此而设定，这也得到了阎老师的赞赏。

然而这本书也有不少遗憾。由于蒙元史是跨越欧亚大陆的世界性学科，学习这个领域的学生都常有时间不够用，语言学不完的感觉。蒙语、藏语、波斯语、突厥语、阿拉伯语、亚美尼亚语，每一种都对蒙元史的横向研究非常重要。从另一方面来讲，研究制度怎么可以没有前因后果，怎么能够不“瞻前顾后”，如果不纵向地从唐代追溯，直到明清，怎能明了散官制度在金元的变化和地位？幸好北大历史系的博士是四年制，即使如此仍让我觉得捉襟见肘。博士期间，我也在读史书和学语言之间来回奔忙，2010年下半年在外国语学院王一丹老师的帮助下去伊朗交流,暑假前才写完了关于金代散官的10万字。从伊朗回国后马不停蹄,2011年3月预答辩前竟然也勉强写完了元代部分13万字。但这部分该写而未写的内容太多了,散官的功能部分写得非常粗糙,武散官、散官换授、散官制度到明初的变化等,均是值得深入研究而未能涉及的部分。本来打算毕业后要好好进行补充和修改,但随着之后转而跟荣新江老师研究中西交通,又来到社科院历史所中外关系史研究室工作,离中国古代史的纵向线越来越远,离蒙元欧亚大陆研究的横向线越来越近。放了两年,除了修改一些错别字,在学妹于月的提醒下删掉了关于俸禄的错误小节外,基本没能进行任何补充和进一步深入研究。在这里很想向张老师和阎老师道歉:"对不起,债没有还好。"

我的学妹于月,在本书中关于"理算法"研究的基础上,对元代的俸禄问题做出了很精彩的解释,提醒我博士论文中原有对于俸禄的解释是完全错误的,非常感谢!

余太山先生和兰州大学出版社的施援平老师同意把我的论文放在丛书中出版,李江霖做了非常细致认真的编辑工作,对他们也表示诚挚的感谢!

感谢本文中提到的所有人,此外还要感谢我的先生华喆,我因为他而进入中国古代史研究领域,并在他的督促下一路前行,希望我们都能继续做得更好。也感谢我生于2012年春的儿子Maru,没有他,也许此书就能得到进一步补充了。

欧亚历史文化文库

已经出版

林悟殊著:《中古夷教华化丛考》 定价:66.00 元
赵俪生著:《弇兹集》 定价:69.00 元
华喆著:《阴山鸣镝——匈奴在北方草原上的兴衰》 定价:48.00 元
杨军编著:《走向陌生的地方——内陆欧亚移民史话》 定价:38.00 元
贺菊莲著:《天山家宴——西域饮食文化纵横谈》 定价:64.00 元
陈鹏著:《路途漫漫丝貂情——明清东北亚丝绸之路研究》
定价:62.00 元
王颋著:《内陆亚洲史地求索》 定价:83.00 元
〔日〕堀敏一著,韩昇、刘建英编译:《隋唐帝国与东亚》 定价:38.00 元
〔印度〕艾哈默得·辛哈著,周翔翼译,徐百永校:《入藏四年》
定价:35.00 元
〔意〕伯戴克著,张云译:《中部西藏与蒙古人
——元代西藏历史》(增订本) 定价:38.00 元
陈高华著:《元朝史事新证》 定价:74.00 元
王永兴著:《唐代经营西北研究》 定价:94.00 元
王炳华著:《西域考古文存》 定价:108.00 元
李健才著:《东北亚史地论集》 定价:73.00 元
孟凡人著:《新疆考古论集》 定价:98.00 元
周伟洲著:《藏史论考》 定价:55.00 元
刘文锁著:《丝绸之路——内陆欧亚考古与历史》 定价:88.00 元
张博泉著:《甫白文存》 定价:62.00 元
孙玉良著:《史林遗痕》 定价:85.00 元
马健著:《匈奴葬仪的考古学探索》 定价:76.00 元
〔俄〕柯兹洛夫著,王希隆、丁淑琴译:
《蒙古、安多和死城哈喇浩特》(完整版) 定价:82.00 元
乌云高娃著:《元朝与高丽关系研究》 定价:67.00 元
杨军著:《夫余史研究》 定价:40.00 元
梁俊艳著:《英国与中国西藏(1774—1904)》 定价:88.00 元

〔乌兹别克斯坦〕艾哈迈多夫著,陈远光译:
《16—18 世纪中亚历史地理文献》(修订版)　　定价:85.00 元
成一农著:《空间与形态——三至七世纪中国历史城市地理研究》
定价:76.00 元
杨铭著:《唐代吐蕃与西北民族关系史研究》　　定价:86.00 元
殷小平著:《元代也里可温考述》　　定价:50.00 元
耿世民著:《西域文史论稿》　　定价:100.00 元
殷晴著:《丝绸之路经济史研究》　　定价:135.00 元(上、下册)
余大钧译:《北方民族史与蒙古史译文集》　　定价:160.00 元(上、下册)
韩儒林著:《蒙元史与内陆亚洲史研究》　　定价:58.00 元
〔美〕查尔斯·林霍尔姆著,张士东、杨军译:
《伊斯兰中东——传统与变迁》　　定价:88.00 元
〔美〕J. G. 马勒著,王欣译:《唐代塑像中的西域人》　　定价:58.00 元
顾世宝著:《蒙元时代的蒙古族文学家》　　定价:42.00 元
杨铭编:《国外敦煌学、藏学研究——翻译与评述》　　定价:78.00 元
牛汝极等著:《新疆文化的现代化转向》　　定价:76.00 元
周伟洲著:《西域史地论集》　　定价:82.00 元
周晶著:《纷扰的雪山——20 世纪前半叶西藏社会生活研究》
定价:75.00 元
蓝琪著:《16—19 世纪中亚各国与俄国关系论述》　　定价:58.00 元
许序雅著:《唐朝与中亚九姓胡关系史研究》　　定价:65.00 元
汪受宽著:《骊靬梦断——古罗马军团东归伪史辨识》　　定价:96.00 元
刘雪飞著:《上古欧洲斯基泰文化巡礼》　　定价:32.00 元
〔俄〕T. Б. 巴尔采娃著,张良仁、李明华译:
《斯基泰时期的有色金属加工业——第聂伯河左岸森林草原带》
定价:44.00 元
叶德荣著:《汉晋胡汉佛教论稿》　　定价:60.00 元
王颋著:《内陆亚洲史地求索(续)》　　定价:86.00 元
尚永琪著:
《胡僧东来——汉唐时期的佛经翻译家和传播人》　　定价:52.00 元
桂宝丽著:《可萨突厥》　　定价:30.00 元
篠原典生著:《西天伽蓝记》　　定价:48.00 元

〔德〕施林洛甫著，刘震、孟瑜译：
《叙事和图画——欧洲和印度艺术中的情节展现》 定价：35.00元
马小鹤著：《光明的使者——摩尼和摩尼教》 定价：120.00元
李鸣飞著：《蒙元时期的宗教变迁》 定价：54.00元
〔苏联〕伊·亚·兹拉特金著，马曼丽译：
《准噶尔汗国史》（修订版） 定价：86.00元
〔苏联〕巴托尔德著，张丽译：《中亚历史——巴托尔德文集第2卷第1册第1部分》 定价：200.00元（上、下册）
〔俄〕格·尼·波塔宁著，〔苏联〕B. B. 奥布鲁切夫编，吴吉康、吴立珺译：
《蒙古纪行》 定价：96.00元
张文德著：《朝贡与入附——明代西域人来华研究》 定价：52.00元
张小贵著：《祆教史考论与述评》 定价：55.00元
〔苏联〕K. A. 阿奇舍夫、Г. A. 库沙耶夫著，孙危译：
《伊犁河流域塞人和乌孙的古代文明》 定价：60.00元
陈明著：《文本与语言——出土文献与早期佛经词汇研究》
定价：78.00元
李映洲著：《敦煌壁画艺术论》 定价：148.00元（上、下册）
杜斗城著：《杜撰集》 定价：108.00元
芮传明著：《内陆欧亚风云录》 定价：48.00元
徐文堪著：《欧亚大陆语言及其研究说略》 定价：54.00元
刘迎胜著：《小儿锦研究》（一、二、三） 定价：300.00元
郑炳林著：《敦煌占卜文献叙录》 定价：60.00元
许全胜著：《黑鞑事略校注》 定价：66.00元
段海蓉著：《萨都剌传》 定价：35.00元
马曼丽著：《塞外文论——马曼丽内陆欧亚研究自选集》 定价：98.00元
〔苏联〕И. Я. 兹拉特金主编，М. И. 戈利曼、Г. И. 斯列萨尔丘克著，
马曼丽、胡尚哲译：《俄蒙关系历史档案文献集》（1607—1654）
定价：180.00元（上、下册）
华喆著：《帝国的背影——公元14世纪以后的蒙古》 定价：55.00元
П. К. 柯兹洛夫著，丁淑琴、韩莉、齐哲译：《蒙古和喀木》 定价：75.00元
杨建新著：《边疆民族论集》 定价：98.00元
赵现海著：《明长城时代的开启
——长城社会史视野下榆林长城修筑研究》（上、下册）定价：122.00元